孔子像

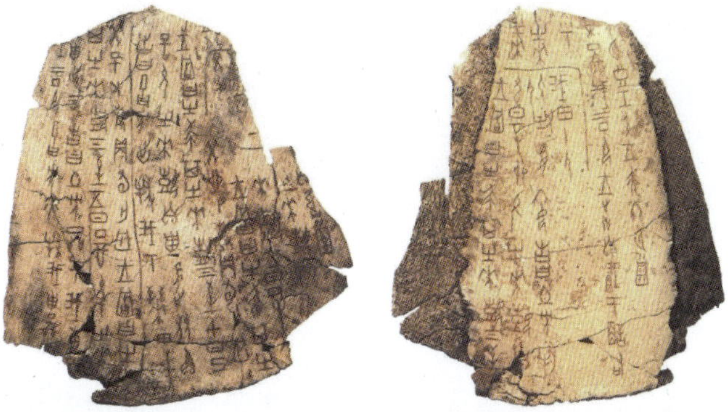

甲骨文

四库全书

马王堆帛书

竹简

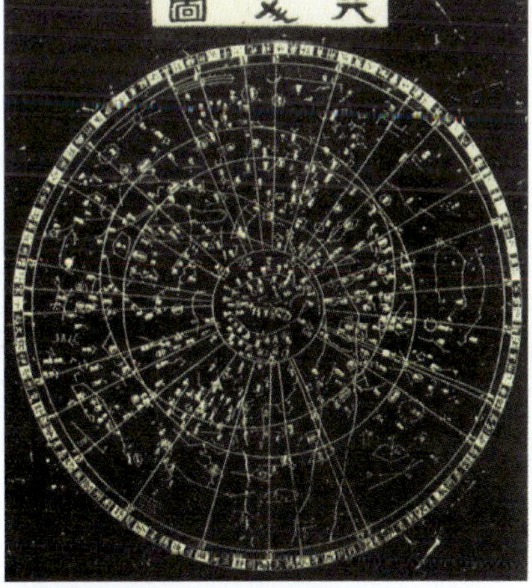

石刻天文图

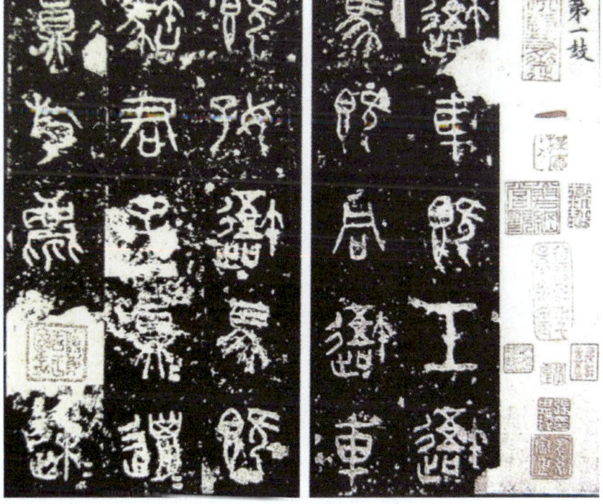

石鼓文

杭州文澜阁

苏州沧浪亭

宁波天一阁

海盐绮园

佛宫寺释迦塔（应县木塔）

圆明园遗迹

西周　黄玉鸟

商晚期　铜镰

编磬

战国　虎钮錞于

立佛（雷峰塔地宫文物）

良渚玉琮

唐三彩女俑

犀角雕兽面纹爵杯

德化窑送子观音像

十二生肖

粉彩描金太白醉酒像

翡翠带扣

龙首玉带钩

黄杨木雕竹林七贤图笔筒

清晚期象牙雕群仙祝寿塔

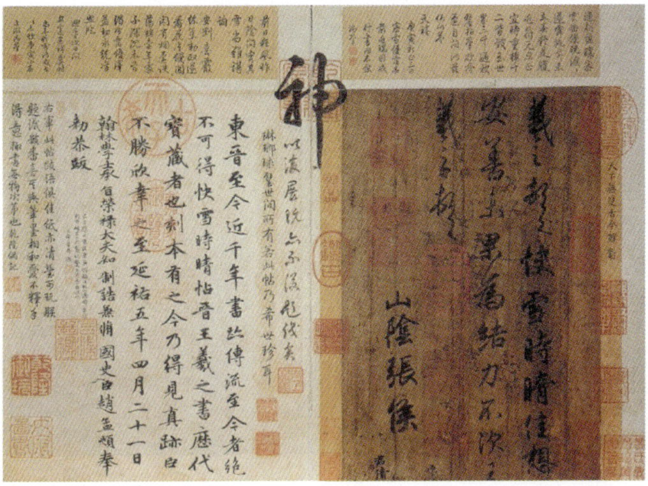

晋　王羲之　快雪时晴帖

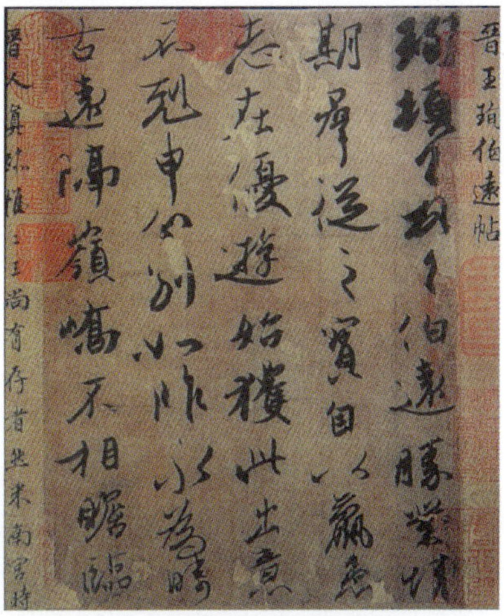

晋　王珣　行草书伯远帖卷

慎独山房（吴昌硕）

喜闻乐见（钱君匋）

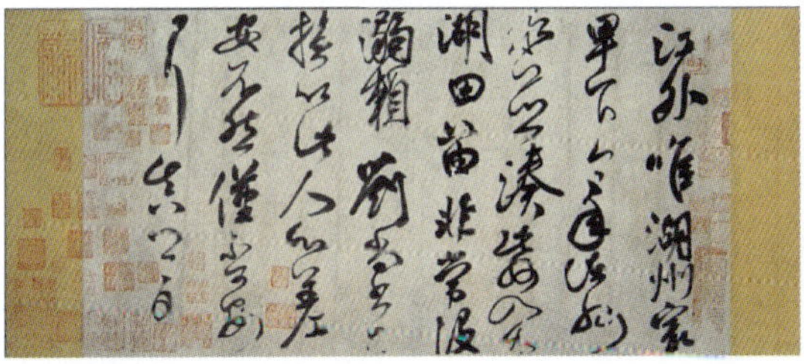

唐　颜真卿　行书湖州帖卷

唐　孙过庭　草书千字文第五本卷

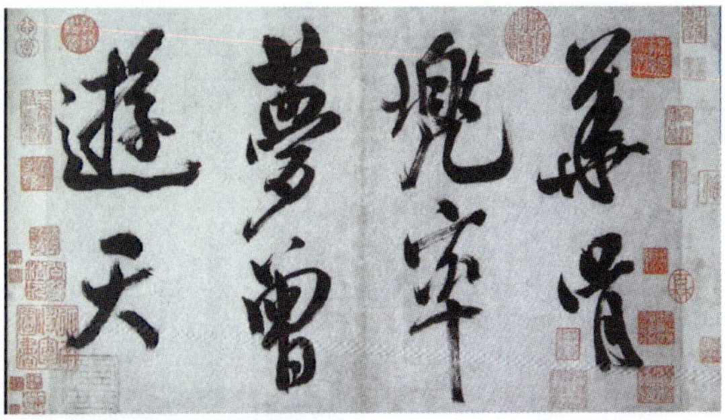

北宋　米芾　多景楼诗册

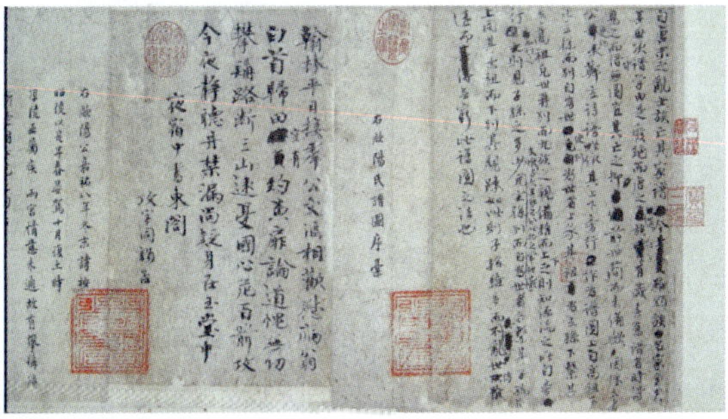

北宋　欧阳修　自书稿卷

晋 顾恺之 洛神赋图(局部)

唐 阎立本 步辇图(局部)

唐 百马图(局部)

北京宫城图

唐 韩滉 五牛图轴

五代 顾闳中 韩熙载夜宴图

南宋 夏圭 西湖柳艇图

宋 赵佶 腊梅山禽图

元 黄公望 天池石壁图轴

古希腊帕提农神庙

埃及狮身人面像

意大利水剧场（水槽圆柱）

加拿大　宝翠公园

维肖克汉姆宫苑　中国亭

美国　赖特　流水别墅

弗朗西斯卡·普里马蒂乔《拉奥孔》

亨利·摩尔《三件式斜卧像》

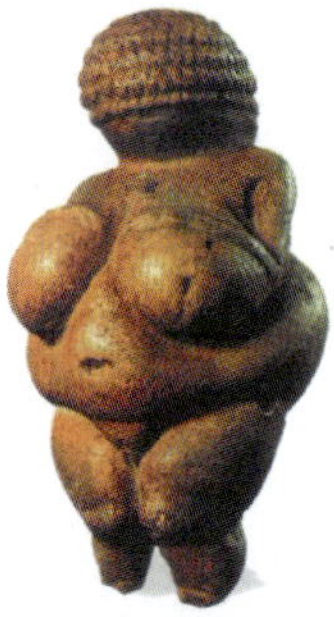
威伦道夫的维纳斯

罗丹《巴尔扎克》

达芬奇《蒙娜丽莎》

安格尔《泉》

杜桑《下楼梯的裸女》

普通高等教育“十一五”国家级规划教材
高等职业教育公共基础课系列教材

新编大学语文

主编　王其全　顾金孚

机 械 工 业 出 版 社

本书突破现有大学语文教材的选文思想与框架，将选文范围拓宽为三大领域，使中国古代文类、中国现当代文类和外国文类的选文构成三足鼎立态势。作为一本大学公共课教材，以我们的想法，一方面应摆脱中学语文教学思路，另一方面也不必采取某种过于专业化的定位，其目标应该是增强大学生的文学修养，拓宽大学生的人文视野，改善大学生的知识结构，培养大学生的形象思维能力，提高大学生的美感认识。本书以“经典诗文、现代人文”为方针，选文注重经典性，强调“美文”，兼顾可读性和趣味性，适当增加了科技、文化、艺术等方面的篇目。

为方便教学，本书配备电子课件等教学资源。凡选用本书作为教材的教师均可登录机械工业出版社教材服务网 www.cmpedu.com 免费下载。如有问题请致信 cmpgaozhi@sina.com，或致电 010-88379375 联系营销人员。

图书在版编目(CIP)数据

新编大学语文/王其全，顾金孚主编. —北京：机械工业出版社，2008.10（2024.9 重印）
普通高等教育“十一五”国家级规划教材. 高等职业教育公共基础课系列教材
ISBN 978-7-111-24910-8

Ⅰ.新… Ⅱ.①王…②顾… Ⅲ.汉语—高等学校：技术学校—教材 Ⅳ.H1

中国版本图书馆 CIP 数据核字(2008)第 124792 号

机械工业出版社(北京市百万庄大街 22 号 邮政编码 100037)
策划编辑：王玉鑫 宋学敏 责任编辑：郭 娟
版式设计：张世琴 责任校对：陈立辉
封面设计：王伟光 责任印制：常天培
固安县铭成印刷有限公司印刷
2024 年 9 月第 1 版第 14 次印刷
184mm×260mm · 15 印张 · 4 插页 · 408 千字
标准书号：ISBN 978-7-111-24910-8
定价：45.00 元

电话服务
客服电话：010-88361066
010-88379833
010-68326294

网络服务
机 工 官 网：www.cmpbook.com
机 工 官 博：weibo.com/cmp1952
金 书 网：www.golden-book.com
机工教育服务网：www.cmpedu.com

前　　言

《国家十一五时期文化发展规划纲要》指出，高等学校要创造条件，面向全体大学生开设中国语文课。2006年底，教育部高教司在湖南召开会议，建议高校面向全体大学生开设中国语文课。自匡亚明、苏步青、徐中玉先生倡导重新开设大学语文课程以来，在经历了初期的全面兴盛期和在实用主义观念至上指导下，诸多高校停开的衰落期之后，大学语文在"素质"教育思想回归的基础上，终于迎来了自己的复兴时期。

"大学语文"经过了二十多年的教学实践，已发展为一门成熟的课程，为提高大学生的人文素养和语文水平作出了很大的贡献。目前许多大学的语文教材在内容的选择上往往局限于本国，而且偏重于中国古代文类，这样选择对于加强大学生理解中国古代文化，把握自己的母语是有意义的，但在全球化的今天，我们还要考虑到文化的多样化和现代性。所以《新编大学语文》突破现有大学语文教材的选文思想与框架，将选文范围拓宽为三大领域，使中国古代文类、中国现当代文类和外国文类的选文构成三足鼎立态势。作为一本大学公共课教材，以我们的想法，一方面应摆脱中学语文教学思路，另一方面也不必采取某种过于专业化的定位，其目标应该是增强大学生的文学修养，拓宽大学生的人文视野，改善大学生的知识结构，培养大学生的形象思维能力，提高大学生的美感认识。本教材以"经典诗文、现代人文"为方针，选文注重经典性，强调"美文"，兼顾可读性和趣味性，适当增加科技、文化、艺术等方面的篇目，使学生在古今中外人文经典的熏陶下，可以和人类最优秀的心灵进行对话；让学生在感受到语言文字的魅力的同时，去体悟历史与文化，认识社会与世界，感悟生命与自然；让学生的思想得到提升，心灵得到滋润和温暖；让学生从中感受爱、感受美，学会敬畏生命、敬畏自然，懂得感恩，懂得理解与宽容；净化和优化学生的精神素质，真正达到精神成人的目的；同时让学生对文学经典有感性和一定系统性的了解，学会欣赏文学与文化精品，不断丰富自己的感受力、想象力，养成高品位的阅读和写作习惯，逐步让阅读成为一种生活方式，终身受用。

本教材在框架上增设了"拓展阅读"和"相关链接"，注重对学生的阅读指导，通过对各种文本的解读，使学生积累审美经验和语言感觉，有利于学生的自主学习，也有助于教师查阅研究资料；同时根据时代和文章内容，选用相应的图片资料，增强学生的感性认识，提高学习兴趣。本书的编写有意结合"教学"与"自学"两项功能，课文设置与通常教学课时之间留有较大余地，除了通过课堂教学引导学生进行精读，一部分选文可作为学生的课外阅读材料。当然我们的主观愿望和实际效果，还有待实践的检验，因此，期待着专家和同行的批评指正。同时，在编写过程中借鉴和引用相关研究成果和文献资料，谨表谢忱。

《新编大学语文》由王其全、顾金孚负责总策划和统稿。具体分工：先秦、两汉、魏晋南北朝部分（王其全　中国美术学院艺术设计职业技术学院）；唐、明、清和附录部分（吴晓红　中国美术学院艺术设计职业技术学院）；宋代部分（张玉仙）；元代部分（童丽娟　中国美术学院艺术设计职业技术学院）；现当代和外国文学部分（顾金孚　嘉兴职业技术学院）。版式和图稿由王其全负责审定。

编　者

目　录

前言

第一部分　先秦文学 …… 1

一、古代神话 …… 1
二、先秦诗歌 …… 1
三、先秦散文 …… 2
古代神话　盘古开天地 …… 4
　　大禹治水 …… 4
　　女娲补天 …… 5
《诗经》　关雎 …… 6
　　灵台 …… 6
　　采薇 …… 7
　　蒹葭 …… 8
　　七月 …… 9
屈原：橘颂 …… 11
《论语》（十则） …… 13
《孟子》（三则） …… 13
　大学 …… 15
　中庸 …… 15
　礼记 …… 16
《庄子》：秋水 …… 17
《战国策》：冯谖客孟尝君 …… 18
《国语》：召公谏厉王弭谤 …… 20
《孙子兵法》：谋攻 …… 21
《考工记》：梓人 …… 22

第二部分　两汉文学 …… 24

一、两汉散文 …… 24
二、两汉辞赋 …… 25
三、两汉诗歌 …… 25
汉乐府诗：上邪 …… 26
《古诗十九首》（摘选） …… 26
青青河畔草 …… 27
行行重行行 …… 27
司马迁：《史记》垓下之围 …… 28
班固：《汉书》苏武传 …… 30

第三部分　魏晋南北朝文学 …… 35

一、建安和正始文学 …… 35
二、两晋诗歌 …… 36
三、魏晋南北朝散文和辞赋 …… 36
四、南北朝乐府民歌 …… 38
五、南北朝文人诗 …… 38
六、文论和小说 …… 38
曹操：观沧海 …… 39
曹植：洛神赋（并序） …… 40
陶渊明：归去来兮辞 …… 43
南朝民歌：西洲曲 …… 45
北朝民歌：木兰诗 …… 46
江淹：别赋 …… 47
郦道元：《水经注　江水》三峡 …… 50
杨衒之：《洛阳伽蓝记》白马寺 …… 52
刘义庆：《世说新语》（二则） …… 53
王羲之：兰亭集序 …… 53
曹丕：《典论》论文 …… 55
陆机：文赋（节选） …… 57
刘勰：《文心雕龙》神思（节选） …… 58
宗炳：《画山水序》 …… 60

第四部分　唐代文学 …… 62

一、唐代诗歌 …… 62
二、唐代古文运动 …… 65
三、唐代传奇小说 …… 65
四、唐五代词 …… 66
王勃：滕王阁序 …… 66
张若虚：春江花月夜 …… 70
陈子昂：感遇（其二） …… 72
孟浩然：宿建德江 …… 72
王维：送元二使安西 …… 73
王昌龄：出塞 …… 74

李白：宣州谢朓楼饯别校书叔云 …… 74
杜甫：观公孙大娘弟子舞剑器行(并序) …… 75
白居易：《池上篇》序 …… 76
韩愈：祭十二郎文 …… 78
柳宗元：小石潭记 …… 81
杜牧：江南春绝句 …… 81
赤壁 …… 82
李贺：李凭箜篌引 …… 82
刘禹锡：竹枝词 …… 83
李商隐：无题 …… 84
温庭筠：菩萨蛮 …… 85
韦庄：菩萨蛮 …… 86
李煜：浪淘沙 …… 86

第五部分　宋代文学 …… 88

一、宋代散文 …… 88
二、宋代诗歌 …… 89
三、宋代的词 …… 89
四、宋代话本 …… 90
范仲淹：渔家傲 …… 90
林逋：山园小梅 …… 92
晏殊：浣溪沙 …… 92
柳永：望海潮 …… 93
苏轼：临江仙·夜归临皋 …… 94
江城子(乙卯正月二十日夜记梦) …… 94
陆游：诉衷情 …… 95
临安春雨初霁 …… 95
辛弃疾：清平乐·村居 …… 96
破阵子·为陈同甫赋壮语以寄之 …… 96
李清照：如梦令 …… 97
点绛唇 …… 98
王安石：桂枝香·金陵怀古 …… 98
秦观：踏莎行 …… 99
黄庭坚：登快阁 …… 100
周邦彦：苏幕遮 …… 101
姜夔：扬州慢 …… 101
欧阳修：秋声赋 …… 103
周密：观潮 …… 104
谢翱：登西台恸哭记 …… 105
苏舜钦：沧浪亭记 …… 107
苏轼：文与可画筼筜谷偃竹记 …… 108
郭熙：《林泉高致》山水训 …… 110
严羽：《沧浪诗话》诗辨 …… 111
沈括：《梦溪笔谈》书画 …… 112

第六部分　元代文学 …… 115

一、元代散曲 …… 115
二、元代杂剧 …… 115
三、元代南戏 …… 116
四、元代诗词 …… 116
马致远：[越调]天净沙·秋思 …… 116
关汉卿：[南吕]一枝花·不伏老 …… 117
张养浩：山坡羊·潼关怀古 …… 119
元好问：摸鱼儿 …… 120
王实甫：长亭送别 …… 121

第七部分　明代文学 …… 125

一、明代小说 …… 125
二、明代戏曲 …… 126
三、明代诗文 …… 126
四、明代词曲 …… 126
李贽：童心说 …… 127
张岱：西湖七月半 …… 128
徐宏祖：游雁宕山日记 …… 130
夏完淳：狱中上母书 …… 132
汤显祖：《牡丹亭》惊梦 …… 134
宋应星：《天工开物》陶埏 …… 138

第八部分　清代文学 …… 142

一、清代诗歌 …… 142
二、清代的词 …… 142
三、清代散文 …… 143
四、清代小说 …… 143
五、清代戏曲 …… 143
龚自珍：咏史 …… 144
黄遵宪：赠梁任父同年 …… 145

朱彝尊：卖花声·雨花台 …………… 145
纳兰性德：长相思 ………………… 146
郑燮：《板桥题画》(二则) ………… 147
王国维：人间词话(节选) ………… 148
李渔：《闲情偶寄》取景在借 ……… 149
曹雪芹：《红楼梦》黛玉葬花 ……… 151

第九部分　现当代文学 …………… 154

诗歌　徐志摩：雪花的快乐 ………… 156
戴望舒：寻梦者 ………………… 157
艾青：雪落在中国的土地上 …… 159
食指：这是四点零八分的北京 ……………… 161
舒婷：神女峰 ………………… 162
海子：面朝大海，春暖花开 …… 163
散文　梁实秋：雅舍 ……………… 164
丰子恺：杨柳 ………………… 166
陈从周：中国诗文与中国园林艺术 …………… 168
梁衡：把栏杆拍遍 …………… 171
贾平凹：读书示小妹十八生日书——文外谈文之四 … 174
小说　鲁迅：铸剑 ……………… 177
沈从文：萧萧 ………………… 185
余华：十八岁出门远行 ……… 193

第十部分　外国文学 …………… 198

一、古代文学 ……………………… 198
二、中古文学 ……………………… 198
三、近代文学 ……………………… 198
四、现代文学 ……………………… 200
诗歌　普希金：致凯恩 ……………… 201
叶芝：当你老了 ……………… 202
纪伯伦：浪之歌·雨之歌·美之歌 ……… 203
聂鲁达：情诗 ………………… 205
散文　梭罗：寂寞 …………………… 206
萧伯纳：贝多芬百年祭 ……… 210
东山魁夷：唐招提寺的魅力 …… 213
博尔赫斯：书籍 ……………… 217
小说　海因里希·伯尔：夜晚和早晨 … 222
加西亚·马尔克斯：礼拜二午睡时刻 ……………… 225

附录　中国历史纪年表 ………… 231

参考文献 ……………………………… 233

第一部分 先秦文学

中国文学的产生可以一直追溯到文字产生以前的远古时期。原始歌谣和远古神话传说，经人们口头代代流传。由于时间久远，后世见诸记载的原始文学很难说是其原貌。只有文字产生以后，中国文学才脱离了传说时期。

一、古代神话

什么是古代神话？它是远古时代人民集体创作的口头文学，“是在人民的幻想中，经过不自觉的艺术方式所加工的自然和社会形态。”（马克思）其特点是：以幻想的形式反映生活；不自觉的艺术加工；包含了原始社会各种意识形态，因此神话有“原始社会的百科全书”之称。

中国古代神话是远古时期的人民表现对自然及文化现象的理解与想象的故事。按其表现内容，有关于开天辟地、人类起源的；有关于日月星辰、自然万物的；有关于人类灾难和部落间冲突的；还有关于工艺文化的。现存最早的古代神话大都保存在《山海经》、《淮南子》中，《列子》、《庄子》和《楚辞》也保存了一些神话。

古代神话的题材内容、神话人物、表现手法等，对后世文学都有影响作用。它为后代创作提供了丰富的文学题材和艺术形象，是浪漫主义文学的萌芽。其浪漫主义精神表现在：寄托着人们的愿望与理想；敢于反抗对人类有恶行的神；新奇而丰富的幻想和想象，如屈原的楚辞，庄子的散文，陶渊明、李白、李贺、苏轼等人的诗歌，戏剧《柳毅传书》、《张生煮海》，小说《西游记》、《封神演义》以及鲁迅的《故事新编》等。尤其重要的是神话中的乐观主义、英雄主义以及对现实的积极态度，强烈要求改变现实、追求美好生活的愿望，鼓舞人们的进取精神，对作家进步世界观的形成和积极浪漫主义的创作起着重要作用。

二、先秦诗歌

1.《诗经》

《诗经》是我国第一部诗歌总集。共收入自西周初年（公元前11世纪）到春秋中叶（公元前6世纪），大约五百年间的诗歌305篇。春秋时代最初流行时叫《诗》或《诗三百》。汉武帝建元五年设“五经博士”，正式称为《诗经》，被奉为经典。作品大都产生于黄河流域，也有汉水和长江流域。《诗经》的编订，是经过长时间的收集、整理和编辑而成的。大抵出于周王朝及诸侯各国史官、乐师之手。孔子对《诗经》的整理、保存是有功劳的。

《诗经》中每篇都可合乐歌唱。按其音乐性质的不同，分为风、雅、颂三类。

风，带有地方色彩的音乐曲调。“十五国风”指十五个地方的土风歌谣，共160篇。

雅，周王朝直接统治地区的音乐。又分为大、小雅，共105篇。

颂，宗庙祭祀的乐歌。《毛诗序》：“颂者，美盛德之形容，以其成功告于神明者也。”分周颂、鲁颂、商颂，共40篇。

《诗经》的艺术成就及影响。

（1）具有现实主义精神。表现在多方面地描写现实生活，描写现实生活中的矛盾；描写客观事物的细节或生活的侧面。

（2）善于抒情，含蓄、深远，体现了“中国美学的民族特色”。（李泽厚）

（3）始创赋比兴表现手法。

（4）语言口语化，词汇丰富。具有音乐的美感。

《诗经》特别是其中民歌部分所表现的“饥者歌其食、劳者歌其事”的现实主义精神，对后世文学影响最大。它推动着诗人去关心国家与人民的命运和疾苦。《诗经》奠定了我国古典诗歌现实主义的基础。

《诗经》是我国文学的光辉起点，它的出现以及它的思想性和艺术成就，是我国文学发达最早的标志。在我国乃至世界文学史上都有着重要的地位。

2.《楚辞》

《楚辞》是战国时代以屈原为代表的楚国诗人创作的诗歌。“辞”始为诗歌体裁的总称。汉代刘向把屈原、宋玉等人的作品编辑成书，定名《楚辞》，从此以后《楚辞》就是一部总集的名称，而其形式又称为“赋”。《楚辞》是南方的楚国文化与北方的中原文化相结合的产物。

屈原是我国文学史上第一个伟大的爱国诗人。他开始了诗人从集体歌唱到个人独立创作的新时代，在文学史上有着崇高的地位。《楚辞》中大部分是屈原的作品，具体篇目是：《离骚》、《九歌》、《天问》、《九章》、《远游》、《卜居》、《渔父》；此外，还有宋玉的《九辩》和《招魂》，景差的《大招》以及贾谊的作品。

《离骚》是屈原的代表作品，也是中国古代最长的一首抒情诗。题意是“遭逢忧患”，是诗人遭受忧患以后的作品，带有自传性质。通过自叙身世，陈述节操，诉说理想等几个重点，诗人痛斥了昏庸王室与反动贵族陷害忠良、误国殃民的罪行，也充分显示了诗人的爱国主义思想和战斗精神。这是一篇具有深刻现实性的积极浪漫主义作品，它发展了我国古代神话的浪漫主义，对后世文学产生了深远的影响。《诗》、《骚》并称，成为中国古典诗歌的两大源头。

三、先秦散文

在先秦诗歌发展的同时，先秦散文也逐步发展起来。先秦散文的发展分为两类，一是历史散文，一是诸子散文。先秦散文不仅在历史上、哲学上有很高的地位，在文学上也有着重要的价值和巨大的影响，可以说是中国文、史、哲、宗教思想的源头。

1. 先秦历史散文

最初的先秦历史散文都是历史文献。

“甲骨卜辞”。在河南安阳发现大量的龟骨和兽骨碎片，上面大多刻有古代文字，经研究知道这是三千多年前商周王室占卜的记录，故称之“甲骨卜辞”。从中我们可以看到当时的生产状况、社会制度等，对研究我国古代历史文化有着极为重要的意义。这是最早的文字可考历史记载，也是现今所得到的最古朴的散文形式。其文字艰深，记叙简单，叙事成分的增加，使之略具记叙散文的雏形。

周代《易》的卦爻辞。《易》是用来占卜人事吉凶的筮书，为西周初年的作品。其文学价值比甲骨文大些，主要表现在文字凝练，往往有一些生动比喻，并兼有用韵。

《尚书》即上古之书的意思，又称《书经》。本是记言的古史。主要是商、周两代的文告汇编，是我国第一部以记言为主的史书。现存58篇。其中《盘庚》(三篇)演说辞，是我国文学史上真正称得上散文的第一篇作品。虽然《尚书》艰涩难懂，但较之卜辞、卦爻辞，已经不再是为巫术服务的特殊用语，无论是语言组织、文章结构，还是文字技巧，都有显著的进步。

《春秋》是我国现存的第一部鲁国的编年史。我国史官建置很早，《汉书·艺文志》说：“君举必书，左史记言，右史记事；事为《春秋》，言为《尚书》。”《春秋》记事起自鲁隐公元年(公元前722年)至鲁哀公十四年(公元前480年)，共二百四十二年。相传孔子修订过此书。提纲式记事，用词简洁而精确，往往暗寓褒贬，史称“春秋笔法”。

《左传》即《春秋左氏传》，又称《左氏春秋》，是我国第一部叙事详细完整的编年体历史著作和杰出的历史散文。内容主要包括春秋时代各诸侯国的政治、外交、军事各方面的活动及有关言论。以《春秋》为纲，但记叙范围不限于《春秋》，它涉及到历史上各种事件和历史人物，而且记事时间比《春秋》多十余年。《左传》保存了大量的古代史料，文字简练生动，尤其善于描写战争及复杂事件，叙事时能抓住矛盾冲突加以集中描写，并且能运用多种表现手法，使文章波澜起伏，富于变化又善于通过对话和行动表现人物的性格特点，语言以“简古精炼”著称，其中的外交辞令富有文采。《左传》对后代散文的发展有很大影响。

《国语》是我国最早的一部国别体史书，分别记载周王朝及诸侯各国之事。记言多于记事，故名《国语》。全书共20卷，就文学成就而言逊于《左传》。借助人物对话来刻画人物形象则是其艺术性高的表现。

《战国策》作者不可考，现版本为西汉刘向辑成。它同《国语》一样，也是分国记事，记载了周王朝及秦、齐、楚、赵等诸国之事，基本内容是战国时代谋臣策士的游说、谋议及辞说。《战国策》的特点是长于说事，善用比喻，人物形象塑造极为生动，富于个性化。夸饰骋辩，辞采华丽的特点，对汉赋有很大影响。

先秦历史散文为中国的历史文学奠定了基础，对后世历史家和古文家都产生了极为深远的影响。

2. 先秦诸子散文

先秦诸子散文经历了由简到繁的发展过程。大体分为三个阶段：《论语》和《墨子》，语录体散文；《孟子》和《庄子》，对话式论辩文；《荀子》和《韩非子》，专题议论文。

《论语》是儒家经典著作之一，是反映早期儒家思想的重要资料。主要记载了孔子及其弟子的言行。班固《汉书·艺文志》：“论语者，孔子应答弟子，时人及弟子相与言而接闻于夫子之语也。当时弟子各有所记，夫子既卒，门人相与辑而论纂，故谓之《论语》。”现在通行的《论语》共20篇，内容以伦理、教育为主。王国维论孔子的集大成云：“孔子者，‘述而不作，信而好古’，实践躬行之学也。上至三皇五帝，下至夏殷周诸圣贤之学说，无不集合而组织之，以大成儒教；其圆满之智如海。又多才多艺，至其感化力之伟大，人格之完全，古今东西，未见其比。”《论语》也是先秦时代文学语言的总集。其特点是言简意赅，用意深远，有一种雍容和顺、迂徐含蓄的风格。

《墨子》是墨翟及其后学的言论、著作集。其内容虽属哲学范畴，但在先秦散文发展中却有重要作用，即开论辩文之先河。其中“专论”的出现，标志着理论散文的一大发展。墨子是墨家学派的创始人，主张“兼爱”和“非攻”。《墨子》逻辑严密，说理明畅，善于用质朴的语言表达意思。

圣迹图

《孟子》是儒家经典著作之一，也是先秦诸子杰出的散文著作。孟子与其弟子万章、公孙丑等共同编撰而成。内容包括孟子的政治活动、政治学说、哲学思想和个性修养。全书分为《梁惠王》、《公孙丑》、《滕文公》、《离娄》、《万章》、《告子》、《尽心》七篇。孟轲发展了孔子的“礼治”和“德政”思想，提倡“王道”，主张“仁政”。孟轲的性善论是他“仁政”学说的基础，也是他教育理论的根据。他的散文特别具有灵活多样的辩论方法。文章气势充沛，感情洋溢，纵横驰骋，波澜壮阔，具有极大的鼓动力量，也不乏风趣诙谐的作品。

《庄子》是庄周及其弟子、后学的著作的汇总。道家经典之一。他继承和发展了老子的思想。与老子同是道家学派的代表人物，世称“老庄”。《庄子》在哲学、文学上都有值得研究的价值。

由于作者观察力的锐敏，想象力的无比丰富，并且兼具诗人的浪漫气质，因而他的文章富有独创性。庄子的散文往往通过奔放新奇的想象和浓厚的浪漫情调来阐述精湛的哲理，所以对后世的影响极大，后人极爱学习他的这种风格和技巧。《庄子》中的文章已经脱离了语录体的形式，标志着散文这一文学样式已经发展到成熟阶段。

《荀子》是战国末期儒家重要著作之一，也是先秦诸子散文的重要著作。全书共12卷，32篇，都是“专论”。荀子(约前313—前280年)战国末期朴素的唯物主义思想家、政治家、教育家、文学家。虽继承了孔子的学说，却又有改造，并对其他学派批判吸收，建立起自己的思想体系。荀子认为人性本恶，需要社会的礼法规范来裁抑人性中恶的因素，以实现社会的善；强调人的后天教育与学习。荀子的散文内容充实，论点突出，论证充分，组织严密，逻辑性强；同时语言生动，词汇丰富；既质朴又富丽，既儒雅又雄奇；发展并奠定了散文的艺术形式。

《韩非子》是法家的重要著作，也是先秦理论散文集大成之作。全书共55篇，大部分是韩非自作。韩非散文结构严谨，锋芒锐利，说理深刻。全书属于论辩文的占绝大部分。

先秦诸子散文无论是在思想上，还是在艺术风格上，都影响着后世散文的发展。

总之，先秦文学是中国古典文学的一个里程碑。

古代神话

中国的远古神话是一种集体的创作。它映射出先民们发现自然、书写民族文明的历史轨迹，具有美学价值和历史价值。

盘古开天地

天地浑沌如鸡子[1]，盘古生其中。万八千岁，天地开辟，阳清为天，阴浊为地[2]。盘古在其中，一日九变，神于天，圣于地[3]。(《艺文类聚》卷引《五运历年纪》)

昔盘古氏之死也，头为四岳，目为日月，脂膏为江海，毛发为草木[4]。(《述异记》卷上)

盘古像

【词语注释】

[1]鸡子：鸡蛋。[2]阳清为天，阴浊为地：轻清浮于上，重浊沉于下，这是古人对天、地成因的朴素理解。[3]神于天，圣于地：在天为神，在地为圣。[4]为：变成，成为。

【作品简析】

《盘古开天地》是我国原始社会流传下来的关于开天辟地的神话故事。通过对事物变化的认识，反映了原始人朴素的唯物思想。

大禹治水

洪水滔天。鲧窃帝之息壤以堙洪水，不待帝命[1]。帝命祝融杀鲧于羽郊[2]。鲧复生禹。帝乃命禹卒布土以定九州[3]。(《山海经·海内经》卷十八)

【词语注释】

[1]鲧(gǔn)：传说中我国上古时代部落首领，夏禹之父。息壤：传说中一种会生长的土。堙(yīn)：填塞。[2]祝融：传说中的火神。羽郊：羽山之郊。羽山，传说中的地名。[3]卒：终于。布：排列，这里指疏理。九州：指中国。

【作品简析】

大禹治水的故事在我国神话传说中流传极广，内容最丰富。

女娲补天

往古之时，四极废[1]，九州裂，天不兼覆，地不周载。火爁炎而不灭，水浩洋而不息，猛兽食颛民，鸷鸟攫老弱[2]。于是女娲炼五色石以补苍天，断鳌足以立四极。杀黑龙以济冀州，积芦灰以止淫水[3]。苍天补，四极正，淫水涸，冀州平，狡虫死，颛民生。背方州，抱圆天，和春阳夏，杀秋约冬，枕方寝绳，阴阳之所壅沈不通者，窍理之；逆气戾物，伤民厚积者，绝止之[4]。（《淮南子·览冥训》）

【词语注释】

[1]四极：东西南北四方，传说天是由四根柱子支撑。废：坏，指柱折天塌。[2]爁炎（lányán）：指火势很旺。颛民：善良的百姓。攫（jué）：抓。[3]济：救。淫水：大水。[4]方：指船。绳：绳床。壅沈：淤积，阻塞。窍：孔，这里用作动词。绝：阻。

女娲补天

【作品简析】

《女娲补天》是我国古代神话中奇伟瑰丽、动人心魄的一篇。该文在对英雄女神的赞扬中，寄托着原始人战胜自然灾害的美好愿望、雄伟气魄和高度智慧。

【拓展阅读】

1.《山海经》是一部内容丰富、风貌独特的古代著作，包含历史、地理、民族、神话、宗教、生物、水利、矿产、医学等诸方面。《山海经》是由几个部分汇集而成，并非出于一人一时之手。《山海经》的今传本为18卷39篇，其中《山经》（又称《五藏山经》）5卷，包括《南山经》、《西山经》、《北山经》、《东山经》、《中山经》。《海内经》、《海外经》共8卷。《大荒经》及《大荒海内经》5卷。《山海经》的地域范围：《南山经》东起浙江舟山群岛，西抵湖南西部，南抵广东南海，包括今浙、赣、闽、粤、湘5省。《山海经》记载众多的原始地理知识，对于矿产的记载尤其详细，把它们分成金、玉、石、土四类。希腊学者乔菲司蒂斯（公元前371—前286）所著《石头志》被认为是世界上最古老的地质文献，但它记载的矿物仅16种，把这些矿物分成金、石、土三类。而与其同时代或稍晚的《山海经》所记的矿物种类是它的5倍，分类更细。《山海经》还注意到矿物的共生现象，并根据其硬度、颜色、光泽、透明度、构造、敲击声、医药性等提出了识别矿物的方法，及详细记述动植物形态、性能和医疗功效，因此《山海经》在矿物学分类上有突出贡献。撰写《中国科学技术史》的英国科学家李约瑟博士说：“《山海经》是一个名副其实的宝库，我们可以从中得到许多古人是怎样认识矿物和药物之类物质的知识。”书中有不少远古神话传说片段。

2.《淮南子》又称《淮南鸿烈》，是西汉初淮南王刘安及门客编撰的一部哲学著作。全书体系比较庞杂，具有哲学史和史学史价值。在美学方面，《淮南子》对美与美感、形神问题以及形象思维等问题作了独到的论述，成为先秦至魏晋美学思想发展的一个重要环节。在阐释哲理时，旁涉奇物异类、鬼神灵怪，所以保存了一部分神话材料。

【相关链接】

1. 刘文典　《淮南子集解》（商务印书馆）
2. 茅盾　《中国神话研究 ABC》
3. 闻一多　《伏羲考》
4. 袁珂　《古神话选释》、《中国古代神话》、《山海经校注》（上海古籍出版社）

《诗经》

关 雎

《关雎》是《国风》的第一首，也是全书的首篇。这是一首描写男女恋爱的诗歌。

一

关关雎鸠[1]，在河之洲。窈窕淑女，君子好逑[2]。

二

参差荇菜[3]，左右流之[4]。窈窕淑女，寤寐求之。
求之不得，寤寐思服[5]。悠哉悠哉[6]，辗转反侧[7]。

三

参差荇菜，左右采之。窈窕淑女，琴瑟友之[8]。
参差荇菜，左右芼之。窈窕淑女，钟鼓乐之[9]。

【词语注释】

[1]关关：象声词。《传》："和声也"。雎鸠：鱼鹰，常栖息在河流湖泊。 [2]窈窕(yǎo tiǎo)：叠韵。苗条而美好。君子：诗中指思慕姑娘的青年。好逑：佳偶。 [3]参差(cēn cī)：双声。长短不齐的样子。荇(xìng)菜：多年生水生草本植物。 [4]流：《尔雅·释诂》："流，择也。"选取。采，芼(mào)，同义。 [5]寤寐思服：反复思念。 [6]悠哉：悠，想念深长。哉，语助词，表示感叹。悠哉悠哉，犹言"想念啊，想念啊"。 [7]辗转反侧：翻来覆去，难以入眠。 [8]琴瑟：两种弦乐器。 [9]钟鼓：两种打击乐器。

【作品简析】

《关雎》描写恋爱发展的全过程，从初恋、追求，到成功，感情真挚而深沉。通过男主人公的心理活动和行动的刻画，衬托出善良美丽的女子形象。全诗风格淳朴自然，是一首写得十分出色的恋歌。

【拓展阅读】

1. 孔子在《论语·八佾》有中肯的评价：《关雎》乐而不淫，哀而不伤。观全诗充满着男子的浪漫情怀，它写思慕，写追求，写向往，深刻细微而不失理性平和，感情热烈又不陷于难以自拔的痛苦呻吟。(余冠英)

2. 姚际恒《诗经通论》评云：前后四章，章四句，辞义悉协。今夹此四句于"寤寐求之"之下，"友之""乐之"二章之上，承上递下，通篇精神全在此处。盖必著此四句，方使下"友""乐"二义快足满意。若无此，则上之云"求"，下之云"友""乐"，气势弱而不振矣。此古人文章争扼要法，其调亦迫促，与前后平缓之音别。

3. 朱熹《诗集传序》：凡诗之所谓风者，多出于里巷歌谣之作，所谓男女相与咏歌，各言其情者也。

【相关链接】

李学勤主编 《毛诗正义》（北京大学出版社）

灵 台

《灵台》选自《诗经·大雅》，描写周文王兴建灵台与民同乐的诗。

一

经始灵台，经之营之[1]，庶民攻之，不日克之[2]。

二

经始勿亟，庶民子来[3]。王在灵囿，麀鹿攸伏[4]。

三

麀鹿濯濯，白鸟翯翯[5]。王在灵沼，於牣鱼跃[6]。

四

虡业维枞，贲鼓维镛[7]，於论钟鼓，於乐辟廱[8]。

五

於论钟鼓，於乐辟廱，鼍鼓逢逢，矇瞍奏公[9]。

西周大克鼎

【词语注释】

[1]灵台：囿台名。相传为文王所作。经：规划。营：营造。[2]攻：劳作。克：完成。[3]亟：急。来：不召自来。[4]灵囿(yòu)：园名。古代帝王置林池、畜鸟兽、植花卉以供游乐的处所。麀(yōu)：母鹿。攸：游。伏：睡。[5]濯濯：悠闲自得。翯翯(hè)：羽毛洁白。[6]灵沼：沼名。於(wū)：叹词。牣(rèn)：满。[7]虡(jù)：悬挂编磬的木架。业：鼓架。维：与，和。枞(cōng)：悬大钟的架子。贲(fén)鼓：大鼓。镛：大钟。[8]论：伦，有序。辟廱(bì yōng)：周时的大学，圆形，三面环水。[9]鼍(tuó)：鳄鱼，其皮可蒙鼓。逢逢：鼓声。矇(méng)瞍(sǒu)：均指盲人。公：指奏乐之事。

【作品简析】

《灵台》融景情于人和物的描写之中。一章写兴建灵台之乐；二三章写观灵囿、灵沼之乐；四五章写观乐师合奏之乐。通过人物活动和场景描写，表现了文王与民同乐和民也乐其乐的主题。在艺术手法上，融情于描写之中。语言典雅，音节铿锵，是正雅中的典型作品。此外，从《灵台》中所描述的整体布局，也可看作是中国古典园林艺术的"雏形"。

【拓展阅读】

《孟子·梁惠王》：文王以民力为台为沼，而民欢乐之……古之人与民偕乐，故能乐也。

【相关链接】

1. 陈子展　《诗经直解》（复旦大学出版社）
2. 周维权　《中国古典园林史》（清华大学出版社）

采　薇

《采薇》选自《小雅·鹿鸣之什》。描写士兵在出征归途中，回顾征战的艰辛，流露出思恋家乡的哀怨情绪。

一

采薇采薇[1]，薇亦作止[2]。曰归曰归，岁亦莫止[3]。
靡室靡家，猃狁之故[4]。不遑启居，猃狁之故[5]。

二

采薇采薇，薇亦柔止[6]。曰归曰归，心亦忧止。
忧心烈烈，载饥载渴[7]。我戍未定，靡使归聘[8]。

三

采薇采薇，薇亦刚止[9]。曰归曰归，岁亦阳止[10]。

王事靡盬，不遑启处[11]。忧心孔疚，我行不来[12]。

四

彼尔维何，维常之华[13]。彼路斯何，君子之车[14]。
戎车既驾，四牡业业[15]。岂敢定居，一月三捷[16]。

五

驾彼四牡，四牡骙骙[17]。君子所依，小人所腓[18]。
四牡翼翼，象弭鱼服[19]。岂不日戒，猃狁孔棘[20]。

六

昔我往矣，杨柳依依[21]。今我来思，雨雪霏霏[22]。
行道迟迟，载饥载渴[23]。我心伤悲，莫知我哀。

【词语注释】

[1]薇：野豌豆苗，可食。[2]作：生，指初生。止，语末助词。[3]曰：语首助词，无实意。莫：即今"暮"字。[4]靡室靡家：无有家室生活。猃狁(xiǎnyǔn)：即北狄，匈奴。[5]不遑：不暇。启：跪、危坐。居：安坐、安居。古人常席地而坐。[6]柔：柔嫩。[7]烈烈：炽烈。载饥载渴：即又饥又渴。[8]戍：防守。定：止。聘：问，谓问候。[9]刚：坚硬。[10]阳：农历十月为阳。[11]靡盬(gǔ)：无止息。启处：启居。[12]孔：很。疚：苦痛。行：出行。来：归。[13]尔：花盛开貌。常：常棣，植物名。华，即"花"字。[14]路：通"辂"，即大车。斯何：是(谁的)。君子：指将帅。[15]戎车：兵车。牡：雄马。业业：指马强壮的样子。[16]定居：安居。捷：指交战。[17]骙(kuí)：威武的样子。[18]腓(féi)：掩护。[19]翼翼：安闲。弭(mǐ)，弓的一种，其两端饰以骨角。象弭，以象牙装饰两端的弓。鱼服，鱼皮制的箭囊。[20]日戒：日日警惕戒备。棘：急。[21]昔：先前，指出征时。依依：依恋。[22]思：句末助词。霏霏：(雪)大。[23]迟迟：缓慢。

【作品简析】

《采薇》全诗六章，每章八句，用采薇起兴。前三章写征夫久戍不归的思乡之情。四五章写紧张的战斗情景。末章写征夫归途中惆怅哀伤的心情。前三章重章叠句，心情随季节的推移而变化。末章前四句，语言朴实，意境幽深，为千古名句。

【拓展阅读】

1. 方玉润《诗经原始》：真情实景，感时伤事，别有深情，非可言喻。

2. 王夫之《姜斋诗话》卷上："昔我往矣，杨柳依依；今我来思，雨雪霏霏。"以乐景写哀，以哀景写乐，一倍增其哀乐。

3. 朱熹《诗集传》：赋者，敷陈其事而直言之者也；比者，以彼物比此物也；兴者，先言他物以引起所咏之辞也。

【相关链接】

《中国大百科全书·中国文学》（中国大百科全书出版社）

蒹　葭

《蒹葭》选自《国风·秦风》。今人认为是一首爱情诗或怀人诗。

一

蒹葭苍苍，白露为霜[1]。所谓伊人，在水一方[2]。
溯洄从之，道阻且长[3]。溯游从之，宛在水中央[4]。

二

蒹葭萋萋，白露未晞[5]。所谓伊人，在水之湄[6]。

溯洄从之，道阻且跻[7]。溯游从之，宛在水中坻[8]。

三

蒹葭采采，白露未已[9]。所谓伊人，在水之涘[10]。

溯洄从之，道阻且右[11]。溯游从之，宛在水中沚[12]。

【词语注释】

[1]蒹葭(jiān jiā)：芦苇。苍苍：青色。白露为霜：白露凝结成霜。 [2]伊人：这个人，指追求的对象。在水一方：在大水的一边。 [3]溯洄：逆流而上。阻：艰险。且：又。 [4]溯游：顺流而下。宛：宛如，好像。[5]萋萋：茂盛。晞：干。 [6]湄：水边高崖。 [7]跻(jī)：上升。 [8]坻(chí)：水中高地。 [9]采采：多。已：干。[10]涘(sì)：水边。 [11]右：迂回曲折。 [12]沚(zhǐ)：水中小洲。

【作品简析】

本诗三章，反复吟咏，词语稍加变化，表达出主人公的感情逐步加深，诗意和感染力也层层加强。通过景物描写来烘托情感，刻画很成功。

【拓展阅读】

1. 叶燮　《原诗》：诗之至处，妙在含蓄无垠，思致微渺，其寄托在可言不可言之间，其指归在可解不可解之会；言在此而意在彼，泯端倪而离形象，绝议论而穷思维，引人于冥漠恍惚之境，所以为至也。

2. 钱钟书　《管锥篇》：欢乐长在河之彼岸。

【相关链接】

1. 王国维　《人间词话》：《诗·蒹葭》一篇，最得风人深致。

2. 沈德潜　《说诗晬语》：苍凉弥渺，欲即转离，名人画本，不能到也。

3. 谢榛　《四溟诗话》：《三百篇》已有声律，若“蒹葭苍苍，白露为霜”。

4. 陈子展　《诗经直解》：《蒹葭》诗境颇似象征主义，而含有神秘意味。

七　月

《七月》选自《国风·豳风》。是一首农事诗，诗中描述了周代早期的农业生产情况。

一

七月流火，九月授衣。

一之日觱发，二之日栗烈。

无衣无褐，何以卒岁[1]？

三之日于耜，四之日举趾。

同我妇子，馌彼南亩，田畯至喜[2]！

二

七月流火，九月授衣。

春日载阳，有鸣仓庚。

女执懿筐，遵彼微行，爰求柔桑。

春日迟迟，采蘩祁祁。

女心伤悲，殆及公子同归[3]。

三

七月流火，八月萑苇。
蚕月条桑，取彼斧斨，
以伐远扬，猗彼女桑[4]。
七月鸣鵙，八月载绩。
载玄载黄，我朱孔阳，为公子裳[5]。

四

四月秀葽，五月鸣蜩。
八月其获，十月陨萚[6]。
一之日于貉，取彼狐狸，为公子裘。
二之日其同，载缵武功[7]。
言私其豵，献豜于公[8]。

五

五月斯螽动股，六月莎鸡振羽。
七月在野，八月在宇，九月在户，
十月蟋蟀，入我床下[9]。
穹窒熏鼠，塞向墐户。
嗟我妇子，曰为改岁，入此室处[10]。

六

六月食郁及薁，七月亨葵及菽。
八月剥枣，十月获稻。
为此春酒，以介眉寿[11]。
七月食瓜，八月断壶，九月叔苴，
采荼薪樗，食我农夫[12]。

七

九月筑场圃，十月纳禾稼。
黍稷重穋，禾麻菽麦。
嗟我农夫，我稼既同。上入执宫功[13]。
昼尔于茅，宵尔索绹。
亟其乘屋，其始播百谷[14]。

八

二之日凿冰冲冲，三之日纳于凌阴，
四之日其蚤，献羔祭韭。
九月肃霜，十月涤场[15]。
朋酒斯飨，曰杀羔羊。
跻彼公堂，称彼兕觥，万寿无疆[16]！

【词语注释】

[1]七月：夏历七月。流火：火星在黄昏时已西下。授：发。衣：指御寒的衣服。觱(bì)发(bō)：风寒。栗烈：凛冽。褐(hè)：粗布衣服。卒岁：终岁，过完一年。一之日，二之日：夏历十一月，十二月。 [2]三之日，四之日：夏历正月，二月。于耜(sì)：整修耕具。举趾：举足耕耘。馌(yè)：送饭。南亩：向阳的田地。田畯(jùn)：农官。至喜：甚喜。 [3]仓庚：鹂

鸟。懿筐：采桑用的深筐。遵：沿。微行：小路。爰（yuán）：于是。蘩：白蒿。祁祁：众多。女：女子。殆：恐惧，害怕。[4]萑（huán）苇：芦苇。蚕月：养蚕之月。条桑：挑选嫩桑叶。斧斨（qiāng）：受柄之孔方形的叫斧，圆形的叫斨。伐：砍。远扬：指长的枝条。猗（yī）：引。女桑：指柔嫩的桑枝。[5]鵙（jué）：伯劳鸟。绩：纺麻。"我朱孔阳"二句：我用鲜艳的红色丝织品，为公子制作祭服。[6]葽（yāo）：草名，即远志。蜩（tiáo）：蝉。获：收获。陨萚（tuò）：草木之叶陨落。[7]于貉（hé）：猎兽。裘：狐裘大衣。同：会集。缵：继续。武功：武事，这里指狩猎。[8]私：私有。豵（zōng）：一岁的猪。豜（jiān）：三岁的猪。[9]斯螽（zhōng）：蝗类。动股：鸣叫。莎（suō）鸡：纺织娘。在野、在宇、在户：指蟋蟀在屋外、在檐下、在室内。[10]穹窒（qióng zhì）：堵好墙洞。墐（jìn）：用泥涂塞。向：北窗。户：门。改岁：过年。[11]郁：树名，郁李。薁（yù）：野葡萄。介：助。眉寿：长寿。[12]断壶：摘葫芦。叔苴（jū）：收拾青麻。荼（tú）：一种苦菜。樗（chū）：臭椿树。薪：砍伐。[13]重：晚熟作物。穋（lù）：早熟的作物。同：聚拢，指谷物收齐。上入：进城。执宫功：修缮房屋。[14]于茅：割茅草。绹（táo）：搓绳子。亟：急。[15]冲冲：凿冰声。纳：储藏。凌阴：冰窖。蚤：通"早"。涤场：打扫场地。[16]朋酒：两樽酒。跻：登上。公堂：庙堂。称：举。兕觥（sì gōng）：兕角制的酒具。

【作品简析】

《豳风·七月》是一首反映奴隶终年劳动情景的长诗。它按时逐月地写出了男女奴隶们的全年农事活动。全诗共八章，每章叙述一些劳动的过程，基本概括了奴隶制时代农业的生产情形，真实地反映了奴隶主贵族对奴隶的残酷剥削，展现了奴隶的劳动和生活图景。铺陈直叙的描绘，对比手法的运用，结构井然，语言质朴。

【拓展阅读】

1.《周礼·春官·大师》：大师教六诗：曰风，曰赋，曰比，曰兴，曰雅，曰颂。

2. 孔颖达《毛诗正义》：风、雅、颂者，诗篇之异体；赋、比、兴者，诗文之异辞耳。大小不同，而得并为六义者，赋、比、兴是诗之所用，风、雅、颂是诗之成形，用彼三事，成此三事，是故同称为义。

3. 刘师培《论文杂记》：上古之时……谣谚之音，多循天籁之自然，其所以能谐音律者，一由句各叶韵，二由语句之间多用叠韵双声之字。

4. 郑樵《通志·乐略·正声序论》："《诗》在于声，不在于义，犹今都邑有新声，巷陌竞歌之，岂为其辞义之美哉？直为其声新耳。""凡律其辞，则谓之诗，声其诗，则谓之歌，作诗未有不歌者也。"

【相关链接】

1. 杨任之《诗经探源》（青岛出版社）

2. 余冠英 《诗经选译》（人民文学出版社）

3. 迟文浚 《诗经百科辞典》（辽宁人民出版社）

橘颂

屈原

《橘颂》选自《楚辞·九章》。屈原（约前340年—约前278年）名平，字原。我国文学史上第一位伟人的爱国诗人。他开启了诗歌从集体创作到个人创作的新时代。

后皇嘉树，橘徕服兮[1]。
受命不迁，生南国兮[2]。
深固难徙，更壹志兮[3]。
绿叶素荣，纷其可喜兮[4]。
曾枝剡棘，圆果抟兮[5]。
青黄杂糅，文章烂兮[6]。
精色内白，类任道兮[7]。
纷缊宜修，姱而不丑兮[8]。
嗟尔幼志，有以异兮[9]。
独立不迁，岂不可喜兮[10]？
深固难徙，廓其无求兮[11]。
苏世独立，横而不流兮[12]。
闭心自慎，终不失过兮[13]。
秉德无私，参天地兮[14]。
原岁并谢，与长友兮[15]。
淑离不淫，梗其有理兮[16]。
年岁虽少，可师长兮[17]。
行比伯夷，置以为像兮[18]。

【词语注释】

[1]后皇：后土皇天，指天地之间。嘉：美好。徕：同“来”。服：适应。 [2]受命：禀受天性。迁：迁徙。南国：南方。 [3]壹：专一。志：志向。 [4]素：白色。荣：树的花朵。纷：缤纷。 [5]曾(céng)：通“层”，重叠。剡(yǎn)：锐利。棘：刺。圆果：指橘子。抟(tuán)：圆美。 [6]杂糅：错杂。文章：指色彩。烂：灿烂。 [7]精色：纯净的色彩。内白：皮肉洁白。类：如。任道：指君子。 [8]纷缊(yūn)：香味芬芳。宜修：美好。姱：优美。不丑：脱俗。 [9]嗟(jiē)：感叹词。尔：你。幼志：幼年的志向。异：不同。 [10]迁：变更。 [11]廓：宽广，指胸怀开阔。 [12]苏世独立，横而不流兮：疏远俗世，超然自立；不随波逐流。 [13]慎：谨慎。失过：犯过错。 [14]秉：持。参：合。意为合天地之美德。 [15]原：同“愿”。岁：岁月。谢：消逝。友：与(橘树)为友。 [16]淑离：孤寂的样子。淫：惑乱。梗：直。理：纹理。比喻有正道。 [17]少(shào)：年轻。师长：作为师长对待。 [18]行(xìng)：品行。比：并立。伯夷：商末孤竹君的长子，周灭商，伯夷与其弟叔齐义不食周粟，饿死于首阳山，为后世称颂的有节之士。置：立。像：榜样。

【作品简析】

第一部分主要描写橘树的生长习性，枝叶花果的情状，表现诗人对橘树的赞美之情。第二部分尽情歌颂橘树的美德(内在精神)，表达了诗人的景仰之情。《橘颂》堪称我国文学史上第一首咏物诗。屈原通过类比联想，托物言情，将橘树与人的精神、品格联系起来，给予热情的赞美。以物写人，托物言情，营造了一种独特的诗歌意境，其思想与艺术对后世的影响极为深远。

【拓展阅读】

1. 楚文化在民族心理层面的特征是崇火尚凤、亲鬼好巫、天人合一、力求浪漫，与中原文化尚土崇龙、敬鬼远神、天人相分、力主现实形成鲜明对照。此外，楚人尚赤、尚东、尚左也与北方文化有所不同。念祖、忠君、爱国是中原文化和楚文化的共有之处，但中原文化偏重于礼法，楚文化偏重于情感，而且楚文化在念祖、忠君、爱国上比中原文化表现得要更为强烈深沉。楚文化在物质方面主要表现为漆器、木器及青铜器，丝织、刺绣及工艺品，郢都、宫殿及台榭建筑，帛画、壁画及屈骚庄文，编钟、琴弦及轻歌曼舞，祭祀膜拜等民俗。

2. 林云铭《楚辞灯》：看来两段中句句是颂橘，句句不是颂橘，但见(屈)原与橘分不得是一是二，彼此互映，有镜花水月之妙。

【相关链接】

郭沫若的历史剧《屈原》。

《论语》(十则)

《论语》是儒家经典著作之一，主要记载的是孔子及其弟子的言行。孔子(前551—前479年)，名丘，字仲尼，鲁国人。春秋末年的思想家、政治家、教育家，儒家学派的创始人。

子曰："学而时习之，不亦说乎[1]？有朋自远方来，不亦乐乎？人不知而不愠[2]，不亦君子乎？"

子曰："弟子，入则孝，出则弟，谨而信，泛爱众，而亲仁[3]。行有余力，则以学文[4]。"

子曰："君子食无求饱，居无求安，敏于事而慎于言[5]，就有道而正焉[6]，可谓好学也已。"

子曰："知之者不如好之者，好之者不如乐之者[7]。"

子曰："三人行，必有我师焉；择其善者而从之，其不善者而改之。"

孔子讲学

子曰："志于道，据于德，依于仁，游于艺[8]。"

子曰："人无远虑，必有近忧。"

子曰："不患人之不己知，患其不能也[9]。"

子曰：夫仁者，己欲立而立人，己欲达而达人。

子曰："岁寒，然后知松柏之后凋也[10]。"

【词语注释】

[1]说(yuè)：通"悦"，喜悦。[2]愠(yùn)：怒。[3]弟子：指年幼的人。入：在家中。弟(tì)：通"悌"，敬重兄长。谨：少言语。信：诚信。仁：有仁德的人。[4]行：践行，做。文：指诗书六艺之文。[5]君子：指有德之人。敏：敏捷。慎：小心。[6]就：靠，接近。正：匡正。[7]好(hào)：喜欢。乐：以……为乐。[8]艺：指礼、乐、射、御、书、数六艺。[9]患：担忧。己知：了解自己。能：有能力。[10]凋：凋谢。

【作品简析】

《论语》记载了孔子关于政治、哲学、伦理、道德、教育、文学、艺术等方面的言论。全书共有20篇。南宋以后，列为"四书"之一。核心思想是"仁"。"仁者，爱人。"这是孔子提倡的最高道德标准。所选十则语录，内容侧重在学业、修养、待人、处世等方面。体现了语录体散文的特点，即言简意赅，浅显易懂，用意深远。

【拓展阅读】

毛泽东《中国共产党在民族战争中的地位》：我们这个民族有数千年的历史……今天的中国是历史的中国的一个发展，我们是马克思主义的历史主义者，我们不应当割断历史，从孔夫子到孙中山，我们应当给以总结，承继这一份珍贵的遗产。

【相关链接】

1. 杨伯峻 《论语译注》 (中华书局)
2. 李泽厚 《论语今读》(新版三联书店)
3.《于丹〈论语〉心得》(中华书局)

《孟子》(三则)

孟 子

《孟子》为儒家经典著作之一，也是先秦杰出的散文著作。孟子(约前372年—前289年)，名轲，字子舆。战国时期的思想家、教育家、散文家。孟子继承和发展了孔子的思想，是继孔子之后先秦儒家学派的主要代表人物。

孟子像

老吾老，以及人之老[1]；幼吾幼，以及人之幼。天下可运于掌。《诗》云："刑于寡妻，至于兄弟，以御于家邦[2]"。言举斯心加诸彼而已[3]。故推恩足以保四海，不推恩无以保妻子[4]。古之人所以大过人者无他焉，善推其所为而已矣。今恩足以及禽兽，而功不至于百姓者，独何与[5]？

《梁惠王上》

天时不如地利，地利不如人和。三里之城，七里之郭，环而攻之而不胜[6]。夫环而攻之，必有得天时者矣；然而不胜者，是天时不如地利也。城非不高也，池非不深也，兵革非不坚利也，米粟非不多也；委而去之，是地利不如人和也[7]。故曰：域民不以封疆之界，固国不以山溪之险，威天下不以兵革之利[8]。得道者多助，失道者寡助。寡助之至，亲戚畔之[9]；多助之至，天下顺之。以天下之所顺，攻亲戚之所畔；故君子有不战，战必胜矣。

《公孙丑下》

舜发于畎亩之中，傅说举于版筑之间，胶鬲举于鱼盐之中，管夷吾举于士，孙叔敖举于海，百里奚举于市[10]。

故天将降大任于斯人也，必先苦其心志，劳其筋骨，饿其体肤，空乏其身，行拂乱其所为，所以动心忍性，曾益其所不能[11]。

人恒过，然后能改；困于心，衡于虑，而后作[12]；征于色，发于声，而后喻[13]。入则无法家拂士，出则无敌国外患者，国恒亡[14]。然后知生于忧患，而死于安乐也。

《告子下》

【词语注释】

[1]老吾老：孝敬自己的长辈。前一老字用作动词。[2]句出《诗经·大雅·思齐》。刑：正。寡妻：国王之妻的谦称。御：治理。家邦：指国家。[3]举：拿。加诸：加之于。[4]推：推广，广施。[5]与：同"欤"。[6]城：内城。郭：外城。环：围住。[7]坚：坚固。利：锋利。米粟：指粮食。委：放弃。去：离开，逃走。[8]域：限制。固：巩固。[9]畔：通"叛"。[10]发：被起用。畎(quǎn)亩：田野。傅说(yuè)：殷王武丁时人。举：被选拔。版筑：筑城的劳役。胶鬲(gé)：周文王时虞人。市：市场。[11]拂(fú)：违背。乱：扰乱。曾：同"增"。[12]恒过：经常有过失。衡：不顺。作：奋起，有所作为。[13]征：察验。色：脸色。喻：理解，明白。[14]拂(bì)士：辅佐。

【作品简析】

《孟子》主要记载孟子的言行，由孟子和他的弟子万章、公孙丑等编撰而成。《孟子》的核心思想是"仁义"。孟子提出"民为贵，社稷次之，君为轻"的思想，重视民众的作用。《孟子》以问答对话的方式，展开雄辩的说理。全书篇幅较《论语》为长，更能确切地表达出思想内容。比喻、排比等修辞手法的运用，句式的多变，增强了文章的气势。

【拓展阅读】

《史记·孟子荀卿列传》：孟子与学生万章等人著书立说，"序《诗》《书》，述仲尼之意，作《孟子》七篇。"

【相关链接】

1.《孟子》主要注本有《孟子注疏》，《四部备要》本14卷；《孟子集注》，《四部备要》本7卷；《孟子正义》，《四部备要》本30卷。

2. 杨伯峻　《孟子今译》（中华书局）

大　学

《大学》原为《小戴礼记》中的一篇。秦汉时儒家作品，“四书”之一。对中国古代教育影响极大。

古之欲明明德于天下者，先治其国[1]；欲治其国者，先齐其家[2]；欲齐其家者，先修其身；欲修其身者，先正其心；欲正其心者，先诚其意；欲诚其意者，先致其知；致知在格物[3]。物格而后知至，知至而后意诚，意诚而后心正，心正而后身修，身修而后家齐，家齐而后国治，国治而后天下平。自天子以至于庶人，壹是皆以修身为本[4]。其本乱而末治者，否矣[5]。其所厚者薄，而其所薄者厚，未之有也[6]。

【词语注释】

[1]明：彰显，发扬。明德：大德，美德。[2]齐：整饬。[3]致：得到，充实。知：知识。格物：推究事物的道理。[4]庶人：百姓。壹是：一概。[5]否：不可。[6]厚：看重，重视。薄：轻视。未之有：即“未有之”。

【作品简析】

选文强调修己是治国的前提和基础，个人的道德修养是成就事业的必由之路。着重阐释了理想人格由内在的“诚意”、“正心”扩延至外在的“治国”、“平天下”的具体实践活动。文章条理清晰，论述严密。

【拓展阅读】

汤之盘铭曰：“苟日新，日日新，又日新。”康诰曰：“作新民。”诗曰：“周虽旧邦，其命惟新。”是故君子无所不用其极。

【相关链接】

1. 徐复观《中国人性论史·先秦篇》（台湾商务印书馆）

2.《朱子四书语类》（上海古籍出版社）

中　庸

《中庸》原是《小戴礼记》中的一篇。秦汉时儒家作品，“四书”之一。与《大学》一样，也是中国古代讨论教育理论的重要论著。

博学之[1]，审问之[2]，慎思之[3]，明辨之[4]，笃行之[5]。有弗学，学之弗能弗措也[6]。有弗问，问之弗知弗措也。有弗思，思之弗得弗措也。有弗辨，辨之弗明弗措也。有弗行，行之弗笃弗措也。人一能之己百之[7]，人十能之己千之。果能此道矣[8]，虽愚必明[9]，虽柔必强[10]。(《中庸》第二十章)

【词语注释】

[1]“博学之”五句：主要讲如何达到“诚”的五层功夫。博：广泛，普遍。[2]审：详细。[3]慎：勤慎，勤勉。[4]辨：辨析。[5]笃：笃实。[6]“有弗学”二句：要么不学，学了就要学会，否则就不停止。措：停止，放弃。[7]“人一能之”句：别人用一倍的功

夫，自己就用百倍的功夫。 [8]果能此道矣：真的能具有这种精神。果：真。 [9]虽愚必明：即使再愚昧的人，也必定能够达到聪明的境地。虽：即使。 [10]虽柔必强：即使再软弱的人，也必定能够进至勇敢的境地。

【作品简析】

《中庸》是儒家阐述“中庸之道”，并提出人性修养的教育理论著作。提出：“天命之谓性，率性之谓道，修道之谓教”。发展了孔子“内省”和曾子“自省”的教育思想。《中庸》还阐述了学习程序，强调勤奋不懈的学习精神。选文文字简洁，含义深刻，对今人的治学为人仍有借鉴意义。

【拓展阅读】

1.《中庸》提出了有德之人必须好“三达德”，实行“五达道”，才能达到“中庸”的境界。所谓“五达道”即“君臣也，父子也，夫妇也，昆弟也，朋友之交也”。处理这五方面关系的准则是：“君惠臣忠”、“父慈子孝”、“夫义妇顺”、“兄友弟恭”、“朋友有信”。“五达道”的实行，要靠“三达德”：“智”、“仁”、“勇”。而要做好“三达德”，达到“中庸”的境界，就要靠“诚”。教育的目的就是要人们努力进行主观心性的养成，以达到“至诚”的境界。

2.《中庸》第一章：喜怒哀乐之未发，谓之中；发而皆中节，谓之和。中也者，天下之大本也；和也者，天下之达道也。致中和，天地位焉，万物育焉。

3. 汉代著名经学家郑玄认为：“名曰‘中庸’者，以其记中和之为用也。庸，用也。”唐代孔颖达《礼记正义》引郑玄语。在这里，郑玄释“中庸”为“中和之为用”，颇得《中庸》之本义。“中庸”即“用中”，就是在现实行为中，一切思想行为都要符合“中”的原则。“中庸”是由“中”——一种内在道德伦理状态以及“和”——一种实践中的和谐状态——这两部分组成，是理论和实践的有机结合。程颐解释“中庸”说：“不偏之谓中，不易之谓庸。中者天下之正道，庸者天下之定理。”朱熹解释“中庸”说：“中者，不偏不倚、无过不及之名。庸，平常也。”

【相关链接】

王杰《儒家文化的人学视野》（中共中央党校出版社）

礼　记

《礼记》是儒家经典之一。是中国古代一部重要的典章制度书籍。全书保存了先秦时代的重要史料。《礼记》成书于西汉时期。传本分《大戴礼记》和《小戴礼记》两种。

孔子曰：“大道之行也[1]，与三代之英[2]，丘未之逮也[3]，而有志焉[4]。大道之行也，天下为公。选贤与能，讲信修睦[5]。故人不独亲其亲[6]，不独子其子；使老有所终，壮有所用，幼有所长；矜寡孤独废疾者[7]，皆有所养；男有分，女有归[8]。货恶其弃之于地也[9]，不必藏于己；力恶其不出于身也，不必为己。是故谋闭而不兴[10]，盗窃乱贼而不作，故外户而不闭。是谓大同[11]。”（《礼记·礼运》第三十二）

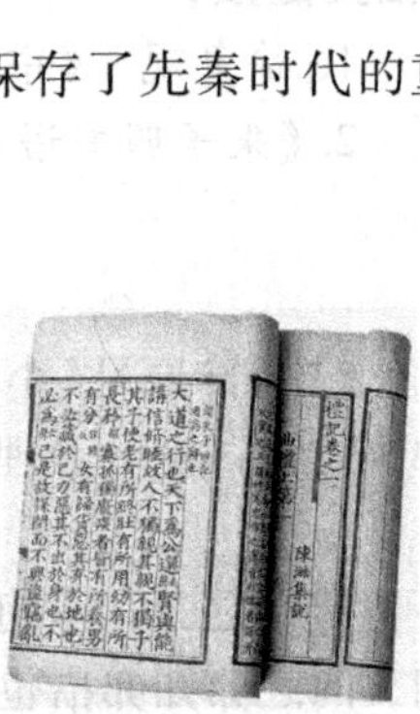

《礼记》书影

【词语注释】

[1]大道：治理社会的最高准则，指儒家理想化的古代社会均衡状态。 [2]三代之英：唐尧、虞舜、夏禹三个时期的杰出英才。 [3]逮：赶上。 [4]有志：古书上有记载。 [5]修睦：修好和睦。 [6]亲：前一亲字用作动词，亲近；后一亲字是名词。下句用法相同。 [7]矜(guān)：通“鳏”，没有妻子的人。 [8]分：本分，应有社会职责和家庭生活保障。归：古时女子出嫁。 [9]恶(wù)：讨厌，憎恨。 [10]谋：阴谋。兴(xīng)：兴起。 [11]大同：当

时儒家的理想社会境界。

【作品简析】

本文选自《小戴礼记》。孔子心目中的“大同”社会应该是：人人为公，选用贤能，讲究诚信，重视睦邻；爱护他人，照顾弱者，保障生活；无阴谋，无盗贼，无戒备。这反映了孔子对当时社会现实的不满和试图改变现实的良好愿望。

【拓展阅读】

1. 作为一个学派的儒家自孔子以后，所传所守，有礼、乐、书、数、御、射六艺，有《诗》、《书》、《易》、《礼》、《春秋》五经，其中以礼学和易学最有发展，最有成就。自孔子以后，经孔门弟子，历孟、荀以至汉初，儒士对礼学的研究持续不断。迄汉以前，儒士以《士礼》(《仪礼》)、《周官》、古文《逸礼》为基础，逐渐积累形成了系统而丰富的礼学理论，这就是在东汉后期编撰单行的“礼记”。礼记今传有《礼记》(《小戴礼记》) 四十九篇和《大戴礼记》三十九篇。

2.《论语·学而》：礼之用，和为贵，先王之道，斯为美，小大由之。有所不行，知和而和，不以礼节之，亦不可行也。《礼记》的礼学发展了孔子关于“礼”的思想这一主题。

【相关链接】

1.《朱子语类选》、《朱子大全集选》 （高等教育出版社）

2. 杨天宇 《礼记译注》 （上海古籍出版社）

《庄子》秋水

庄子(约前369年—约前286年)，名周，战国中期宋国蒙人。我国古代著名的哲学家。他继承和发展了老子“道法自然”的观点，后世并称“老庄”。《庄子》，又名《华南经》，为道家经典之一，庄子及其后学所著。在哲学、文学上都具有较高的研究价值。

秋水时至，百川灌河[1]。泾流之大，两涘渚崖之间，不辩牛马[2]。于是焉河伯欣然自喜，以天下之美为尽在己[3]。顺流而东行，至于北海，东面而视，不见水端[4]。于是焉河伯始旋其面目[5]，望洋向若而叹曰[6]：“野语有之曰：‘闻道百，以为莫己若者。’我之谓也[7]。且夫我尝闻少仲尼之闻而轻伯夷之义者，始吾弗信[8]。今我睹子之难穷也，吾非至于子之门则殆矣，吾长见笑于大方之家[9]。”

庄子像

【词语解释】

[1]时：指季节、时令。灌：注入。河：黄河。 [2]泾(jīng)流：水流。涘：河岸。渚(zhǔ)崖：水洲岸边。辩：通“辨”。 [3]河伯：河神。 [4]东面：面向东。水端：水的尽头。 [5]旋其面目：改变了他先前欣喜的面容。旋：转。 [6]望洋：仰视的样子。向：对。若：海神。 [7]野语：俗语。道：道理。百：泛指多。莫己若：没有谁比得上自己。 [8]尝闻：曾经听说。少：看不起。闻：指学问。轻：轻视。 [9]子：你。穷：穷尽。殆(dài)：危险。长：长久。见笑：被笑。大方之家：有很高的道德修养的人。

【作品简析】

本文节选自《庄子·秋水》。通过河伯的自我反省，揭示了一个道理：人对外物的认识，受到主客观条件的制约，千万不能自我满足。通过形象的寓言故事，来阐述抽象的道理，这是庄子散文的一大特色。本文构思巧妙，语言生动，结论引人深思。

【拓展阅读】

鲁迅说《庄子》一书，“其文则汪洋辟阖，仪态万方，晚周诸子之作，莫能先也。”

【相关链接】

陈鼓应《庄子今注今译》（中华书局）

《战国策》

冯谖客孟尝君

《战国策》是汇编而成的历史著作，作者不明。其中所包含的资料，主要出于战国时代，由策士的著作和史臣的记载汇集而成，时间应在秦统一以后。原来的书名不确定，西汉刘向考订整理后，定名为《战国策》。该书总共三十三篇，按国别记述。全书没有系统完整的体例，都是相互独立的单篇。

齐人有冯谖者[1]，贫乏不能自存，使人属孟尝君[2]，愿寄食门下。孟尝君曰："客何好？"曰："客无好也。"曰："客何能？"曰："客无能也。"孟尝君笑而受之，曰："诺！"左右以君贱之也，食以草具[3]。

居有顷，倚柱弹其剑，歌曰："长铗归来乎！食无鱼！"左右以告。孟尝君曰："食之，比门下之鱼客[4]。"居有顷，复弹其铗[5]，歌曰："长铗归来乎！出无车！"左右皆笑之，以告。孟尝君曰："为之驾，比门下之车客。"于是，乘其车，揭其剑，过其友，曰："孟尝君客我！"后有顷，复弹其剑铗，歌曰："长铗归来乎！无以为家！"左右皆恶之，以为贪而不知足。孟尝君问："冯公有亲乎？"对曰："有老母。"孟尝君使人给其食用，无使乏。于是冯谖不复歌。

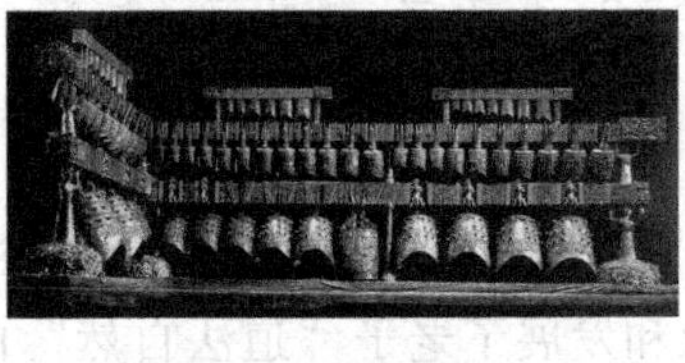

战国曾侯乙编钟(青铜)

后，孟尝君出记，问门下诸客："谁习计会，能为文收责于薛者乎[6]？"冯谖署曰："能。"孟尝君怪之曰："此谁也？"左右曰："乃歌夫长铗归来者也。"孟尝君笑曰："客果有能也。吾负之，未尝见也。"请而见之，谢曰："文倦于事，愦于忧[7]，而性懧愚[8]，沉于国家之事，开罪于先生。先生不羞，乃有意欲为收责于薛乎？"冯谖曰："愿之。"

于是，约车治装[9]，载券契而行[10]。辞曰："责毕收，以何市而反[11]？"孟尝君曰："视吾家所寡有者。"驱而之薛。使吏召诸民当偿者，悉来合券。券遍合，起矫命以责赐诸民[12]，因烧其券，民称万岁。长驱到齐，晨而求见。孟尝君怪其疾也，衣冠而见之，曰："责毕收乎？来何疾也！"曰："收毕矣。""以何市而反？"冯谖曰："君云'视吾家所寡有者'，臣窃计：君宫中积珍宝，狗马实外厩，美人充下陈[13]。君家所寡有者以义耳！窃以为君市义。"孟尝君曰："市义奈何？"曰："今君有区区之薛，不拊爱子其民[14]，因而贾利之[15]。臣窃矫君命，以责赐诸民，因烧其券，民称万岁，乃臣所以为君市义也。"孟尝君不说[16]，曰："诺，先生休矣！"

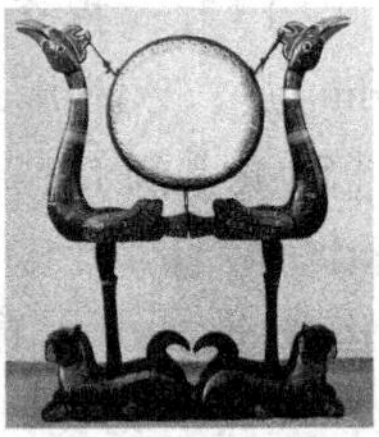

虎座凤架鼓

后期年，齐王谓孟尝君曰[17]："寡人不敢以先王之臣为臣[18]。"孟尝君就国于薛，未至百里，民扶老携幼，迎君道中。孟尝君顾谓冯谖曰："先生所为文市义者，乃今日见之。"冯谖曰：

“狡兔有三窟，仅得免其死耳。今君有一窟，未得高枕而卧也，请为君复凿二窟。”

孟尝君予车五十乘，金五百斤，西游于梁[19]，谓惠王曰：“齐放其大臣孟尝君于诸侯，诸侯先迎之者富而兵强。”于是，梁王虚上位[20]，以故相为上将军，遣使者，黄金千斤，车百乘，往聘孟尝君。冯谖先驱，诫孟尝君曰：“千金，重币也；百乘，显使也，齐其闻之矣。”梁使三反，孟尝君固辞不往也。

齐王闻之，君臣恐惧，遣太傅赍黄金千斤[21]，文车二驷，服剑一，封书谢孟尝君曰：“寡人不祥[22]，被于宗庙之祟[23]，沉于谄谀之臣，开罪于君，寡人不足为也。愿君顾先王之宗庙，姑反国，统万人乎？”冯谖诫孟尝君曰：“愿请先王之祭器，立宗庙于薛。”庙成，还报孟尝君曰：“三窟已就，君姑高枕为乐矣。”

孟尝君为相数十年，无纤介之祸者[24]，冯谖之计也。

【词语注释】

[1]冯谖(xuān)：《史记·孟尝君列传》作冯驩。齐国游说之士。 [2]属：通“嘱”，叮嘱，求告。孟尝君：姓田，名文，孟尝君为其号，齐威王之孙，袭其父田婴之封邑于薛，因此又称薛公。关于“孟尝”，近年出土的战国齐陶器，一器刻有制器人籍贯为“孟棠”，棠、尝古音通，可知“孟尝”为邑名，与平原、信陵、春申三公子以地名称君者同例。[3]草具：指粗劣的食物。 [4]鱼客：原作“客”。孟尝君分食客为上中下三等，下客住传舍，食菜；中客住幸舍，食鱼，故又称鱼客；上客住代舍，食肉，出有舆车，故称车客。 [5]铗(jiá)：剑类。 [6]责(zhài)：同“债”。薛：本为任姓古国(今山东滕县南)，春秋后期为齐迫迁至下邳(今江苏邳县西南)，卒为齐所灭，战国时为齐邑。齐湣王三年，封其叔田婴于薛。 [7]愦(kuì)：昏乱。[8]懧(nuò)：同“懦”，懦弱。 [9]约：缠束，这里指把马套上车。 [10]券契：指放债的凭证。券分为两半，双方各执其一，履行契约时拼而相契合，即下文所说“合券”。 [11]市：购买。反：同“返”。[12]矫命：假托命令。 [13]下陈：堂下，台阶之下。 [14]拊：同“抚”。子：用作动词。子其民：视其民为子。 [15]贾(gǔ)：求取。 [16]说：同“悦”。 [17]齐王：指齐湣王田地(一作田遂)。 [18]先王：指湣王之父宣王田辟彊。 [19]梁：即魏国。当时都大梁(今河南开封)。 [20]梁王：原作惠王，《古文观止》已改作梁王。按梁惠王卒于齐威王卒之次年，孟尝君和齐湣王同为齐威王之孙。故此时梁王，当是惠工之子或孙。 [21]太傅：春秋时晋国始置，其职为辅弼国君。赍(jī)：送。 [22]祥：通“详”，审慎。 [23]被：遭受。宗庙：古代祭祀祖先的处所。这里借指祖先。 [24]纤介：介通“芥”。纤维草芥，喻细微。

【作品简析】

本文通过士人冯谖为孟尝君营造“三窟”，使孟尝君相位稳固的事迹，颂扬了“士”的智谋及其在战国政治生活中的重要作用，颂扬了冯谖争取民心的政治卓见。情节曲折、故事性强；因事显人，事由人发，人物形象与事件内容同步展现；用笔曲折，欲扬先抑，欲露先隐。

【拓展阅读】

1. 战国时期各国盛行养士之风，士成为社会上一种特殊势力。最著名的养士者如齐国孟尝君，赵国平原君，魏国信陵君，楚国春申君(四人号称“战国四公子”)。

2. 刘向序说：“战国之时，君德浅薄，为之谋策者，不得不因势而为资，据时而为画。故其谋扶急持倾，为一切之权，虽不可以临教化，兵革救急之势也。”

3. 张秀平 王晓明《影响中国的100本书》：《战国策》语言流畅犀利，笔调辛辣，善于将寓言故事巧妙地穿插于文中，用以说明抽象的道理，阐述自己的论点，是论辩文的典范。其中很多寓言和比喻后来成了著名的典故，如画蛇添足、狐假虎威、惊弓之鸟、南辕北辙、鹬蚌相争等。

4. 张秀平　王晓明《影响中国的100本书》：《战国策》文笔优美，叙事生动形象，刻画人物栩栩如生，对后世文学产生了深远的影响。汉初著名散文家贾谊、晁错、司马迁，宋代的苏洵、苏辙、苏轼的散文都受到《战国策》的影响。《战国策》中运用工整的对偶和排比句法及主客对答、抑客申主的写法，亦为汉赋所继承。

【相关链接】

1. 章学诚《文史通义》

2. 王守谦等译注《战国策全译》（贵州人民出版社）

《国语》

召公谏厉王弭谤

《国语》是我国第一部国别体史书，分别记载了周、鲁、刘、晋、郑、楚、吴、越八国的一些史实。

厉王虐，国人谤王[1]。召公告曰："民不堪命矣[2]！"王怒，得卫巫，使监谤者[3]。以告，则杀之。国人莫敢言，道路以目[4]。

王喜，告召公曰："吾能弭谤矣，乃不敢言[5]！"召公曰："是障之也[6]，防民之口，甚于防川。川壅而溃[7]，伤人必多，民亦如之。是故为川者决之使导，为民者宣之使言[8]。故天子听政[9]，使公卿至于列士献诗[10]，瞽献曲[11]，史献书[12]，师箴[13]，瞍赋[14]，矇诵[15]，百工谏[16]，庶人传语[17]。近臣尽规[18]，亲戚补察[19]，瞽、史教诲，耆、艾修之[20]，而后王斟酌焉[21]。是以事行而不悖[22]。民之有口，犹土之有山川也，财用于是乎出[23]；犹其原隰之有衍沃也，衣食于是乎生[24]；口之宣言也，善败于是乎兴[25]。行善而备败，其所以阜财用衣食者也[26]。夫民虑之于心而宣之于口，成而行之，胡可壅也[27]？若壅其口，其与能几何[28]？"

王弗听。于是国人莫敢出言。三年[29]，乃流王于彘[30]。

【词语注释】

[1]厉王：周厉王，名胡，公元前878年即位，在位38年。虐：暴虐。谤：公开议论、指责。　[2]召公：召穆公，名虎，周之卿士。堪：忍受。命：指政令。　[3]卫巫：卫国的巫者。监：监视。　[4]道路以目：百姓在路上相遇，只能用眼睛示意。　[5]弭(mǐ)：消除。[6]障：防水堤，这里用作动词。[7]壅：堵塞。溃：溃决。　[8]为川者：治水的人。决：排除(障碍)。导：疏通。宣：明示。　[9]听政：治政。　[10]公卿、列士：朝廷各级官员。献诗：采集、进献讽谏的诗。　[11]瞽(gǔ)：盲人乐师。曲：民间的乐曲。　[12]史：史官。书：史籍。[13]师：乐师。箴(zhēn)：有劝诫意义的文辞。　[14]瞍(sǒu)：盲人。赋：带有音节腔调的诵读。　[15]矇(méng)：盲人。诵：不配乐调的诵读。　[16]百工：为国王服役的人。谏：规劝。　[17]庶人：百姓。　[18]尽规：尽规劝之责。　[19]亲戚：国王家室成员。补：补过。察：监督。　[20]耆、艾：六十岁称耆，五十岁称艾。指老人。修：整理。　[21]"而后"句：而后由国王斟酌取舍，决策实施。　[22]悖(bèi)：违背。　[23]犹：有如。出：产生。　[24]原、隰(xí)、衍、沃：指不同类型的土地。　[25]"口之宣言"句：老百姓口中议论，就会知道国

家政事的好与坏。兴：体现。［26］“行善”句：公认为好的就推行，不好的要加以防犯。阜：增多。［27］“成而行之”句：你应认同并且去施行。［28］与：赞同者。几何：多少。［29］三年：过了三年。［30］流：流放。彘（zhì）：晋国地名。

【作品简析】

本文记叙周厉王暴虐无道，用高压手段甚至杀戮来镇压人民的批评，他不听召公的劝谏，结果被放逐，遭到灭亡的下场。全文分三段，第一段写厉王弭谤。第二段写召公谏弭谤，从正反两面反复阐明不可“防民之口”，恳切有力。第三段写“流王于彘”的结果。本文比喻生动形象，逻辑严密，说服力强。

【拓展阅读】

1.《荀子·王制篇》：君者舟也，庶人者水也。水则载舟，水则覆舟。

2. 魏征《谏太宗十思疏》：怨不在大，可畏惟人；载舟覆舟，所宜深慎。

【相关链接】

《国语译注》（上海古籍出版社）

《孙子兵法》

谋　攻

孙　武

《孙子兵法》是我国现存最早的古代军事著作。据史书记载，此书为春秋末期人孙武所著。

孙子曰：凡用兵之法，全国为上，破国次之；全军为上，破军次之[1]；全旅为上，破旅次之；全卒为上，破卒次之；全伍为上，破伍次之[2]。是故百战百胜，非善之善者也[3]；不战而屈人之兵，善之善者也。

故上兵伐谋[4]，其次伐交，其次伐兵[5]，其下攻城。攻城之法，为不得已。修橹轒辒[6]，具器械[7]，三月而后成，距闉[8]，又三月而后已。将不胜其忿而蚁附之[9]，杀士卒三分之一而城不拔者，此攻之灾也[10]。

故善用兵者，屈人之兵而非战也，拔人之城而非攻也，毁人之国而非久也，必以全争于天下[11]。故兵不顿而利可全[12]，此谋攻之法也。

故用兵之法，十则围之[13]，五则攻之，倍则分之[14]，敌则能战之[15]，少则能逃之[16]，不若则能避之[17]。故小敌之坚，大敌之擒也[18]。

夫将者，国之辅也[19]。辅周，则国必强；辅隙，则国必弱[20]。

故君之所以患于军者三[21]：不知军之不可进而谓之进[22]，不知军之不可以退而谓之退，是谓縻军[23]；不知三军之事，而同三军之政者，则军士惑矣[24]；不知三军之权，而同三军之任，则军士疑矣[25]。三军既惑且疑，则诸侯之难至矣，是谓乱军引胜[26]。

孙武训练宫女

故知胜有五[27]：知可以与战不可与战者胜，识众寡之用者胜[28]，上下同欲者胜[29]，以虞待不虞者胜[30]，将能而君不御者胜[31]。此五者，知胜之道也。

故曰：知彼知己，百战不殆[32]；不知彼而知己，一胜一负；不知彼，不知己，每战必殆。

【词语注释】

［1］全：保全；完整。次：次一等。［2］军、旅、卒、伍：古代军队的编制单位。［3］善之善者：好中最好的。［4］上兵伐谋：最好的用兵方法是以谋伐敌，即以计谋使敌屈服。伐：

讨伐，攻打。［5］伐兵：以武力战胜敌人。［6］修橹轒辒：制造盾牌和战车。橹：盾。轒(fēn)辒(wēn)：古时攻城用的四轮车。［7］具器械：准备攻城的器械。具：准备。［8］距闉(yīn)：堆积土山用作攻城。闉：通“堙”，土山。［9］将：将帅。忿：愤怒。蚁附之：意思是驱使士兵像蚂蚁一般爬墙攻城。［10］杀士卒三分之一：士兵伤亡三分之一。拔：攻克。灾：灾祸。［11］屈：使……屈服。非战：指不用交战的方法。非久：不旷日持久。［12］顿：通“钝”，指受挫。［13］十则围之：有十倍于对方的绝对优势兵力，就围困它，迫使其屈服。［14］倍：一倍于对方。分：分散。［15］敌：指兵力相等。［16］逃：摆脱，脱离。［17］不若：比不过。避：避免。［18］“小敌之坚”句：意思是力量弱小的人，如果硬拼，就会成为强敌的俘虏。擒：捉，抓获。［19］辅：辅佐，这里引申为助手。［20］周：周密。隙：有疏漏。［21］患：危害，贻害。［22］谓：告知；这里是命令的意思。［23］縻(mí)：羁縻，束缚。［24］三军：军队的通称。周代时大的诸侯国设左、中、右三军。同：共同，这里指参与、干涉。［25］权：权谋。任：指挥。［26］难：灾难。乱军引胜：扰乱自己的军队，而导致敌人的胜利。引：导致。［27］知：预知，预测。［28］识众寡之用：善于根据敌我双方兵力的众寡对比，采取正确的策略应对。［29］同欲：同心、一致。［30］虞(yú)：谋划好、事先有准备。［31］能：能干。御：牵制、干预的意思。［32］殆(dài)：危险。

【作品简析】

本文通过论述谋划进攻的问题，阐明了一个重要的思想：知彼知己，百战不殆；不知彼，不知己，每战必殆。孙武用简洁的语言，鲜明地揭示了指导战争的普遍规律。这在今天具有多方面的启示意义。

【拓展阅读】

大约在齐景公三十一年(公元前517年)，当时只有18岁的孙武毅然离开齐国，长途跋涉到了吴国。从此，孙武一生的事业就在吴国展开，死后亦葬在吴国，所以《吴越春秋·阖闾内传》称孙武为“吴人”。孙武来到吴国后，结识了从楚国而来的，同样为春秋时期军事名家的伍子胥，二人十分投机，结为密友。此后，孙武便隐居于吴都(今苏州市)郊外的穹窿山，一面浇园种地，一面潜心钻研兵书，写作兵法。据《吴县志》记载，孙武就是在这里写下了传世之作《孙子兵法》。

【相关链接】

《孙子兵法新注》（中华书局）

《考工记》

梓　人

《考工记》是我国第一部记述手工技术的汇编，成书于战国初期，是闻名中外的古代科技名著。书中保留有先秦大量的手工业生产技术、工艺美术资料。在中国科技史、工艺美术史和文化史上，都占有重要地位。

梓人为筍虡[1]。天下之大兽五：脂者、膏者、臝者、羽者、鳞者[2]。宗庙之事[3]，脂者、膏者，以为牲[4]。臝者、羽者、鳞者以为虡。外骨，内骨[5]，却行，仄行，连行，纡行[6]，以脰鸣者，以注鸣者，以旁鸣者，以翼鸣者，以股鸣者，以胸鸣者[7]，谓之小虫之属，以为雕琢[8]。厚唇弇口[9]，出目短耳[10]，大胸燿后[11]，大体短脰，若是者谓之臝属，恒有力而不能走，其声大而宏[12]。有力而不能走，则于任重宜[13]；大声而宏，则于钟宜。若是者以为钟虡，是故击其所县而由其虡鸣[14]。锐喙决吻[15]，数目顅脰[16]，小体骞腹[17]，若是者谓之羽属，恒无力而轻，其声清阳而远闻[18]。无力而轻，则于任轻宜；其声清阳而远闻，于磬宜。若是者以为磬虡，故击其所县而由其虡鸣。小首而长，抟身而鸿[19]，若是者谓之鳞属，以为筍，凡攫閷援噬之类[20]，必深其爪[21]，出其目[22]，作其鳞之而[23]。深其爪，出其目，作其鳞之而，则于眡必拨尔而怒[24]。苟拨尔而怒，则于任重宜，且其匪色必似鸣矣[25]。爪不深，目不出，鳞之而不作[26]，则必颓尔如委矣[27]。苟颓尔如委，则加任焉，则必如将废措[28]，其匪色必似不鸣矣。

周礼注疏 考工记

【词语注释】

[1]梓人：指木工。筍虡（sǔn jù）：古代悬钟、磬等乐器的架子，两旁的立柱为虡，中央的横梁为筍。造型既美观又实用。 [2]“大兽”句：所述五类大兽，都属于现代动物分类学上的脊椎动物。概而言之为：有角的兽、无角的兽、人、鸟和龙。 [3]宗庙之事：指祭祀。 [4]为：作为。牲：牺牲，供品。 [5]外骨：骨在体表的，指龟类属。内骨：骨在体内的，指鳖属。 [6]却行：可以倒退走的。仄行：侧身走的。连行：连贯走的。纡行：迂回走的，蛇属。 [7]“以脰（dòu）鸣者”句：用颈项发声的，用嘴发声的，用腹侧发声的，用翅膀发声的，用腿节发声的，用胸部发声的。 [8]以为雕琢：用来作为雕刻装饰的造型。 [9]弇（yǎn）：深。 [10]出目：眼珠突出。 [11]耀后：后身颀小。 [12]恒：常。宏：宏亮。 [13]走：疾行，跑。于任重宜：适宜于负重。 [14]县：同“悬”。 [15]锐喙决吻：尖尖的嘴巴，口唇张开。 [16]数目顅脰：小眼长颈。 [17]骞（qiān）腹：指腹部不发达。 [18]清阳：指声音清脆。 [19]抟（tuán）身而鸿：抟：通“团”。鸿：大。 [20]攫閷援噬：扑杀，撕咬。 [21]深：深度雕刻。[22]出：突出。 [23]作：立。鳞：鳞片。 [24]眡：即“视”。 [25]匪色：指动物的神态、面貌。 [26]鳞：作动词。 [27]颓尔：委靡不振。委：无精打采。 [28]加任：加上负载。废措：废弃。

【作品简析】

本文着重介绍木工制作筍虡的工艺和方法，同时简要地阐述了相关的制作原理。用对照说明的方法，描述具体而恰当，语言简洁明了。

【拓展阅读】

《考工记》是中国先秦时期的手工艺专著，部分地反映了当时中国所达到的科技及工艺水平。全书共七千一百多字，记述了木工、金工、皮革、染色、刮磨、陶瓷等六大类三十个工种的内容。此外，《考工记》还有数学、地理学、力学、声学、建筑学等多方面的知识和经验总结。《考工记》将商周以来积累的冶金知识归纳为“金有六齐”，这是世界上已知的最早的青铜合金配置法则，它揭示了青铜的机械性能随锡含量变化的规律。

【相关链接】

闻人军 《考工记译注》 （上海古籍出版社）

第二部分 两汉文学

秦代几乎没有什么文学可言。秦国丞相吕不韦门客集体所作的《吕氏春秋》，是政论散文的最早总集。书中保存了大量的先秦时代的文献和遗闻轶事，往往以寓言故事为譬喻，富有形象性。李斯是秦代唯一的作家。他的《谏逐客书》属骈偶化的政论散文，排比铺张，有战国纵横辞说的习气，文采音节则与汉初散文及汉赋接近。刘勰《文心雕龙》："秦世不文，颇有杂赋"。两汉时期则是我国文学史上的一个重要发展阶段，两汉文学在先秦文学的基础上又有长足的发展。

一、两汉散文

两汉散文包括政论文和史传散文。

贾谊(前200年—前168年)是汉初散文的代表作家。他的文章大致可以分为三类：专题性的政论文，如《过秦论》、《汉安策》、《大政论》；针对各种具体问题而写的疏牍文，如《陈政事疏》、《论积贮疏》；利用各种历史材料和故事所写的说理文章。西汉的经学家、史学家刘向，把贾谊的文章编辑成《新书》。

晁错(？—前154年)是西汉文景时期的政论家。晁错的政论文章以议论犀利、分析深刻著称，以《论贵粟疏》、《贤良对策》等最为有名。《汉书·艺文志》中有《晁错三十一篇》。

桓宽是西汉后期的散文家，著有《盐铁论》10卷60篇。《盐铁论》以对话的形式，生动地记载了盐铁官营和酒类专卖等问题的辩论情况。全书体例统一，风格一致，结构严密，通晓畅达，在经济思想史和文学史上都具有重要价值。

王充(27年—约97年)是东汉著名的思想家、文学理论家。会稽上虞(今浙江上虞)人。《论衡》是中国思想史和文学批评史上的重要著作。他强调文章的使用价值，主张文学要华实相符。他的文章风格平易、自然、通俗，是东汉时期优秀的散文作品。

两汉史传散文的主要成就是司马迁的不朽巨著《史记》和班固的《汉书》。

《史记》原名《太史公书》，东汉末期才称《史记》。它是我国古代第一部纪传体的通史。时间上自传说中的黄帝，下至武帝太初年间，反映了三千年的历史。司马迁把编书看作是时代和使命的要求，发誓写一部"究天人之际，通古今之变，成一家之言"的著作。全书分：本纪十二、表十、书八、世家三十、列传七十，共130篇。《史记》通过这五种不同的体例和它们之间的相互配合和补充，构成了完整的体系。这种体例两千年来，一直奉为正宗，"二十四史"均按此编成。

《史记》是一部具有进步思想倾向和现实主义精神的著作，它继承了《春秋》的褒贬精神并加以发展。司马迁有惊人的胆识，"纵横古今，褒贬百代"。班固评论："文直、事核、不虚美、不隐恶。"他重视人民群众的作用，注重生产活动在历史上的重要性。

《史记》开创了我国纪传体的史学，同时也开创了我国的传记文学。其人物传记是传记文学的典范。他在"本纪"、"世家"、"列传"中刻画了一系列的历史人物形象。通过对人物活动的描写，展现出当时社会的风貌，表现了作者对历史和现实的批判精神。书中人物众多涉及不同社会的各阶层中不同类型的特殊人物，其中有：历代的帝王、贵族、各种大小官僚、政治家、军事家、文学家、经学家、说客、策士、游侠、刺客、隐者、土豪、商贾、医者、卜者、俳优、妇女等。选材注重发掘人物性格特征；通过渲染矛盾冲突，来描写人物；人物语言有个性，口语化。近百篇的人物传记简直就是一部悲慨激扬的抒情长诗。

《史记》的语言风格简洁流畅，疏荡雄浑。刘熙载《艺概·文概》评论其：“文若云龙雾豹，出没隐见，变化无方。”《史记》是文学的历史，也是历史的文学，“史家之绝唱，无韵之离骚。”（鲁迅《汉文学史纲要》），这是对《史记》正确的概括。司马迁集先秦战国历史散文之大成，又加以创造性发展，从而把我国古代散文推向新高峰。

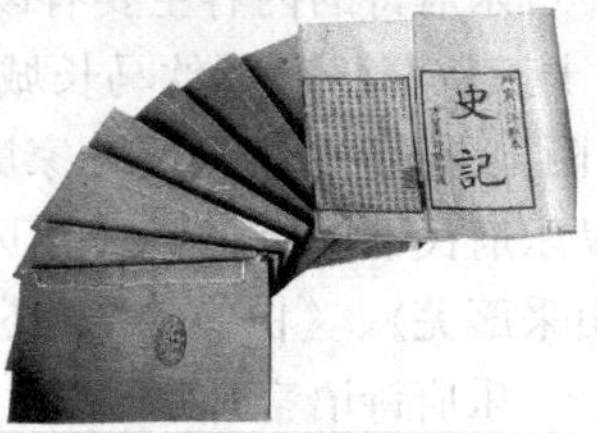

《史记》书影

《史记》对后世的影响是多方面的，“百代以下，史官不能易其法，学者不能舍其书”，对小说、戏剧，尤其是对中国古代散文的创作产生了极为深远的影响。

《汉书》与《史记》一样，对后世文学产生了巨大影响。作者班固是东汉著名的史学家和辞赋家。《汉书》基本上承袭《史记》的体制，只改“书为志”，把“世家”并入“列传”。全书有：十二本纪、七十列传、八表、十志，共100篇。其中《志·天文志》和《表》由其妹班昭和马续续成。记载的时间自汉高祖元年（前206年）至王莽地皇四年（23年），共230年间的西汉历史，是我国第一部纪传体断代史。班固受正统儒家思想的影响极深，因此他的文章缺乏司马迁那样的批判精神，基本上站在封建统治阶级立场来评价历史事件和人物；但班固毕竟是严肃的史学家，还是能够重视客观历史事实的。如在《佞妄传》、《霍光传》中，对统治阶级的罪恶给予了客观的揭露；在《东方朔传》等篇中，对人民的疾苦也给予了同情；在《苏武传》中则赞扬了不屈的民族气节和民族精神。

《汉书》结构严密，文字整饬华丽，成为六朝骈文的先导。

二、两汉辞赋

我国文学史上，赋是一种特殊的文体，从内容形式上看，是介于诗、文之间的一种体制，是文字华美、叙事描写都带有夸张性的文学样式。渊源：铺采摛文，继承《楚辞》；写物言志，承继《诗经》。汉赋发展大致分三个阶段：

第一阶段（西汉前期），战国时期“赋”与西汉中期“大赋”的过渡阶段。其形式质朴，内容接近战国时的赋，主要有贾谊的《鹏鸟赋》、《吊屈原赋》。枚乘的《七发》标志着“汉家新体赋”的出现。

第二阶段（西汉中期—东汉前期），汉赋的全盛时期，确立了大赋体制，赋家相继出现，现存作品九百余篇。有司马相如《子虚赋》、《上林赋》，另有《大人赋》等。前两篇是其代表作，描写铺张，气势壮阔，表现了汉赋作为宫廷文学的特质。扬雄与司马相如并称“扬马”。其著名的赋有《羽猎赋》、《甘泉赋》，另有《酒赋》、《解嘲》、《解难》等。东方朔的《答客难》也是汉赋中的名篇之一。此外，还有班固的《两都赋》、张衡的《二京赋》。这些作品都是歌功颂德的，词采华丽，音调和美，句式排比对仗，篇幅较长，曲终奏雅。

第三阶段（东汉后期），出现了咏物寓意，讽刺世志人情的“小赋”，以抒情为主，篇幅短小，文字好懂。如赵壹的《刺世疾邪赋》、蔡邕的《行述赋》、祢衡的《鹦鹉赋》。

三、两汉诗歌

汉代的诗歌是在《诗经》、“楚辞”和秦汉诗歌基础上发展起来的，其中成就最高、影响最大的是乐府诗和《古诗十九首》。乐府诗内容反映民情，语言朴素，句式长短参差，笔法铺张。乐府诗歌是我国诗歌发展史上继《诗经》、“楚辞”之后的又一里程碑。它继承并发展了先秦民歌现实主义的传统，更广泛地、更深刻地反映了当时的社会生活和人民的思想感情。它的精华所在是“乐府民歌”，现存四十来首，大都收录在宋代郭茂倩编撰的《乐府诗集》的《相和》、《鼓吹》、《杂曲》中。这是现在见到的最完备的乐府歌词的总集。

乐府诗的内容主要有以下几个方面：一是反映战争和徭役给人民带来的痛苦，如《战城南》、《十五从军征》、《饮马长城窟行》等；二是反映阶级剥削、阶级压迫和人民的反抗，如《东门行》、《陌上桑》等；三是反映家庭问题，特别是妇女问题，如《孤儿行》；四是反映爱情和劳动生活。汉乐府民歌中有《诗经》国风中那种欢快愉悦的词《江南》；也有弃妇和怨女的悲诉与抗议，如《上山采蘼芜》、《白头吟》；还有追求爱情理想，大胆冲破礼教束缚的，如《有所思》、《上邪》等。

乐府诗语言朴素自然，饱含爱憎之情。“质而不俚，浅而能深，天下至文，靡以过之。”（明胡应麟《诗薮》）形式自由、多样，有杂言体、五言体（汉乐府民歌的新创）。丰富多彩的形式无疑有助于复杂思想内容的表达。在艺术手法上，特别是在叙事诗的写作技巧上，其影响极为显著，如人物对话或独白的运用，人物心理描写和细节，语言的朴素生动等。汉乐府民歌最大、最基本的艺术特色是它的叙事性。从诗歌的体制上说，汉乐府民歌的出现标志着我国诗歌发展史中叙事诗体渐趋成熟。

《孔雀东南飞》是汉乐府叙事诗发展的高峰，也是我国现实主义诗歌发展中的重要标志。无名氏《古诗十九首》是汉代文人五言诗成熟的标志。

汉乐府诗

上　邪

《上邪》是汉鼓吹曲《铙歌十八曲》中的一首。是一位女子表明自己坚定心迹的盟誓。

上邪[1]！我欲与君相知[2]，长命无绝衰[3]。山无陵[4]，江水为竭[5]，冬雷震震夏雨雪[6]，天地合[7]，乃敢与君绝！

【词语注释】

[1]上：指天。邪：通“耶”。上邪：天啊！ [2]相知：相亲相爱。 [3]命：使。绝：断。 [4]陵：山峰。 [5]竭：枯竭。 [6]震震：雷声大。雨雪：下雪。 [7]合：闭合。

【作品简析】

《上邪》是一首汉代乐府民歌，记录了女子大胆追求爱情的内心独白。用语夸张，想象奇特，感情真挚。

【拓展阅读】

1.《汉书·艺文志》：自孝武立乐府而采歌谣，于是有赵、代之讴，秦、楚之风，皆感于哀乐，缘事而发，亦可以观风俗，知薄厚云。

2. 陈本礼《汉诗统笺》评《铙歌十八曲》：其造语之精，用意之奇，有出于三百、楚骚之外者。奇则异想天开，巧则神工鬼斧。

【相关链接】

郭茂倩编撰 《乐府诗集》（上海古籍出版社）

《古诗十九首》（摘选）

《古诗十九首》，汉无名氏作。非一时一人所为，南朝梁萧统录其收入《文选》，题为《古诗十九首》。内容多写游子羁旅情怀和思妇的闺愁。语言朴素自然，描写生动真切，在五言诗的发展中占有重要地位。代表了汉代文人五言诗的最高成就。

青青河畔草

青青河畔草，郁郁园中柳[1]。
盈盈楼上女，皎皎当窗牖[2]。
娥娥红粉妆，纤纤出素手[3]。
昔为倡家女，今为荡子妇[4]。
荡子行不归，空床难独守。

【词语注释】

[1]郁郁：浓密茂盛的样子。园中柳：汉人有折柳赠别的习俗。柳，同“留”谐音。 [2]盈：通“嬴”，美好多仪的意思。皎皎：白皙明洁的样子。 [3]娥娥：美貌。纤纤：细。 [4]倡：歌舞女。荡子：在异乡漫游的人。

【作品简析】

《青青河畔草》描写平凡的生活片断，即景抒情，韵味无穷。通过人物外貌和内心的刻画，塑造了深闺思妇的生动形象。

行行重行行

行行重行行，与君生别离[1]。
相去万余里，各在天一涯[2]。
道路阻且长，会面安可知[3]？
胡马依北风，越鸟巢南枝[4]。
相去日已远，衣带日已缓[5]。
浮云蔽白日，游子不顾反[6]。
思君令人老，岁月忽已晚[7]。
弃捐勿复道，努力加餐饭[8]。

【词语注释】

[1]“行行”句：走个不停。生别离：生生地别离。屈原《九歌·少司命》：“悲莫悲兮生别离。” [2]涯(yá)：边。 [3]阻且长：艰险又漫长。《诗经·蒹葭》：“道阻且长”。 [4]胡马：北方所产的马。依：依恋。越鸟：南方的鸟。巢：筑巢。二句是说鸟兽都怀恋故土，游子岂不思念故乡？ [5]已：以。日已远：一天远似一天。缓：宽松。 [6]“浮云”句：表达女子设想丈夫在外地的心中感受。顾：念，想。反：同“返”。 [7]“岁月”句：不知不觉又到岁暮了。 [8]弃捐：放开。勿复道：不再说。“努力”句：多吃饭，保重自己。这是女子无奈、自我安慰的话。

【作品简析】

《行行重行行》是一首在东汉末年动荡岁月中的相思离乱之歌。“情真、景真、事真、意真。”(陈绎《诗谱》)先追叙初别，再说路远聚难，又叙思念之苦，最后无奈只好自我宽慰。情真意切，心绪起伏。语言朴实，刻画细腻、生动。

【拓展阅读】

1. 刘勰《文心雕龙·明诗》：直而不野，婉转附物，怊怅切情。

2. 钟嵘《诗品》：文温以丽，意悲而远。

3. 胡应麟《诗薮》：随语成韵，随韵成趣，词藻气骨，略无可寻，而兴象玲珑，意致深婉，真可以泣鬼神，动天地。

【相关链接】

《朱自清马茂元说古诗十九首》（上海古籍出版社）

《史记》

垓下之围

司马迁

司马迁(前145年—前90年)，字子长，夏阳(今陕西韩城南芝川镇)人，西汉伟大的史学家、文学家和思想家。《史记》第一次以人物传记的形式，反映了上自黄帝下至汉武帝间中华民族的奋斗史，塑造了众多栩栩如生的历史人物形象，既开创了中国纪传体史学，又开创了中国传记文学。

司马迁像

项王军壁垓下[1]，兵少食尽，汉军及诸侯兵围之数重。夜闻汉军四面皆楚歌，项王乃大惊曰："汉皆已得楚乎？是何楚人之多也[2]！"项王则夜起，饮帐中。有美人名虞，常幸从；骏马名骓[3]，常骑之。于是项王乃悲歌忼慨，自为诗曰："力拔山兮气盖世，时不利兮骓不逝[4]。骓不逝兮可奈何，虞兮虞兮奈若何[5]！"歌数阕[6]，美人和之。项王泣数行下，左右皆泣，莫能仰视。

于是项王乃上马骑，麾下壮士骑从者八百余人，直夜溃围南出[7]，驰走。平明，汉军乃觉之，令骑将灌婴以五千骑追之。项王渡淮，骑能属者百余人耳[8]。项王至阴陵，迷失道，问一田父[9]，田父绐曰[10]："左。"左，乃陷大泽中。以故汉追及之。项王乃复引兵而东，至东城，乃有二十八骑。汉骑追者数千人。项王自度不得脱，谓其骑曰："吾起兵至今八岁矣，身七十余战，所当者破，所击者服，未尝败北，遂霸有天下。然今卒困于此[11]，此天之亡我，非战之罪也。今日固决死，愿为诸君快战[12]，必三胜之，为诸君溃围、斩将、刈旗[13]，令诸君知天亡我，非战之罪也。"乃分其骑以为四队，四向[14]。汉军围之数重。项王谓其骑曰："吾为公取彼一将。"令四面骑驰下，期山东为三处。于是项王大呼驰下，汉军皆披靡[15]，遂斩汉一将。是时赤泉侯为骑将，追项王，项王瞋目而叱之，赤泉侯人马俱惊，辟易数里[16]。与其骑会为三处。汉军不知项王所在。乃分军为三，复围之。项王乃驰，复斩汉一都尉，杀数十百人。复聚其骑，亡其两骑耳。乃谓其骑曰："何如？"骑皆伏曰："如大王言。"

于是项王乃欲东渡乌江。乌江亭长檥船待[17]，谓项王曰："江东虽小，地方千里，众数十万人，亦足王也。愿大王急渡！今独臣有船，汉军至，无以渡。"项王笑曰："天之亡我，我何渡为[18]！且籍与江东子弟八千人渡江而西，今无一人还，纵江东父兄怜而王我，我何面目见之？纵彼不言，籍独不愧于心乎？"乃谓亭长曰："吾知公长者。吾骑此马五岁，所当无敌，尝一日行千里，不忍杀之，以赐公。"乃令骑皆下马步行，持短兵接战。独籍所杀汉军数百人。项王身亦被十余创[19]。顾见汉骑司马吕马童，曰："若非吾故人乎[20]？"马童面之[21]，指王翳曰："此项王也！"项王乃曰："吾闻汉购我头千金[22]，邑万户，吾为若德[23]。"乃自刎而死。王翳取其头，余骑相蹂践，争项王，相杀者数十人。……

西汉霍去病墓立马

太史公曰：吾闻之周生[24]曰，舜目盖重瞳子。又闻项羽亦重瞳子，羽岂其苗裔邪[25]？何兴之暴也[26]！夫秦失其政，陈涉首难，豪杰蜂起，相与并争，不可胜数。然羽非有尺寸[27]，乘埶起陇亩之中[28]，三年，遂将五诸侯灭秦[29]，分裂天下，而封王侯，政由羽出，号为霸王，位虽不终[30]，近古以来未尝有也。及羽背关怀楚[31]，放逐义帝而自立，怨王侯叛己，难矣。自矜功伐[32]，奋其私智而不师古[33]，谓霸王之业，欲以力征经营天下[34]，五年卒亡其国，身死东城，尚不觉寤[35]，而不自责，过矣[36]。乃引"天亡我，非用兵之罪也"[37]，岂不谬哉！

【词语注释】

[1]壁：壁垒，营垒，这里是筑起壁垒的意思。 [2]何楚人之多：怎么楚人这么多。 [3]骓(zhuī)：毛色黑白相杂的马。 [4]逝：跑。 [5]奈若何：把你怎么办。 [6]阕：乐曲每终了一次叫一阕。"数阕"就是几遍。 [7]直：同"值"，当，趁。 [8]属：连接，这里指跟上。 [9]田父(fǔ)：老农。 [10]绐：欺骗。 [11]卒：终于。 [12]快战：痛快地打一仗。 [13]刈(yì)：割，砍。 [14]四向：面向四方。 [15]披靡：原指草木随风倒伏，这里比喻军队溃败。 [16]辟易：倒退的样子。 [17]杙(yǐ)：整船靠岸。 [18]何渡为：还渡江干什么。 [19]被：遭受。 [20]故人：旧友。 [21]面之：跟项王面对面。吕马童原在后面追赶项王，项王回过头来看见他，二人才正面相对。 [22]购：悬赏征求。 [23]为若德：意思是送给你点儿好处。德，恩德。 [24]周生：《正义》引孔文祥说以为是汉代儒者，姓周。盖：大概。 [25]苗裔：后代。 [26]何兴之暴：怎么起来得这么突然。 [27]尺寸：形容很少。埶：同"势"，权势，权力。也有人认为"尺寸"指尺寸之地，这句在"寸"字后断句，"乘埶"属下句，是趁势的意思。 [28]陇亩之中：田野之中，指民间。陇同"垄"。 [29]五诸侯：指战国时的齐、赵、韩、魏、燕五个诸侯国。 [30]位：指王位。不终：指没有维持下来。终，到最后。 [31]背关：舍弃关中。背，弃。 [32]矜：夸。功伐：功劳，伐与"功"同义。 [33]奋：振，这里有极力施展的意思。师古：效法古人。 [34]力征：以武力征伐。 [35]寤：同"悟"。 [36]过：错。 [37]乃：竟然。引：拿过来。

【作品简析】

《项羽本纪》成功地刻画了一位叱咤风云的悲剧性英雄形象，并在各种人物的冲突中，展现了秦汉之际错综复杂的社会变革。《垓下之围》节选自《项羽本纪》，它所描写的正是项羽最终惨败的那段人生经历。主要写了三个事件：垓下绝唱、东城决战、乌江自刎。本篇巧于构思，善于将复杂的事件安排得井然有序，丝毫没有杂乱之感。作者在激烈的军事冲突中，突然插入情意缠绵的悲歌别姬一段，使情节发展急徐有致，节奏疏密相间成趣。对突围、决战诸场面，描摹得异常精彩。各战事皆高潮迭起，各情节之间连接紧密，过渡自然，整篇结构气势磅礴。同时，再辅以对人物富有性格特征的言语、行动的生动描写，不同性格人物互相映衬等艺术手法，使所塑造的人物活灵活现，几乎达到呼之欲出的程度。篇末的"太史公曰"，热情歌颂了项羽在灭秦过程中建立的丰功伟绩，充分肯定了他的历史贡献，同时也批评了他自矜武力以经营天下的错误，对他的失败寄予了惋惜与同情。

【拓展阅读】

1. 许学夷《诗源辩体》卷三：高帝《大风歌》、项籍《垓下歌》，皆乐府楚声也。《大风》词旨虽直，而气概远胜，《垓下》词旨甚婉，而气稍不及，元美谓"各自描写帝王兴衰气象"是也。然二君皆非文士，而《大风》已歌于沛，疑臣下润色；《垓下》则乐府润色耳。观此，其他可知。《虞美人歌》，慷慨足悲，而语近附合，疑出于伪，元瑞亦尝言之。

车马追逐画像砖

2. 过珙《古文评注全集》卷四：不以成败论英雄，是太史公一生主见。

文虽抑扬相半，然意思但是惜其不悟，非罪羽也。看其名曰本纪，冠于汉首，视羽为何许人哉！

3. 刘邦《大风歌》：大风起兮云飞扬，威加海内兮归故乡。安得猛士兮守四方？

4. 鲁迅：史家之绝唱，无韵之离骚。

【相关链接】

王利器主编《史记注译》（三秦出版社）

《汉书》

苏武传

班　固

东汉班固(32 年—92 年)，字孟坚，东汉著名的史学家、文学家。他学习《史记》的体制，著成了中国第一部断代史《汉书》。

班固像

武字子卿。少以父任，兄弟并为郎[1]。稍迁至栘中厩监[2]。时汉连伐胡，数通使相窥观[3]。匈奴留汉使郭吉、路充国等[4]，前后十余辈[5]。匈奴使来，汉亦留之，以相当[6]。天汉元年[7]，且鞮侯单于初立[8]，恐汉袭之。乃曰："汉天子，我丈人行也[9]。"尽归汉使路充国等[10]。武帝嘉其义，乃遣武以中郎将使持节送匈奴使留在汉者[11]，因厚赂单于[12]，答其善意。

武与副中郎将张胜及假吏常惠等[13]，募士斥候百余人俱[14]。既至匈奴，置币遗单于[15]，单于益骄，非汉所望也。方欲发使送武等，会缑王与长水虞常等谋反匈奴中[16]。

缑王者，昆邪王姊子也[17]。与昆邪王俱降汉，后随浞野侯没胡中[18]。及卫律所将降者[19]，阴相与谋劫单于母阏氏归汉[20]。会武等至匈奴。虞常在汉时，素与副张胜相知，私候胜曰[21]："闻汉天子甚怨卫律，常能为汉伏弩射杀之。吾母与弟在汉，幸蒙其赏赐[22]。"张胜许之，以货物与常。后月余，单于出猎，独阏氏子弟在[23]。虞常等七十余人欲发[24]，其一人夜亡[25]，告之[26]。单于子弟发兵与战，缑王等皆死，虞常生得[27]。单于使卫律治其事[28]。张胜闻之，恐前语发，以状语武[29]。武曰："事如此，此必及我[30]。见犯乃死，重负国[31]。"欲自杀。胜、惠共止之。虞常果引张胜[32]。单于怒，召诸贵人议，欲杀汉使者。左伊秩訾曰[33]："即谋单于，何以复加[34]？宜皆降之[35]。"

单于使卫律召武受辞[36]。武谓惠等："屈节辱命，虽生，何面目以归汉？"引佩刀自刺。卫律惊，自抱持武，驰召医[37]。凿地为坎，置煴火[38]，覆武其上，蹈其背以出血[39]。武气绝半日，复息。惠等哭，舆归营[40]。单于壮其节，朝夕遣人候问武，而收系张胜[41]。

武益愈。单于使使晓武，会论虞常[42]，欲因此时降武。剑斩虞常已，律曰："汉使张胜谋杀单于近臣[43]，当死，单于募降者赦罪[44]。"举剑欲击之，胜请降。律谓武曰："副有罪，当相坐[45]。"武曰："本无谋，又非亲属，何谓相坐？"复举剑拟之，武不动[46]。律曰："苏君，律前负汉归匈奴，幸蒙大恩，赐号称王，拥众数万，马畜弥山[47]，富贵如此。苏君今日降，明日复然。空以身膏草野[48]，谁复知之？"武不应。律曰："君因我降[49]，与君为兄弟。今不听吾计，后虽欲复见我，尚可得乎？"武骂律曰："女为人臣子[50]，不顾恩义，畔主背亲[51]，为降虏于蛮夷，何以女为见[52]？且单于信女[53]，使决人死生，不平心持正，反欲斗两主[54]，观祸败[55]。……若知我不降明[56]，欲令两国相攻，匈奴之祸，从我始矣。"律知武终不可胁，白单于。单于愈益欲降之。乃幽武置大窖中[57]，绝不饮食[58]。天雨雪，武卧啮雪与旃毛并咽之[59]，数日不死，匈奴以为神。乃徙武北海上无人处，使牧羝[60]，羝乳乃得归[61]。别其官属常惠等，各置他所。

武既至海上，禀食不至[62]，掘野鼠去草实而食之[63]。杖汉节牧羊[64]，卧起操持，节旄尽落。积五、六年，单于弟於靬王弋射海上[65]。武能网纺缴[66]，檠弓弩[67]，於靬王爱之，给其衣食。三岁余，王病，赐武马畜、服匿、穹庐[68]。王死后，人众徙去。其冬，丁令盗武牛羊[69]，武复穷厄。

初，武与李陵俱为侍中[70]。武使匈奴明年，陵降，不敢求武[71]。久之，单于使陵至海上，为武置酒设乐。因谓武曰："单于闻陵与子卿素厚[72]，故使陵来说足下，虚心欲相待。终不得归汉，空自苦亡人之地，信义安所见乎[73]？前长君为奉车[74]，从至雍棫阳宫[75]，扶辇下除[76]，触柱折辕，劾大不敬[77]，伏剑自刎，赐钱二百万以葬。孺卿从祠河东后土[78]，宦骑与黄门驸马争船[79]，推堕驸马河中溺死。宦骑亡，诏使孺卿逐捕不得，惶恐饮药而死[80]。来时，大夫人已不幸[81]，陵远葬至阳陵[82]。子卿妇年少，闻已更嫁矣。独有女弟二人[83]，两女一男，今复十余年，存亡不可知。人生如朝露[84]，何久自苦如此？陵始降时，忽忽如狂[85]，自痛负汉，加以老母系保宫[86]。子卿不欲降，何以过陵？且陛下春秋高，法令亡常[87]，大臣亡罪夷灭者数十家，安危不可知，子卿尚复谁为乎？愿听陵计，勿复有云[88]。"武曰："武父子亡功德，皆为陛下所成就，位列将，爵通侯[89]，兄弟亲近[90]，常愿肝脑涂地。今得杀身自效，虽蒙斧钺汤镬，诚甘乐之[91]。臣事君，犹子事父也。子为父死，无所恨。愿勿复再言。"

苏武牧羊
清 任伯年

陵与武饮数日，复曰："子卿壹听陵言[92]。"武曰："自分已死久矣[93]。王必欲降武[94]，请毕今日之欢，效死于前[95]。"陵见其至诚，喟然叹曰："嗟乎！义士。陵与卫律之罪，上通于天。"因泣下沾衿，与武决去[96]。陵恶自赐武[97]，使其妻赐武牛羊数十头。后陵复至北海上，语武："区脱捕得云中生口[98]，言太守以下吏民皆白服[99]，曰上崩。"武闻之，南乡号哭，欧血[100]，旦夕临数月[101]。

昭帝即位[102]，数年，匈奴与汉和亲。汉求武等，匈奴诡言武死。后汉使复至匈奴，常惠请其守者与俱[103]，得夜见汉使，具自陈道[104]。教使者谓单于，言天子射上林中[105]，得雁，足有系帛书，言武等在某泽中。使者大喜，如惠语以让单于[106]。单于视左右而惊，谢汉使曰："武等实在。"

于是李陵置酒贺武曰："今足下还归，扬名于匈奴，功显于汉室。虽古竹帛所载，丹青所画[107]，何以过子卿！陵虽驽怯[108]，令汉且贳陵罪[109]，全其老母[110]，使得奋大辱之积志[111]，庶几乎曹柯之盟[112]，此陵宿昔之所不忘也[113]。收族陵家[114]，为世大戮，陵尚复何顾乎[115]？已矣，令子卿知吾心耳。异域之人，壹别长绝[116]！"陵起舞，歌曰："径万里兮度沙幕[117]，为君将兮奋匈奴[118]。路穷绝兮矢刃摧[119]，士众灭兮名已隤[120]。老母已死，虽欲报恩将安归？"陵泣下数行，因与武决。单于召会武官属[121]，前以降及物故[122]，凡随武还者九人。

武以始元六年春至京师[123]。诏武奉一大牢谒武帝园庙[124]。拜为典属国[125]，秩中二千石[126]。赐钱二百万，公田二顷，宅一区。常惠、徐圣、赵终根皆拜为中郎[127]，赐帛各二百匹。其余六人，老归家，赐钱人十万，复终身[128]。常惠后至右将军，封列侯，自有传。武留匈奴凡十九岁，始以强壮出[129]，及还，须发尽白[130]。

东汉石羊

【词语注释】

[1]少以父任两句：以父任，因为父亲职位的关系而任官。汉制，年俸二千石以上的官员其子弟可为卿。苏武父亲苏建曾为代郡太守，苏武和兄苏嘉、弟苏贤，皆因此得官。郎，官名，皇

帝近侍。[2]稍迁：逐渐升迁。栘(yí)，指汉宫廷中的栘园，厩，马棚。栘中厩监，即此园中掌管鞍马鹰犬射猎用具的官。[3]数(shuò)：屡次。窥观，窥探。[4]留：扣留。[5]辈：批。[6]当：相当。[7]天汉：汉武帝年号。天汉元年，公元前100年。[8]且(jū)鞮(dī)侯：单于之号。[9]丈人：家长。行，行辈。这句说，汉朝的皇帝是我的长辈。[10]归：送还。[11]中郎将：官名。节，使臣所持的信物，以竹为之，柄长八尺，其上缀以牦牛尾的装饰品。[12]赂：馈送。[13]假吏：临时充任使臣的随员。[14]斥候：军中侦察报信人员。[15]置：准备，安排。遗(wèi)，赠送。[16]会：适逢，正遇上。缑(gōu)王，匈奴亲王。长水，在今陕西省蓝田县，是汉地，汉派遣"胡骑"(归化的胡人所组成的骑兵)屯聚于此。[17]昆(hún)邪王：原为匈奴亲王，后降汉。[18]浞野侯：汉将赵破奴。[19]卫律：其父为长水胡人，生长于汉，与都尉李延年相善。后因李延年出事怕受牵连，逃往匈奴，匈奴封他为丁零王。[20]阏氏(yān zhī)：匈奴称单于妻为阏氏。这句连上句说，缑王、虞常以及卫律所带来投降匈奴的人们在暗中策划，打算把单于的母亲阏氏劫掠到汉朝去请功。[21]私：私下里。候，访。私候，偷偷拜访。[22]幸蒙：希望受到。[23]阏氏子弟：阏氏及单于的兄弟子女。[24]发：发难起事。[25]亡：逃跑。指逃离其同党。[26]告之：告发此事。[27]生得：活捉。[28]治其事：审理这起案件。[29]发：泄露。状，情况。语，告诉。[30]及：牵连。[31]见犯：被侵犯，被凌辱。指事发后匈奴对自己必会采取的侮辱性措施。重，更加。这两句大意说，自己奉命出使，不能申明约束，致副使张胜有此错误行为，已经辜负了国家；若不乘此时自杀，以致日后受到匈奴凌辱，那就更对不起国家了。[32]引：牵引，招供。[33]左伊秩訾(zī)：匈奴王号。有左、右之分。[34]何以复加：怎样来加重对他们的处分呢？这两句大意说，即使他们想谋害单于，也不过判处死罪罢了。意谓处分过重。[35]降之：使之降。[36]受辞：受审。[37]驰：疾行。[38]煴(yūn)火：无焰之火。[39]蹈：通"掏"，敲打。[40]舆：车，此作动词，载、抬之意。[41]收系：逮捕。[42]单于两句：使使，派遣使者。前一使字为动词，后一使字为名词。晓，使明白、告知。会，共同。论，判罪。[43]单于近臣：此处指卫律自己。近臣，亲近之臣。[44]募：招募。这句说，单于招募降者，赦免降者之罪。[45]坐：株连。[46]拟之：比划着要杀他。[47]弥：满。[48]膏：油脂。此处用作使动词。[49]因：依靠。因我降，依靠我的引荐而投降。[50]女：通"汝"。[51]畔：通"叛"。[52]何以女为见：见你做什么？[53]信：相信。[54]斗两主：使单于和汉天子相争斗。[55]观祸败：坐看灾祸与毁败。[56]若知我不降明：你明知我不会投降。[57]幽：囚禁。[58]饮食：皆作动词。饮(yìn)，给……喝，食(shì)，给……吃。[59]啮：咬。旃(zhān)，通"毡"。[60]北海：即今贝加尔湖，为当时匈奴的北境。羝，公羊。[61]乳：生小羊。[62]廪食：公家所给的粮食，此处指匈奴供给苏武的粮食。廪，通"廪"。[63]去(jǔ)：通"弆"，收藏。这句说，苏武挖野鼠收藏的草籽做食物。[64]杖：拄着。汉节，代表汉廷的旄节。[65]於靬(wū qián)王：单于的弟弟。弋射，射猎。[66]能网纺缴：网，编结狩猎所用的网。缴(zhuó)，箭的尾部所系的丝绳。[67]檠(qíng)：矫正弓弩的器具，此处作动词，矫正。[68]服匿：盛酒、酪的瓦器，状如瓮，小口大腹方底。穹庐，圆顶帐篷。[69]丁令：即丁零，匈奴族的别支。当时卫律为丁零王，丁零盗苏武牛羊，应是卫律主使。[70]李陵：李广之孙，武帝时为骑都尉，统兵五千，与匈奴作战，杀伤匈奴兵甚多，以无接应，力竭而降。侍中，官名。[71]求：访问。李陵因自己投降匈奴，感到羞愧，故不敢访求苏武。[72]素厚：交谊一向深厚。[73]"空自苦"两句：亡，通"无"。这句是说，白白地在这无人之地受苦，你的信义又如何能表见于世(谁能看得见)呢？[74]长君：对别人长兄的尊称，此指苏武长兄苏嘉。奉车，奉车都尉，官名。 [75]雍：地名，在今陕西省凤翔县南，汉置雍县。棫(yù)阳宫，官名。这句是说，随从武帝至雍地的棫阳宫去。 [76]除：殿阶。 [77]劾：弹劾。这句说，被弹劾(指责)为大不敬。 [78]孺卿：苏武弟苏贤之字。祠，此处作动词，祭祖。河东，郡名，今山西省夏县一带。后土，地神，后是尊称。 [79]宦骑：骑马的宦官。黄门驸马，皇帝的骑侍。 [80]饮药：服毒。 [81]大：通“太”。大夫人，苏武的母亲。不幸，死的讳称。 [82]阳陵：地名，在今陕西省咸阳市东。苏氏墓地在阳陵。 [83]女弟：妹妹。 [84]朝露：早晨的露水。朝露见太阳即被晒干，存在的时间很短。喻人生短暂。 [85]忽忽：恍恍惚惚的样子。 [86]保宫：汉代囚禁大臣及眷属的官署。 [87]春秋：年龄。亡，通“无”。 [88]勿复有云：不要再说什么了。李陵请求苏武听从自己的意见，不再进行反驳。 [89]成就：栽培，提拔。位列将，职位在诸将领中。爵通“侯”，指建封平陵侯。 [90]亲近：指为武帝所信任。 [91]蒙：受。钺(yuè)，大斧。镬(huò)，大锅。这二者都是古代刑具。蒙斧钺汤镬，指被处以极刑。诚甘乐之，的确甘心乐意于这样。 [92]壹听陵言：一定听一听我李陵的话。 [93]分(fèn)：料定。 [94]王：指李陵。匈奴封李陵为右校王。降，使动用法。 [95]毕：尽。效死，献出生命。 [96]决：诀别。 [97]恶(wù)：羞愧。 [98]区(ōu)脱：边地名，匈奴与汉交界地区。云中，郡名，在今内蒙古自治区。生口，俘虏。 [99]白服：孝服。 [100]乡：通“向”。南乡，面向南方。欧，通“呕”。 [101]临：哭吊。 [102]昭帝：汉武帝少子。即，就位。 [103]俱：一起去。 [104]具：完全，详细。陈道，陈述。 [105]上林：汉上林苑。皇帝游猎之地。 [106]让：责备。这句说，使者按常惠所教之语来责备单于欺骗汉朝。 [107]丹青：图画。丹青所画，指古代丹青所画的杰出人物。 [108]驽怯：无能和胆怯。驽，材质庸劣。 [109]令：使，假使。贳(shì)，宽恕。 [110]全：保全。 [111]奋：奋起、奋发。积志，蓄积已久的志向，指伺机立功归汉。 [112]曹柯之盟：指曹沫劫齐桓公之事。曹沫，春秋时鲁国将领，齐军伐鲁，曹沫三战皆败，庄公献遂邑之地以求和，与齐盟于柯。曹沫于盟时执匕首劫齐桓公，迫使桓公归还所侵之地。这句说，希望做出曹沫劫齐桓公一类折服敌国的事。 [113]宿昔：以前。李陵投降匈奴之初，汉并未诛杀其家属。后因讹传李陵为匈奴训练军队，与汉为敌，武帝遂将李陵母亲、妻子、兄弟全都处死。此处“宿昔”，指李陵已降、其家属尚未被杀之时。一说，宿通“夙”，昔通“夕”；夙夕，一天到晚。 [114]族：族灭。 [115]大戮：大耻辱。顾：留恋。 [116]长绝：永久隔绝。 [117]径：作动词，经过。幕，通“漠”。 [118]奋：奋战。 [119]路穷绝：指李陵及其军队被困在狭谷中，穷绝，断绝。矢刃摧，兵器都被毁坏。 [120]隤(tuí)：通“颓”，败坏，毁坏。 [121]会：集聚。召会，召集。 [122]物故：死亡。 [123]始元：汉昭帝年号。 [124]大：同“太”。太牢，以一牛、一豕、一羊为祭品。园，陵寝，帝后的葬所。庙，古代祭祀祖先处所。 [125]典属国：官名，掌管降服于汉朝的外族。 [126]秩中二千石：每月俸米180斗。 [127]徐圣、赵终根：皆随苏武出使的官吏。中郎，官名。 [128]复：免除。复终身，终身免除徭役。 [129]强：强壮，年轻力壮。 [130]须发：胡须头发。

【作品简析】

《汉书》结构谨严，语言精炼，叙事及人物描写都有较高的艺术成就，对后世的史学和文学都有较大影响。《苏武传》是中国传记文学中富有文学性的名篇。分三部分，第一部分记述苏武出使匈奴后历经磨难、可歌可泣的事迹，是传记的主体。第二部分记叙苏武归汉后英名远播、深受尊宠的情形。第三部分是作者对传记人物所作的赞语。本篇节选的是传记的第一部分，通过苏武在匈奴长期的殊死斗争，颂扬了他坚贞不屈的民族气节和高尚的爱国情操，成功地塑造了一个“富贵不能淫、贫贱不能移、威武不能屈”，为了民族尊严与国家利益而视死如归的英雄形象。

【拓展阅读】

1. 班固《李广苏建列传赞》：孔子称：“志士仁人，有杀身以成仁，无求生以害仁。”“使于四方，不辱君命，”苏武有之矣。

2. 范晔《后汉书·班固传》：司马迁、班固父子，其言史官载籍之作，大义粲然著矣。议者咸称二子有良史之才；迁文直而事核，固文赡而事详。若固之序事，不激诡，不抑抗，赡而不秽，详而有体，使读之者亹亹而不厌，信哉其能成名也。

3. 刘勰《文心雕龙·史传》：及班固述汉，因循前业，观司马迁之辞，思实过半。其十志该富，赞序弘丽，儒雅彬彬，信有遗味。

【相关链接】

《汉书新注》(全套四册)　(三秦出版社)

第三部分　魏晋南北朝文学

从汉末大乱到隋代统一，历时约四百年。社会动荡不安，历史情况复杂，文学也经历了许多变化，这一时期的文学作品表现出自觉的精神。

一、建安和正始文学

汉魏之际，由于老庄、刑名学说的兴起，玄学思想的出现，文风开始发生新的变化。“建安文学革易前型，迁蜕之由，可得而说。两汉之世，户习《七经》，虽及子家，必缘经术。魏武治国，颇杂刑名，文体因之，渐趋清峻。一也。建武以还，士民秉礼。迨及建安，渐尚通脱；脱则侈陈哀乐，通则渐藻玄思。二也。献帝之初，诸方棋峙，乘时之士，颇慕纵横，骋词之风，肇端于此。三也。又汉之灵帝，颇好俳词，下习其风，益尚华靡，虽迄魏初，其风未革。四也”（刘师培《中国中古文学史》）。建安文风具有“清峻”、“华靡”的特征，对后世文学的影响非常大。曹操父子及建安七子是这个时期的代表诗人。

曹操是建安文学的开创者。他的诗可分为三种内容。一是反映汉末动乱的现实，如《薤露行》、《蒿里行》。明代钟惺评论二诗：“汉末实录，真诗史也。”二是反映动乱中的军旅征戍生活，如《苦寒行》、《却东西门行》。三是表现统一天下的雄心和顽强的进取精神，这类诗悲歌慷慨具有浓厚的抒情气氛，如《短歌行》。曹诗特点：极为本色，以朴质的形式披露胸襟，使人读其诗如见其人。他的诗继承了《诗经》中“国风”、“小雅”的抒情传统，使四言诗再一次放出光彩，影响了嵇康、陶潜等。曹操又是“改造文章的祖师”（鲁迅《魏晋风度及文章与药及酒之关系》），其文与诗一样有创造性，他“清峻”、“通脱”的散文风格对魏晋散文的发展有着重要影响。

曹丕描写男女爱情和游子思妇的题材的作品很多而且写得很好，成就较高的是五言和七言。《燕歌行》是现存最早的完整的七言诗。曹丕也擅长散文，著有《典论》，大部分散失，较完整的有《自叙》和《论文》。

曹植工诗善文，才思敏捷，钟嵘《诗品》称他为“建安之杰”。前期代表作《白马篇》中塑造了一个武艺高强、渴望为国立功甚至不惜牺牲的爱国壮士形象；后期则风格沉郁，艺术性更高，反映面广泛，代表作是《赠白马王彪》。他的赋作婉丽多姿，对魏晋南北朝抒情小赋的兴盛起了重要作用，代表作《洛神赋》写人神相恋的悲剧故事，情思缱绻，寄托遥深。

建安七子包括孔融、王粲、陈琳、徐干、阮瑀、应玚、刘桢七人。“七子”一语出自曹丕的《典论·论文》。这七人风格各异，王粲是七子中成就最高的作家，被称为“七子之冠冕”（《文心雕龙·才略》），他的《七哀诗》最为有名，是汉末现实的写照。与“七子”并提的并以才华著称的女作家蔡琰(177 年—?,字文姬)，她的五言《悲愤诗》是建安文坛上的一篇杰作，长达 540 字。像这样的长篇叙事诗，是前代文人诗歌中所没有的。《胡笳十八拍》则是一首长篇浪漫主义的抒情杰作。

继建安文学之后的正始文学，在文学史上也有它的贡献，代表作家是阮籍和嵇康。阮籍(210 年—263 年,字嗣宗)是建安以来第一个全力作五言诗的文人，主要作品是著名的 82 首五言《咏怀诗》，隐晦曲折地表现思想内容，“言在耳目之内，情寄八荒之表。”（《诗品》）阮籍这种以咏怀为题的抒情诗对后世作家有很大影响，如陶渊明的《饮酒》、庾信的《拟咏怀》、陈子昂的《感遇》、李白的《古风》等。嵇康(223 年—263 年,字叔夜)博学多艺，诗以四言最好；散文写得雄辩，析理精密，议论大胆，在当时文坛上独树一帜。他擅长音乐、会弹琴，临死时弹奏的《广陵散》成为绝唱，代表诗作《幽愤诗》、《送秀才入军》。

二、两晋诗歌

文学发展到西晋开始了明显的转变，士族文人远离社会和人民，其创作缺乏现实内容，只追求形式的华美。较有成就的诗人有三张（张载、张协、张亢）、二陆（陆机、陆云）、二潘（潘岳、潘尼）、一左（左思）。

陆机、潘尼在太康时期诗名最大。陆机的《赴洛道中作》和潘尼的《悼亡诗》感情真切。特别是后者，开中国古代“悼亡”题材的先河。二人的辞赋与散文创作也都很有成就。

左思（约 250 年—305 年，字太冲）是在形式主义诗风盛行的太康时期，能继承和发掘“建安风骨”的传统，写出有内容的作品的一个作家。《文心雕龙》评说：“尽锐于《三都》，拔萃于《咏史》。”《咏史》八首借咏史以咏怀，真正代表了左思的文学成就，同时开后世“咏史”新路。

西晋末年的刘琨（271 年—318 年，字越石）有代表作《扶风歌》。东晋初期的重要作家郭璞，代表作是十四首《游仙诗》。

陶渊明的出现才给文坛带来了富有现实内容、具有独特风格的创作。陶渊明的作品现存 120 多首诗，6 篇散文，3 篇赋，其中诗歌方面的成就最为突出。陶渊明历来被认为是一位隐士或田园诗人，他描写田园生活的诗歌在全部作品中占有重要地位。诗歌描写了淳朴的农村景物，感情真挚，风格朴素自然。陶诗在艺术上具有独特的风格和极高的造诣。突出的特点是“平淡自然”。诗的主要内容是平淡的田园风光，农村的日常生活，以及处于这种环境中的恬静心境。而诗又是通过朴素的语言，白描的手法，直率自然地抒写出来，使人感到是从“胸中自然流出”，且意境高远。《归去来兮辞》虽是辞赋，但与诗、散文在风格上相似。晚期所写的《桃花源诗并记》标志着诗人思想发展的高度。陶渊明对后世的影响是多方面的，可以概括为，不同内容的诗歌在不同的历史时期，对不同的作家有不同的作用。如唐代的李白、高适、白居易；宋代的苏轼、辛弃疾；清代的龚自珍等。陶渊明开创的田园诗一体，到唐代已形成了田园山水诗派。宋代以后，田园诗人更是不计其数。

三、魏晋南北朝散文和辞赋

散文在继承先秦两汉传统的基础上，更加重视情感的抒写、思理的辨析、语言的华丽和声韵的和谐，从而呈现出新的风貌。

汉末、三国时期，散文创作以三曹、诸葛亮、阮籍、嵇康等人为代表。诸葛亮（181 年—234 年，字孔明）的前、后《出师表》颇受人称道。《前出师表》谆谆告诫后主要继承并光大先帝“遗德”，尊贤纳谏。《后出师表》中的“鞠躬尽瘁，死而后已”则是诸葛亮为国事殚精竭虑的千古名言。诸葛恪（203 年—253 年，字元逊）的《与丞相陆逊书》也是吴国散文中的代表作。

曹魏后期的散文可以分为两派。一是以王弼、何晏等人为代表的哲理散文，在中国思想史上占有重要地位。一是以阮籍、嵇康等“竹林七贤”为代表，具有纵横家辩难气派，在文学史上有很大影响。阮籍的《大人先生传》塑造了“大人先生”这一德行高尚、志趣高远的理想人物。此文语言华丽，是一篇有价值的散文。嵇康的《与山巨源绝交书》陈述自己不堪礼法的约束，大胆表白“非汤武而薄周孔”的态度，是一篇具有浓厚文学意味和反抗思想的散文。向秀（？—约 275 年，字子期）的《思旧赋》因悼念亡友嵇康而作，倾诉不尽哀思。刘伶（字伯伦）的《酒德颂》引申庄子的哲学，表现了放逸的胸襟。

西晋时期的散文在总体上渐趋藻饰，讲究语言的绮丽。代表作家有傅玄、陈寿、张载、陆机、潘岳、左思、刘琨、木华等人。傅玄(217 年—278 年,字休奕)的《马钧传》一文，记叙了科学家马钧一生的重大发明创造，同时对科学家不能充分施展才华表示了深切的同情。史学家陈寿(233 年—297 年,字承祚)的《三国志》，文风朴实简明，塑造了诸多三国英雄人物，有“良史”之称，被后世列为“前四史”之一。张载的《剑阁铭》是表誓戒铭文中的代表作。陆机的散文成就较高，代表作有《文赋》、《叹逝赋》、《吊魏武帝文》等。《文赋》是我国文学批评史上较早的论述文学创作构思和灵感的文章。潘岳(247 年—300 年,字安仁)的代表作有《闲居赋》、《秋兴赋》、《皇女诔》等。左思的《三都赋》是魏晋时期大赋的代表作品，当时传抄一时，洛阳为之纸贵。民族志士刘琨的文章多感乱之思，《答卢谌书》表现了深切的家国之恨。鲁褒(字元道)的《钱神论》对金钱的神通作了淋漓尽致的揭露，是六朝散文中的一篇奇文。木华(约 290 年—?,字玄虚)的《海赋》以其奔放之笔，描绘了瑰奇壮阔的大海，可谓孤篇横绝之作。

东晋时期，代表作家有王羲之、孙绰、陶渊明等人。王羲之的散文除《兰亭集序》外，还有《遗殷诰书》、《誓墓文》等，论事简洁明快。孙绰(314—371 年,字兴公)的《游天台山赋》想象丰富，波澜起伏，是山水赋中的名作。陶渊明的散文与他的诗歌一样，感情真挚、语言质朴自然。他的代表作品有《五柳先生传》、《归去来兮辞》、《闲情赋》、《桃花源记》、《自祭文》等。

南朝文章更趋骈丽。颜延之(384 年—456 年,字延年)的《陶征士诔》对陶渊明的一生有传神的描绘，感情真挚朴实。谢灵运(385 年—433 年)的《山居赋》是一篇融入了佛教思想的山水赋。谢惠连(407 年—433 年)的《雪赋》融写景、抒情、说理为一体，对雪景的描绘极为细致传神。史学家范晔(398 年—446 年,字蔚宗)的《后汉书》是一部体大思精的历史散文。鲍照(约 414 年—466 年,字明远)的《登大雷岸与妹书》是一篇色彩瑰丽、写景如绘的骈文家书。他的《芜城赋》通过昔盛今衰的对比透出浓烈的悲剧色彩。谢庄(421 年—466 年,字希逸)的《月赋》在对秋色月光的传神描写中，流露出一种孤寂幽冷的伤感情调。孔稚圭(447 年—501 年,字德璋)的《北山移文》是一篇诽谐文，文章假山灵口吻，对那些伪装隐居以求利禄的文人予以嘲讽。江淹的《恨赋》、《别赋》遣词精工，是著名的抒情小赋。丘迟(464 年—508 年,字希范)的《与陈伯之书》以理服人，以情动人，情至意切，读来令人荡气回肠。陶弘景(456 年—536 年,字通明)的《答谢中书书》和吴均(469 年—520 年,字叔庠)的《与宋元思书》是南朝骈体书札的双璧，两篇文章篇幅短小精悍，语言清丽明净，具有超尘脱俗之气。刘勰的《文心雕龙》是一部体大虑周的文学批评专著，书中许多篇章如《神思》、《情采》、《物色》，语言形象生动，是优美的散文作品。萧统(501 年—531 年,字德施)所编的《文选》则是我国现存最早的文学总集，是学习、研究先秦两汉魏晋南北朝文学的必读著作。徐陵(507 年—583 年,字孝穆)的《玉台新咏序》极写丽人之美、丽人之才，为骈体文佳作。

北朝散文兴起较晚，以刚健质朴为特征。北朝散文主要以“北朝三书”和王褒、庾信等人的文章为代表。“北朝三书”是指北魏郦道元的《水经注》、杨衒之的《洛阳伽蓝记》和北齐颜之推的《颜氏家训》。郦道元的《水经注》记述水道一千三百八十九条，同时生动描绘了沿途的山川景物和故事传说，是我国古代重要的地理学著作，同时也是重要的山水散文作品。杨衒之的《洛阳伽蓝记》，名为佛教史乘著作，实际上在描绘佛教建筑宏伟壮丽的同时，表示出对北魏的怀念之情，也反映了王公贵族的贪欲和对百姓的压榨。该书语言清丽流畅，文词多用骈俪句。颜之推(531 年—约 590 年,字介)的《颜氏家训》内容涉及博物、志异、艺文、考据等，为研究当时的语言、文学、历史、哲学提供了许多有用的资料。书中详论世态人情，以儒家思想教育子弟。

王褒的《与周弘让书》是一篇骈体书信，文中表现了对南国生活的企羡。庾信是南北朝骈赋、骈文成就最高的作家。《哀江南赋》是代表他的骈文最高成就的名作。这篇赋是他晚年在北周怀念故国、自悲身世的作品。他的《小园赋》以乡关之思发哀怨之辞，表现出身陷异国欲隐退而不得的苦闷，是一篇沉郁悲凉的抒情小赋。

四、南北朝乐府民歌

南北朝乐府民歌，是继周代民歌和汉乐府民歌之后，以比较集中的方式出现的又一人民口头创作，是我国诗歌史上的新发展。它篇幅短小，抒情多于叙事。南北朝民歌虽是同一时代的产物，但由于南北朝的长期对峙，政治、经济、文化以及民族风俗、自然环境等大不相同，因此南北民歌也呈现出不同的色彩和情调。郭茂倩《乐府诗集》评："艳曲兴于南朝，胡音生于北俗。"南朝的抒情长诗《西洲曲》，与北朝的叙事长诗《木兰诗》合称双璧。南朝乐府民歌的内容几乎全是情歌。五言四句的小诗是以后绝句的直接源头。《西洲曲》写一个少女倾诉四季相思之情，语言清新自然，标志着南朝民歌在艺术发展上的最高成就。整个北朝的历史几乎与战争相始终，因此北朝民歌大都反映战争和北方各民族的尚武精神，也有反映北方民族游牧生活和北国风光的，如《企喻歌》、《琅琊王歌》、《敕勒歌》等。其艺术特色是语言质朴无华，风格刚健豪放。

五、南北朝文人诗

南北朝时期，文人诗歌从内容到形式都发生了变化，主要表现为山水诗兴起和玄言诗消歇。谢灵运是第一个大量创作山水诗的诗人。他把自然界的美景引进诗中，使山水成为独立的审美对象，并且加强了诗歌的艺术技巧和表现力，影响了一代诗风。当谢灵运大力创作富艳精工的山水诗时，鲍照也开始了创作生活，并以"文甚遒丽"的古乐府闻名于诗坛。鲍照是南北朝时代最杰出的诗人之一，《拟行路难》十八首是他的代表作。他在诗歌艺术上的探索与创新具有十分积极的意义。他的七言及五言乐府等作品，对唐代李白、高适、岑参、杜甫等诗人有很大的影响。

谢朓(464年—499年,字玄晖)在我国诗歌发展史上占有重要地位，因与谢灵运同族，史称"小谢"。他和沈约等人共同开创了讲究诗歌韵律的"永明体"，在形式上注意声律和对仗，文体一般比较短小。"永明体"促使我国诗歌从比较自由的"古体"走向格律严整的"近体"。谢朓的一些五言短诗对唐代的五言绝句影响很大，起着承前启后的作用。

庾信(513年—581年,字子山)是南北朝后期一位重要的文学家。他的前期诗歌流丽绮靡，被称为"徐庾体"；后期写乡关之思，情辞哀婉，内容丰富，情感深切，笔调苍劲。五言组诗《拟咏怀》27首，继承了阮籍咏怀诗的抒情传统。他善于综合前代与当代南北作家的艺术成就，丰富了诗歌境界，为唐诗的发展作了准备。

六、文论和小说

魏晋南北朝文学的独立和繁荣，造就了文学理论的成熟和发达。文学理论批评著作已由单篇论文发展成为成集的、系统的专著。曹丕的《典论》开文艺理论专著的先河，陆机的《文赋》第一次全面探讨了作家创作的过程、方法、形成、技巧等基本问题。南朝产生了两部文学批评巨著，即刘勰的《文心雕龙》和钟嵘(约468年—约518年,字仲伟)的《诗品》。《文心雕龙》是一部具有总结性的体大思精的文学批评著作。《诗品》对唐宋明清的诗论产生了较大影响。

魏晋南北朝小说可以分为志怪小说和志人小说。志怪小说的大量产生，是有其现实社会原因的。鲁迅《中国小说史略》说："中国本信巫，秦汉以来，神仙之说盛行，汉末又大畅巫风，而鬼道愈炽；会小乘佛教亦入中土，渐见流传，凡此，皆张皇鬼神，称道灵异，故自晋讫隋，特多鬼神志怪之书。"志怪小说中，《搜神记》是保存最多且具有代表性的一种，作者干宝是两晋之际的史学名家。《搜神记》的内容，一是“承于前载”；二是“采访近世之事”。其中大部分只是简略记录各种神仙、方术、灵异等事迹；也有不少故事情节比较完整，在虚幻的形态中反映了人们的现实关系和思想感情。尤其有价值的是一些优秀的传说故事，如《李寄斩蛇》、《韩凭夫妇》、《东海孝妇》、《干将莫邪》、《董永》、《吴王小女》等，对后代文学有较大影响。志人小说以刘义庆的《世说新语》成就最大。该书主要记录东汉至东晋名士的逸闻轶事和玄虚清谈，是研究魏晋思想文化的优秀史料。后世不少的戏剧家、小说家都从中选取创作素材。《世说新语》在艺术上具有较高的成就，鲁迅说它“记言则玄远冷峻，记行则高简瑰奇”，这可以看作是该书在艺术上的总的特色。

观 沧 海

曹 操

曹操(155 年—220 年)，字孟德，沛国谯(qiáo)县(今安徽亳县)人，是三国著名的政治家、军事家和诗人。曹操“御军卅余年……登高必赋，及造新诗，被之管弦，皆成文章。”他的诗继承了《诗经》和汉乐府的现实主义传统，以乐府古题写时事、抒胸臆，体现了一个政治家的思想情怀。今人整理排印《曹操集》。

东临碣石，以观沧海[1]。
水何澹澹，山岛竦峙[2]。
树木丛生，百草丰茂[3]。
秋风萧瑟，洪波涌起[4]。
日月之行，若出其中[5]；
星汉灿烂，若出其里[6]。
幸甚至哉，歌以咏志[7]。

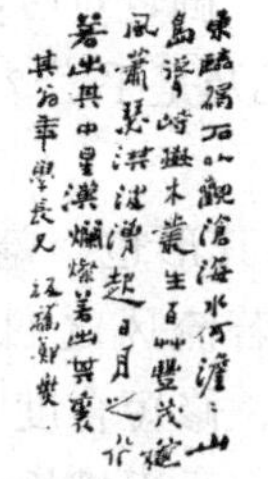
郑燮书《观沧海》

【词语注释】

[1]碣石：大碣石山。 [2]何：何其，多么。澹澹：水波荡漾的样子。竦：同“耸”。峙：立。 [3]丰茂：丰美茂盛。 [4]萧瑟：秋风吹动草木的声音。洪：大。 [5]若：如，好像。 [6]星汉：指银河。 [7]“幸甚”句：合乐时的套语。

【作品简析】

《观沧海》是曹操征乌桓时所作。公元 207 年 7 月临碣石山，他跃马扬鞭，登山观海，面对洪波涌起的大海，触景生情，写下了这首壮丽的诗篇。开头两句直陈其事，交代观海的地点。三四句描写海水和山岛。海水荡漾，是动态；山岛耸立，是静态，相互映衬。再写草木和洪波。以上全是写实景。接下来借助奇特的想象，表现大海吞吐日、月、星辰的气概，写诗人的主观感受。末二句直抒胸臆。这首诗通过辽阔雄壮的沧海景色，表现了诗人开阔的胸襟。通篇写景，独具一格，堪称中国山水诗的最早佳作。曹操的诗极为本色，格调慷慨悲凉，沉郁雄健，豪迈纵横；语言古朴刚健，善用比兴。其显著特点是用朴质的形式披露他的胸襟，使人读其诗如见其人。

【拓展阅读】

1. 宋人敖陶孙说曹诗“如幽燕老将，气韵沉雄”。
2. 沈德潜《古诗源》卷五：借古乐府写时事，始于曹公。
3. 毛泽东《浪淘沙·北戴河》。

【相关链接】

《曹操集注》（中州古籍出版社）

洛神赋(并序)[1]

曹　植

曹植(192年—232年)，字子建，曹操之子。他以诗的成就为最高，现存诗九十多首，绝大部分是五言诗。他的诗歌善用比兴手法，语言精练而词采华茂，比较全面地反映了建安文学的成就和特色，对五言诗的发展颇有影响。现有《曹子建集》。

黄初三年[2]，余朝京师[3]，还济洛川[4]。古人有言，斯水之神[5]，名曰宓妃。感宋玉对楚王说神女之事[6]，遂作斯赋。其辞曰：

余从京域[7]，言归东藩[8]，背伊阙[9]，越轘辕[10]，经通谷[11]，陵景山[12]。日既西倾，车殆马烦[13]。尔乃税驾乎蘅皋[14]，秣驷乎芝田[15]，容与乎阳林[16]，流眄乎洛川[17]。于是精移神骇[18]，忽焉思散。俯则未察[19]，仰以殊观[20]。睹一丽人，于岩之畔。乃援御者而告之曰[21]："尔有觌于彼者乎[22]？彼何人斯，若此之艳也!"御者对曰："臣闻河洛之神，名曰宓妃。然则君王之所见也，无乃是乎[23]？其状若何？臣愿闻之。"

洛神赋图

余告之曰："其形也，翩若惊鸿，婉若游龙[24]，荣曜秋菊，华茂春松[25]。仿佛兮若轻云之蔽月[26]，飘飖兮若流风之回雪[27]。远而望之，皎若太阳升朝霞；迫而察之[28]，灼若芙蓉出渌波[29]。秾纤得中，修短合度[30]。肩若削成，腰如约素[31]。延颈秀项[32]，皓质呈露[33]。芳泽无加，铅华弗御[34]。云髻峨峨[35]，修眉联娟[36]。丹唇外朗[37]，皓齿内鲜。明眸善睐[38]，辅靥承权[39]。瑰姿艳逸[40]，仪静体闲[41]。柔情绰态[42]，媚于语言[43]。奇服旷世[44]，骨像应图[45]。披罗衣之璀粲兮[46]，珥瑶碧之华琚[47]。戴金翠之首饰，缀明珠以耀躯[48]。践远游之文履[49]，曳雾绡之轻裾[50]。微幽兰之芳蔼兮[51]，步踟蹰于山隅[52]。"于是忽焉纵体[53]，以遨以嬉[54]。左倚采旄[55]，右荫桂旗[56]。攘皓腕于神浒兮[57]，采湍濑之玄芝[58]。

余情悦其淑美兮，心振荡而不怡[59]。无良媒以接欢兮[60]，托微波而通辞[61]。愿诚素之先达兮[62]，解玉佩以要之[63]。嗟佳人之信修兮[64]，羌习礼而明诗[65]。抗琼珶以和予兮[66]，指潜渊而为期[67]。执眷眷之款实兮[68]，惧斯灵之我欺[69]。感交甫之弃言兮[70]，怅犹豫而狐疑[71]。收和颜而静志兮[72]，申礼防以自持[73]。

于是洛灵感焉，徙倚彷徨[74]。神光离合[75]，乍阴乍阳[76]。竦轻躯以鹤立[77]，若将飞而未翔。践椒途之郁烈[78]，步蘅薄而流芳[79]。超长吟以永慕兮[80]，声哀厉而弥长[81]。

尔乃众灵杂遝[82]，命俦啸侣[83]。或戏清流，或翔神渚[84]。或采明珠，或拾翠羽[85]。从南湘之二妃[86]，携汉滨之游女[87]。叹匏瓜之无匹兮，咏牵牛之独处[88]。扬轻袿之猗靡兮[89]，翳修袖以延伫[90]。体迅飞凫[91]，飘忽若神。陵波微步[92]，罗袜生尘[93]。动无常则[94]，若危若安。进止难期[95]，若往若还。转眄流精[96]，光润玉颜[97]。含辞未吐[98]，气若幽兰[99]。华容婀娜[100]，令我忘餐。

于是屏翳收风[101]，川后静波[102]。冯夷鸣鼓[103]，女娲清歌[104]。腾文鱼以警乘[105]，鸣玉銮以偕逝[106]。六龙俨其齐首[107]，载云车之容裔[108]。鲸鲵踊而夹毂[109]，水禽翔而为卫[110]。于是越北沚[111]，过南冈；纡素领，回清阳[112]；动朱唇以徐言[113]，陈交接之大纲[114]。恨人神之道殊兮[115]，怨盛年之莫当[116]。抗罗袂以掩涕兮[117]，泪流襟之浪浪[118]。悼良会之永绝兮[119]，哀一逝而异乡。无微情以效爱兮[120]，献江南之明珰[121]。虽潜处于太阴[122]，长寄心于君王[123]。忽不悟其所舍[124]，怅神宵而蔽光[125]。

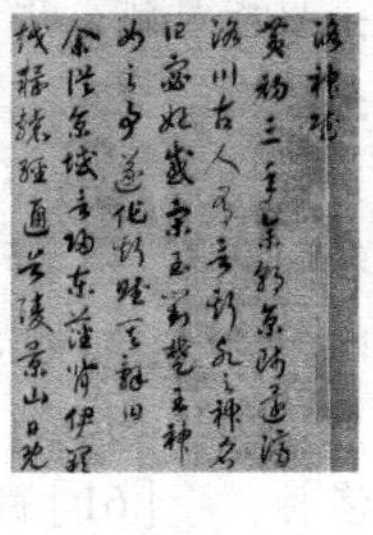

宋 赵构 草书《洛神赋》

于是背下陵高[126]，足往神留[127]。遗情想像[128]，顾望怀愁。冀灵体之复形[129]，御轻舟而上溯[130]。浮长川而忘反[131]，思绵绵而增慕。夜耿耿而不寐[132]，沾繁霜而至曙[133]。命仆夫而就驾，吾将归乎东路。揽騑辔以抗策[134]，怅盘桓而不能去[135]。

【词语注释】

[1]《文选》李善注引《记》称：曹植求甄逸女未遂，为曹丕所得。甄逸女被曹丕皇后郭氏谗死，曹植有感而作《感甄赋》。魏明帝改题为《洛神赋》。此说与史实、情理难合，不足信。此赋以幻觉形式，叙写人神相恋，终因人神道殊，含情痛别。或以为假托洛神，寄心文帝，抒发衷情不能相通的政治苦闷。全赋多方着墨，极力描绘洛神之美，生动传神。格调凄艳哀伤，辞采华茂。洛神，洛水女神，传为古帝宓(fú)羲氏之女宓妃淹死洛水后所化。 [2]黄初三年：应为黄初四年(223年)。据《三国志·魏书》曹植本传及《赠白马王彪》诗序，曹植于黄初四年朝京师。 [3]朝京师：到京城洛阳朝见魏文帝。 [4]济：渡。洛川：洛水。源出陕西，经洛阳，入黄河。 [5]斯：这。 [6]神女之事：指宋玉《高唐赋》、《神女赋》中所写楚庄王与神女相遇之事。 [7]京域：京城洛阳地区。 [8]言：发语词。东藩：指在洛阳东北的曹植封地鄄城。藩，诸侯为王室屏藩，故称藩国。 [9]背：背离，过而弃于后。伊阙：山名，在洛阳南，又名龙门山、阙塞山。 [10]轘[huán]辕：山名，在今河南偃师市东南。 [11]通谷：谷名，在洛阳城南。 [12]陵：登上。景山：山名，在今河南偃师市。 [13]殆：通"怠"，困顿。此指车行缓慢。烦：疲乏。 [14]尔乃：于是。税驾：停车。税，停。蘅皋：生长杜蘅香草的河岸。皋，河边高地。 [15]秣驷：喂马。秣，喂食料。驷，拉同一车的四匹马，此指马。芝田：种芝草的田野。 [16]容与：徜徉，优游。阳林：地名，未详。 [17]流眄：转动目光观看。 [18]骇：散。 [19]察：看清。 [20]殊观：谓看到特殊景象。 [21]援：拉着。御者：驾马车的仆人。 [22]觌(dí)：见。 [23]是：这，代指洛神。 [24]"翩若"二句：写洛神如惊鸿翩翩，游龙婉婉，体态轻盈。 [25]"荣曜"二句：以秋菊的茂盛鲜艳和春松的华美繁盛比喻神女容光焕发。 [26]仿佛：忽隐忽显貌。 [27]飘飖(yáo)：飘动摇曳貌。回：旋转。以上二句写神女若隐若现，体态轻盈。 [28]迫：靠近。 [29]灼：鲜明。渌(lù)：清澈。 [30]"秾(nóng)纤"二句：神女肥瘦高矮，恰到好处。秾，肥。纤，细瘦。中，适中。一作"衷"，意同。修，长。 [31]约素：卷束的白绢。形容腰肢圆细。约，束在一起。 [32]延：长。颈、项：脖子。 [33]皓质：洁白的肤质。呈：显现。 [34]"芳泽"二句：不涂脂抹粉，纯任天然。芳泽，化妆用的膏脂。铅华，化妆用的粉。弗御，不用。 [35]峨峨：形容高。 [36]联娟：细长弯曲。 [37]丹：红色。朗：鲜明。 [38]眸：瞳子。睐(lài)：旁视。 [39]辅靥(yè)承权：面颊上有美丽的酒窝。辅靥，应作"靥辅"。辅，通"酺"，面颊。靥，酒窝。承权，谓酒窝在颧骨之下。承，上接。权，颧。 [40]瑰：奇妙。 [41]仪：仪态。闲：娴雅。 [42]绰态：从容的姿态。 [43]媚：美好，指语言悦耳动听。 [44]旷世：举世所无。 [45]骨像：即骨相。应图：与相书中骨相好的图像相合。 [46]璀(cuǐ)粲：鲜明亮丽。 [47]珥

(ěr)：此指佩戴。瑶碧：美玉。华琚(jū)：有花纹的玉佩。[48]缀：点缀。[49]践：穿着。远游：鞋名。文履：有文饰的鞋。[50]曳：拖着。雾绡(xiāo)：轻纱。裾(jū)：衣襟。此指衣裙。[51]微：指香气微通。芳蔼：芳香浓郁。[52]踟蹰：徘徊。隅(yú)：角落。[53]纵体：轻举身体。[54]以遨以嬉：遨游嬉戏。[55]采旄(máo)：彩旗。旄，旄牛尾。此指旗杆上的装饰品。[56]桂旗：用桂枝做旗杆的旗帜。[57]攘：挽起衣袖。浒：水边。[58]湍濑(tuān lài)：急流。玄芝：黑色的灵芝。[59]怡：高兴。[60]接欢：将喜爱之情传达给洛神。[61]微波：水波。一说指目光。辞：言辞。[62]诚素：真诚的心意。素，通"愫"，真情。[63]要：通"邀"。[64]信修：的确美好。修，美好。[65]"羌习礼"句：指有文化教养。羌，发语词。[66]抗：举。琼珶(dì)：美玉名。和(hè)：应答。[67]潜渊：深渊，洛神的居处。期：约会。[68]执：持。眷眷：留恋貌。款实：诚恳的心意。[69]斯灵：指洛神。[70]"感交甫"句：《文选》李善注引《神仙传》：郑交甫于江边遇仙女，"目而挑之，女遂解佩与之。交甫行数步，空怀无佩，女亦不见"。弃言，指仙女背弃诺言。[71]狐疑：迟疑不决。[72]"收和颜"句：收敛笑容，安定心志。[73]申：强调。礼防：礼法的约束。自持：自我控制。持，原作"恃"，误。[74]徙倚：流连徘徊。[75]神光离合：神女的灵光聚散不定。[76]乍阴乍阳：时暗时明。[77]竦(sǒng)：同"耸"。[78]椒途：用椒泥涂饰的道路。椒，花椒。郁烈：香气浓烈。[79]蘅：草丛生。[80]超：怅惘。永慕：深长地爱慕。[81]弥长：久长。[82]杂遝(tà)：众多。[83]命俦啸侣：呼朋唤侣。[84]渚：水中高地。[85]翠羽：翠鸟的羽毛。[86]南湘之二妃：湘水女神，舜的二妃娥皇、女英。[87]汉滨之游女：汉水女神。[88]"叹匏(páo)瓜"二句：匏瓜，星名，不与它星相接。牵牛，星名，与织女星隔天河相对而处。[89]袿(guī)：女子上衣。猗(yǐ)靡：轻柔飘忽貌。[90]翳(yì)：遮蔽。延伫：久立。[91]凫(fú)：野鸭。[92]陵波微步：在水波上碎步而行。陵，踏。[93]罗袜生尘：神行无迹而人行有迹，疑此以神拟人，故云。[94]常则：固定规则。[95]难期：难以预期。[96]转盼流精：转动双目，流光溢彩。精，即睛。[97]光润玉颜：即玉颜光润。光润，鲜润。[98]辞：话语。[99]气：气息。[100]华容：美丽的容貌。婀娜：体态轻盈美好。[101]屏翳：风神名。[102]川后：河神。[103]冯(píng)夷：河神名。[104]女娲(wā)：女神名。相传她曾炼石补天，又制造了笙簧。[105]文鱼：传说中一种有翅会飞的鱼。警乘：警卫车驾。[106]玉銮(luán)：玉制的鸾鸟形的车铃。偕逝：一起前驰。[107]俨：庄重貌。齐首：并首，指驾车的六龙排列整齐。[108]云车：神以云为车。容裔(yì)：车行时起伏貌。[109]鲸鲵(ní)：水栖哺乳动物，形体巨大，似鱼。雄性为鲸，雌性为鲵。踊：跳跃。毂(gǔ)：车轴，此代指车。[110]卫：护卫。[111]沚：水中小洲。[112]"纡(yū)素领"二句：回头相视。纡，回。素领，白颈。清阳，眉目之间。此指清秀的眉目。[113]朱：红色。[114]陈：陈说。交接：结交往来。纲：指纲常礼法。[115]殊：不同。[116]"怨盛年"句：怨恨壮盛之年不能与君匹配。当，称心。[117]抗：举。罗袂：罗袖。涕：眼泪。[118]浪浪：泪流貌。[119]良会：嘉会。[120]微情：微末之情。效爱：表示爱慕。[121]明珰(dāng)：用明珠做成的耳坠。[122]太阴：众神所居的幽深之处。此指洛神住处。[123]君王：指曹植。[124]不悟：不知道。其：指洛神。舍：止。[125]宵：通"消"。蔽光：隐去形体的光彩。言神女形消光隐。[126]背下陵高：离开低地，登上高处。陵，登。[127]足往神留：脚已往前走了，而心神还留在那里。极写眷恋之情。[128]遗情：留恋情思。想像：回想。[129]"冀灵体"句：希望洛神再次显形。冀，希望。[130]御：驾。溯：逆水而上。[131]长川：长河，指洛水。反：通"返"。[132]耿耿：心绪不定。寐：入睡。[133]沾：浸湿。曙：天亮。[134]騑(fēi)：驾车的辕马两旁的马。辔(pèi)：马缰绳。抗策：扬鞭。[135]盘桓：徘徊不前。

【作品简析】

《洛神赋》是曹植抒情小赋中的名作。它熔铸神话题材，通过梦幻境界，描写了人神恋爱的悲剧。赋中先用大量篇幅描写洛神宓妃的容貌、姿态和装束，刻画洛神多情的性格，然后写到诗人的爱慕之情和洛神的感动。最后写到洛神含恨赠珰而去以及诗人失意的心情，有浓厚的悲剧气氛。这篇赋想象丰富，描写细腻，词采流丽，抒情意味和神话色彩浓郁，富有艺术感染力。

【拓展阅读】

晋顾恺之洛神赋图

顾恺之《洛神赋图》。顾恺之充分发挥艺术想象力，通过巧妙的构图，传神的笔墨，描绘出曹植在洛水之畔与洛水之神宓妃相会的情景。画中所描绘的洛神端庄美丽，时而徜徉于水面，“陵波微步”；时而飘忽遨游于云端，“仿佛兮，若轻云之蔽月，飘摇兮，若流风之回雪”，“翩若惊鸿，婉若游龙”，含情脉脉，仪态万千。这位美丽非凡的仙女，据说正是使曹植寝食不安、朝思暮想的恋人甄氏的化身。此图在环境描写上也较为丰富，在洛神的周围，有青山、绿水、红日、彩霞、轻云、荷花、秋菊以及鸿雁、游龙等，将赋文中对洛神形象生动的描述，都一一地再现于画面，使画面气韵生动，人物呼之欲出。顾恺之人物画的特点是，以线描作为造型的手段，以浓色微加点缀来敷染人物容貌，不求晕饰，构图笔迹周密，线条流畅，如春蚕吐丝，如春云浮空，流水行地，皆出自然。他在画论中提出的“迁想妙想”、“以形写神”等论点，都是他对生活极深刻的认识和感受，是他对绘画实践经验的高度概括，此论点对传统中国画的发展影响深远。(摘自《南方网》)

【相关链接】

《曹植集校注》（人民文学出版社）

归去来兮辞

陶渊明

陶渊明像

陶渊明(365 年—427 年)，字元亮，别号五柳先生，晚年更名潜，卒后亲友私谥靖节。东晋浔阳柴桑(今江西九江市)人。本文作于晋义熙元年(405 年)，陶渊明辞彭泽令后不久。写回家时的愉快、隐居的乐趣及乐天知命的情怀。现有《陶渊明集》。

归去来兮，田园将芜胡不归[1]！既自以心为形役，奚惆怅而独悲[2]！悟已往之不谏，知来者之可追[3]，实迷途其未远，觉今是而昨非。

舟遥遥以轻飏[4]，风飘飘而吹衣。问征夫以前路，恨晨光之熹微[5]。乃瞻衡宇[6]，载欣载奔[7]。僮仆欢迎，稚子候门。三径就荒[8]，松菊犹存。携幼入室，有酒盈樽[9]。引壶觞以自酌[10]，眄庭柯以怡颜[11]。倚南窗以寄傲[12]，审容膝之易安[13]。园日涉以成趣[14]，门虽设而常关。策扶老以流憩[15]，时矫首而遐观[16]。云无心以出岫[17]，鸟倦飞而知还。景翳翳以将入[18]，扶孤松而盘桓[19]。

归去来兮图

陶淵明集卷第一
詩 九首 四言
停雲一首 并序
停雲思親友也罇湛新醪園列初榮願言
不從歎息彌襟
靄靄停雲濛濛時雨八表同昏平路伊阻
靜寄東軒春醪獨撫良朋悠邈搔首延佇
停雲靄靄時雨濛濛八表同昏平陸成江
有酒有酒閒飲東窗願言懷人舟車
靡從東園之樹枝條載榮競用新好

古本陶渊明集

归去来兮，请息交以绝游。世与我而相违，复驾言兮焉求[20]？悦亲戚之情话，乐琴书以消忧。农人告余以春及[21]，将有事于西畴[22]。或命巾车[23]，或棹孤舟[24]。既窈窕以寻壑[25]，亦崎岖而经丘。木欣欣以向荣[26]，泉涓涓而始流[27]。善万物之得时[28]，感吾生之行休[29]。

已矣乎[30]！寓形宇内复几时[31]，曷不委心任去留[32]？胡为遑遑欲何之[33]？富贵非吾愿，帝乡不可期[34]。怀良辰以孤往，或植杖而耘耔[35]。登东皋以舒啸[36]，临清流而赋诗。聊乘化以归尽[37]，乐夫天命复奚疑[38]？

【词语注释】

[1]芜：荒芜。胡：为什么。[2]奚(xī)：何。[3]“悟已往”二句：觉悟到过去不可挽救，未来尚可弥补。《论语·微子》：“往者不可谏，来者犹可追。”谏，劝止，犹言挽救。追，追及，犹言弥补。[4]飏(yáng)：飘荡。[5]熹(xī)微：晓色微露。熹，天亮。[6]瞻：望见。衡宇：横木为门的简陋房屋。此指旧宅。[7]载：助词，且。[8]三径：汉代赵岐《三辅决录》载：汉代蒋诩隐居时，在房前竹下开三条小径，只与求仲、羊仲二人往来。后以“三径”指称隐者之所。就：将要。[9]樽(zūn)：盛酒器具。[10]引：取，拿。觞(shāng)：酒杯。酌(zhuó)：斟酒。[11]眄(miǎn)：斜眼观看，此指浏览。柯(kē)：树枝。怡(yí)颜：开颜，脸生喜色。怡，愉悦。[12]寄傲：寄托高傲的情志。[13]审：明白。容膝：放得下双膝，喻房屋狭小。易安：容易安身。[14]成趣：成了散步的场所。趣，同“趋”。一说“趣”指趣味。[15]策：持。扶老：指手杖。流：流览。憩(qì)：休息。[16]矫首：抬头。遐：远。[17]岫(xiù)：山峰。[18]景：阳光。翳(yì)翳：昏暗的样子。[19]盘桓：徘徊。[20]驾：驾车外出。言：语助词。焉求：何求，追求什么。[21]及：到。[22]事：指农事。畴：田地。[23]巾车：当时一种农用车，又称“巾柴车”。江淹《拟陶征君田居》：“日暮巾柴车。”一说指有帷幕的车子。[24]棹：船桨。此用作动词，划。[25]窈窕：山路深曲的样子。壑(hè)：山沟。[26]向：正。时间副词。荣：草木茂盛。[27]涓涓：水细流不断的样子。[28]善：欣喜，叹羡。[29]行休：将要结束。[30]已矣乎：犹言算了吧。已，止。[31]寓形宇内：寄身天地间。犹言活在世上。[32]曷(hé)不：何不。委心：随意。任去留：任其自然地对待死和生。[33]胡为：何为，为什么。遑遑：急切不安的样子。欲何之：想到何处。之，到。[34]帝乡：仙境。[35]植：通“置”，放下。《论语·微子》：“植其杖而耘。”“植”作“置”。杖：手杖。耘：锄草。耔(zǐ)：培土固苗。[36]皋：水边高地。舒啸：放声长啸。[37]聊：姑且。乘化：依顺自然之变化。[38]“乐夫”句：乐观地安于命运。《周易·系辞》：“乐天知命故不忧。”夫，助词。奚，何。

【作品简析】

《归去来兮辞》以绝大篇幅写了陶渊明脱离官场的无限喜悦，想象归隐田园后的无限乐趣，表现了作者对大自然和隐居生活的向往和热爱。文章将叙事、议论、抒情巧妙地融为一体，创造出生动自然、引人入胜的艺术境界；语言自然朴实，风格清新。

【拓展阅读】

1. 陶渊明《杂诗》：忆我少壮时，无乐自欣豫。猛志逸四海，骞翮思远翥。

2. 陶渊明《五柳先生传》：闲静少言，不慕荣利。好读书，不求甚解，每有会意，便欣然忘食。

3. 萧统《陶渊明集序》：其文章不群，词彩精拔，跌宕昭彰，独超众类，抑扬爽朗，莫之与京。横素波而旁流，干青云而直上。语时事则指而可想，论怀抱则旷而且贞。加以贞志不休，安道苦节，不以躬耕为耻，不以无财为病，自非大贤笃志，与道污隆，孰能如此乎？

4. 朱熹：晋宋人物，虽曰尚清高，然个个要官职。这边一面清淡，那边一面招权纳货。陶渊明真个能不要，此所以高于晋宋人物。

5.《宋书》本传：潜不解音声，而蓄琴一张，无弦。每有酒适，辄抚弄以寄意。贵贱造之者，有酒辄设，潜若先醉，便语客："我醉欲眠，卿可去。"其真率如此。郡将候潜，值其酒熟，取头上葛巾漉酒，毕，还复著之。

6. 鲁迅《题未定草》：陶渊明……除了论客们所佩服的"悠然见南山"之外，还有"精卫衔草木，将以填苍海。刑天舞干戚，猛志固常在"之类的金刚怒目式，在证明他并未整天整夜的飘飘然。这"猛志固常在"和"悠然见南山"正是一个。倘有取舍，即非全人。再加抑扬，更离真实。

【相关链接】

袁行霈 《陶渊明集笺注》（中华书局）

南朝民歌

西 洲 曲

《西洲曲》是南朝乐府民歌中的名篇，也是乐府民歌的代表作。北宋郭茂倩编的《乐府诗集》将其收入"杂曲辞类"。

忆梅下西洲，折梅寄江北[1]。
单衫杏子红，双鬓鸦雏色[2]。
西洲在何处？两桨桥头渡。
日暮伯劳飞，风吹乌臼树[3]。
树下即门前，门中露翠钿[4]。
开门郎不至，出门采红莲。
采莲南塘秋，莲花过人头。
低头弄莲子，莲子清如水。
置莲怀袖中，莲心彻底红[5]。
忆郎郎不至，仰首望飞鸿[6]。
鸿飞满西洲，望郎上青楼。
楼高望不见，尽日栏杆头。
栏杆十二曲，垂手明如玉。
卷帘天自高，海水摇空绿[7]。
海水梦悠悠，君愁我亦愁[8]。
南风知我意，吹梦到西洲。

南朝彩色画像砖郭巨埋儿

【词语注释】

[1]下：落。落梅时节是本诗中男女共同纪念的时节。西洲：地名，未详所在。它是本篇中男女共同纪念的地方。 [2]杏子红：指杏红色。鸦雏：小鸦。鸦雏色：言其乌黑发亮。 [3]伯劳：鸟名，仲夏（五月）时开始啼叫。 [4]翠钿：用翠玉做成或镶嵌的首饰。 [5]莲心：隐"怜心"，就是相爱之心。彻底红：就是红得通透，语含双关。 [6]望飞鸿：有望书信的意思，古人有鸿雁传书的传说，成为典实。 [7]此二句似倒装。秋夜的一片蓝天像大海。风吹帘动，隔帘见天便觉似海水荡漾。一说内地人有呼江为海者，"海水"即指江水。 [8]悠悠：渺远。天海辽阔无边，所以说它"悠悠"，天海的"悠悠"正如梦的"悠悠"。

【作品简析】

《西洲曲》生动地塑造了一位美丽、纯洁又多情的少女形象。此诗的显著特点是在动态中表现人物的思想感情。本诗四句为一节，节与节之间用民歌惯用的"接字"法相勾联，形成回环反复、余味无尽的韵致；音调悠扬，意境优美；风格清新活泼。

【拓展阅读】

1. 沈德潜《古诗源》：续续相生，连跗接萼，摇曳无穷，情味愈出。

2. 萧涤非《汉魏六朝乐府文学史》：汉乐府民歌普及于社会之各方面，南朝则纯为一种以女性为中心之艳情讴歌。

【相关链接】

1. 萧涤非《汉魏六朝乐府文学史》（人民文学出版社）

2.《汉魏六朝诗鉴赏集》（人民文学出版社）

北朝民歌

木 兰 诗

《木兰诗》又叫《木兰辞》，选自宋朝郭茂倩编的《乐府诗集》，这是南北朝时北方的一首民歌，北朝民歌以《乐府诗集》所载“梁鼓角横吹曲”。

唧唧复唧唧，木兰当户织[1]。
不闻机杼声，惟闻女叹息。
问女何所思，问女何所忆。
女亦无所思，女亦无所忆。
昨夜见军帖，可汗大点兵[2]，
军书十二卷，卷卷有爷名。
阿爷无大儿，木兰无长兄，
愿为市鞍马，从此替爷征。
东市买骏马，西市买鞍鞯[3]，
南市买辔头，北市买长鞭。
旦辞爷娘去，暮宿黄河边。
不闻爷娘唤女声，但闻黄河流水鸣溅溅。
旦辞黄河去，暮至黑山头[4]。
不闻爷娘唤女声，但闻燕山胡骑鸣啾啾[5]。
万里赴戎机，关山度若飞。
朔气传金柝，寒光照铁衣[6]。
将军百战死，壮士十年归。
归来见天子，天子坐明堂[7]。
策勋十二转，赏赐百千强[8]。
可汗问所欲，木兰不用尚书郎[9]，
愿驰千里足，送儿还故乡[10]。
爷娘闻女来，出郭相扶将。
阿姊闻妹来，当户理红妆。
小弟闻姊来，磨刀霍霍向猪羊[11]。
开我东阁门，坐我西阁床。
脱我战时袍，着我旧时裳。
当窗理云鬓，对镜帖花黄[12]。
出门看伙伴，伙伴皆惊忙。
同行十二年，不知木兰是女郎。
雄兔脚扑朔，雌兔眼迷离[13]。
两兔傍地走，安能辨我是雄雌。

《木兰从军》（唐勇力）

【词语注释】

[1]唧唧：叹声。 [2]军帖：征兵的文书。可汗：西北民族君主之称，起于汉以后。 [3]鞯：马鞍的垫子。西魏至唐初行府兵制，当时应征从军的人须自备鞍马、弓箭等物。 [4]黑山：即杀虎山，蒙古语为阿巴汉喀喇山，在今呼和浩特市东南百里。 [5]燕山：指燕然山，即今蒙古人民共和国境内的杭爱山。 [6]金柝：军用铜器，像锅，有三只脚，又有柄，容量相当于斗。白天做炊具，夜里用来报更，就是“刁斗”。 [7]明堂：天子祭祀、朝诸

侯、教学、选士的地方。[8]策勋：纪功。将勋位分做若干等，每升一等为一转。[9]尚书郎：官名，尚书机关的侍郎。[10]千里足：指驼、马等代步之物。儿：女子自称之词。[11]霍霍：急速貌。[12]帖花黄：六朝以来女子有黄额妆，在额间涂黄。[13]扑朔：跳跃貌。迷离：不明貌。以上二句互文，雌兔的脚也扑朔，雄兔的眼也迷离。

【作品简析】

《木兰诗》是一篇优秀叙事诗。写的是木兰女扮男装替父从军，最后光荣还乡的故事，塑造了一位血肉丰满的年轻女英雄形象。《木兰诗》在艺术上突破了汉代杂言体民歌的狭小篇幅，形成长篇巨制体式，对唐代七言歌行的发展起了示范性的推动作用。布局严谨，繁简得当，描写生动，语言丰富，浪漫主义色彩浓厚，对后世文学有较大影响。全诗前十六句详写木兰准备代父出征；以下十二句写出发到战场；以下六句略写征战十年后还乡。以下八句写不受官禄，坚决辞归故里。以下十六句写回家时的情形。最后四句是感叹之辞。这是南北朝民歌中艺术性最高的一篇。

【拓展阅读】

《商丘县志》记载：木兰姓魏氏，本处子也。世传可汗募兵，木兰之父耄羸，弟妹年幼。慨然代行，服甲胄箭囊。操戈跃马而往，历年一纪，阅十有八战，人莫识之。后凯还，天子嘉其功。除尚书不受，恳奏省亲。及还家，释其戎服，衣其旧裳。同行者骇之，遂之事闻于朝。召复赴阙，欲纳诸宫中。木兰曰："臣无媲君之礼"，以死誓拒之，迫之不从，遂自尽。帝惊悯，追赠将军，谥"孝烈"。今商丘营郭镇，有寺存，盖其故家云。(康熙《商丘县志》卷十一烈女页二至三民国二十年(1932)石印本)

【相关链接】

动画片《花木兰》

别　赋

江　淹

江淹(444年—505年)，字文通，南朝文学家，祖籍济阳考城(今河南兰考东)。江淹的作品包括诗、文和辞赋三部分。他的抒情小赋代表了其文学创作的最高成就。

黯然销魂者[1]，唯别而已矣。况秦吴兮绝国[2]，复燕宋兮千里[3]。或春苔兮始生，乍秋风兮暂起[4]。是以行子肠断，百感凄恻。风萧萧而异响，云漫漫而奇色。舟凝滞于水滨，车逶迟于山侧[5]，棹容与而讵前[6]，马寒鸣而不息。掩金觞而谁御[7]，横玉柱而霑轼[8]。居人愁卧，怳若有亡[9]。日下壁而沈彩[10]，月上轩而飞光。见红兰之受露，望青楸之离霜[11]。巡曾楹而空揜，抚锦幕而虚凉[12]。知离梦之踯躅[13]，意别魂之飞扬[14]。

故别虽一绪，事乃万族[15]：

至若龙马银鞍[16]，朱轩绣轴[17]，帐饮东都[18]，送客金谷[19]。琴羽张兮箫鼓陈[20]，燕赵歌兮伤美人[21]；珠与玉兮艳暮秋，罗与绮兮娇上春[22]。惊驷马之仰秣[23]，耸渊鱼之赤鳞[24]。造分手而衔涕[25]，感寂漠而伤神[26]。

乃有剑客惭恩[27]，少年报士[28]，韩国赵厕[29]，吴宫燕市[30]，割慈忍爱，离邦去里，沥泣共诀[31]，抆血相视[32]。驱征马而不顾，见行尘之时起。方衔感于一剑[33]，非买价于泉里[34]。金石震而色变[35]，骨肉悲而心死[36]。

或乃边郡未和，负羽从军[37]。辽水无极[38]，雁山参云[39]。闺中风暖，陌上草薰。日出天而耀景[40]，露下地而腾文[41]，镜朱尘之照烂[42]，袭青气之烟煴[43]。攀桃李兮不忍别，送爱子兮霑罗裙[44]。

至如一赴绝国，讵相见期[45]。视乔木兮故里[46]，决北梁兮永辞[47]。左右兮魂动，亲宾兮泪滋。可班荆兮赠恨[48]，惟尊酒兮叙悲[49]。值秋雁兮飞日，当白露兮下时。怨复怨兮远山曲，去复去兮长河湄[50]。

又若君居淄右[51]，妾家河阳[52]。同琼珮之晨照[53]，共金炉之夕香[54]，君结绶兮千里[55]，惜瑶草之徒芳[56]。惭幽闺之琴瑟，晦高台之流黄[57]。春宫闷此青苔色[58]，秋帐含兹明月光，夏簟清兮昼不暮[59]，冬釭凝兮夜何长[60]！织锦曲兮泣已尽，回文诗兮影独伤[61]。

傥有华阴上士[62]，服食还山[63]。术既妙而犹学，道已寂而未传[64]。守丹灶而不顾[65]，炼金鼎而方坚[66]，驾鹤上汉，骖鸾腾天[67]。蹔游万里，少别千年[68]。惟世间兮重别，谢主人兮依然[69]。

下有芍药之诗[70]，佳人之歌[71]。桑中卫女，上宫陈娥[72]。春草碧色，春水渌波[73]，送君南浦[74]，伤如之何！至乃秋露如珠，秋月如珪[75]，明月白露，光阴往来，与子之别，思心徘徊。

是以别方不定[76]，别理千名[77]，有别必怨，有怨必盈[78]，使人意夺神骇，心折骨惊[79]。虽渊云之墨妙[80]，严乐之笔精[81]，金闺之诸彦[82]，兰台之群英[83]，赋有凌云之称[84]，辩有雕龙之声[85]，谁能摹暂离之状，写永诀之情者乎！

【词语注释】

[1]黯然：心神沮丧，形容惨戚之状。销魂，即丧魂落魄。 [2]秦吴：古国名。秦在今陕西一带。吴，在今江苏、浙江一带。绝国，相隔极远的邦国。[3]燕宋：古国名。燕在今河北一带。宋在今河南一带。 [4]蹔：同“暂”。[5]逶迟：徘徊不行的样子。[6]櫂(zhào)：船桨，这里指代船。容与：缓慢荡漾不前的样子。讵前：滞留不前。此处化用屈原《九章·涉江》：“船容与而不进兮，淹回水而疑滞”句意。 [7]掩：覆盖。觞(shāng)：酒杯。御：进用。 [8]横：横持；搁置。玉柱：琴瑟上的系弦之木，这里指琴。霑：同“沾”。轼：车前的横木。 [9]怳(huǎng)：丧神失意的样子。 [10]沈彩：日光西沉。沈，同“沉”。 [11]楸(qiū)：落叶乔木。枝干端直，高达三十米，古人多植于道旁。离，即“罹”，遭受。 [12]曾楹(yíng)：高高的楼房。曾，同“层”。楹，屋前的柱子，此指房屋。揜(yǎn)：同“掩”。锦幕：锦织的帐幕。二句写行子一去，居人徘徊旧屋的感受。 [13]踯躅(zhí zhú)：徘徊不前的样子。 [14]意：同“臆”，料想。飞扬：飞散而无着落。 [15]万族：不同的种类。 [16]龙马：据《周礼·夏官·廋人》载，马八尺以上称“龙马”。 [17]朱轩：贵者所乘之车。绣轴：绘有彩饰的车轴。此指车驾之华贵。 [18]帐饮：古人设帷帐于郊外以饯行。东都：指东都门，长安城门名。《汉书·疏广传》记疏广告老还乡时，“公卿大夫故人邑子设祖道供帐东都门，送者车数百辆，辞决而去。” [19]金谷：晋石崇在洛阳西北金谷所造金谷园。史载石崇拜太仆，出为征虏将军，送者倾都，曾帐饮于金谷园。 [20]羽：五音之一，声最细切，宜于表现悲戚之情。琴羽，指琴中弹奏出羽声。张：调弦。[21]燕赵：《古诗》有“燕赵多佳人，美者颜如玉”句。后因以美人多出燕赵。 [22]上春：即初春。 [23]驷马：古时四匹马拉的车驾称驷，马称驷马。仰秣(mò)：抬起头吃草。语出《淮南子·说山训》：“伯牙鼓琴，驷马仰秣。”原形容琴声美

妙动听，此反其意。［24］耸：因惊动而跃起。鳞：指渊中之鱼。语出《韩诗外传》："昔者瓠巴鼓瑟而潜鱼出听。"［25］造：等到。衔涕：含泪。［26］寂漠：即"寂寞"。［27］惭恩：自惭于未报主人知遇之恩。［28］报士：心怀报恩之念的侠士。［29］韩国：指战国时侠士聂政为韩国严仲子报仇，刺杀韩相侠累一事。赵厕：指战国初期，豫让因自己的主人智氏为赵襄子所灭，乃变姓名为刑人，入宫涂厕，挟匕首欲刺死赵襄子一事。［30］吴宫：指春秋时专诸置匕首于鱼腹，在宴席间为吴国公子光刺杀吴王一事。燕市：指荆轲与朋友高渐离等饮于燕国街市，因感燕太子恩遇，藏匕首于地图中，至秦献图刺秦王未成，被杀。高渐离为了替荆轲报仇，又一次入秦谋杀秦王事。［31］沥泣：洒泪哭泣。［32］抆(wěn)：擦拭。抆血，言泣泪以尽继之以血。［33］衔感：怀恩感遇。衔，怀。［34］买价：指以生命换取金钱。泉里：黄泉。［35］金石震：钟、磬等乐器齐鸣。句本《燕丹太子》："荆轲与武阳入秦，秦王陛戟而见燕使，鼓钟并发，群臣皆呼万岁，武阳大恐，面如死灰色。"［36］"骨肉"句：语出《史记·刺客列传》，聂政刺杀韩相侠累后，屠肠毁容自杀，以免牵累。韩国当政者暴尸于市，悬赏千金。其姐聂嫈云："妾其奈何畏殁身之诛，终灭贤弟之名！"遂扬其弟义举，伏尸而哭，自杀其旁。骨肉，指死者亲人。［37］负羽：挟带弓箭。［38］辽水：辽河。在今辽宁省西部，流经营口入海。［39］雁山：雁门山。在今山西原平县西北。［40］耀景：闪射光芒。［41］腾文：指露水在阳光下反射出绚烂的色彩。［42］镜：照。朱尘：红色的尘霭。照烂：鲜明绚烂之色。［43］袭：扑入。青气：春天草木上腾起的烟霭。烟煴(yīn yūn)：同"氤氲"。云气笼罩弥漫的样子。［44］爱子：爱人，指征夫。［45］讵：岂有。［46］乔木：高大的树木。王充《论衡·佚文》："睹乔木，知旧都。"［47］"决北"句：语出《楚辞·九怀》。［48］班：铺设。荆：树枝条。据《左传·襄公二十六年》，楚国伍举与声子相善。伍举将奔晋，遇声子于郑郊。"班荆相与食，而言复故。"后遂以"班荆道故"喻亲旧惜别之悲痛。［49］尊：同"樽"，酒器。［50］湄：水边。［51］淄右：淄水西面。在今山东境内。［52］河阳：黄河北岸。［53］琼珮：琼玉之类的佩饰。［54］此二句回忆昔日朝夕共处的爱情生活。［55］绶：系官印的丝带。结绶，谓出仕做官。［56］瑶草：仙山中的芳草。此喻闺中少妇。徒芳，喻虚度青春。［57］晦：昏暗不明。流黄，黄色丝绢，这里指黄绢做成的帷幕。全句指为免伤情，不敢卷起帷幕远望。［58］春宫：指闺房。閟(bì)，关闭。［59］簟(diàn)：竹席。［60］釭(gāng)：油灯。以上四句写居人春、夏、秋、冬四季相思之苦。［61］"织锦"二句：据武则天《璇玑图序》载："前秦苻坚时，窦滔镇襄阳，携宠姬赵阳台之任，断妻苏蕙音问。蕙因织锦为回文，五彩相宣，纵横八寸，题诗二百余首，计八百余言，纵横反复，皆成章句，名曰《璇玑图》以寄滔。"一说窦滔被徙沙漠，妻苏蕙遂织锦为回文诗寄赠(《晋书·列女传》)。以上写游宦别离和闺中思妇的恋念。［62］傥(tǎng)：同"倘"。华阴：即华山，在今陕西渭南县南。上士：道士；求仙的人。［63］服食：道家以为服食丹药可以长生不老。还山：即成仙。一作"还仙"。［64］寂：进入微妙之境。传：至，最高境界。［65］丹灶：炼丹炉。不顾，不顾问尘俗之事。［66］炼金鼎：在金鼎里炼丹。［67］骖(cān)：三匹马驾车称"骖"。鸾，古代神话传说中凤凰一类的鸟。［68］少别：小别。［69］谢：告辞，告别。以上写学道炼丹者的离别。［70］下：下土。与"上士"相对。芍药之诗：语出《诗经·郑风·溱洧》："维士与女，伊其相谑，赠以芍药。"［71］佳人之歌：指李延年歌："北方有佳人，绝世而独立。"［72］桑中：卫国地名。上宫：陈国地名。卫女、陈娥：均指恋爱中的少女。《诗经·鄘风·桑中》："云谁之思？美孟姜矣。期我乎桑中，要我乎上宫。"［73］渌(lù)波：清澈的水波。［74］南浦：《楚辞·九歌·河伯》："子交手兮东行，送美人兮南浦。"后以"南浦"泛指送别之地。［75］珪(guī)：一种洁白晶莹的圆形美玉。［76］别方：别离的双方。［77］名：种类。［78］盈：充盈。［79］折、惊：均言创痛之深。[80]渊：即王褒，字子渊。云：即扬雄，字子云。二人都是汉代著名的辞赋家。[81]严：严安。乐：徐乐。二人均为汉代著名文章家。[82]金闺：指汉代长安金马门，汉官署名，是聚集才识之士以备汉武帝诏询的地方。彦：有学识才干的人。[83]兰台：汉代朝廷中藏书和讨论学术的地方。[84]凌云：据《史记·司马相如列传》载，司马相如作《大人赋》，汉武帝誉之为“飘飘有凌云之气，似游天地之间。”[85]雕龙：据《史记·孟子荀卿列传》载，驺奭作文，善闳辩，故齐人称颂为“雕龙奭”。

【作品简析】

本文先从行者与居者两面总述别离之悲，然后分写戍人、富豪、侠士、游宦、道士、思妇、情人等各类人物、各种情形的别离之情。作者善于用精丽的语言、移情的笔法、环境的烘托、情绪的渲染，衬托各类人物的特殊情感，具有很强的艺术感染力。把离情别绪作为一种艺术的美来追求，这也是南朝文学的普遍现象之一。

【拓展阅读】

刘熙载《艺概》：江文通诗，有凄凉日暮不可如何之意。

【相关链接】

胡之骥 《江文通集汇注》（中华书局）

《水经注 江水》

三 峡[1]

郦道元

郦道元(469 年—527 年)，字善长，范阳涿县(今属河北)人。“集六朝地志之大成”撰注《水经》四十卷。此书以河流为纲，同时记述流经地区的名胜、土壤、植被、气候、水文等，社会经济、水利工程、民俗风习、历史传说也多有记载。《水经注》是中国古代的地理名著，在中国和世界地理学史上都占有重要地位。《水经注》中对山川景物的描写，还被作为文学作品受到后人的高度评价。

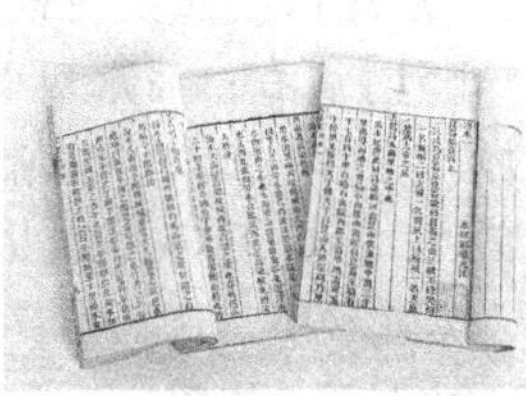

《水经注》书影

江水历峡东，迳新崩滩[2]。此山汉和帝永元十二年崩，晋太元二年又崩[3]。当崩之日，水逆流百余里，涌起数十丈。今滩上有石，或圆如箪[4]，或方似屋，若此者甚众，皆崩崖所陨，致怒湍流，故谓之“新崩滩”。其颓崖所余，比之诸岭，尚为竦桀[5]。

其下十余里，有大巫山，非惟三峡所无，乃当抗峰岷、峨[6]，偕岭衡、疑[7]。其翼附群山，并概青云，更就霄汉，辨其优劣耳。神孟涂所处[8]。《山海经》云[9]：“夏后启之臣孟涂，是司神于巴，巴人讼于孟涂之所，其衣有血者执之，是请生。居山上，在丹山西。”郭景纯云：“丹山在丹阳，属巴。丹山西即巫山者也”。又帝女居焉[10]。宋玉所谓天帝之季女[11]，名曰瑶姬，未行而亡，封于巫山之阳，精魂为草实、为灵芝。所谓巫山之女，高唐之姬，旦为行云，暮为行雨，朝朝暮暮，阳台之下。旦早视之，果如其言[12]。故立为庙，号“朝云”焉。其间首尾百六十里，谓之巫峡，盖因山为名也。

巫峡

自三峡七百里中，两岸连山，略无阙处。重岩叠嶂[13]，隐天蔽日，自非停午夜分[14]，不见曦月[15]。至于夏水襄陵，沿泝阻绝[16]。或王命急宣，有时朝发白帝，暮到江陵，其间千二百里，虽乘奔御风[17]，不以疾也。春冬之时，则素湍绿潭[18]，回清倒影[19]。绝巘多生怪柏[20]，悬泉瀑布，飞漱其间[21]，清荣峻茂，良多趣味。每至晴初霜旦，林寒涧肃，常有高猿长啸，属引凄异[22]，空谷传响，哀转久绝。故渔者歌曰："巴东三峡巫峡长，猿鸣三声泪沾裳！"

【词语注释】

[1]三峡：即长江三峡。瞿塘峡、巫峡、西陵峡的合称。在长江上游，西起四川省奉节县白帝城，东至湖北省宜昌，长193千米。 [2]迳：即"经"。 [3]汉和帝永元十二年：即公元100年。晋太元二年：即公元377年。 [4]箪(dān)：古时盛饭用的圆形竹器。 [5]竦桀：高耸。 [6]抗峰岷、峨：岷，岷山。峨，峨嵋山。意为大巫山的高度可与岷山、峨嵋山相比。 [7]偕岭衡、疑：衡，衡山。疑，九疑山。意为大巫山可与衡山、九疑山为伍。 [8]孟涂：巫山之神。 [9]《山海经》云：此处引文见《山海经·海内南经》。 [10]帝女：天帝之女。 [11]宋玉所谓天帝之季女：宋玉，战国时文学家，著有《高唐赋》、《神女赋》。 [12]"高唐之姬"到"果如其言"：语出宋玉《高唐赋》。"高唐"或作"高丘"。高唐，战国时楚国台馆名，在云梦泽中。高丘，高山。 [13]嶂：山峰。 [14]停午夜分：停午，正午。夜分，半夜。 [15]曦月：太阳和月亮。 [16]襄陵：大水凌驾于高陵之上。襄：上；陵：大土山。沿：顺流而下；泝(sù)：逆流而上。 [17]奔：奔驰的快马。御风：驾风。 [18]素湍：白色的急流。潭：深水。 [19]回清倒影：清光物影倒映其中。 [20]巘(yǎn)：山峰。 [21]漱：喷射的意思。 [22]属：连续。引：延长。意思是猿声连续不断。凄异：凄凉异常。

【作品简析】

本文虽属节选，但全文结构严谨，布局巧妙，浑然一体，尤其作者在描山摹水上更见功力。由于作者曾"践跻此境"，有过具体感受，所以能掌握三峡的特点和不同季节各自的风貌。首先，作者采取先大而小，先总后分的办法，按季节分层次，写得起迄分明，各具特色。其次，善于选取富有特征性的事物，寥寥几笔，使境界全出，让读者恍如身临其境。如以"朝发白帝，暮到江陵"表现水流湍急，以"素湍绿潭，回清倒影"形容江水澄澈，风光妩媚，以"空谷传响，哀转久绝"渲染猿鸣幽凄、山谷空旷，都言简意赅，情景交融。再次，各个部分各有侧重，互相映衬，互相补充，从不同角度写出了三峡特色，而下面的三个部分，又都围绕着首段关于山峡总的特点来写。最后，作者运笔富于变化，有正面落笔，有侧面烘托，有粗线勾勒，有工笔细描，有明言直写，有隐喻暗示，有全景鸟瞰，有特写镜头，有仰观远景，有俯察近物，有绘形写貌，有摹声录音，有自己立言，有由人代语，虽只几百字的短文，却概括千里，包容四季，收纳山水草木，罗入清猿怪柏，真可谓片言敌万语，尺素罗千里。(《中国古典文学名著赏析》，山西人民出版社)

【拓展阅读】

郦道元在序言中说："昔《大禹记》著山海，周而不备；《地理志》其所录，简而不周；《尚书》、《本纪》与《职方》俱略；都赋所述，裁不宣意；《水经》虽粗缀津绪，又阙旁通。所谓各言其志，而罕能备其宣导者矣。"

【相关链接】

1. 杨守敬、熊会贞疏 《水经注疏》 （江苏古籍出版社）

2. 汪士铎图　陈桥驿校释 《图文本水经注》(全2册) （山东画报出版社）

《洛阳伽蓝记》

白马寺

杨衒之

杨衒之，北魏人，生平仕历等均不详。惟据此书中自述及书首所署官衔，知道他在北魏永安中为奉朝请，著书时为抚军府司马。《洛阳伽蓝记》是北魏一部重要的散文著作。“伽蓝”是梵语“寺庙”的音译。

白马寺，汉明帝所立也[1]。佛入中国之始。寺在西阳门[2]外三里，御道南[3]。帝梦金神，长丈六，项背日月光明；金神，号曰“佛”。遣使向西域求之，乃得经像焉。时，白马负经而来，因以为名。

明帝崩，起祇洹[4]于陵上，自此以后，百姓冢上或作浮图[5]焉。寺上经函，至今犹存。常烧香供养之，经函时放光明，耀于堂宇。是以道俗礼敬之，如仰真容。

浮图前，柰林、蒲萄[6]异于余处，枝叶繁衍，子实甚大。柰林实重七斤，蒲萄实伟于枣，味并殊美，冠于中京。帝至熟时，常诣取之。或复赐宫人，宫人得之，转饷亲戚，以为奇味。得者不敢辄食，乃历数家。京师语曰：“白马甜榴，一实直牛[7]。”

白马寺

【词语注释】

[1]汉明帝：刘庄，光武帝刘秀之子(公元58年—75年在位)。 [2]西阳门：当时洛阳城西南数起的第二座城门。 [3]御道：皇帝的车道。 [4]祇洹(qí huán)：中印度摩伽陀国王舍城的“祇树给孤独园”的简称，是“胜林”的意思。印度佛教胜地之一，园中建有精舍，如来佛在其中说法。这里指用来修行佛法的禅房。祇，也作“祗”。 [5]浮图：梵文Buddha(佛陀)的旧译，通常作“浮屠”，是“佛”的全称。但也有把佛塔的音译误译作“浮屠”，因此称佛塔为“浮屠”、“浮图”的。此处即指佛塔。 [6]柰(nài)林：果木名，俗称花红，亦名沙果。蒲萄：即葡萄。 [7]榴：指柰林果实。古以石榴为柰属。一实直牛：一个果实值一头牛的价钱。

【作品简析】

本文记录建寺始末及寺中植物、京城风俗等，语言优美生动，很有特色。

【拓展阅读】

1. 章培恒、骆玉明《中国文学史》：《洛阳伽蓝记》共分五卷，依次写城内和城之东、南、西、北五个区域。以寺庙为纲，涉及北魏都洛阳四十年间的政治大事、中外交通、人物传记、市井景象、民间习俗、传说异闻，内容相当丰富。就其性质而言，实是一种历史笔记，但结构严整，不像一般笔记那样松散琐碎。其史料价值历来为史家所推崇。《洛阳伽蓝记》具有多方面的内容，在散文、传记、小说等各种文学体裁的发展中，都有一定的价值。

2. 白马寺是佛教传入中国后由官方营造的第一座寺院。它的营建与我国佛教史上著名的“永平求法”紧密相连。相传汉明帝刘庄夜寝南宫，梦金神头放白光，飞绕殿庭。次日得知梦为佛，遂遣使臣蔡音、秦景等前往西域拜求佛法。蔡、秦等人在月氏(今阿富汗一带)遇上了在该地游化宣教的天竺(古印度)高僧迦什摩腾、竺法兰。蔡、秦等于是邀请佛僧到中国宣讲佛法，并用白马驮载佛经、佛像，跋山涉水，于永平十年(67年)来到京城洛阳。汉明帝敕令仿天竺式样修建寺院。为铭记白马驮经之功，遂将寺院取名“白马寺”。

【相关链接】

杨衒之著 周振甫译注《洛阳伽蓝记译注》(江苏教育出版社)

《世说新语》(二则)

刘义庆

刘义庆(403 年—444 年),南朝宋彭城(今江苏徐州)人,为宋武帝刘裕之侄,袭封临川王,官至尚书左仆射、中书令。

华歆、王朗俱乘船避难[1],有一人欲依附[2],歆辄难之[3]。朗曰:“幸尚宽,何为不可?”后贼追至,王欲舍所携人[4]。歆曰:“本所以疑,正为此耳[5]。既已纳其自托[6],宁可以急相弃邪[7]?”遂携拯如初[8]。世以此定华、王之优劣。(《德行》)

过江诸人[9],每至美日[10],辄相邀新亭,藉卉饮宴[11]。周侯中坐而叹曰:“风景不殊,正自有山河之异[12]!”皆相视流泪。唯王丞相愀然变色曰[13]:“当共戮力王室,克复神州,何至作楚囚相对[14]!”(《言语》)

【词语注释】

[1]俱:一起。[2]依附:指搭乘船。[3]辄:就。难:感到为难。[4]舍:丢下。[5]本:原先,当初。[6]既:已经。纳:接纳。托:托身。[7]宁:怎么。[8]拯:援救。[9]过江:渡江。[10]美日:好日子,指风和日丽。[11]新亭:现南京市南。藉(jié)卉:坐在草地上。[12]中坐:在座中。殊:异,不同。正:止,只。[13]愀(qiǎo)然:容色改变的样子。[14]戮(lù)力:尽力。克:完成。神州:指中原。何至:怎能。楚囚:典出《左传·成九年》楚国爱国者钟仪的故事。

【作品简析】

《世说新语》文字简洁隽永,含蓄委婉,写事记人没有过多的描写,寥寥几笔便刻画出相当生动的人物形象。选文中分别用两句对话,运用对比的手法,写出了两种不同的人物。

【拓展阅读】

《世说新语》是六朝志人小说的代表作。记录了汉末至南朝宋初的社会政治、军事、思想、文化、社会风尚、文人风貌与才情等内容,对中国文学、审美习尚、思想文化尤其是对士人精神产生过极为深远的影响。该书共三十六门,一千一百三十则,由南朝宋临川王刘义庆及其门下文人学士集体纂辑而成。

【相关链接】

1. 余嘉锡笺疏 《世说新语笺疏》(上海古籍出版社)
2. 刘义庆著,张㧑之译注 《世说新语译注》(上海古籍出版社)

兰亭集序

王羲之

王羲之(321 年—379 年)字逸少,“尝与好友宴集于会稽山阴之兰亭,羲之特撰此序,以申其志”。(引自《汉魏六朝散文选》)他擅长书法,草隶尤精,笔势飘若浮云,矫若游龙,论者评为古今之冠。《兰亭集序》既是书苑珍品,也是文坛杰作。

永和九年[1]，岁在癸丑，暮春之初，会于会稽山阴之兰亭[2]，修禊事也[3]。群贤毕至[4]，少长咸集[5]。此地有崇山峻岭，茂林修竹，又有清流激湍，映带左右。引以为流觞曲水[6]，列坐其次，虽无丝竹管弦之盛，一觞一咏，亦足以畅叙幽情。是日也，天朗气清，惠风和畅。仰观宇宙之大，俯察品类之盛，所以游目骋怀，足以极视听之娱，信可乐也。

王羲之像

夫人之相与，俯仰一世[7]。或取诸怀抱，晤言一室之内[8]；或因寄所托，放浪形骸之外[9]。虽趣舍万殊[10]，静躁不同，当其欣于所遇，暂得于己，快然自足，曾不知老之将至[11]。及其所之既倦，情随事迁，感慨系之矣。向之所欣，俯仰之间，已为陈迹，犹不能不以之兴怀。况修短随化，终期于尽。古人云："死生亦大矣！"[12]岂不痛哉！

每览昔人兴感之由，若合一契[13]，未尝不临文嗟悼，不能喻之于怀。固知一死生为虚诞[14]，齐彭殇为妄作[15]。后之视今，亦犹今之视昔，悲夫！故列叙时人，录其所述。虽世殊事异，所以兴怀，其致一也[16]。后之览者，亦将有感于斯文。

【词语注释】

[1]永和：晋穆帝年号(345年—356年)。 [2]会(kuài)稽：郡名，包括今浙江西部、江苏东南部一带的地方。山阴：今浙江绍兴。 [3]修禊(xì)：古代习俗，于阴历三月上旬的巳日(魏以后定为三月三日)，人们群聚于水滨嬉戏洗濯，以清除不祥并求福。实际上这是古人的一种游春活动。 [4]群贤：指谢安等三十二位与会的名流。 [5]少长：指王凝之等九位与会的本家子弟。 [6]流觞曲水：用漆制的酒杯盛酒，放入弯曲的水道中任其飘流。杯停在某人面前，某人就引杯饮酒。这是古人一种劝酒取乐的方式。 [7]俯仰一世：很快地过了一生。俯仰，低首抬头之间，形容时间短暂。 [8]晤言：面对面谈话。《晋书·王羲之传》、《全晋文》均作"悟言"，指心领神会的妙悟之言。 [9]放浪形骸之外：行为放纵不羁，形体不受世俗礼法所拘束。 [10]趣舍：同"取舍"。 [11]老之将至：语出《论语·述而》："其为人也，发愤忘食，乐以忘忧，不知老之将至云尔。" [12]死生亦大矣：语出《庄子·德充符》。 [13]契：符契，古代的一种信物。在符契上刻上字，剖而为二，各执一半，作为凭证。 [14]一死生：把死和生看作一回事。语出《庄子·德充符》："以死生为一条。"又《庄子·大宗师》："孰知生死存亡之一体者，吾与之为友矣。" [15]齐彭殇：把高寿的彭祖和短命的殇子等量齐观。彭，彭祖，相传为颛顼帝的玄孙，活了八百岁。殇，指短命夭折的人。《庄子·齐物论》："莫寿于殇子，而彭祖为夭。" [16]其致一也：他们的情致是一样的。

明 文征明兰亭图

【作品简析】

这篇文章记叙永和九年(353年)作者与会稽一带名士四十余人同游山阴兰亭修禊事的经历，抒发对人生的感慨。开头描绘兰亭周围的山水风光，又从游览之乐，转写作者心境的变迁，最后感叹人生世事。文字平易清隽，语气顺畅，风格清新，说理透彻，景、情、事、理皆在其中。

【拓展阅读】

1. 吴楚材、吴调侯《古文观止》：通篇着眼在"死生"二字。只为当时士大夫务清谈，鲜实效，一死生而齐彭殇，无经济大略，故触景兴怀，俯仰若有余痛。但逸少旷达人，故虽苍凉感叹之中，自有无穷逸趣。

2.《兰亭集序》主旨在于探索人生哲理，发表对人生忧乐和生死问题的看法，即所谓“畅叙幽情”。深情的人对事物往往别有一种敏锐、深刻的感受，对人生更有一份特别的热爱和执著。文中王羲之思考并揭示了人生忧患的来源，首先来自外在世界的流转不定，难以依恃，其次来自个体生命的短暂有限，第三来自生命本体永不满足的内在欲望。他的这种认识、关注，使人们对探寻生存的意义和价值保持敏感和热情，使人们对生命的悠长和局限拥有清醒的认识，从而扬长避短，在有限的人生中进行无限的价值创造，因此这种喟叹不能认为是消极的。（引自《名作欣赏》1997.4 陈友康）

【相关链接】

《晋书·王羲之传》

《典论》论文[1]

曹　丕[2]

曹丕(187 年—226 年)字子桓，曹操之子。建安二十五年汉帝即位，即魏文帝。他是汉魏时期著名的诗人，同时也是一位重要的文学理论批评家。现有《魏文帝集》。他的《燕歌行》是现存最早而且艺术上很完整的七言诗。《典论》是曹丕精心撰写的学术著作，共 20 篇。《论文》是其中之一。

文人相轻[3]，自古而然。傅毅[4]之于班固，伯仲之间耳；而固小之[5]，与弟超[6]书曰：“武仲以能属文为兰台令史[7]，下笔不能自休[8]。”夫人善于自见，而文非一体，鲜能备善，是以各以所长，相轻所短。里语曰：“家有弊帚，享之千金[9]。”斯不自见之患也。今之文人：鲁国孔融文举、广陵陈琳孔璋、山阳王粲仲宣、北海徐干伟长、陈留阮瑀元瑜、汝南应玚德琏、东平刘桢公干，斯七子者[10]，于学无所遗[11]，于辞无所假[12]，咸自以骋骥騄于千里[13]，仰齐足而并驰[14]。以此相服，亦良难矣！盖君子审己以度人，故能免于斯累，而作论文[15]。

王粲长于辞赋，徐干时有齐气[16]，然粲之匹也。如粲之《初征》、《登楼》、《槐赋》、《征思》[17]，干之《玄猿》、《漏卮》、《圆扇》、《橘赋》[18]，虽张、蔡[19]不过也。然于他文，未能称是。琳、瑀之章表书记，今之隽也[20]。应玚和而不壮，刘桢壮而不密。孔融体气高妙，有过人者；然不能持论，理不胜辞[21]；以至乎杂以嘲戏[22]；及其所善，扬、班俦[23]也。

常人贵远贱近，向声背实[24]，又患暗于自见，谓己为贤。夫文本同而末异[25]，盖奏议宜雅，书论宜理，铭诔尚实，诗赋欲丽[26]。此四科不同，故能之者偏也；唯通才能备其体。

文以气为主，气之清浊有体[27]，不可力强而致。譬诸音乐，曲度虽均，节奏同检[28]，至于引气不齐[29]，巧拙有素，虽在父兄，不能以移子弟[30]。

盖文章，经国[31]之大业，不朽之盛事[32]。年寿有时而尽，荣乐止乎其身，二者必至之常期，未若文章之无穷。是以古之作者，寄身于翰墨，见意于篇籍，不假良史之辞，不托飞驰之势[33]，而声名自传于后。故西伯幽而演《易》[34]，周旦显而制《礼》，不以隐约[35]而弗务，不以康乐而加思[36]。夫然，则古人贱尺璧而重寸阴，惧乎时之过已[37]。而人多不强力，贫贱则慑于饥寒，富贵则流于逸乐，遂营目前之务，而遗千载之功。日月逝于上，体貌衰于下，忽然与万物迁化[38]，斯志士之大痛也！

融等已逝，惟干著《论》，成一家言[39]。

【词语注释】

[1]《论文》：曹丕撰写的文论著作流传于世的有两篇，一篇是《与吴质书》，另一篇就是著名

的《典论·论文》。《典论》一书失传，《论文》这一篇因被选入《昭明文选》而得以保存下来。这是一篇非常重要的文论著作，在中国文学理论批评史上具有划时代的意义。它的产生是中国古代文论开始步入自觉期的一个标志。［2］曹丕：明张溥辑《汉魏六朝百三名家集》有《魏文帝集》二卷。《全三国文》收其文入卷四至卷八。《三国志·魏志》卷二有传。《三国志·魏志·文帝传》“初帝好文学，以著述为务，自所勒成垂百篇。”裴松之注引《魏书》载丕《与王质书》自称：“生有七尺之形，死惟一棺之土，惟立德扬名，可以不朽，其次莫如篇籍。……故论撰所著《典论》诗赋，盖百余篇。［3］轻：轻视。［4］傅毅（？—89年）：字武促，扶风茂陵人，东汉文学家。《后汉书》卷八十上《文苑传》有传。［5］小之：藐视他。［6］超：班超，字仲升，班彪的少子。［7］以能属文为兰台令史：属文，就是能为文。兰台，汉代宫中藏书之处，由御史中丞兼管。后复置兰台令史六人，典校图籍，管理劾奏等文书档案。［8］下笔不能自休：休，止。元李冶《敬齐古今注》：“下笔不能自休者，正斥其文字汗漫无统耳。”［9］“里语曰”三句：《东观汉记》卷一《光武帝纪》：“帝闻之，下诏让吴汉副将刘禹曰：城降，婴儿老母，口以万数，一旦放兵纵火，闻之可为酸鼻。家有敝帚，享之千金。”［10］斯七子者：上举七人，后或称为建安七子或邺下七子。除孔融反对曹操，后来因此被杀外，其余六人都为曹氏效力，形成曹魏文学集团。［11］于学无所遗：无所不学。遗：余留。［12］于辞无所假：意谓能自创新辞。［13］骥騄：千里良马。［14］仰齐足而并驰：仰，恃。这句是说七子之才并驾齐驱。［15］“盖君子审己以度人”二句：君子，曹丕自谓。审察自己之才以量度别人，所以能免除“文人以相轻”之累而平心地写出这篇论文。［16］齐气：黄叔琳评《文心雕龙·风骨》说：“气是风骨之本。”气在作家谓之气，形之文者谓之风骨。所以纪昀的评论进一步指出：“气即风骨，更无本末”。［17］“如粲之《初征》”句：《初征赋》、《槐赋》并见严可均辑《全后汉文》卷九十。《登楼赋》见《文选》。《征思赋》已佚失。［18］“干之《玄猿》”句：《圆扇赋》见严可均辑《全后汉文》卷九十三。《玄猿赋》、《漏卮赋》、《橘赋》已佚失。［19］张、蔡：即张衡、蔡邕。张衡有《西京赋》、《东京赋》、《南都赋》、《述志赋》、《思玄赋》。蔡邕有《述行赋》。［20］“琳、瑀之章表书记”二句：曹丕《与吴质书》：“孔璋章表殊健，微为繁富。”“元瑜书记翩翩，致足乐也。”［21］理不胜辞：即是辞过于理。［22］杂以嘲戏：如孔融《与曹公书》言：“武王伐纣，以妲己赐周公”，就是例子。［23］扬、班：谓扬雄、班固，扬雄有《解嘲》，班固有《答宾戏》，是“嘲戏”之作中的上品。［24］向声背实：崇尚盛名，不重实际。［25］本同而末异：本，指一切文章的共同性。末，指不同文体的特殊性。［26］“奏议宜雅”四句：陈衍《石遗室论文》：“其谓奏议宜雅，诗赋欲丽，则与汉京贾（谊）、董（仲舒）、苏（武）、李（陵）、扬（雄）、马（司马相如）之伦，相去已远，盖奏议不第宜雅，诗赋不徒欲丽也。”骆鸿凯《文选学》引黄侃说：“尚实可以补《文赋》‘诔缠绵而悽怆’。”［27］气之清浊有体：这是本文论气的主要方面。清浊，意近于《文心雕龙·体性》所说的气有刚柔，刚近于清，柔近于浊。本文所说的齐气，就属于柔浊的一种。所谓建安风骨，建安风力，则属于清刚的一种。［28］节奏同检：音调缓急的度数为节，更端为奏。检：法度。［29］引气：引，运行，指吹奏时的引气。［30］“虽在父兄”二句：李善注：“桓子《新论》曰：惟人心之所独晓，父不能以禅子，史不能以教弟也。”［31］经国：治国。［32］不朽之盛事：《左传》：“太上有立德民，其次有立功，其次有立君，虽久不废，此之谓不朽。文章属于立言范围以内，所以说是不朽之盛事。［33］飞驰之势：处高位之人，出则高车驷马，声势赫赫。［34］西伯幽而演《易》：幽，拘囚。《史记·太史公自序》：“昔西伯拘羑里，演《周易》。”［35］隐约：指穷困。［36］加思：加，移。加思，谓转移著述的念头。［37］“古人贱尺璧”二句：《淮南子·原道》：“圣人不贵尺之璧，而重寸之阴，时难得而易失也。”［38］迁化：《古诗十九首》：“奄忽随物化。”

迁化：犹言死去。[39]“惟干著《论》”二句：指徐干的《中论》。曹丕《与吴质书》：“伟长独怀文抱质，恬淡寡欲，有箕山之志，可谓彬彬君子者矣。著《中论》二十篇，成一家之言，辞义典雅，足传于后，此子为不朽矣。”

【作品简析】

《典论·论文》从批评“文人相轻”入手，强调“审己度人”，对建安七子的创作个性及其风格给予了分析，并在此基础上提出了“四科八体”的文体说，“经国之大业，不朽之盛事”的文学价值观及“文以气为主”的作家论。

【拓展阅读】

曹丕《燕歌行》

【相关链接】

1. 夏传才、唐绍忠校注　《曹丕集校注》（中州古籍出版社）
2. 《三曹资料汇编》（中华书局）

文赋（节选）

陆　机

陆机（261 年—303 年），字士衡。西晋文学家，吴郡人。诗、文、辞赋都有成就。他的诗歌“才高词赡，举体华美”。（钟嵘《诗品》）赋体的文艺批评著作《文赋》，是中国文学理论发展史上第一篇系统的创作论，对后世的文学创作和理论发展有重要影响。陆机在史学、艺术方面也多有建树，他还是著名的书法家，有章草《平复帖》流传至今。此外，还著有画论。

其始也，皆收视反听，耽思傍讯[1]，精骛八极，心游万仞。其致也，情曈昽而弥鲜，物昭晰而互进[2]。倾群言之沥液，漱六艺之芳润[3]。浮天渊以安流，濯下泉而潜浸。于是沉辞怫悦，若游鱼衔钩，而出重渊之深；浮藻联翩，若翰鸟缨缴，而坠曾云之峻[4]。收百世之阙文，采千载之遗韵。谢朝华于已披，启夕秀于未振[5]。观古今于须臾，抚四海于一瞬。

体有万殊，物无一量。纷纭挥霍，形难为状。辞程才以效伎，意司契而为匠[6]。在有无而僶俛，当浅深而不让[7]。虽离方而遁圆，期穷形而尽相[8]。故夫夸目者尚奢，惬心者贵当。言穷者无隘，论达者唯旷[9]。诗缘情而绮靡，赋体物而浏亮[10]。碑披文以相质，诔缠绵而凄怆[11]。铭博约而温润，箴顿挫而清壮。颂优游以彬蔚，论精微而朗畅。奏平彻以闲雅，说炜晔而谲诳。虽区分之在兹，亦禁邪而制放[12]。要辞达而理举，故无取乎冗长。

【词语注释】

[1]收视反听：“收视”，不看。“反听”，不听。此即道家所说的“闭目塞听”。耽思：深思。傍讯：广泛地搜求。［2］曈昽（tóng lóng）：太阳初升由暗而明，欲明未明。“情曈昽而弥鲜”二句，形容构思中意象欲出的情形。情感越来越清晰，意象越来越鲜明。［3］“倾群言之沥液”二句：描绘在构思过程中记忆的知识发挥积极作用。群言和六艺都指知识。沥液和芳润，均形容知识的精髓。［4］“浮天渊以安流”二句：描绘构思过程中，心灵上天入地，没有身观限制。“于是沉辞怫悦”六句：主要写寻找合适的语言，进行意象传达，如从深渊中钓出条大鱼，艰难地将其提出，如从高空中捕住一只飞鸟，悠然地传到自己的笔下。［5］“谢朝华于已披”二句：意思是力去陈词，创造新颖的语言形式。［6］“辞程才以效伎”二句：大意是用辞采来表达文意，使文意和辞采融合。［7］“在有无而僶俛”二句：作者必须在运用辞采表达文意上勉力为之，仔细斟酌，争取最恰当的表达。僶（mǐn）俛（miǎn）：勉力。［8］虽离方而遁圆：方圆，意为规矩。离和遁意思相同，意为超越。期穷形而尽相：期望能有更准确更全面的表达。

这两句说明，文章写作要依据一定的法度，但又不能为法度所拘束，超越法度往往能有更好的表达。［9］“故夫夸目者尚奢”四句：作文者因人而异，好浮夸的人文辞喜欢浮华，心思缜密的人力求恰当准确的表达，熟知世事的人表达起来没有障碍，通达事理者议论起来就会畅达而没有拘束。［10］诗缘情而绮靡，赋体物而浏亮：李善注曰：“诗以言志，故曰缘情，赋以事，故曰体物。绮靡，精妙之言。润亮，清明之称也。”［11］碑披文以相质：碑文写作，要以质为主，以文为辅。［12］亦禁邪而制放：这里体现了儒家的文学观念，孔子曰：“诗一言以蔽之，曰：思无邪。”意与此相同。

【作品简析】

《文赋》是一篇文艺理论专论，对文学创作的过程作了细致深入的论析，在文学批评史上影响颇大。

【拓展阅读】

陆机《赴洛道中作》(其二)

远游越山川，山川修且广。振策陟崇丘，案辔遵平莽。
夕息抱影寐，朝徂衔思往。顿辔倚高岩，侧听悲风响。
清露坠素辉，明月一何朗。抚枕不能寐，振衣独长想。

【相关链接】

1. 金涛声校点《陆机集》《陆机集》卷一（中华书局）
2. 朱东润《中国文学批评史大纲》（上海古籍出版社）
3. 张少康集释 《文赋集释》（上海古籍出版社）

《文心雕龙》神思(节选)

刘 勰

刘勰(约465年—约532年)，南朝梁文学理论批评家。字彦和，东莞莒(今山东莒县)人。

夫神思方运[1]，万涂竞萌[2]，规矩虚位，刻镂无形[3]。登山则情满于山，观海则意溢于海，我才之多少，将与风云而并驱矣。方其搦翰，气倍辞前，暨乎篇成，半折心始。何则？意翻空而易奇，言徵实而难巧也[4]。是以意授于思，言授于意，密则无际，疏则千里[5]。或理在方寸而求之域表，或义在咫尺而思隔山河。是以秉心养术，无务苦虑；含章司契，不必劳情也[6]。人之禀才，迟速异分，文之制体，大小殊功。相如含笔而腐毫[7]，扬雄辍翰而惊梦[8]，桓谭疾感于苦思，王充气竭于思虑[9]，张衡研京以十年，左思练都以一纪[10]。虽有巨文，亦思之缓也。淮南崇朝而赋《骚》，枚皋应诏而成赋[11]，子建援牍如口诵，仲宣举笔似宿构[12]，阮瑀据案而制书，祢衡当食而草奏[13]，虽有短篇，亦思之速也。若夫骏发之士，心总要术，敏在虑前，应机立断；覃思之人，情饶歧路，鉴在虑后，研虑方定。机敏故造次而成功，虑疑故愈久而致绩[14]。难易虽殊，并资博练。若学浅而空迟，才疏而徒速，以斯成器，未之前闻。是以临篇缀虑，必有二患：理郁者苦贫，辞弱者伤乱[15]，然则博见为馈贫之粮，贯一为拯乱之药，博而能一，亦有助乎心力矣。

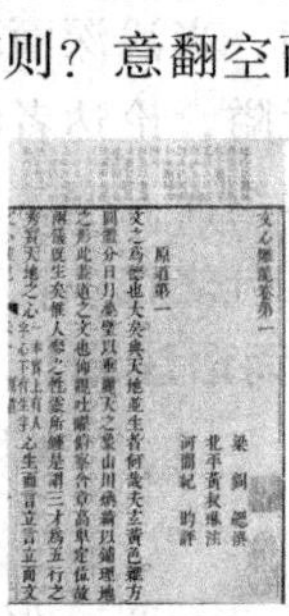

文心雕龙

若情数诡杂，体变迁贸，拙辞或孕于巧义，庸事或萌于新意；视布于麻，虽云未贵，杼轴献功，焕然乃珍[16]。至于思表纤旨，文外曲致，言所不追，笔固知止。至精而后阐其妙，至变而后通其数，伊挚不能言鼎，轮扁不能语斤，其微矣乎[17]！

赞曰：神用象通，情变所孕。物心貌求，心以理应[18]。刻镂声律，萌芽比兴。结虑司契，垂帷制胜[19]。

【词语注释】

[1]神思方运：神思，指构思。方，将。意思是开始构思。 [2]万涂竞萌：各种各样的念头争着萌生。 [3]规矩虚位：开始萌生的许多念头并不都能进入作品，这里还没形成一个主题，就文思说，还是虚位、开形。 [4]搦(nuò)翰：执笔。暨，及。半折心始：开始觉得有很多可写，写成时却比开始想的打了个对折。这是因为：一，原来想的有很多不能进入作品。二，凭空想容易觉得奇妙。用语言来表达，中间有个距离。 [5]“是以”句：意，意象。思，指神思。言指语言言辞。神思构成意象，意象产生文辞。这三者的结合有疏有密。 [6]这里讲神思、意匠、言辞的疏则千里。神思同外界境物接触，从神思方面说，有了触发，引起情理，这就构成意匠，要是没有触发，引不起情理，就像远在外国，苦思不得，忽然触发了，原来就在心头眼底。理指情理，方寸指心头眼底。从境物方面说，要从境物中看出意义，才构成意匠。这个意义就在境物中找，可是没有找到时，就像隔着山河那样遥远，找到时，近得很，就在眼前的境物中。义指意义。咫尺指近。思就是想，想找这个意义。秉心：用心。在没有触发情理时，不用苦思力索，等有了触发再写，这是就神思方面说。含章：指境物，《原道》：“俯察含章。”司契：意义就在境物中找，所以境物是主管这种契合的，在没有契合时，不必劳情去求索，这是就境物方面说的。 [7]迟速异分：有的下笔快，有的下笔慢，才分不同。大小殊功：创作有巨制，有小品，功力不同。《汉书·枚皋传》：“司马相如善为文而迟，故所作少而善于皋。”《西京杂记》：“司马相如为《上林》《子虚赋》，意思萧散，不复与外事相关，控引天地，错综古今，忽然如睡，焕然而兴(起)，几(几乎)百日而后成。” [8]《全后汉文》十四桓谭《新论·祛蔽》：“子云(扬雄)亦言：成帝时，赵昭仪方大幸。每上甘泉(宫)，诏令作赋，为之卒暴(突然)，思虑精苦。赋成遂困倦小卧，梦其五脏出在地，以手收而内(纳)之。及觉病喘悸，大少气，病一岁。由此言之，尽思虑，伤精神也。” [9]王充《论衡·对作》：“夫论说者闵(悯)世忧俗，与卫骖乘者(在车上作保卫的)同一心矣。愁精神而忧魂魄，动胸中之静气，贼(害)年损寿，无益于性，祸重于颜回(颜回短命而死)，违负黄老之教(黄帝老子主张自然)，非人所贪，不得已故为《论衡》。”[10]《后汉书·张衡传》：“时天下承平日久，自王候以下，莫不逾侈。衡乃拟班固《两都》作《二京赋》，因以讽谏。精思傅会，十年乃成。”《文选·三都赋》注引臧荣绪《晋书》：“左思，字太冲，齐国人。少博览文史，欲作《三都赋》，乃诣著作郎张载访岷邛(在四川)之事，遂构思十稔(年)。”一纪：十二年。按《两京赋》、《三都赋》讲那里的山川地理鸟兽草木等，需要积累资料，多方搜求，所以写作时间很长。 [11]崇朝：终朝，一个早上。见《辨骚》。赋骚，即写《离骚传》，阐发《离骚》大意。《汉书·枚皋传》：“上有所感，辄(每)使赋之。为文疾(速)，受诏辄成，故所赋者多。” [12]《文选》杨德祖(修)《答临淄(曹植)笺》：“又尝亲见执事，握牍持笔，有所造作，若成诵在心，借书于手，曾不斯须(一会儿)少留思虑。”《三国志·魏志·王粲传》：“善属文，举笔便成，无所改定，时人常以为宿构(早先写好的)。然正复精意覃(深)思，亦不能加(胜)也。”援牍举笔是互文，援牍的也举笔，举笔的也援牍。 [13]案：顾校作鞍。《三国志·魏志·王粲传》注引《典略》：“太祖(曹操)尝使(阮)瑀作书与韩遂。时太祖乱近出，瑀随之，因于马上具草(草稿)，书成呈之。太祖揽(握)笔欲有所定，而竟不能增损。”《后汉书·祢衡传》：“刘表尝与诸文人共草章奏，并极其才思。时衡出，还见之，开省(视)未周(完)，因毁以抵(至)地。表抚(怅)然为骇。衡乃从求笔札，须臾立成，辞义可观。表大悦，益重之。”又：“黄祖长子射，时大会宾客。人有献鹦鹉者，射举卮(杯)于衡曰：‘愿先生赋之，以娱嘉宾。’衡揽笔而作，文无加点(改动)，辞采甚丽。”范注：“案草奏一事，当食作赋又一事，彦和云‘当食草奏’，殆合两事而言之。” [14]骏发：思路开展得快。心总要术：心里有驾驭素材服从主

题的基本方法，在对具体事物的考虑前已经形成，所以能应机立断，很快下笔。覃思：深思，指下笔慢。情饶歧路：对事物的看法像在歧路徘徊，三心二意老是拿不定主意，要经过怀疑考虑后才明白，所以下笔慢。造次：仓猝，突然。致绩：成功。［15］临篇缀虑：临到谋篇时加以经营考虑。理郁：理不明，这是由于知识贫乏，不明事理。具有广博而正确的知识，就能判明事理，所以要博见。辞溺：淹没在辞藻里，由于内容杂乱，主旨不明，所以要贯一。［16］“情数诡杂”从情理方面说，“体变迁贸”从体制方面说。“数”和“变”是互文，变指变化，含有多样意，数指多样，含有变化意。情理多样变化，其中有不正和杂乱的；体制变化多样，其中有不恰当的。因此需要删掉。就情理说，有新颖的，有庸俗的，要删去庸事突出新意；就文辞说，有巧妙的，有拙劣的，要删去拙辞突出巧义。这跟体裁有关，不同的体裁适应不同的内容。迁贸：指改变选择，在删改中结合体裁来考虑，使巧义新意突出来。布麻未贵：麻在未织成布以前不贵重，但经过织机织成布，就显得有光泽可爱了。费，铃木云：“张本作贵。” ［17］纤旨：精微的道理。曲致：曲折的情致。这些不是语言所能表达，文辞更无功了。这就需要达言外之意和难显之情了。《吕氏春秋·本味》：“汤得伊尹（名挚）……说汤以至味（美味），曰：‘鼎（烹调器）中之变，精妙微纤，口弗能言，志（心）弗能喻（领会）。”轮扁：斫轮名匠。 ［18］神用象通：从“神与物游”来，神思同物象接触，因此感通，即引起情思，是情思变化所孕育的。情思就构成文章中的情理。写成文章时，要描写物象，求得形貌。要抒写心情，表达情理，跟物象的形貌相应。 ［19］比兴：比喻起兴，详《比兴》。垂帷制胜：垂帷即帷。“垂帷制胜”，乃重申篇中“积学”“博见”之要。胜：成功。（引周振甫注释）

【作品简析】

《文心雕龙》是中国文学理论批评史上第一部有严密体系的文学理论专著。全书包括总论、文体论、创作论、批评论4个部分。全面论述了文学的本原、文学的体制、文学创作、文学鉴赏和文学批评等各种文学理论问题。它同时又是一部词采精美的文学著作；句式精工整饬，运用典故，呈现出典丽缜密的风格。《神思》是创作论的第一篇，又是创作总论。其主要是探讨创作时的构思问题，对创作构思的特点，作了具体生动的说明。为使构思富有效果，必须有良好的积累和学养、观察与思考及运用文学语言的能力，写作时要保持清醒的头脑和虚静的精神状态，做到“神与物游”。文章音调和谐流畅，读来琅琅上口。

【拓展阅读】

刘勰《文心雕龙·宗经》：文能宗经，体有六义：一则情深而不诡，二则风清而不杂，三则事信而不诞，四则义贞而不回，五则体约而不芜，六则文丽而不淫。

【相关链接】

周振甫译 《文心雕龙今译》（人民文学出版社）

画山水序

宗　炳

宗炳（375年—443年），字少文，南阳涅阳人（今河南镇平县县南）。一生好游山水。大约二十八岁时，拜庐山慧远为师。《南史》记载他：“妙善琴书、图画，精于言理。”

圣人含道暎物，贤者澄怀味像。至于山水，质有而趣灵[1]，是以轩辕、尧、孔、广成、大隗、许由、孤竹之流，必有崆峒、具茨、藐姑、箕、首、大蒙之游焉。又称仁智之乐焉。夫圣人以神法道，而贤者通；山水以形媚道，而仁者乐。不亦几乎？

余眷恋庐、衡，契阔荆、巫，不知老之将至。愧不能凝气怡身，伤砧石门之流[2]，于是画象布色，构兹云岭。

夫理绝于中古之上者，可意求于千载之下。旨微于言象之外者，可心取于书策之内。况乎身所盘桓，目所绸缭。以形写形，以色貌色也。

且夫昆仑山之大，瞳子之小，迫目以寸，则其形莫睹，迥以数里，则可围于寸眸。诚由去之稍阔，则其见弥小。今张绢素以远暎，则昆、阆之形，可围于方寸之内。竖划三寸，当千仞之高；横墨数尺，体百里之迥。是以观画图者，徒患类之不巧，不以制小而累其似，此自然之势。如是，则嵩华之秀，玄牝之灵[3]，皆可得之于一图矣。

夫以应目会心为理者，类之成巧，则目亦同应，心亦俱会。应会感神，神超理得。虽复虚求幽岩。诚能妙写，亦诚尽矣。

于是闲居理气，拂觞鸣琴，校图幽对，坐究四荒，不违天励之藂[4]，独应无人之野。峰岫峣嶷[5]，云林森眇。圣贤暎于绝代，万趣融其神思。余复何为哉，畅神而已。神之所畅，孰有先焉。

【词语注释】

[1]质有而趣灵：此将质有和趣灵对举。质有就山水的外在形质而言，山水从质上说非空。趣灵是就山水的内蕴和意味而言。[2]砧(tiē)：拖着鞋小步走路。[3]嵩华之秀：嵩山和华山的秀色。玄牝：指道。[4]天励：同“天厉”。指威严的上天，这里用为大自然。藂(cóng)：聚集，又指草木荫翳茂盛的样子。这里用来形容自然生命的繁盛之状。[5]峣嶷(yáo yí)：高峻的山峰。

【作品简析】

宗炳的《画山水序》是中国山水画甚至是整个中国画的最重要的文章，也是最早的山水画论。它是中国绘画艺术重视精神性和理性的基础来源，宗炳的山水画论出现之后，古代的山水画家几乎都未脱离他的思想影响。宗炳强调以形写神，需要从形入手，从写生入手，在画法上总结出近大远小的理论。要画得和亲身游览时一样，甚至超过亲身体验，以达到更高的精神境界，即“澄怀味像”和“卧游”所达到的“神畅”。他以当时的佛教合流的意识解释，并用画的形式把其中的哲理表达出来。文章语言简洁，意味悠长。

【拓展阅读】

1. 宗炳曾画过《孔子弟子像》、《颍川先贤图》、《狮子击象图》、《永嘉邑屋图》、《尚子平图》、《秋山图》。宗炳有文集16卷，诗多与画谐趣。文章以《明佛论》、《画山水序》垂名。而对后世影响最大的当属《画山水序》。

2. 在六朝绘画理论著作中，顾恺之的《画论》，宗炳的《画山水序》，谢赫的《古画品录》，姚最的《续古画品录》是可以互相比肩的。而《画山水序》作为我国绘画理论史上第一篇山水画论，为中国山水画成为独立的画科奠定了基础。它的出现标志着山水画已经从对人物画的依附中解脱了出来。它涉及到了山水画美学的本体、创作、鉴赏、技法、传达等一系列问题，构成了一个比较完整的理论体系。它的出现对我国山水画的创作和美学特征的形成都产生了深远的影响。(人文南阳)

【相关链接】

《画山水序·叙画》（人民美术出版社）

第四部分 唐代文学

唐朝是中国历史上从秦汉以来最为强大的统一的帝国。国力强大，文化环境宽松，促进了唐代文化的全面发展。史学、书法、绘画、雕塑、音乐、舞蹈等，都从各个方面促进了文学的繁荣。唐代文学在中国文学中具有极其重要的地位，在诗歌创作、古文运动、民间文学等方面均有辉煌的成就。

一、唐代诗歌

唐 仪仗图

唐代诗歌是唐代文学中成就最为辉煌的文学体裁，标志着中国古典诗歌的最高成就。《全唐诗》辑录诗歌近五万首，其作者达二千二百余人，名诗人辈出，不少名篇千古传诵。唐代诗歌创作成为社会文化生活的主要内容之一，科举制随之由策论取士改变为诗赋取士。进士科的独重，又促进了诗歌创作进一步的普及和发展。唐诗的发展通常划分为初唐、盛唐、中唐和晚唐四个阶段。

1. 初唐诗歌

初唐时期，宫廷诗歌流行靡丽软艳的“上官体”诗。“初唐四杰”王勃、杨炯、卢照邻、骆宾王和稍后的陈子昂，上承汉魏风骨，使唐诗开始由宫廷走向社会，由艳情转向现实。同时的宋之问和沈佺期在诗歌的形式上也做了大胆的探索，他们共同为唐诗的发展铺平了道路。“四杰”“年少而才高，官小而名大，行之浪漫，遭遇悲惨。”（闻一多语）王勃的《送杜少府之任蜀川》、杨炯的《从军行》、骆宾王的《在狱咏蝉》、卢照邻的《长安古意》较为有名。

初唐最杰出的诗人是陈子昂。他在理论和创作实践上都表现了鲜明的创造革新精神。他俯仰今古，瞻望未来，更深刻地体验到理想与现实冲突的愤激之情，唱出了具有浪漫主义色彩的《登幽州台歌》。杜甫称其“有才继骚雅，哲匠不比肩，公生扬马后，名与日月悬。”初、盛之交的张若虚和贺知章、张旭、包融合称为“吴中四士”。张若虚的《春江花月夜》被前人评为“以孤篇压倒全唐”。

2. 盛唐诗歌

唐玄宗开元、天宝年间，史称盛唐。盛唐诗歌体裁众多，风格各异，出现了万紫千红的盛况。其中最突出的是山水田园诗派、边塞诗派以及李白和杜甫的诗歌创作。

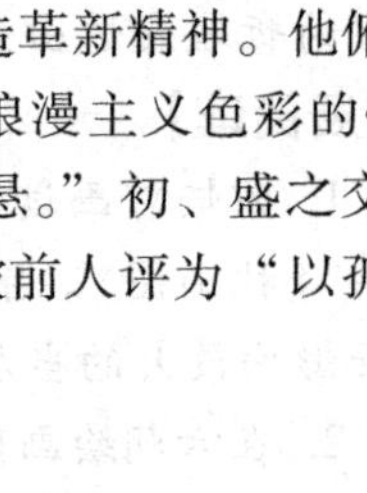

科举考试图

以王维、孟浩然、储光羲等人为代表的山水田园诗派，上承陶渊明、谢灵运而别开生面。孟浩然的诗有较高的艺术水准，向来与王维并称，是唐代山水田园诗派的代表作家之一。他的写景诗，风格清新，于淡雅中见飘逸，也常在诗中隐含一种身世落拓之感，如《春晓》、《宿建德江》；也有不甘退隐的诗作，如《临洞庭》（又名《望洞庭湖赠张丞相》）。

王维多才多艺，不但能诗，而且精通书画和音乐。王维的思想以四十岁为界，前期具有一定的向往开明政治的热情，“晚年惟好静，万事不关心。”前期诗，有一些写游侠、边塞的诗篇，或写少年的豪迈，或写大将的英武，或叙征戍之苦，或写凯旋之乐，都表现了那个时代人们的英雄气概和爱国热情，如《少年行》。前期也有描写自然景物的作品，如《使至塞上》、《观猎》等。后期的诗主要写隐居终南山、辋川的闲情飘逸生活。他的田园诗名篇有《田园七首》、《过香积寺》、《鸟鸣涧》、《山居秋暝》等，赠友抒情绝句有《渭城曲》、《相思》等。苏轼评论："味摩诘之诗，诗中有画。观摩诘之画，画中有诗。"恰当地道出了王维田园山水诗的艺术特色。

王、孟等人的诗，使晋宋以来形成的田园山水诗更加丰富，在文学史上具有一定的地位。

盛唐时期，边塞生活已成为诗人们共同关注的主题。一些仕途失意的文人更把到边塞立功当作求取功名的新路。成就最高的是对边塞生活体验较深的高适、岑参、王昌龄等诗人。他们的诗表达了将士们从军报国的英雄气概，不畏边塞艰苦的乐观精神，描绘了雄奇壮丽的边塞风光，也反映了战士们怀土思家的情绪，揭露了将士之间苦乐悬殊的不合理现象，使唐诗增加了无限的光彩。他们无论在艺术上还是在内容上都有新的创造，都有力地促进了盛唐诗歌的繁荣。

高适是一位"喜言王霸大略，务功名，尚节义"的诗人。他的代表作《燕歌行》，也是唐代边塞诗中的现实主义杰作。还有一些反映劳动人民生活疾苦的诗作，如《自淇涉黄河途中作十三首》之九。赠别友的诗作也写得豪迈动人，如《别董大》。高适诗歌的艺术特色是风格雄厚浑朴，笔势豪健。

岑参的诗题材广泛，早期写过山水诗，到边塞后眼界大开，诗境也开扩了。杰出的代表作是《走马川行奉送出师西征》、《白雪歌送武判官归京》。著名的诗还有《逢入京使》。岑参的诗粗犷豪放，气势雄伟，想象丰富，色彩瑰丽，热情奔放，富有浪漫主义特色。陆游称其"笔力追李杜"。

"诗家天子王江宁"王昌龄被誉为"七绝圣手"。他的诗大多用乐府旧题，抒写战士爱国立功和思念家乡的心情，以边塞、闺怨、送别之作为最佳。《出塞》被称为唐人七绝的压卷之作。送别诗佳作有《芙蓉楼送辛渐》、《送姚司法归吴》等。

在边塞诗人中，王之涣（688 年—742 年，字季陵）的《凉州词》、《登鹳雀楼》，王翰（《旧唐书》作王瀚）的《凉州词》都为历代传诵的佳作。

李白继承屈原的积极浪漫主义精神，汲取魏晋以来优秀诗人的技巧，学习民歌语言，再加上自己的革新创造，使其诗具有气势磅礴，想象力丰富，语言明快生动的艺术特色。李白的诗为屈原之后浪漫主义诗歌的新高峰。

鉴真塑像

李白有儒家的"济苍生"、"安黎元"的用世思想和政治抱负。李白留给后世的九百多首诗篇，表现了他一生的心路历程，是盛唐社会现实和精神生活面貌的艺术写照。著名诗篇有《行路难》、《古风》、《答王十二寒夜独酌有怀》等。写游历大山名川的诗篇有《梦游天姥吟留别》、《蜀道难》。其中《梦游天姥吟留别》是最杰出的代表作。李白被称作"谪仙"、"诗仙"，但他终究是一个热爱祖国，关怀人民，不忘现实的伟大诗人。《塞下曲》是对保卫边疆的将士的歌颂；《丁都护歌》写人民痛苦的生活；乐府诗有《长干行》、《子夜吴歌》等。此外，他还善于用绝句的形式，表现含蓄深挚的感情，尤其是七绝，显得俊逸飘洒，为盛唐绝唱，如《送孟浩然之广陵》、《赠汪伦》、《朝发白帝城》、《独坐敬亭山》等。

李白的诗具有"笔落惊风雨，诗成泣鬼神"（杜甫语）的艺术魅力，这也是他的诗歌最鲜明的艺术特色。李白的诗常常综合运用想象、夸张、比喻、拟人等手法，从而造成奔放的气势、瑰丽的想象、雄浑的意境。他的语言"清水出芙蓉，天然去雕饰"，明朗、活泼、隽永。李白的诗歌对后代产生了极为深远的影响，在中国文学史上，李白具有不可替代的不朽地位。

杜甫是伟大的现实主义诗人，他继承了《诗经》、《楚辞》及汉魏乐府诗歌等现实主义的优良传统。他的诗具有丰富的社会内容、鲜明的时代特色和强烈的政治倾向，具有爱国、爱民的思想，因此他的诗有"诗史"之称。他用诗歌创作抒发了忧国忧民之心，实录了唐王朝由盛转衰过程中一系列重大的事件。他一生写下了一千四百多首诗，其中著名的有“三吏”、“三别”、《兵车行》、《茅屋为秋风所破歌》、《丽人行》、《春望》等。那些优美的咏物写景诗、抒情诗、述怀诗、题画诗，也不忘忧国忧民。杜诗风格“沉郁顿挫”，语言和篇章结构又富于变化，讲究炼字炼句，艺术手法多种多样。他是唐诗思想艺术的集大成者，与李白一起成为唐代诗坛上熠熠生辉的“双子星座”。

3. 中唐诗歌

南浔门楼

大历至贞元年间，活跃于诗坛上的一批诗人是刘长卿、顾况、韦应物和“大历十才子”以及李益等。他们的大量作品表现出一种孤独寂寞的冷落心境，追求清雅高逸的情调，这使诗歌创作由雄浑转向淡远。

“奇崛险怪”的“韩、孟诗派”。孟郊、韩愈尚古好奇，多写古体诗，他们的诗都很有力度。孟郊(751 年—814 年,字东野)所作，多为五言古体，用语刻琢而不尚华丽；也有平易朴素、自然流畅的诗作，如《游子吟》。韩愈善以文入诗，把新的语言风格、章法技巧带入了诗坛，扩大了诗的表现领域，但同时也带来以文为诗，讲才学，追求险怪的风气。韩愈的七言古体最具特色，气势雄放而怪奇瑰丽，“驱驾气势，若掀雷挟电，奋腾于天地之间”（司空图《题柳州集后》)。其他诗人还有贾岛、李贺、张籍、卢仝等。

贾岛(779 年—843 年,字浪仙)以“苦吟”而著名，“二句三年得，一吟双泪流”，追求奇险，苦思锤炼。在他的笔下，五言律诗有了新的发展。《寻隐者不遇》写得清新、隽永。

李贺(790 年—816 年,字长吉)在诗歌的形象、意境、比喻上多有创新，风格独树一帜，开辟了奇崛幽峭、浓丽凄清的浪漫主义新境界。其诗想象奇特、意象新颖，如《金铜仙人辞汉歌》、《李凭箜篌引》。

韩愈及其周围的诗人从诗的语言、内容、风格、体式等各方面进行创新，使中唐诗坛呈现出百花齐放的繁荣局面。

柳宗元和刘禹锡的诗歌别具风格，卓然成家。柳宗元的诗和他的散文一样，多抒发个人的悲愤和抑郁。他的山水诗情致婉转，描绘简洁，显示出他清峻高洁的个性，如《江雪》。刘禹锡的怀古诗语言平易、意境深远，如《金陵怀古》、《西塞山怀古》。他学习民歌的成绩卓著，所作《杨柳枝词》、《竹枝词》等，描写真实，语调清新，有浓郁的生活气息，很受人们喜爱。此外，他的律诗和绝句也很有名。

中唐时代，白居易、元稹、张籍、王建等继承杜甫的传统，进一步主张“文章合为时而著，歌诗合为事而作”，掀起新乐府运动，对唐诗的发展有重大贡献。

元稹(字微之)在当时颇有影响，世称“元白”。在元稹的诗文中，有很多涉及唐代社会经济、政治的内容，着力描写农民生活的艰辛，如《竹部》、《田家词》等。他的《连昌宫词》是一首长篇叙事诗。元稹写的悼亡诗《遣悲怀》，内容感人，并对律诗口语化作了新的探索，对仗工整，如话家常。他的那句“曾经沧海难为水，除却巫山不是云”，成为千古名句。

白居易是杜甫的有意识继承者，也是杜甫之后杰出的现实主义诗人。其思想杂糅儒道释，“穷则独善其身，达则兼济天下”。

白居易是唐代创作诗歌最多的一位诗人。他的诗可分为四类：一讽谕、二闲适、三感伤、四杂律。反映民众疾苦的有《观刈麦》、《杜陵叟》、《卖炭翁》等。对妇女命运同情的有《井底引银瓶》、《上阳白发人》。著名的两首长诗是《长恨歌》和《琵琶行》。杂律诗有《赋得古原草送别》。白居易的诗语言通俗易懂，明白晓畅，在他的影响下，形成了“浅切诗派”即“通俗诗派”。白居易的诗对后代诗歌产生了重大而深远的影响。

4. 晚唐诗歌

晚唐的著名诗人是李商隐和杜牧，有“小李杜”之称。

杜牧关心国事，反对藩镇割据，同情人民。政治诗有长篇《感怀诗》，反映现实的律诗有《河湟》、《早雁》等。艺术上最有特色的是写景抒情的七绝，咏史诗《过华清宫绝句》、《赤壁》等颇多感慨。《江南春》、《泊秦淮》、《山行》等，意义深婉，风格飘逸。

李商隐是一位关心现实和国家命运的诗人，他的各类政治诗不下百首，著名的有长诗《行次西郊作一百韵》。他长于七律，有杜甫的沉郁。最能表现其特色的是爱情诗，典丽精工、意境朦胧，如《锦瑟》、《无题》。《夜雨寄北》却意思明朗，感情真挚。李商隐的诗开拓了一个全新的艺术表现领域，在无题诗、咏史诗、咏物诗三种类型诗歌的发展上起到了重要作用。

二、唐代古文运动

古文运动是中唐时期兴起的一场具有重大意义的文学改革浪潮。

韩愈和柳宗元是古文运动的代表。他们反对六朝以来讲究骈偶、辞藻艳丽浮夸的文风，大力提倡“言之有物”的古文，强调学习先秦、两汉的文章，从中吸取营养；主张革新文体，在创作上，主张“惟陈言之务去”、“师其意不师其辞”，力图开创一个文学发展的新局面。

韩愈的主要贡献是为古文运动奠定了理论基础。“古文”这一概念即由韩愈提出，他说学古文是为了学古道，即学习和宣扬儒家之道。柳宗元提出“文以明道”的口号，写文章是为了“辅时及物为道”，反对片面追求辞藻的华丽。韩、柳身体力行，写出了相当数量的优秀古文作品。

韩愈的《原道》、《原毁》、《师说》等说理文结构严谨，重视行文的气势和逻辑。《送孟东野序》写得真挚动人。还有一些寓言式杂感，深刻透彻，生动形象，如《杂说四·说马》。散文《祭十二郎文》具有浓厚的抒情色彩。《柳宗元墓志铭》写得十分平实。韩愈的文章气势博大，雄奇奔放，富有曲折变化而又流畅明快。“韩子之文，如长江大河，浑浩流转。”（苏洵语）语言精练，生动传神，不少词语已成为成语。

柳宗元的文学创作极其丰富，他的诗文真实地反映了社会生活的许多重要方面，具有强烈的现实主义精神。他贬官永州以后的作品，有些是采取寓言的形式，讽刺当时腐败的社会和政治。文章短小警策，含意深远，表现了杰出的讽刺才能，如《三戒》。传记散文大都取材于下层人物，如《捕蛇者说》、《种树郭橐驼传》、《童区寄传》，不仅具有较强的思想性，而且艺术上也富有创造性，反映了当时复杂的社会内容。著名的山水游记《永州八记》，具有很高的艺术价值和审美价值。柳宗元散文的语言以“峻洁”著称，文字简洁有力，含蓄自然。

唐代古文运动的兴起，把中国古代散文的发展推向了一个新的阶段。

三、唐代传奇小说

唐代文学在传奇小说和变文方面也取得了一定的成就。这两种文学创作的兴盛与城市的繁荣、商品经济的发展有一定的关系。

唐传奇是指唐代流行的文言小说，“传奇”之名源于晚唐裴铏小说集《传奇》。唐传奇的出现，标志着我国文言小说发展到成熟的阶段。唐传奇的发展大致分为三个时期。

初、盛唐时代为发轫期，有王度的《古镜记》；张鷟（约660年—740年，字文成）的《游仙窟》是唐人传奇中字数最多的一篇，也是此期传奇作品中艺术成就较高的一篇。

中唐时代是传奇发展的兴盛期。中唐传奇所存的完整作品近四十种，题材多取自现实生活，涉及爱情、历史、政治、豪侠、梦幻、神仙等诸多方面，其中以爱情小说的成就最为突出。陈玄祐的《离魂记》是传奇步入兴盛期的标志性作品，沈既济的《任氏传》是又一爱情佳作。李朝威的《柳毅传》写柳毅为龙女千里传书的故事，通过形神兼具的人物形象塑造和波澜起伏的情节描写，将灵怪、侠义、爱情三者成功地结合在一起，展现出奇异浪漫的色彩和清新动人的特色。还有不少以历史故事为题材的传奇作品，如陈鸿的《长恨歌传》、《东城老父传》，沈亚之的《冯燕传》。其中《长恨歌传》作于宪宗元和初，取材于史事而加以铺张渲染，寓有劝戒讽谕之意。

晚唐衰落期，精品不多。传奇专集有袁郊（字之仪）的《甘泽谣》、皇甫枚（字遵美）的《三水小牍》（"五代小说的压卷之作"《唐五代小说史话》程毅中）、裴铏的《传奇》、薛用弱（字中胜）集隋唐间所传诡奇之事编撰而成的《集异记》、李复言的《续玄怪录》等。

"小说亦如诗，至唐代而一变，虽尚不离于搜奇记逸，然而叙述宛转，文辞华艳，与六朝之粗陈梗概者较，演进之迹甚明，而尤显者乃在是时则始有意为小说。"（鲁迅《中国小说史略》）现存的大部分唐传奇作品都收在宋初编的《太平广记》一书里。

唐末，变文已用来讲唱佛经故事、历史故事、民间传说和当代人物事迹，并且在讲唱时辅以表演。变文散韵结合演唱故事的体制，影响到唐人传奇。变文的出现对后世的民间文学中的弹词、鼓词、话本及长篇白话小说的产生，都有一定的影响。

四、唐五代词

词是"曲子词"的简称，是一种配合音乐用以歌唱的诗体。词的句式大多长短不齐，又叫"长短句"。

词起源于民间。现存早期民间曲子词主要见于敦煌卷子中，最重要的抄卷是《云谣集杂曲子》。文人填词始于盛唐；到中唐，一些诗人如张志和、白居易、刘禹锡、韦应物等从事填词，词的创作有新的发展。白居易的三首《忆江南》、刘禹锡的《忆江南》和词，可以说明文人运用这种韵文新体裁，已经得心应手，词体更显稳定。

晚唐的温庭筠是第一个努力作词的人，为唐人词作传世最多者。他的词浓艳细腻，被称为花间派的鼻祖。

后蜀赵崇祚编成《花间集》十卷，选录18位"诗客曲子词"，共500首。《花间集》是最早的文人词总集。它集中代表了词在格律方面的规范化，标志着文辞、风格、意境上词性特征的进一步确立，奠定了以后词体发展的基础。作者中除温庭筠、皇甫松外，其余都是五代时人。西蜀词人韦庄，与温庭筠齐名，韦庄词有较多个人抒情意味，风格清丽疏雅。

南唐词以冯延巳、李璟、李煜为代表。冯延巳（903年—960年，字正中）的词作数量居五代词人之首。他的诗作虽然仍以相思离别、花柳风情为题材，但着力表现人物的心境意绪，如《谒金门》（"风乍起，吹皱一池春水"）。南唐中主李璟，存词四首，都是精品。李煜在亡国以后写的一些词，能直抒胸臆，写个人国破家亡的感受，扩大了词的表现范围，艺术上也有独特的成就，对词的发展有一定的贡献。南唐词的特点是境界较为开阔而又有深厚缠绵的情致。

滕王阁序[1]

王 勃

王勃（650年—676年），字子安，绛州龙门（今山西河津）人。王勃善为文，所作诗清新流畅，质朴自然，列初唐四杰之首。现有《王子安集》。

豫章故郡[2]，洪都新府；星分翼轸[3]，地接衡庐[4]。襟三江而带五湖[5]，控蛮荆而引瓯越[6]。物华天宝，龙光射牛斗之墟[7]；人杰地灵，徐孺下陈蕃之榻[8]。雄州雾列[9]，俊采星驰[10]。台隍枕夷夏之交[11]，宾主尽东南之美[12]。都督阎公之雅望[13]，棨戟遥临[14]；宇文新州之懿范[15]，襜帷暂驻[16]。十旬休暇[17]，胜友如云；千里逢迎，高朋满座。腾蛟起凤[18]，孟学士之词宗[19]；紫电青霜[20]，王将军之武库[21]。家君作宰[22]，路出名区[23]；童子何知[24]？躬逢胜饯[25]。

王勃像

时维九月，序属三秋[26]；潦水尽而寒潭清[27]，烟光凝而暮山紫。俨骖騑于上路[28]，访风景于崇阿[29]。临帝子之长洲[30]，得仙人之旧馆[31]。层峦耸翠，上出重霄；飞阁流丹[32]，下临无地[33]。鹤汀凫渚[34]，穷岛屿之萦回[35]；桂殿兰宫，列冈峦之体势[36]。披绣闼[37]，俯雕甍[38]。山原旷其盈视[39]，川泽纡其骇瞩[40]。闾阎扑地[41]，钟鸣鼎食之家[42]；舸舰迷津[43]，青雀黄龙之舳[44]。虹销雨霁[45]，彩彻云衢[46]。落霞与孤鹜齐飞，秋水共长天一色[47]。渔舟唱晚，响穷彭蠡之滨[48]，雁阵惊寒，声断衡阳之浦[49]。

遥襟甫畅[50]，逸兴遄飞[51]。爽籁发而清风生[52]，纤歌凝而白云遏[53]。睢园绿竹[54]，气凌彭泽之樽[55]；邺水朱华[56]，光照临川之笔[57]。四美具[58]，二难并[59]。穷睇眄于中天[60]，极娱游于暇日。天高地迥[61]，觉宇宙之无穷；兴尽悲来，识盈虚之有数[62]。望长安于日下[63]，指吴会于云间[64]。地势极而南溟深[65]，天柱高而北辰远[66]。关山难越，谁悲失路之人？萍水相逢，尽是他乡之客。怀帝阍而不见[67]，奉宣室以何年[68]？嗟乎！时运不齐，命途多舛[69]。冯唐易老[70]，李广难封[71]。屈贾谊于长沙[72]，非无圣主；窜梁鸿于海曲[73]，岂乏明时？所赖君子安贫，达人知命。老当益壮，宁移白首之心；穷且益坚，不坠青云之志[74]。酌贪泉而觉爽[75]，处涸辙而犹欢[76]。北海虽赊[77]，扶摇可接[78]；东隅已逝[79]，桑榆非晚[80]。孟尝高洁[81]，空怀报国之心；阮籍猖狂[82]，岂效穷途之哭？

勃，三尺微命[83]，一介书生。无路请缨，等终军之弱冠[84]；有怀投笔[85]，慕宗悫之长风[86]。舍簪笏于百龄[87]，奉晨昏于万里[88]。非谢家之宝树[89]，接孟氏之芳邻[90]。他日趋庭，叨陪鲤对[91]；今晨捧袂[92]，喜托龙门[93]。杨意不逢，抚凌云而自惜[94]；钟期既遇，奏流水以何惭[95]？呜呼！胜地不常，盛筵难再。兰亭已矣[96]，梓泽丘墟[97]。临别赠言，幸承恩于伟饯[98]；登高作赋，是所望于群公。敢竭鄙诚，恭疏短引[99]。一言均赋[100]，四韵俱成[101]。请洒潘江，各倾陆海云尔[102]。

【词语注释】

[1]滕王阁，贞观年间唐高祖之子李元婴任洪州都督时所建，因他后来封为滕王，故称为滕王阁。唐高宗上元三年(676年)，洪州都督阎公(名不详)重加整修，并在重阳节大宴宾客于其上，时王勃赴海南省亲，路经其地，参与宴会，即席写成这篇著名的骈文。[2]豫章：汉代时为豫章郡，唐代改名为洪州府，故上句称“故郡”，下句对“新府”。[3]分：分野。古代根据天上星宿的位置划分地面的区域，相应的区域称为“分野。”翼轸(zhěn)：二星宿名，豫章是翼、轸二星宿的分野。[4]衡庐：衡山与庐山，这里代指两山所在之州。[5]三江：泛指长江中下游地区。古代长江过彭蠡之后分三道入海，故称三江。五湖：太湖的别称，其派有五，故称五湖。一说：五湖为鄱阳湖、青草湖、丹阳湖、洞庭湖、太湖。[6]蛮荆：古代称楚国为蛮荆，这里泛指今湖南、湖北一带地区。瓯(ōu)越：指今浙江，其境内有瓯江，古属越地。[7]龙光：宝剑的光辉。牛斗：二星宿名。墟：所在之处。传说西晋张华见牛斗二星之间常有紫气，向精通天象的雷焕请教，雷焕说是宝剑之精上彻于天，后来雷焕在豫章丰城地下挖掘出一对宝剑，一名龙泉，一名太阿，后来宝剑化为双龙，入水而去。事见《晋书·张华传》。物华天宝：物之光华焕发为天上的宝气。[8]徐孺：徐稺字孺子，东汉时期南昌的名士。士林领袖陈蕃作

豫章太守时，不接待宾客，只为徐穉特设一榻，他走后便悬起不用。事见《后汉书·徐穉传》。

[9]雄州：大州，泛指洪州辖区内的大都会。[10]俊采：有才能的文士。以上二句形容洪州地势雄壮、人文荟萃。[11]台隍：亭台、城堑。夷：指荆楚一带地区。夏：华夏。交：交界之地。[12]尽东南之美：意谓东南俊杰，尽萃于此。[13]阎公：当时的洪州都督，名不详。雅望：崇高的声望。[14]棨(qǐ)戟：一种带赤黑色套的木戟，用作大官出行时的仪仗。[15]宇文新州：与下文的孟学士、王将军都是当时坐中的宾客。懿范：美好的榜样。[16]襜(chān)帷：车上的帷幕，借指车驾。[17]十旬休暇：唐代官员十日(一旬)休假一次。[18]腾蛟起凤：比喻不凡的文才。相传汉董仲舒梦蛟龙入怀，作《春秋繁露》；扬雄作《太玄》，梦口吐凤凰飞集书上。事见《西京杂记》。[19]词宗：众人仰慕的文坛宗师。[20]紫电、青霜：都是古宝剑名。[21]武库：藏兵器的仓库。这里比喻王将军胸怀韬略，才能不凡。[22]家君：在别人面前称自己的父亲。作宰：当时王勃之父在南方作交趾令。[23]路出：经过。名区：名胜之地，指洪州。[24]童子：相当于“后辈”，作者自己。[25]胜饯：盛大的宴会。[26]三秋：秋季三个月，分别称为孟秋、仲秋、季秋，九月为季秋。[27]潦(lǎo)水：雨后地上的积水。潭：深水池。[28]俨：同“严”，整治。骖騑(cān fēi)：指驾车的马。上路：地势高的路。[29]崇阿：高峻的山陵。[30]帝子：指滕王。长洲：滕王阁前的沙洲，即阁之所在地。[31]仙人：也指滕王。[32]飞阁：高阁，形容滕王阁的雄伟。流丹：彩绘的颜色鲜艳欲滴。[33]无地：看不见地。夸张地形容滕王阁之高。[34]汀：水边的平地。渚：水中的小洲。[35]穷：极尽。萦回：曲折回旋。[36]列冈峦之体势：意谓滕王阁的建筑结构与冈峦的体势配合得非常自然。[37]披：打开。绣闼：雕刻着彩画的门。[38]甍(méng)：屋脊。[39]盈视：放眼远望。[40]纡：曲折。骇瞩：注视起来令人惊奇。[41]闾阎：住户。扑地：遍地都是。[42]钟鸣鼎食：形容富贵人家的豪华景象。[43]舸舰：大船。迷津：布满渡口。[44]青雀黄龙：指船头的形状像雀或龙。舳(zhú)：船尾把舵处，这里指船。[45]霁：雨过天晴。[46]彩：阳光。云：这里指天空。[47]此二句脱胎于庾信《马射赋》：“落花与芝盖同飞，杨柳共春旗一色。”鹜：野鸭。[48]彭蠡：鄱阳湖的古名。[49]衡阳：今湖南衡阳县。浦：水边。相传北雁南飞，到衡阳而止。这里以“声断衡阳之浦”泛指水边传来一阵阵惊寒的雁叫声。[50]遥襟：远怀。甫：方，始。[51]遄(chuán)：急速地。[52]爽籁：长短不一的管乐器。[53]纤歌：轻柔的歌声。遏：停住。[54]睢园：汉梁孝王在睢阳建造的菟园，用于宴请宾客文人，中多绿竹。这里借指滕王阁。[55]以上二句意谓：滕王阁的宴集，胜过隐士的独乐。彭泽之樽：晋陶渊明隐居后往往独自饮酒。[56]邺：曹魏的都城，在今河北临漳。朱华：曹植《公宴诗》有“朱华冒绿池”的名句，“朱华”即荷花。曹氏父子周围曾聚集着一大批有才华的文人。[57]临川：指谢灵运，他曾为临川太守。谢诗受曹植影响，钟嵘《诗品》论之曰：“其源出于陈思(曹植)。”这里借曹植、谢灵运来比拟在场的文人。[58]四美：指良辰、美景、赏心、乐事，是就宴会的盛况而言。一说：四美指音、味、文、言。[59]二难：指贤主人与嘉宾都很难得。[60]穷睇眄(dì miǎn)：极目远望。[61]迥：遥远。[62]盈虚：指盛衰、成败、得失等。数：定数。[63]望长安于日下：意谓远谪南行，回望长安，遥在天际。据《世说新语·夙惠》记载，晋明帝小时，其父元帝问他长安与日孰近，答曰：“日远。不闻人从日边来，居然可知。”第二天集群臣宴会，更重问之，乃答曰：“日近。”元帝失色，问他为何与昨天的回答不同，答曰：“举目见日，不见长安。”[64]吴会：吴郡、会稽的合称，在今江苏、浙江一带。云间：上海松江的古称。据《世说新语·排调》记载，西晋荀隐与陆云较量才智，荀隐自称“日下荀鸣鹤”，陆云则自称“云间陆士龙”。[65]地势极：意谓南海遥远，在大地的尽头。南溟：南海。[66]天柱：传说昆仑山有铜柱高入于天，称“天

柱"。北辰：指北极。以上二句以南海、北辰比况自己远离京师，暗示自己的政治处境不佳。[67]帝阍：传说中掌管天门的神将，这里指朝廷。[68]宣室：汉未央宫前殿正市，汉文帝曾在此接见贾谊。这里以"奉宣室"借指自己会到朝中。[69]舛(chuǎn)：艰难不顺利。[70]冯唐：西汉时期人，文帝、景帝时不得重用，武帝求贤才，得到时人举荐，但已年过九十，已不能为官。[71]李广：西汉名将，身经七十余战，屡立战功而未能封侯。[72]贾谊：西汉文帝时人，受大臣排挤，被贬到长沙。[73]梁鸿：东汉章帝时人，名盛一代，曾逃隐于海滨。[74]青云之志：高尚的志向。[75]贪泉：相传在广州城外石门，饮其水者则贪得无厌，而廉吏吴隐之饮后却操守更严。事见《晋书·吴隐之传》。[76]涸辙：干涸的车辙。典出《庄子·外物》。[77]赊：遥远。[78]扶摇：飚风。接：到达。《庄子·逍遥游》："鹏之徙于南冥也，水击三千里，抟扶摇而上者九万里。"[79]东隅：日出的地方，比喻早年的时光。[80]桑榆：日落的地方，比喻以后的日子。[81]孟尝：东汉会稽人，为人廉洁，未得重用。[82]阮籍：魏晋间人，不满于世纵酒任诞，常驾车出行，漫无目的，至道路穷尽处，便痛哭而返。[83]三尺：即上文"童子"意，比喻自己年轻。微命：指官位低，周朝任官，自"一命"依次至"九命"，一命最低。[84]以上二句用终军的典故，意谓自己年龄跟终军相似，却没有请缨报国的机会。据《汉书·终军传》记载，终军在汉武帝时请求出使南越，声称："愿受长缨，必羁南越王而致阙下。"当时终军年二十余。[85]有怀投笔：谓有投笔从戎的怀抱。投笔从戎事见《汉书·班超传》。[86]宗悫(què)之长风：南朝宋宗悫年少时自述志向说："愿乘长风破万里浪。"事见《南史·宗悫传》。[87]此句意谓自己愿意舍弃官职。簪笏：冠簪、朝笏，这里借指官职。百龄：一生。[88]奉晨昏：侍奉父母。[89]谢家：谢安的家。宝树：玉树，喻指不辱门庭的好子弟。《世说新愈·言语》："谢太傅(安)问诸子侄：'子弟亦何预人事，而正欲使其佳?'诸人莫有言者，车骑(谢玄)答曰：'譬如芝兰玉树，欲使其生于阶庭耳。'"[90]孟氏：指孟轲的母亲。她为了使儿子有良好的成长环境，曾三次搬迁。[91]以上二句意谓：过些时候将到父亲那里接受教诲。鲤对：孔子立于庭中，其子鲤"趋而过庭"，孔子教诲他应该学习《诗》、《礼》。事见《论语·季氏》。叨：文言谦词，相当于"忝"、"辱"等。[92]捧袂：举起衣袖，向长者表示恭敬。[93]托龙门：东汉李膺在士林中威望很高，被他接待的士人称"登龙门"。这里是恭维阎公。[94]以上二句用司马相如的典故，意谓：因缺乏别人的推荐，自己只好自叹不遇。杨意：杨得意的简称。据《史记·司马相如列传》记载，司马相如经蜀人杨得意的引见，方能入朝谒见汉武帝。凌云：指司马相如所作《大人赋》，汉武帝读该赋后"飘飘有凌云之气"。这里借指自己的文章。[95]以上二句用伯牙、钟子期的典故，意谓既然遇到了知音，就在宴会上作文章，不以为愧。《列子·汤问》："伯牙善鼓琴，钟子期善听。伯牙鼓琴……志在流水，钟子期曰：'善哉，洋洋兮若江河。'"钟期：钟子期的省称。奏流水：喻指自己写作《滕王阁》一文。[96]兰亭：东晋王羲之等人曾在兰亭宴集修禊，故址在今浙江绍兴。[97]梓泽：指西晋石崇的金谷园，故址在今河南洛阳市西北。[98]承恩：受到款待。伟饯：盛宴。[99]疏：条陈。短引：小序。[100]一言均赋：以同一意思写诗并作赋。一说：在场的人各占一字，步韵赋诗。[101]四韵：八句。此序后有八句诗。[102]以上二句意谓：各自尽力发挥才华，写成诗篇。钟嵘《诗品》说："陆(机)才如海，潘(岳)才如江。"

【作品简析】

这篇骈文用富丽的辞藻，描绘滕王阁四周的景物和宴会盛况，意境开阔，借此抒写羁旅之情，抒发自己怀才不遇、愤懑悲哀而又不甘于沉沦的复杂感情。文用骈体，通篇词采绚丽，对仗工整，气势奔放自然，达到了很高的艺术境界。本文在唐代就已脍炙人口，特别是"落霞与孤鹜齐飞，秋水共长天一色"一联，为历代传诵赞赏。

文章是骈体文，文中四字为一语、六字为一语的句子很多，前后语句完全对偶(没有成对的，只有“嗟乎”“所赖”“勃”“呜呼”“云而”九个字)，还讲究字的平仄关系，所以读起来声调十分和谐。

【拓展阅读】

1.《滕王阁》：滕王高阁临江渚，佩玉鸣鸾罢歌舞。
画栋朝飞南浦云，珠帘暮卷西山雨。
闲云潭影日悠悠，物换星移几度秋。
阁中帝子今何在？槛外长江空自流。

《滕王阁》诗是《滕王阁序》的结尾。明人胡应麟在《诗薮》中曾高度评价说：“初唐短歌，子安《滕王阁》为冠”，“婉丽和平，极可法师。”这首工整精致的诗，一直被诗论家视作是王勃七言古诗的代表作。

2.《唐摭言·卷五》：王勃著《滕王阁序》时年十四。都督阎公不之信。勃虽在座，而阎公意属子婿孟学士者为之。已宿构矣。及以纸笔巡让宾，勃不辞让。公大怒，拂衣而起，专令人伺其下笔。第一报云：“豫章故郡，洪都新府”，公曰：“是亦老生常谈”。又报云：“星分翼轸，地接衡庐”，公闻之，沉吟不言。又报云“落霞与孤鹜齐飞，长天共秋水一色”，公矍然而起，曰：“此真天才，当垂不朽矣！”遂亟请宴所，极欢而罢。

3. 唐段成式《酉阳杂俎》：“王勃每为碑颂，先磨墨数升，引被覆面卧，忽起一笔数之，初不窜点，时人谓之腹稿。”据此可知王勃文思敏捷，滕王阁上即兴而赋千古名篇，并非虚传。

【相关链接】

何林天点校《重订新校王子安集》(山西人民出版社)

春江花月夜[1]

张若虚

张若虚，扬州(今属江苏)人，曾任兖州兵曹，生卒年、字号均不详，玄宗开元时尚在世。张若虚的诗仅存二首于《全唐诗》中。其中《春江花月夜》是一篇脍炙人口的名作，它沿用陈隋乐府旧题，抒写真挚动人的离情别绪及富有哲理意味的人生感慨，语言清新优美，韵律婉转悠扬，洗去了宫体诗的浓脂艳粉，给人以澄澈空明、清丽自然的感觉。

宝带桥

春江潮水连海平[2]，
海上明月共潮生[3]。
滟滟随波千万里[4]，
何处春江无月明！
江流宛转绕芳甸[5]，
月照花林皆似霰[6]；
空里流霜不觉飞[7]，
汀上白沙看不见[8]。
江天一色无纤尘[9]，
皎皎空中孤月轮[10]。
江畔何人初见月？
江月何年初照人？
人生代代无穷已[11]，
江月年年只相似。
不知江月待何人，
但见长江送流水。
白云一片去悠悠[12]，
青枫浦上不胜愁[13]。
谁家今夜扁舟子[14]？
何处相思明月楼[15]？

可怜楼上月徘徊[16]，
应照离人妆镜台[17]。
玉户帘中卷不去[18]，
捣衣砧上拂还来[19]。
此时相望不相闻，
愿逐月华流照君[20]。
鸿雁长飞光不度[21]，
鱼龙潜跃水成文[22]。
昨夜闲潭梦落花[23]，
可怜春半不还家。
江水流春去欲尽，
江潭落月复西斜。
斜月沉沉藏海雾[24]，
碣石潇湘无限路[25]。
不知乘月几人归，
落月摇情满江树[26]。

【词语注释】

[1]《春江花月夜》是乐府《清商曲辞·吴声歌曲》旧题。 [2]春江：春天的长江。连海平：宽阔的江面，水势浩荡，与海相接。 [3]共潮生：月出海上，好像和潮水一同升起。 [4]滟滟：水波闪闪发光的样子。 [5]芳甸：遍生花草的郊野。郊外之地叫甸。 [6]花林：花满枝头的树林。霰(xiàn)：小冰珠，俗称雪子。这句意谓月光照耀下的花林，晶莹光洁，看去如同玲珑的霰子。 [7]流霜：飞霜。《唐诗解》引张协《七命》注："流犹飞也。"这里以不觉流霜之飞，衬月色之洁。 [8]汀：水边的平地。 [9]纤尘：细小的灰尘。 [10]皎皎：形容月亮洁白明亮的样子。《古诗十九首》："明月何皎皎"。 [11]无穷已：没有穷尽。 [12]悠悠：白云飘行悠闲自在的样子。 [13]青枫浦：也称南浦。今湖南浏水中有此地名。这里泛指遥远荒僻的水边。 [14]扁舟子：飘荡江湖的客子。扁舟：小舟。这里暗用《史记·货殖传》："范蠡乘扁舟浮于江湖"之意。 [15]明月楼：月夜闺楼。指闺楼中的思妇。 [16]月徘徊：月影移动。这二句从曹植诗演化而来。曹植《七哀诗》："明月照高楼，流光正徘徊。上有愁思妇，悲叹有余哀。" [17]妆镜台：梳妆台。 [18]玉户：闺房。 [19]捣衣砧(zhēn)：捶衣石。这两句意谓月光无所不在，它像思妇的离愁别绪紧紧缠绕在心头，卷不走，拂不去。 [20]逐：跟随。月华：月光。这两句写思妇望月怀夫，以至产生了跟随月光到丈夫身边的心境。 [21]鸿雁：大雁。长飞：远飞。光不度：月光不能随鸿雁飞去。 [22]鱼龙：龙是中国古代传说中一种有鳞有须能兴云作雨的神异动物，传说生活在水中。这里因提到鱼，连类而及曰："鱼龙"。古有鲤鱼传书的说法，这里暗指音讯难通。 [23]闲潭：清寂安静的水潭。 [24]藏海雾：斜月笼罩在雾气里。 [25]碣石：山名，在今河北省昌黎县北渤海边上，现已沉没。潇湘：水名。潇水在湖南零陵县汇入湘江称潇湘。这里碣石、潇湘泛指天南地北。 [26]摇情：浮动着的情思。

【作品简析】

《春江花月夜》是一篇脍炙人口的千古名作，具有浓郁的民歌风味。它沿用陈隋乐府旧题，凭借清新优美的语言和婉转悠扬的韵律，生动细腻地描绘了春江花月夜的景色，抒写出真挚动人的离情别绪以及由此而引起富有哲理意味的人生感慨。

这首乐府诗以春江、月夜为线索，描写春夜江流、月色、花林的美和离别相思之情，表达诗人对于宇宙和人生的感慨。诗的前半部分，从对春江月夜美景的赞赏，引出宇宙永恒而人生短暂的感慨。后半部分假托思妇对远方游子的怀念，抒发人生的离别相思之苦。这首诗笔调优美，风格清新、艳丽、典雅。用韵也很有特色，全诗四句一换韵，共九韵，每一韵形成一个小段落，段落间的转折，自然和谐。著名诗人、学者闻一多先生在《宫体诗的自赎》一文中称赞此诗是"诗中的诗，顶峰上的顶峰"、"张若虚的功绩是无从估计的"。

【拓展阅读】

1. 钟惺、谭元春《唐诗归》卷六：浅浅说去，节节相生，使人伤感，未免有情，自不能读，读不能厌。将“春江花月夜”五字炼成一片奇光，分合不得，真化工手。

2. 王夫之《唐诗评选》卷一：句句翻新，千条一缕，以动古今人心脾，灵愚共感。其自然独绝处，则在顺手积去，宛尔成章，令浅人言格局、言提唱、言关锁者，总无下口分在。

【相关链接】

《张若虚事迹考略》（《胡小石论文集》上海古籍出版社）

感遇(其二)[1]

陈子昂

陈子昂(661年—702年)，字伯玉，梓州射洪(今属四川)人。世为豪族，少以侠知名。为右拾遗，谏议多不合，因解官还乡。他是唐代诗歌革新的先驱。其诗歌理论和创作，影响了整个唐代。他对风骨的追求，诗歌美学的提出，对于新诗风的开辟具有重要意义。现有《陈伯玉集》。

兰若生春夏[2]，芊蔚何青青[3]。
幽独空林色[4]，朱蕤冒紫茎[5]。
迟迟白日晚，嫋嫋秋风生[6]。
岁华尽摇落，芳意竟何成。

【词语注释】

[1]《感遇》是陈子昂所写的以感慨身世及时政为主旨的组诗，共三十八首，本篇为其中第二首。感遇，“感之于心，遇之于目，情发于中，而寄于言也。”(《唐音》) [2]“兰若生春阳”，原是一句古诗，陈子昂改了一字借用了。兰是兰花，春天生于幽谷。若是杜若，草本药用植物，花很香，夏初生于水滨。 [3]芊蔚：植物。 [4]“幽独”句：空林中幽独的丽色。 [5]朱蕤：鲜艳的意思。 [6]嫋嫋：同“袅袅”。

【作品简析】

陈子昂的《感遇诗》，形式都是五言古体(简称“五古”)，继承了汉魏古风，为唐代五言古诗建立了典范。此诗全用比兴手法，诗的前四句赞美兰若风采的秀丽，后四句转而感叹其芳华的零落。诗人借花草之凋零，悲叹自己的年华流逝，理想破灭。托物感怀，寄意深远。对比和反衬手法的结合运用，极大地增强了本诗的艺术效果。

【拓展阅读】

1. 宋玉：《九辩》悲哉秋之为气也！萧瑟兮草木摇落而变衰。

2.《新唐书·陈子昂传》：唐兴，文章承徐庾余风，天下祖尚，子昂始变雅正。

【相关链接】

彭庆生 《陈子昂诗注》（四川人民出版社）

宿建德江[1]

孟浩然

孟浩然(689年—740年)，襄阳(今属湖北)人，主要活动于开元年间。他的大半生居住在襄阳城南岘山附近的涧南园，曾在吴越一带游历多年。孟浩然是唐代第一个大力写作山水诗的诗人。其诗今存二百余首，现有《孟浩然集》。

移舟泊烟渚[2]，日暮客愁新。
野旷天低树，江清月近人。

【词语注释】

[1]建德江：在浙江省，新安江流经建德的一段。 [2]移舟：靠岸。烟渚：弥漫雾气的

沙洲。

【作品简析】

这首诗通过描绘江景寄寓客愁乡思。先写羁旅夜泊，再叙日暮添愁，然后写到宇宙广袤宁静，明月伴人更亲。诗人摄取眼前景物，采用白描的手法，虚实相间，两相映衬，构成一个特殊的意境。诗中虽见"愁"字，然野旷江清，"秋色"历历在目。全诗淡而有味，风格清新。

【拓展阅读】

1. 李东阳《麓堂诗话》：唐诗李、杜之外，孟浩然、王摩诘足称大家。王诗丰缛而不华靡，孟却专心古澹，而悠远深厚，自无寒俭枯瘠之病。由此言之，则孟尤胜。

2. 严羽《沧浪诗话》：孟浩然诗，讽咏之久，有金石宫商之声。

3. 杜甫《解闷》：复忆襄阳孟浩然，清诗句句尽堪传。

【相关链接】

李怀福等编《孟浩然诗集评注》（长江文艺出版社）

送元二使安西[1]

王　维

王维(701年—761年)，字摩诘，原籍太原祁县(今属山西)。任大乐丞，因事贬为济州司仓参军。曾奉使出塞，回朝官尚书右丞。其名字取自维摩诘居士，心向佛门。虽为朝廷命官，却常隐居蓝田辋川别墅，过着亦官亦隐的居士生活。王维多才多艺，能书善画，诗歌成就以山水诗见长，描摹细致，富于禅趣。他是唐代山水田园诗派的代表。现有《王右丞集》、《王右丞笺注》。

清 石涛　王维山水

渭城朝雨浥轻尘[2]，客舍青青柳色新[3]。

劝君更尽一杯酒，西出阳关无故人[4]。

【词语注释】

[1]按：一作《渭城曲》。谱入乐府，当送别曲，并将末句反复重叠歌唱，称"阳关三叠"。三叠者，首句不叠，后三句三叠。元二：姓元，排行第二，作者的朋友。使：出使。安西：指唐代安西都护府，在今新疆库车附近。[2]渭城：秦时咸阳城，汉改渭城，在长安西北。朝雨：早晨下的雨。浥(yì)：湿润。[3]客舍：旅店。[4]阳关：在今甘肃省敦煌县西南，是古代通西域的要道。

阳关

【作品简析】

这是一首送朋友去西北边疆的诗。前两句点明送别的时令、地点、景物，三、四句写惜别。前两句为送别创造一个愁郁的环境气氛，后两句再写频频劝酒，依依离情。这首诗集中地表现了送别时候的深情厚意，在后来很长一个时期，一直是最流行、传唱最久的送别歌曲。

【拓展阅读】

1. 殷璠《河岳英灵集》卷上："维诗词秀调雅，意新理惬。在泉为珠，着壁成绘。一句一字，皆出常境。"

2.《西清诗话》：王摩诘诗，浑厚闲雅，覆盖古今。但如久隐山林之人，徒成旷淡也。

【相关链接】

1. 赵殿成 《王右丞集笺注》（上海古籍出版社）

2.《王维诗集笺注》（四川人民出版社）

出　塞[1]

王昌龄

王昌龄(约698年—约757年)，字少伯，京兆长安(今陕西西安)人。初任秘书省校书郎，又中博学宏辞，因事贬岭南。开元末返长安，改授江宁丞。被谤谪龙标尉。安史乱起，为刺史闾丘所杀。其诗以七绝见长，尤以边塞诗著称。

秦时明月汉时关[2]，万里长征人未还。
但使[3]龙城飞将[4]在，不教胡马[5]度阴山[6]。

【词语注释】

[1]出塞：是唐代诗人写边塞生活诗常用的题目。　[2]秦时明月汉时关：即秦汉时的明月，秦汉时的关塞。意思是说，在漫长的边防线上，一直没有停止过战争。　[3]但使：只要。[4]龙城飞将：指汉朝名将李广。南侵的匈奴惧怕他，称他为“飞将军”。这里泛指英勇善战的将领。　[5]胡马：指侵扰内地的外族骑兵。　[6]阴山：在今内蒙古自治区，古代常凭借它来抵御匈奴的南侵。

【作品简析】

这是一首著名的边塞诗，表现了诗人希望起任良将，早日平息边塞战事，使人民过上安定的生活。诗人从写景入手，首句勾勒出一幅冷月照边关的苍凉景象。“秦时明月”两句互文见义，诗人把镜头一直拉回到秦汉，引起人们对于历史无限久远、空间无限广阔的想象和联想。后两句所表达的愿望含蓄深沉，耐人寻味。此诗“意态绝健，音节高亮，情思悱恻，百读不厌”，堪称是王昌龄的力作。

【拓展阅读】

1. 沈德潜《说诗晬语》：秦时明月一章，前人推奖之而未言其妙。盖言师劳力竭而功不成，由将非其人之故，得飞将军备边，边烽自熄。

2. 王世贞《艺苑卮言》：七言绝句，王江陵(宁)与太白争胜毫厘，俱是神品。

3. 胡应麟《诗薮》：李(白)作故极自然，王亦和婉中浑成，尽谢炉锤之迹。王作故极自在，李亦飘翔中闲雅，绝无叫噪之风。

【相关链接】

王昌龄撰　李云逸注　《王昌龄诗注》（上海古籍出版社）

宣州谢朓楼饯别校书叔云[1]

李　白

李白(701年—762年)，字太白，祖籍陇西成纪(今甘肃天水)。五岁时，随父迁居四川青莲乡，因自号“青莲居士”。少居蜀中，读书学道。二十五岁出川远游，至天宝初，奉诏入京，供奉翰林。不久便被谗出京，漫游各地。他以富于浪漫主义的诗歌反映现实，描写山川，抒发壮志，吟咏豪情。现有《李太白集》。

弃我去者，昨日之日不可留。
乱我心者，今日之日多烦忧。
长风万里送秋雁[2]，对此可以酣高楼。
蓬莱文章[3]建安骨，中间小谢又清发。
俱怀逸兴壮思飞，欲上青天揽明月。
抽刀断水水更流，举杯消愁愁更愁。
人生在世不称意，明朝散发弄扁舟。

【词语注释】

[1]谢朓楼，系南齐著名诗人谢朓任宣城太守时所创建，又称北楼、谢公楼。诗题一作《陪侍御叔华登楼歌》。 [2]秋雁：喻李云。 [3]蓬莱文章：这里指李云供职的秘书省。

【作品简析】

这是天宝末年李白在宣城期间饯别秘书省校书郎李云之作。开首二句直抒烦忧。三、四句展开了一幅秋空送雁图。一“送”，一“酣”，点出了“饯别”的主题。“蓬莱”四句，赞美对方文章如蓬莱宫幽藏，刚健遒劲，有建安风骨。又以谢朓自比，表达了对高洁理想的追求，同时也表现了诗人的文艺观。末四句抒写感慨，理想与现实不可调和，表现了诗人矛盾的心情。本诗语言豪放自然，音律和谐统一。

【拓展阅读】

1. 杜甫《寄李十二白二十韵》：笔落惊风雨，诗成泣鬼神。

2. 皮日休《刘枣强碑文》：言出天地外，思出鬼神表，读之则神驰八极，测之则心怀四溟，磊磊落落，真非世间语者，有李太白。

3. 胡震亨《李诗通》：太白诗宗风骚，薄声律，开口成文，挥翰雾散，似天仙之词。而乐府诗连类引义，尤多讽兴，为近古所未有。迨今称诗者推白与少陵为两大家，曰李杜，莫能轩轾云。

4.《唐诗别裁》：读李诗者于雄快之中，得其深远宕逸之神，才是谪仙人面目。

【相关链接】

1. 王琦集注 《李太白诗集》

2.《李白诗选》（人民文学出版社）

3.《20世纪李白研究论文精选集》（西安太白文艺出版社）

4.《中日李白研究论文集》（展望出版社）

观公孙大娘弟子舞剑器行[1]（并序）

杜 甫

杜甫(712年—770年)，字子美，出生于巩县(今属河南)，祖籍襄阳(今湖北襄樊)。早年南游吴越，北游齐赵。唐肃宗时，官左拾遗。后入蜀，经友人荐做剑南节度府参谋，加检校工部员外郎。故后世又称他杜拾遗、杜工部。现有《杜工部集》。

大历二年十月十九日，夔府别驾元持宅，见临颍李十二娘舞剑器，壮其蔚跂[2]，问其所师，曰：“余公孙大娘弟子也。”开元五载，余尚童稚，记于郾城观公孙氏，舞剑器浑脱[3]，浏漓顿挫，独出冠时，自高头宜春梨园二伎坊内人洎外供奉，晓是舞者，圣文神武皇帝初[4]，公孙一人而已。玉貌锦衣，况余白首，今兹弟子，亦非盛颜。既辨其由来，知波澜莫二[5]，抚事慷慨，聊为《剑器行》。昔者吴人张旭，善草书帖，数常于邺县见公孙大娘舞西河剑器，自此草书长进，豪荡感激，即公孙可知矣。

昔有佳人公孙氏，一舞剑器动四方。
观者如山色沮丧，天地为之久低昂。
㸌[6]如羿射九日落，矫如群帝骖龙翔。
来如雷霆收震怒，罢如江海凝清光。
绛唇珠袖两寂寞，晚有弟子传芬芳。
临颍美人在白帝，妙舞此曲神扬扬。
与余问答既有以[7]，感时抚事增惋伤。
先帝侍女八千人，公孙剑器初第一。
五十年间似反掌，风尘澒洞[8]昏王室。
梨园子弟散如烟，女乐余姿映寒日。
金粟堆前木已拱[9]，瞿塘石城草萧瑟。
玳筵[10]急管曲复终，乐极哀来月东出。
老夫不知其所往，足茧荒山转愁疾。

【词语注释】

[1]公孙大娘：唐玄宗时的舞蹈家。弟子：指李十二娘。剑器：指唐代流行的武舞，舞者为戎装女子。晚唐郑嵎《津阳门诗》说："公孙剑伎皆神奇"，自注："有公孙大娘舞剑，当时号为雄妙。"司空图《剑器》诗说："楼下公孙昔擅场，空教女子爱军装"。 [2]大历二年：公元767年。开元五载：公元717年。蔚跂：光彩照人。 [3]剑器浑脱：《浑脱》是唐代流行的一种武舞，把《剑器》和《浑脱》综合起来，成为一种新的舞蹈。 [4]圣文神武皇帝：指唐玄宗。 [5]波澜莫二：师徒舞技相仿，不相上下。 [6]㸌(huò)：闪动。 [7]以：原委。 [8]澒(hòng)洞：弥漫无际。 [9]"金粟"句：指玄宗已死六年，金粟山的陵墓上，树已长到可以双手拱抱了。 [10]玳筵：以玳瑁装饰的琴瑟。

【作品简析】

童年观看公孙大娘之剑舞，赞叹其舞技高超，并以张旭见舞而书艺大有长进之故事点缀。诗开头八句，先写公孙大娘的舞技高超。接着"绛唇"六句，写公孙氏死后，剑舞沉寂，幸好晚年还有弟子承继。"先帝"六句抒写昔盛今衰之感。"金粟"六句是尾声，感慨身世悲凉。全诗气势雄浑，沉郁悲壮。见剑器而伤往事，大有时序不同，人事蹉跎之感。诗以咏李氏，而思公孙、思先帝，寄托作者念念不忘先帝盛世，慨叹当今衰落之情。本诗语言富丽而不浮艳，音节顿挫而多变。诗序也写得像散文诗。

【拓展阅读】

1. 元稹《元稹集》卷五十六《唐故工部员外郎杜君墓系铭并序》：至于子美，盖所谓上薄风骚，下该沈宋，古傍苏李，气夺曹刘，掩颜谢之孤高，杂徐庾之流丽，尽得古今之体势，而兼今人之所独专矣。……诗人以来，未有如子美者。

2. 孟棨《本事诗·高逸第三》：杜逢禄山之难，流离陇蜀，毕陈于诗，推见至隐，殆无遗事，故当时号为诗史。

3.《杜臆》中记载：明文学家王嗣奭总评这首诗说："此诗见剑器而伤往事，所谓抚事慷慨也。故咏李氏，却思公孙；咏公孙，却思先帝；全是为开元天宝五十年治乱兴衰而发。"

【相关链接】

《杜甫诗选》（人民文学出版社）

《池上篇》序

白居易

白居易(772年—846年)，字乐天，号香山居士，下邽(今陕西渭南)人。他是中唐诗坛上杰出的现实主义诗人。元和十年(815年)因上书言事，得罪权贵，被贬为江州司马。后任忠州、杭州、苏州刺史，官终刑部尚书。现有《白氏长庆集》。

都城风土水木之胜在东南偏[1]，东南之胜在履道里[2]，里之胜在北隅。西闬北垣第一第即白叟乐天退者之地[3]。地方十七亩，屋室三之一，水五之一，竹九之一，而岛树桥道间之。初，乐天既为主，喜且曰："虽有台池。无粟不能守也。"乃作池东粟廪。又曰："虽有子弟，无书不能训也。"乃作池北书库。又曰："虽有宾朋，无琴酒不能娱也。"乃作池西琴亭，加石樽焉[4]。乐天罢杭州刺史时，得天竺石一、华亭鹤二以归，始作西平桥[5]，开环池路。罢苏州刺史时，得太湖石、白莲、折腰菱[6]、青板舫以归，又作中高桥[7]，通三岛径。罢刑部侍郎时，有粟千斛、书一车，洎臧获之习管磬弦歌者指百以归[8]。先是颖川陈孝山与酿法[9]，酒味甚佳：博陵崔晦叔与琴[10]，韵甚清：蜀客姜发授《秋思》，声甚淡：弘农杨贞一与青石三[11]，方长平滑，可以坐卧。大和三年夏[12]，乐天始得请为太子宾客[13]，分秩于洛下[14]，息躬于池上[15]。凡三任所得、四人所与，洎吾不才身，今率为池中物矣[16]。

每至池风春，池月秋，水香莲坼之旦，踞清鹤唳之夕，拂杨石，举陈酒，援崔琴，弹姜《秋思》，颓然自适，不知其他。酒酣琴罢，又命乐童登中岛亭，合奏"霓裳散序"[17]，声随风飘，或凝或散，悠杨于竹烟被月之际者久之，曲未竟，而乐天陶然已醉，睡于石上矣。睡起偶咏，非诗非赋，阿龟握笔[18]，因题石间。视其粗成韵章，命为《池上篇》云尔。

【词语注释】

[1]城：唐京师为长安，此指东都洛阳。 [2]履道里：里名。唐都城住宅小区名。 [3]闬(hàn)：里巷之门。第一第：(西门北头)第一个宅所。 [4]石樽：形似樽的石桌石凳。 [5]天竺：山名，位于浙江杭州灵隐山飞来峰之南。华亭：松江(今属上海)别名。平桥：无拱之桥。 [6]折腰菱：长两只角的菱，产于苏州。 [7]中高桥：拱形桥。 [8]洎：及。臧获：奴婢。指百：100个手指，即10人左右。 [9]颖川：郡名，属河南。与酿法：传授酿酒法。 [10]博陵：郡名，属河北。 [11]弘农：郡名，属河南。 [12]大和：唐文宗年号，大和三年为公元829年。 [13]请为太子宾客：请求辞官或出任较清闲的官职，获准为太子宾客。 [14]秩：俸禄。 [15]息躬：休养身体。 [16]此三句喻指自以为无能，一意归隐，不再有用世之心。 [17]"霓裳散序"：唐玄宗时盛行《霓裳羽衣舞曲》，先奏"散序六幺"，随后起舞。此指奏乐而不伴舞。 [18]阿龟：白居易弟行简之子，亦擅文词。

【作品简析】

白居易自称有"山水病癖"，"凡所止，虽一日二日，辄覆篑土为台，聚拳石为山，环斗水为池"。他的园林，虽为私园却不求奢华，只求惬意。《池上篇》是白居易的一首诗。公元829年白居易在洛阳建园，本文记录了白氏园林的创建经过、各类物件的来历，以及景物布局、四时变化之景等。白居易为文人造园第一人，文中反映了作者的园林美学思想和寄情山水自然的恬淡心境。

【拓展阅读】

白居易《池上篇》：十亩之宅，五亩之园。有水一池，有竹千竿。
勿谓土狭，勿谓地偏。足以容膝，足以息肩。
有堂有庭，有桥有船。有书有酒，有歌有弦。
有叟在中，白须飘然。识分知足，外无求焉。
如鸟择木，姑务巢安。如龟居坎，不知海宽。
灵鹤怪石，紫菱白莲。皆吾所好，尽在吾前。
时饮一杯，或吟一篇。妻孥熙熙，鸡犬闲闲。
优哉游哉，吾将终老乎其间。

【相关链接】

1. 朱金城《白居易诗选》(中华书局)

2.《白居易集笺校》(上海古籍出版社)

祭十二郎文

韩 愈

韩愈(768年—824年),字退之,郡望昌黎(今属河北)人,籍贯河阳(今河南孟县)。三岁丧父,由嫂氏抚养成人。贞元进士。任国子监博士,迁监察御史刑部侍郎,以谏迎佛骨,触怒宪宗,贬为潮州刺史。后又任兵部侍郎,穆宗朝调任吏部侍郎,故称"韩吏部"。现有《韩昌黎集》。

年月日[1],季父愈闻汝丧之七日[2],乃能衔哀致诚[3],使建中远具时羞之奠[4],告汝十二郎之灵:

呜呼!吾少孤[5],及长,不省所怙[6],惟兄嫂是依。中年,兄殁南方[7],吾与汝俱幼,从嫂归葬河阳[8],既又与汝就食江南[9],零丁孤苦,未尝一日相离也。吾上有三兄[10],皆不幸早世。承先人后者[11],在孙惟汝,在子惟吾,两世一身[12],形单影只。嫂常抚汝指吾而言曰:"韩氏两世,惟此而已。"汝时尤小,当不复记忆;吾时虽能记忆,亦未知其言之悲也。

吾年十九,始来京城。其后四年,而归视汝[13]。又四年,吾往河阳省坟墓[14],遇汝从嫂丧来葬[15]。又二年,吾佐董丞相于汴州[16],汝来省吾;止一岁[17],请归取其孥[18];明年,丞相薨[19],吾去汴州,汝不果来[20]。是年,吾佐戎徐州[21],使取汝者始行[22],吾又罢去[23],汝又不果来。吾念汝从于东[24],东亦客也,不可以久;图久远者,莫如西归,将成家而致汝。呜呼!孰谓汝遽去吾而殁乎[25]!吾与汝俱少年,以为虽暂相别,终当久相与处,故舍汝而旅食京师,以求斗斛之禄[26]。诚知其如此,虽万乘之公相[27],吾不以一日辍汝而就也[28]!

去年,孟东野往[29],吾书与汝曰:"吾年未四十,而视茫茫,而发苍苍,而齿牙动摇。念诸父与诸兄,皆康强而早世,如吾之衰者,其能久存乎!吾不可去,汝不肯来,恐旦暮死,而汝抱无涯之戚也[30]。"孰谓少者殁而长者存,强者夭而病者全乎!

呜呼!其信然邪?其梦邪?其传之非其真邪?信也,吾兄之盛德而夭其嗣乎?汝之纯明而不克蒙其泽乎[31]?少者强者而夭殁,长者衰者而存全乎?未可以为信也。梦也,传之非其真也,东野之书,耿兰之报[32],何为而在吾侧也?呜呼!其信然矣!吾兄之盛德而夭其嗣矣!汝之纯明宜业其家者[33],不克蒙其泽矣!所谓天者诚难测,而神者诚难明矣!所谓理者不可推,而寿者不可知矣!

虽然,吾自今年来,苍苍者或化而为白矣,动摇者或脱而落矣[34]。毛血日益衰[35],志气日益微[36],几何不从汝而死也!死而有知,其几何离[37];其无知,悲不几时,而不悲者无穷期矣。

汝之子始十岁[38],吾之子始五岁[39],少而强者不可保,如此孩提者[40],又可冀其成立耶?呜呼哀哉!呜呼哀哉!

汝去年书云:"比得软脚病[41],往往而剧。"吾曰:"是疾也,江南之人,常常有之。"未始以为忧也。呜呼!其竟以此而殒其生乎!抑别有疾而至斯乎?

汝之书,六月十七日也。东野云:汝殁以六月二日。耿兰之报无月日。盖东野之使者,不知问家人以月日;如耿兰之报,不知当言月日。东野与吾书,乃问使者,使者妄称以应之耳。其然乎?其不然乎?

今吾使建中祭汝,吊汝之孤与汝之乳母[42],彼有食可守以待终丧[43],则待终丧而取以来[44]；如不能守以终丧，则遂取以来。其余奴婢，并令守汝丧。吾力能改葬[45]，终葬汝于先人之兆[46]，然后惟其所愿[47]。

呜呼！汝病吾不知时，汝殁吾不知日。生不能相养以共居，殁不得抚汝以尽哀[48]。敛不凭其棺[49]，窆不临其穴[50]。吾行负神明，而使汝夭，不孝不慈，而不得与汝相养以生，相守以死。一在天之涯，一在地之角，生而影不与吾形相依。死而魂不与吾梦相接。吾实为之，其又何尤[51]。彼苍者天，曷其有极[52]！

自今已往，吾其无意于人世矣。当求数顷之田于伊、颍之上[53]，以待余年。教吾子与汝子，幸其成[54]；长吾女与汝女，待其嫁[55]，如此而已。

呜呼！言有穷而情不可终，汝其知也邪？其不知也邪？呜呼哀哉！

尚飨[56]。

【词语注释】

[1]年月日：此为拟稿时原样。《文苑英华》作“贞元十九年五月廿六日”；但祭文中说十二郎在“六月十七日”曾写信给韩愈，“五”字当误。此文是韩愈于唐德宗贞元十九年(803年)，在长安任监察御史时，为祭他侄子十二郎而写的一篇祭文。被前人誉为祭文中的“千年绝调”。

[2]季父：父辈中排行最小的叔父。 [3]衔哀：心中含着悲哀。致诚：表达赤诚的心意。[4]建中：人名，当为韩愈家中仆人。时羞：应时的鲜美佳肴。羞，同“馐”。 [5]孤：幼年丧父称“孤”。《新唐书·韩愈传》：“愈生三死而孤，随伯兄会贬官岭表。” [6]怙(hù)：《诗·小雅·蓼莪》：“无父何怙，无母何恃。”后世因用“怙”代父，“恃”代母。失父曰“失怙”，失母曰“失恃”。 [7]中年，兄殁南方：代宗大历十二年(777年)，韩会由起居舍人贬为韶州(今广东韶关)刺史，次年死于任所，年四十三。时韩愈十一岁，随兄在韶州。 [8]河阳：今河南孟县西，是韩氏祖坟所在地。 [9]就食江南：唐德宗建中二年(781年)，北方藩镇李希烈反叛，中原局势动荡。韩愈随嫂迁家避居宣州(今安徽宣城)。因韩氏在宣州置有田宅别业。韩愈《复志赋》：“值中原之有事兮，将就食于江之南。”《祭郑夫人文》：“既克返葬，遭时艰难。百口偕行，避地江渍。”均指此。 [10]吾上有三兄：三兄指韩会、韩介，还有一位死时尚幼，未及命名，一说：吾，我们，即韩愈和十二郎。三兄指自己的两个哥哥和十二郎的哥哥韩百川(韩介的长子)。 [11]先人：指已去世的父亲韩仲卿。 [12]两世一身：子辈和孙辈均只剩一个男丁。 [13]视：古时探亲，上对下曰视，下对上曰省。贞元二年(786年)，韩愈十九岁，由宣州至长安应进士举，至贞元八年春始及第，其间曾回宣州一次。但据韩愈《答崔立之书》与《欧阳生哀辞》均称二十岁至京都举进士，与本篇所记相差一年。 [14]省(xǐng)：探望，此引申为凭吊。 [15]遇汝从嫂丧来葬：韩愈嫂子郑氏卒于元贞元九年(793年)，韩愈有《祭郑夫人文》。贞元十一年，韩愈往河阳祖坟扫墓，与奉其母郑氏灵柩来河阳安葬的十二郎相遇。 [16]董丞相：指董晋。贞元十二年(796年)，董晋以检校尚书左仆射，同中书门下平章事任宣武军节度使，汴、宋、亳、颍等州观察使。时韩愈在董晋幕中任节度推官。汴州：治所在今河南开封市。

[17]止：住。 [18]取其孥(nú)：把家眷接来。孥，妻和子的统称。 [19]薨(hōng)古时诸侯或二品以上大官死曰薨。贞元十五年(799年)二月，董晋死于汴州任所，韩愈随葬西行。去后第四天，汴州即发生兵变。 [20]不果：没能够。指因兵变事。 [21]佐戎徐州：当年秋，韩愈入徐、泗、濠节度使张建封幕任节度推官。节度使府在徐州。佐戎，辅助军务。 [22]取：迎接。 [23]罢去：贞元十六年五月，张建封卒，韩愈离开徐州赴洛阳。 [24]东：指故乡河阳之东的汴州和徐州。 [25]孰谓：谁料到。遽(jù)：骤然。 [26]斗斛(hú)：唐时十斗为一斛。斗斛之禄，指微薄的俸禄。韩愈离开徐州后，于贞元十七年(801年)来长安选官，调四门博士，贞元十九年，迁监察御史。 [27]万乘(shèng)：指高官厚禄。古代兵车一乘，有马四匹。

封国大小以兵赋计算，凡地方千里的大国，称为万乘之国。[28]辍(chuò)，停止。辍汝，和上句“舍汝”意思相同。就：就职。[29]去年：指贞元十八年(802年)。孟东野：即韩愈的诗友孟郊。时年出任溧阳(今属江苏)尉，溧阳去宣州不远，故韩愈托他捎信给宣州的十二郎。[30]无涯之戚：无穷的悲伤。涯，边。戚，忧伤。[31]纯明：纯正贤明。不克：不能。蒙：承受。[32]耿兰：生平不详，当时宣州韩氏别业的管家人。十二郎死后，孟郊在溧阳写信告诉韩愈，时耿兰也有丧报。[33]业：动词，继承之意。[34]动摇者或脱而落矣：时年韩愈有《落齿》诗云：“去年落一牙，今年落一齿：俄然落六七，落势殊未已。”[35]毛血：指体质。[36]志气：指精神。[37]其几何离：分离会有多久呢？意谓死后仍可相会。[38]汝之子：十二郎有二子，长韩湘，次韩滂。韩滂出嗣十二郎的哥哥韩百川为子，见韩愈《韩滂墓志铭》。始十岁：当指长子韩湘。十岁，一本作“一岁”，则当指韩滂，滂生于贞元十八年(802年)。[39]吾之子始五岁：指韩愈长子韩昶，贞元十五年(799年)韩愈居符离集时所生，小名曰符。[40]孩提：本指二三岁的幼儿。此为年纪尚小之意。[41]比(bì)：近来。软脚病：即脚气病。[42]吊：此指慰问。孤，指十二郎的儿子。[43]终丧：守满三年丧期。《孟子·滕文公上》：“三年之丧，……自天子达于庶人，三代共之。”[44]取以来：指把十二郎的儿子和乳母接来。[45]力能改葬：假设之意。即先暂时就地埋葬。合下句连续可知。[46]兆：葬域，墓地。[47]惟其所愿：才算了却心事。[48]抚汝以尽哀：指抚尸恸哭。[49]敛：同“殓”。为死者更衣称小殓，尸体入棺材称大殓。[50]窆(biǎn)：下棺入土。[51]何尤：怨恨谁？[52]彼苍者天，曷其有极：意谓你青苍的上天啊，我的痛苦哪有尽头啊。语本《诗经·唐风·鸨羽》：“悠悠苍天，曷其有极。”[53]伊、颍(yǐng)：伊水和颍水，均在今河南省境内。此指故乡。[54]幸其成：韩昶后中穆宗长庆四年进士。韩湘后中长庆三年进士。[55]长(zhǎng)：用如动词，养育之意。待其嫁，韩愈三婿即李汉，蒋系，樊宗懿。十二郎之婿，据高澍然说，是李干，见《韩集》。[56]尚飨：古代祭文结语用辞，意为希望死者享用祭品。

【作品简析】

这是韩愈集中最为哀切的文章。祭文追叙他与十二郎孤苦相依的幼年往事，融注了深厚的感情。文章首先叙写叔侄早年患难与共的生活和几度离合的情景，满含痛惜和悔恨；接着陈述自己闻死讯之初将信将疑、终了痛不欲生之状和对死因、死期的追想，笔调愈加悲切；最后交待祭奠、凭吊、迁葬、抚孤等后事，并再次抒发未能与十二郎“相养以生，相守以死”的愧疚和憾恨。汉魏以来，祭文多仿《诗经》雅颂四言韵语，或用骈体。本文采用散文形式写失亲之悲、家世之悲、人生之悲，开创了在祭文中抒发真情实感的先河，被后世誉为“祭文中千年绝调”。

【拓展阅读】

1. 茅坤《唐宋八大家文钞》：通篇情意刺骨，无限凄切，祭文中千年绝调。

2. 吴楚材，吴调侯《古文观止》：情之至者，自然流为至文。读此等文，须想其一面哭，一面写，字字是血，字字是泪。未尝有意为文，而文无不工。祭文中千年绝调。

3. 余诚《重订古文释义新编》：自始至终，处处俱以自己伴讲。写叔侄之关切，无一语不从至性中流出，几令人不能辨其是文是哭，是墨是血……文章要诀，无过真切二字。真切则确当而不可移易。自为千古不刊之作。试读此文，有一语不真切否？后学悟此，则文章一道，思过半矣。

【相关链接】

1. 徐中玉主编 《古文鉴赏大辞典》 （浙江教育出版社）

2. 钱仲联 《韩昌黎诗系年集释》 （上海古籍出版社）

小石潭记

柳宗元

柳宗元(773 年—819 年)，唐代文学家、哲学家，唐宋八大家之一。字子厚。祖籍河东(今山西永济)，后迁长安(今陕西西安)，世称柳河东。因官终柳州刺史，又称柳柳州。现有《柳河东集》。

从小丘西行百二十步，隔篁竹，闻水声，如鸣珮环，心乐之。伐竹取道，下见小潭，水尤清冽。全石以为底，近岸卷石底以出，为坻为屿[1]，为嵁为岩[2]。青树翠蔓，蒙络摇缀，参差披拂。潭中鱼可百许头，皆若空游无所依。日光下澈，影布石上，佁然不动[3]；俶尔远逝[4]；往来翕忽，似与游者相乐。

潭西南而望，斗折蛇行[5]，明灭可见。其岸势犬牙差互，不可知其源。坐潭上，四面竹树环合，寂寥无人，凄神寒骨，悄怆幽邃。以其境过清，不可久居，乃记之而去。

同游者吴武陵、龚古[6]，余弟宗玄；隶而从者，崔氏二小生，曰恕己，曰奉壹。

【词语注释】

[1]坻(chí)：水中高地。　[2]嵁(kān)：高深的山岩。　[3]佁(chǐ)：痴呆的样子。[4]俶(chù)尔：动的样子。　[5]斗折：像北斗星那样曲折。　[6]吴武陵：信州(今江西上饶)人，唐宪宗元和初年进士，因罪被贬永州，与柳宗元交好。龚古：生平不详。

【作品简析】

柳宗元的山水游记在中国文学史上具有独特的地位。其中最著名的，是他被贬谪到永州以后写的《始得西山宴游记》、《钴鉧潭记》、《钴鉧潭西小丘记》、《至小丘西小石潭记》、《袁家竭记》、《石渠记》、《石涧记》、《小石城山记》，这就是为人称道的《永州八记》。本篇是其中的第四篇。文章先写所见景物，然后以特写镜头描绘游鱼和潭水，再写潭上景物和自己的感受。文章着力摹写小石潭及其周围幽深冷寂的景色和气氛，抒发了作者贬官失意后的孤凄之情。尤其是对潭中游鱼的刻划，虽只寥寥几句，却极其准确地写出潭水空明澄澈的程度和游鱼的形神姿态。语言简练、生动，景物刻画细腻、逼真。全篇充满了诗情画意，表现了作者杰出的写作技巧，不愧为历代传诵的散文名篇。

【拓展阅读】

早在唐朝元和九年十二月，柳宗元将要离开永州时，当地百姓就筹建柳子祠。现柳子庙为清光绪三年重建。柳子庙坐落在潇水西岸柳子街中心，面对愚溪，背负西山。庙系砖木结构，简洁朴素，石脚、梯阶、台跺，三进三开间，正殿宽宏，高牟巍峨，当年殿内供奉柳宗元塑像，挂有“文贯八家”、“都是文章”、“福我寿民”等横匾。春秋社日，四方百姓都虔诚膜拜。每逢农历七月十三日柳宗元生日这一天，百姓则杀猪宰羊、演戏、赶庙会，以示纪念。

【相关链接】

1. 曹明纲标点　《柳宗元全集》　(上海古籍出版社)
2.《中华文学鉴赏宝库》　(陕西人民教育出版社)
3.《三晋历史人物》　(书目文献出版社)

江南春绝句

杜　牧

杜牧(803 年—852 年)，字牧之。京兆万年(今陕西西安)人。宰相杜佑之孙，大和进士，授弘文馆校书郎。武宗时出任黄、池、睦三州刺史。宣宗时入为司勋员外郎，史馆修撰，又出为湖州刺史，官至中书舍人。杜牧的文学创作有多方面的成就，诗、赋、古文都足以名家。现有《樊川文集》。

千里莺啼绿映红[1]，水村山郭酒旗风[2]。
南朝四百八十寺[3]，多少楼台烟雨中[4]。

【词语注释】

[1]莺啼：即莺啼燕语。[2]郭：外城。此处指城镇。酒旗：一种挂在门前作为酒店标记的小旗。[3]南朝：指先后与北朝对峙的宋、齐、梁、陈政权。[4]楼台：楼阁亭台。此处指寺院建筑。烟雨：细雨蒙蒙，如烟如雾。

【作品简析】

这首绝句写春日即目所见的江南景色。诗中没有细致刻画景物，而是抓住花鸟、酒旗、寺庙几个江南最常见的景物，淡淡几笔就描绘出春天的江南、烟雨的江南。杜牧化用梁朝丘迟《与陈伯之书》“暮春三月，江南草长。杂花生树，群莺乱飞。”的名句，无形中拓展了诗歌的景色。南朝的寺庙，则使人产生不尽的历史联想。“牧之绝句，远韵远神。”（沈德潜《唐诗别裁》）

赤　壁

杜　牧

折戟沉沙[1]铁未销，
自将[2]磨洗认前朝。
东风[3]不与周郎[4]便，
铜雀[5]春深锁二乔[6]。

赤壁

【词语注释】

[1]折戟沉沙：断戟没入沙中。[2]将：拿起。[3]东风：指吴蜀联军借东风火攻曹操之事。[4]周郎：吴军统帅周瑜。[5]铜雀：台名，魏曹操所建。顶上饰有大铜雀。[6]二乔：乔玄两女。大归孙策，小嫁周瑜。

【作品简析】

这首诗是作者经过赤壁（即今湖北省武昌县西南赤矶山）古战场，有感于三国时代的英雄成败而写下的。诗以地名为题，实则是怀古咏史之作。诗开头二句借物起兴，慨叹前朝人物事迹。后二句议论，抒发诗人对国家兴亡的慨叹。本诗构思精巧，有情有致，表现出诗人极强的概括力。

【拓展阅读】

杜牧《献诗启》：某苦心为诗，未求高绝，不务奇丽，不涉习俗，不今不古，处于中间。

【相关链接】

1.《樊川诗集》（中华书局）
2. 陈允吉校点《樊川文集》（中国古典文学丛书）（上海古籍出版社）

李凭箜篌引

李　贺

李贺（790年—816年），字长吉。河南福昌（今河南宜阳）人。郡望陇西，家居福昌之昌谷，因称李昌谷，世称“鬼才”。尤其擅乐府歌行，词采瑰丽，意境奇特，富有浪漫色彩。绝句多抒写不平之感，笔意超纵。现有《李长吉歌诗》。

吴丝蜀桐张高秋，空山凝云颓不流[1]。
江娥啼竹素女愁，李凭中国弹箜篌[2]。
昆山玉碎凤凰叫，芙蓉泣露香兰笑。
十二门前融冷光，二十三弦动紫皇[3]。
女娲炼石补天处，石破天惊逗秋雨[4]。
梦入神山教神妪，老鱼跳波瘦蛟舞。
吴质不眠倚桂树，露脚斜飞湿寒兔[5]。

【词语注释】

[1]丝桐：即指箜篌。张，弦乐器紧起弦子来准备弹奏叫“张”。高秋，就是暮秋，指阴历九月。 [2]江娥：一作湘娥。中国，国的中央。和下文的“十二门”、“动紫皇”等语相贯。[3]紫皇：道教最尊之神。 [4]逗：引。 [5]露脚斜飞：古以为露像雨一样降落。

【作品简析】

此诗大约作于元和六年(811年)至元和八年，当时，李贺在京城长安任奉礼郎。李凭是梨园弟子，因善弹箜篌，名噪一时。他的精湛技艺，受到诗人们的热情赞赏。李贺此篇想象丰富，具有很强的艺术感染力。清人方扶南把它与白居易的《琵琶行》、韩愈的《听颖师弹琴》相提并论，推许为“摹写声音至文”（见方扶南《李长吉诗集批注》卷一）。

诗的起句开门见山，“吴丝蜀桐”写箜篌构造精良，借以衬托演奏者技艺的高超。二、三两句写乐声，以实写虚，极富表现力。“空山”句移情于物，把云写成具有人的听觉功能和思想感情，与“江娥”句互相配合，极力烘托箜篌声的神奇美妙。第四句交代演奏者以及演奏的地点。前四句先写琴、写声，然后写人，时间和地点穿插其中，有着先声夺人的艺术感染力。五、六两句正面写乐声。“昆山”、“芙蓉”着意表现乐声的起伏多变和优美动听，宛如凤凰鸣叫。“芙蓉泣露香兰笑”，构思奇特，摹写琴声的悲抑和欢快，化声为形。从第七句起到篇终，都是写神奇的音响效果，用语浪漫夸张，想象奇特瑰丽。

这首诗想象奇特，形象鲜明，充满浪漫主义色彩。诗人致力于把自己对于箜篌声的抽象感觉、感情与思想借助联想转化成具体的物象，使之可见可感。诗歌没有对李凭的技艺作直接的评判，也没有直接描述诗人的自我感受，有的只是对于乐声及其效果的摹绘。然而纵观全篇，又无处不寄托着诗人的情思，曲折而又明朗地表达了他对乐曲的感受和评价。这就使外在的物象和内在的情思融为一体，构成悦目赏心的艺术境界。

【拓展阅读】

1. 王夫之《唐诗评选》：长吉于讽刺，直以声情动今古。

2. 毛先舒《诗辨坻》：大历以后，解乐府遗法者，惟李贺一人。

【相关链接】

1.《李贺诗歌集注》（上海古籍出版社）

2. 钱仲联《李贺年谱会笺》

竹枝词[1]

刘禹锡

刘禹锡(772年—842年)，字梦得。洛阳(今河南洛阳)人。贞元中进士及第。武宗时官至礼部尚书兼太子宾客。晚年在洛阳与白居易为诗友。其诗善使事运典，托物寓意，以针砭时弊，抒写情怀。现有《刘梦得文集》。

杨柳青青江水平，闻郎江上唱歌声。
东边日出西边雨，道是无晴却有晴[2]。

【词语注释】

[1]竹枝词：巴渝(今重庆)一带的民歌。歌词杂咏当地风物和男女爱情，富有浓郁的生活气息。刘禹锡仿作的《竹枝词》现存十一首。 [2]晴：与“情”同音，谐音双关。

【作品简析】

这首诗仿民间情歌的手法，描写一位初恋少女听到情人的歌声时乍疑乍喜的复杂心情。首句即景起兴。次句叙事，写少女忽然听到江面上飘来小伙子的歌声。三、四两句写姑娘听到歌声后的心理活动。末一句，诗人用谐音双关的手法，把天“晴”和爱“情”这两件不相关的事巧妙地联系起来，表现出初恋少女的微妙感情。这首诗语言平易，诗意清新，情调淳朴。

【拓展阅读】

《旧唐书·刘禹锡传》：禹锡在朗州十年，惟以文章吟咏，陶冶性情。襄俗好巫，每淫祠鼓舞，必歌俚辞。禹锡或从事于其间，乃依骚人之作，为新辞以教巫祝。故武陵溪洞间夷歌，率多禹锡之词也。

【相关链接】

《刘禹锡诗集编年笺注》（山东大学出版社）

无 题[1]

李商隐

李商隐(813年—858年)，字义山，号玉溪生，一号樊南。怀州河内(今河南沁阳)人。晚唐著名诗人。他的诗歌常常充满着一种感伤情调。李商隐擅长七律、七绝，情致婉曲，文采富丽，具有独特的风格。现有《樊南文集》、《李义山诗集》。

相见时难别亦难，东风无力百花残[2]。
春蚕到死丝方尽，蜡炬成灰泪始干[3]。
晓镜但愁云鬓改[4]，夜吟应觉月光寒[5]。
蓬山此去无多路[6]，青鸟殷勤为探看[7]。

【词语注释】

[1]《无题》：李商隐的一部分诗自署“无题”，另一些诗虽有题目，如《锦瑟》，只是取了诗的起首两字，实际仍属无题诗。他的无题诗大都含蓄隐晦，其中有些写爱情，有些别有政治寄托。寄托的具体内容，历来众说纷纭。这首诗多认为是一首爱情诗。 [2]“相见”两句意谓：相见的机会难得，分别时更难舍难分；况且又正值暮春百花凋零之际，情况就更不堪言了。[3]“春蚕”两句形象地表明爱情的坚定执着，除非身死，相思和悲哀是不会休止的。蜡炬：点燃的蜡烛。蜡烛点燃时流下的油脂，称蜡泪。这里是借蜡泪隐喻相思悲哀的眼泪。 [4]晓镜：临晓照镜梳妆。但：只。云鬓改：两鬓添白发。 [5]夜吟：夜晚苦吟沉思。 [6]蓬山：指海上三神山中的蓬莱山。无多路：没有多远。 [7]青鸟：神话传说中的神鸟，为西王母使者。

【作品简析】

这是一首表示两情至死不渝的爱情诗。然而历来多认为或许有人事关系上的隐托。首联两个“难”字，点出了聚首不易，别离更难之情，情意绵绵，语言多姿，落笔非凡。颔联以春蚕蜡炬作比，寓意精彩，既缠绵沉痛，又坚贞不渝。接着颈联写晓妆对镜，抚鬓自伤，是自计；良夜苦吟，月光披寒，是计人。相劝自我珍重，善加护惜，却又苦情密意，体贴入微，可谓千回百转，神情燕婉。尾联写希望信使频传佳音，意致婉曲，柳暗花明，真是终境逢生，别有洞天。“春蚕”两句，千秋佳绝。

【拓展阅读】

1. 叶燮《原诗》：宋人七绝，大概学杜甫者什六七，学李商隐者什三四。

2. 鲁迅：玉谿生清词丽句，何敢比肩，而用典太多，则为我所不满。

【相关链接】

1. 冯浩 《玉溪生诗集笺注》（上海古籍出版社）

2. 刘学锴、余恕诚 《李商隐文编年校注》（中华书局）

菩 萨 蛮

温庭筠

温庭筠(约812年—约870年)，本名岐，字飞卿，太原祁(今山西祁县)人。唐宰相温彦博后代。早年才思敏捷，以词赋知名。懿宗时曾任方城尉，官终国子助教。他精通音律，诗词并工，《花间词》列以为首。

小山重叠金明灭[1]，鬓云欲度香腮雪[2]。懒起画蛾眉，弄妆梳洗迟[3]。

照花前后镜，花面交相映。新贴绣罗襦[4]，双双金鹧鸪[5]。

【词语注释】

[1]小山：指屏风上雕画的小山。金明灭：金光闪耀的样子。 [2]鬓云：像云朵似的鬓发。度：覆盖。香腮雪：雪白的面颊。 [3]弄妆：梳妆打扮。 [4]罗襦：丝绸短袄。 [5]鹧鸪：这里指装饰的图案。

【作品简析】

这首《菩萨蛮》，为了适应宫廷歌伎的声口，也为了点缀皇宫里的生活情趣，把妇女的容貌写得十分美丽，服饰写得非常华贵，体态也写得十分娇柔，仿佛描绘了一幅唐代仕女图。词的上片，写床前屏风的景色及梳洗时的娇慵姿态；下片写妆成后的情态，暗示了人物孤独寂寞的心境。全词委婉含蓄地揭示了人物的内心世界，并成功地运用反衬手法。鹧鸪双双，反衬人物的孤独；容貌服饰的描写，反衬人物内心的寂寞空虚。这一手法表现了作者的词风和艺术成就。

【拓展阅读】

1. 张惠言：“此感士不遇之作也。篇法仿佛《长门赋》，而用节节逆叙。此章从梦晓后领起‘懒起’二字，含后文情事。‘照花’四句，《离骚》初服之意。”“飞卿之词，深美闳约，信然。飞卿蕴酿最深，故其言不怒不慑，备刚柔之气。”

2.《中国历代诗歌名篇赏析》：在这首词里，作者将许多可以调和的颜色和物件放在一起，使它们自己组织配合，形成一个意境，一个画面，让读者去领略其中的情意，这正是作者在创造词的意境上，表现了他的独特的手法。

【相关链接】

《温庭筠词新释辑评》（中国书店）

菩萨蛮

韦 庄

韦庄(836年—910年)，字端己，长安杜陵(今西安)人。曾任校书郎、左补阙等职。他的诗词都很著名，诗极富画意，词以清丽见长，为“花间词”派代表作家。现有《浣花集》。

江南水乡

人人尽说江南好，游人只合江南老[1]。春水碧于天，画船听雨眠。

垆边人[2]似月，皓腕[3]凝霜雪。未老莫还乡，还乡须断肠[4]。

【词语注释】

[1]游人：这里指飘泊江南的人，即作者自谓。合：应当。 [2]垆边人：这里指当垆卖酒的女子。 [3]皓腕：洁白的手腕。 [4]须：必定。断肠：形容非常伤心。

【作品简析】

这首词描写了江南水乡的风光美和人物美，表现了诗人对江南水乡的依恋之情，也抒发了诗人飘泊难归的愁苦之感，具有较强的艺术感染力。上片首二句与结拍两句抒情，中间四句写景、写人。采用白描的写法，极写江南令人留恋之处，通篇语意自然真切，构成了一幅江南水乡特有的景致。此词情致缠绵，意象鲜明，堪称咏“江南春色”的诸多诗作中罕见的佳作。

【拓展阅读】

1. 栩庄《栩庄漫记》：端己此首自是佳词，其妙处如芙蓉出水，自然秀丽。
2. 陈廷焯《白雨斋词话》：风流自赏，决绝语，正是凄楚语。

【相关链接】

《韦庄集笺注》（上海古籍出版社）

浪淘沙[1]

李 煜

李煜(937年—978年)，初名从嘉，字重光。宋建隆二年(961年)在金陵即位，世称李后主。他的艺术才能极高，擅长诗文，精通书画，妙解音乐，是我国文学史上一位重要的词人。其前期词多写宫廷享乐生活，风格柔靡；后期词反映亡国之痛，题材扩大，意境深远，感情真挚，语言清新，极富艺术感染力。后人将他与其父李璟的作品合辑为《南唐二主词》。

帘外雨潺潺[2]，春意阑珊[3]。罗衾不耐五更寒[4]。梦里不知身是客[5]，一晌贪欢[6]。

独自莫凭栏，无限江山，别时容易见时难。流水落花春去也，天上人间。

【词语注释】

[1]此词原为唐教坊曲，又名《浪淘沙令》、《卖花声》等。唐人多用七言绝句入曲，南唐李煜始演为长短句。双调，五十四字(宋人有稍作增减者)，平韵，此调又由柳永、周邦彦演为长调《浪淘沙漫》，是别格。 [2]潺潺：形容雨声。 [3]阑珊：衰残。一作“将阑”。 [4]罗衾(qīn)：绸被子。不耐：受不了。一作“不暖”。 [5]身是客：指被拘汴京，形同囚徒。[6]一晌(shǎng)：一会儿，片刻。贪欢：指贪恋梦境中的欢乐。

【作品简析】

此词上片用倒叙手法，帘外雨，五更寒，是梦后事；忘却身份，一晌贪欢，是梦中事。实际上是今昔之比。词中的自然环境和身心感受，具有更多的象征性，也更有典型性。下片首句“独自莫凭栏”，是因凭栏而见故国江山，将引起无限伤感。“流水落花春去也”，与上片“春意阑珊”相呼应，同时也暗喻来日无多。“天上人间”句，深刻而生动地写出了人生悲欢离合之情，引起读者的共鸣。李煜词的抒情特色，就是善于从生活实感出发，抒写自己人生经历中的真切感受，自然明净，含蓄深沉。

【拓展阅读】

1. 沈雄《古今词话》：后主前期词作风格绮丽柔靡，还不脱“花间”习气。国亡后在“日夕只以眼泪洗面”的软禁生涯中，以一首首泣尽以血的绝唱，使亡国之君成为千古词坛的“南面王”。

2. 王国维《人间词话》：词至李后主而眼界始大，感慨遂深。

3. 纳兰性德《渌水亭杂说》：花间之词，如古玉器，贵重而不适用，宋词适用而少质重，李后主兼有其美，饶烟水迷离之致。

【相关链接】

1. 勒极苍 《李煜李清照词详解》（山西古籍出版社）

2. 徐育民 《唐五代词评析》（山西人民出版社）

第五部分　宋代文学

960 年赵匡胤陈桥驿发动兵变，建立了北宋王朝。北宋初期的中央集权制度的建立，客观上起到了繁荣经济、有利于文化发展的作用。在培养和选拔文士方面，继承了前代学校、科举的制度，在京师设有国子学、太学，培养一般官僚的候补人才，此外还有律学、算学、书学、画学、医学等培养专门人才的学校。当时最为著名的民间私立书院有：庐山白鹿洞书院、衡州石鼓书院、南京应天府书院、潭州岳麓书院。宋代科举承唐五代余风，偏重诗赋，文人执掌政权是宋代政治的特色。宋代是中国历史上经济、文化、思想、学术、科学、艺术、文学全面繁荣的时代。

宋代文学取得了辉煌的成就，在中国古代文学发展中占有重要的历史地位。宋代文学体裁多种多样，诗、词、散文、小说、戏曲、说唱文学都得到了全面的发展。

一、宋代散文

宋代散文无论内容、形式、语言、风格，都在唐代散文的基础上有新的开拓和发展。明人宋濂："自秦以下，文莫盛于宋"（《太史苏平仲文集序》）。

欧阳修针对当时"辞多浮艳"的西昆体，提出诗文革新的理论主张。其理论是和韩愈一脉相承的，认为道是内容，文是形式。这使他在一定程度上，写出了一些反映现实生活，为现实政治服务的文章。《与高司谏书》直斥谏官高若讷趋炎附势的卑劣行为；《朋党论》反击保守派对范仲淹等革新人物的诬蔑；《五代史伶官传序》中表现了兴衰由人不由天的朴素唯物主义的见解。欧阳修的散文，无论状物写景、叙事怀人，都具有较强的感染力。《泷冈阡表》、《醉翁亭记》、《秋声赋》等作品，都表现了他在艺术上的独创性。在散文方面的成就，使欧阳修无愧当时文学革新运动的领袖。

王安石的散文以政论性的为多。《答司马谏议书》剖析司马光对新法的指责，言简意赅，措词委婉而坚决，表现了他坚持原则的政治态度。王安石的散文具有较强的概括力与逻辑性，语言简练朴素，如《读孟尝君传》。

苏轼是我国文学史上杰出的作家，他在创作中所表现的豪迈气概，丰富的思想内容和独特的艺术风格，是欧阳修等人所倡导的诗文革新运动进一步发展的成果，表现了北宋文学的最高成就。在理论上，他主张文、道并重，强调文学的社会功能；同时重视文学的独立艺术价值，提倡艺术风格多样化。他的史论和政论文奔放雄奇。他的书札、杂记、杂说、小赋大都夹叙夹议，表现了作者坦率的胸怀，也表现了他对人生、对文艺的见解和爱好。《书吴道子画后》说，画家要"出新意于法度之中，寄妙理于豪放之外"；《文与可画筼筜谷偃竹记》写"画竹必先得成竹于胸中"。著名的散文有《赤壁赋》、《后赤壁赋》。他把古文的作用发挥到了更高的境地，同时形成了自己独特的文章风格。苏、韩、柳、欧号称"四家"。苏轼的父亲苏洵的散文以议论擅长，有名篇《六国论》；其弟苏辙的代表作是《黄州快哉亭记》。

北宋郭熙早春图

南宋时的散文充满爱国激情，有岳飞的《五岳祠盟记》、辛弃疾的《美芹十论》、陈亮的《中兴五论》等。陆游是南宋最优秀的散文作家，他的《老学庵笔记》文笔优美。著名的还有文天祥的《指南录后序》。

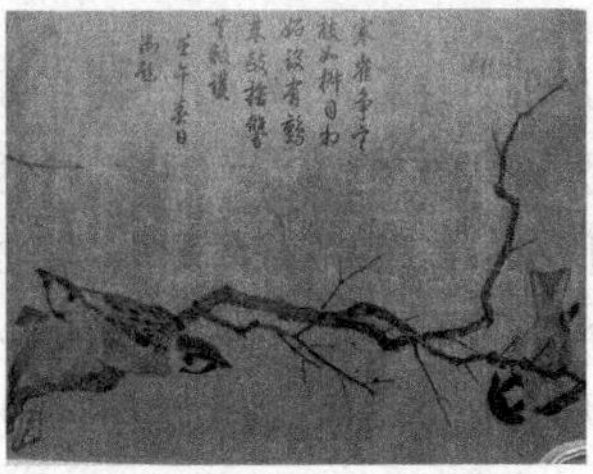

宋崔白“寒雀图”

和靖咏梅

二、宋代诗歌

宋代诗歌从艺术构思、手法技巧、篇章结构等方面努力创新，形成新的诗风，成为诗歌史上继唐诗之后的又一座高峰。

北宋初期主要流行追求形式美的西昆体。除此之外，林逋最为著名，他的梅花诗历来为人称道。欧阳修、梅尧臣、苏舜钦等人的出现，使宋诗开始形成独特的风格。他们的一些重要作品，特别是那些反映民间疾苦的诗歌，如欧阳修的《食糟民》、《边户》，梅尧臣的《汝坟贫女》、《田家语》、《陶者》等，基本上都是采用古体写作的。王安石、苏轼和黄庭坚进一步拓展了诗歌的题材，丰富了诗歌的表现内容，创造了新的诗歌抒情模式，使宋诗的创作达到了新的高度。王安石的《明妃曲》二首，写昭君和亲的故事，能从旧题目中翻出新意，所以名噪一时。作为北宋诗文革新的集大成者，苏轼更不乏匠心独运的名篇佳制，如《游金山寺》、《望海楼晚景》、《题西林壁》等。苏轼、王安石的哲理诗也写得十分形象。黄庭坚开创的江西诗派影响深远。陆游、杨万里、范成大、尤袤“中兴四大诗人”的诗歌，主要表现强烈的爱国热忱，同时也如实反映了沦陷区人民的悲惨生活和民族感情。陆游留传下来的近万首诗歌中，以爱国题材的作品最有艺术特色。他们还写了不少反映农民劳动生活、别具风采的记事名篇，如范成大的《四时田园杂兴》、陆游的《农家叹》、杨万里的《插秧歌》。姜夔的诗自成一家。南宋灭亡前后，许多知识分子通过抒写亡国之痛、离乱之恨和视死如归的浩然正气，表现爱国思想和民族气节的思想主题。代表作家有文天祥、汪元量、谢翱等人。文天祥的《过零丁洋》、《正气歌》慷慨悲壮，感人至深。就诗歌艺术方面来讲，也体现了宋诗散文化、议论化的特点。

三、宋代的词

词在两宋发展到极盛阶段。宋词独特的艺术魅力丰富了古典诗歌的审美内涵。在艺术表现和审美风格上，宋词也有不少创新，如感情细腻，辞藻华美，音调谐婉，韵味深长。宋词风格流派众多，名家辈出。

晏殊是北宋前期较早的词家，在当时的影响也较大。幼子晏几道(1030 年—1106 年)也是北宋的重要词人，有《小山词》存于世，与晏殊合称“大小晏”。较早为宋词开辟新意境的是范仲淹和欧阳修。欧阳修的词清丽、深婉，收在《六一词》和《醉翁琴趣外编》中的有二百多首，是当时写词较多的作家。前人说他“疏隽开子瞻，深婉开少游”（冯煦《宋六十一家词选例言》）。范仲淹有《苏幕遮》等五首词传世。其他词家还有张先、王安石等。柳永是宋代第一个专力写词的作家。他创作了大量慢词，擅长铺叙白描，发展了词的艺术形式和表现手法，对宋词的发展作出了重要的贡献。他是婉约派的代表人物，婉约派词人还有李清照、秦观、周邦彦、姜夔等。李清照是诗、词、散文都有成就的作家，但最擅长的还是词。李清照的词主要继承婉约派词家的发展道路，她后期的词有时还兼有豪放派之长，这使她能够在两宋词坛上独树一帜，对后世的影响也较大。

苏轼创作的豪放词，“指出向上一路，新天下耳目”，为词史带来全新的审美境界。北宋后期的诗词作家几乎没有不受苏轼直接或间接影响的。秦观、贺铸的词也在不同程度上受苏轼的影响，不过在艺术上又别具风格。到了北宋末期，以周邦彦为代表的“大晟词人”，又把词带上了“为文造情”的道路，开南宋姜夔、吴文英一派的先河。辛弃疾继承了苏轼豪放的词风及南宋初期爱国词人的战斗传统，进一步扩大词的题材，几乎达到了无事无意不可以入词的地步。为了充分发挥词的抒情、状物、记事、议论的各种功能，他创造性地融会了诗歌、散文、辞赋等各种文艺形式的优长，丰富了词的表现手法与语言技巧，从而形成辛词独特的风格，“能于剪红刻翠之外，屹然别立一宗”(《四库提要》)。

宋词的辉煌成就，为后人提供了创作的典范，影响深远。

四、宋代话本

话本原是“说话”艺人的底本，是随着民间“说话”技艺发展起来的一种文学形式。唐代已出现话本，但到宋元时代才渐趋成熟。“小说”是说话中影响最大的一家。由于“小说”多就现实生活汲取题材，形式短小精悍，内容新鲜活泼，因此最为群众所欢迎。现存的“小说”话本以爱情、公案两类作品为最多，成就也最高。在以爱情为主题的作品中，已有较多的市井平民成为故事中的主人翁，并表现他们对封建势力的反抗，尤其突出了妇女斗争的坚决和勇敢。《碾玉观音》和《闹樊楼多情周胜仙》是这类小说中成就较高的作品。公案类的作品反映了当时复杂的阶级矛盾，有时还表现了人民对统治阶级的直接斗争。《错斩崔宁》和《宋四公大闹禁魂张》是这类小说中较有特色的作品。“说话”艺人为了吸引听众，很注意故事情节的动人，并已开始运用具有典型意义的细节来刻划人物性格，而且还出现了人物内心活动的描写。在艺术上，话本比之它以前的小说已有很多新的发展。现存宋元讲史话本有《新编五代史平话》、《大宋宣和遗事》和《全相平话五种》。宋代话本是我国古代小说的一个重要组成部分。从“说话”(讲故事)产生的白话通俗小说，艺术成就较高。讲史话本对后代长篇白话小说的创作很有影响，在中国文学发展史上具有重大意义。此外，宋杂剧、金院本和宋南戏也在体制和题材等方面为元杂剧、明传奇的产生准备了条件，使中国文学开始向小说、戏曲的繁荣阶段过渡。

渔 家 傲[1]

范仲淹

范仲淹(989年—1052年)，字希文，苏州吴县(今江苏苏州)人。卒谥文正。北宋著名的政治家、军事家、文学家。范仲淹的散文、诗、词均有名篇传世。散文《岳阳楼记》为千古名篇。其词则能突破唐末五代词的绮靡风气，意境开阔，气象雄奇，格调悲壮，以反映边塞风光和征战劳苦见长，具有一定的创新精神。现有《范文正公集》。

塞下秋来风景异[2]，
衡阳雁去无留意[3]。
四面边声连角起[4]，
千嶂里[5]，
长烟落日孤城闭[6]。

浊酒一杯家万里，
燕然未勒归无计[7]。
羌管悠悠霜满地[8]。
人不寐，
将军白发征夫泪[9]。

范仲淹像

岳阳楼

【词语注释】

[1]此词为北宋年间流行歌曲，始见于北宋晏殊，因词中有“神仙一曲渔家傲”句，便取“渔家傲”三字作词名。双调六十二字，上下片各四个七字句，一个三字句，每句用韵，声律谐婉。　[2]塞下：边地。这里指西北边疆。风景异：指景物与江南一带不同。　[3]衡阳雁去无留意：湖南衡阳县南有回雁峰，相传雁至此不再南飞。　[4]边声：马嘶风号之类的边地荒寒萧杀之声。角：军中的号角。[5]嶂：直立如屏障的山峰。　[6]长烟：荒漠上的烟。　[7]燕(yān)然：山名，即今蒙古境内的杭爱山。勒：刻石记功。东汉窦宪追击北匈奴，出塞三千余里，至燕然山刻石记功而还。燕然未勒：指功业未成。　[8]羌管：羌笛。霜满地：喻夜深寒重。　[9]征夫：戍边军士。

【作品简析】

这首词咏叹边塞将士的内心抑郁，格调悲壮苍凉，感情深沉。1040年，范仲淹自越州改任陕西经略副使兼知延州(今陕西延安)。延州为西夏出入关要冲，战后城寨焚掠殆尽，戍兵皆无壁垒，散处城中。此词可能即作于知延州时。原有数阕，皆以“塞下秋来”为首句，欧阳修称之为“穷塞主之词”。

【拓展阅读】

这首词上片写景，开首一句便包含两层意思，塞下已自荒凉，秋来更见萧瑟。雁尚无留意，人留更出于不得已，这使首句的意思更加深一层。“四面边声连角起”一句，从听觉上进一步加深悲凉的感受。读者的感情也仿佛随边声的四起而颤动起来，至“千嶂里”两句，又从视觉上把整个塞上荒僻的情景生动形象地描画出来，使读者如身临其境。下片抒情也是这样。“浊酒一杯家万里”，由写人的生活细节转入人物内心的刻画。“家万里”归去已不易，“燕然未勒”归去更无望。真是“举杯消愁愁更愁”。时间由薄暮转到深夜。词中人所见的是严霜在地，所听的是羌笛盈耳，谁还能入睡呢？再深入下去，最后终于逼出“将军白发征夫泪”这样含意深远、扣人心弦的句子。其次，词的意境有典型性又有独创性。就“千嶂里，长烟落日孤城闭”，只此两句便抵得上那首有名的《敕勒歌》，虽然彼此取材不同。伟大的诗人杜甫曾写过“孤城早闭门”的佳句，但气势的雄浑好像不及范词。如果就上片全部体会，我们一闭眼就仿佛真的看到了词中的这座孤城。那是人烟稀少的边塞，光秃的山峰重重叠叠，上空飘浮着一缕缕的青烟，悲壮的号角和着杂乱的边声在四野回荡。太阳还没有收起它金色的余晖，远远望去，山腰里一座孤零零的城池早已把城门关闭。这不像中世纪边塞景象的艺术摄影吗？下片的意境同样动人。它主要由人的活动构成。简单地说，为国为家的白发将军，面对浊酒而陷入沉思，战士们在寒夜中徘徊，面上泪痕说明他们内心的苦闷。这样的境界在反映北宋那个王朝怯懦、外族凭陵的特殊的历史阶段上，是有典型性的。(选自《唐宋词鉴赏集》人民文学出版社)

【相关链接】

郑孟彤《唐宋诗词赏析》(广东人民出版社)

山园小梅

林　逋

林逋(967 年—1028 年)，字君复，钱塘(今浙江杭州)人。幼时刻苦好学，通晓经史百家。他长期漫游于江淮一带，后半生隐居西湖孤山，赏梅养鹤，终生不仕，自称“以梅为妻，以鹤为子”，卒谥和靖先生。善绘画，工行草，书法瘦挺劲健。工诗词，风格淡远、婉丽。他的诗多反映其隐居生活及恬淡的心境。现存《林和靖诗集》4 卷，《补遗》1 卷，近三百首。

众芳摇落独暄妍[1]，占尽风情向小园。
疏影横斜水清浅，暗香浮动月黄昏。
霜禽欲下先偷眼[2]，粉蝶如知合断魂[3]。
幸有微吟可相狎[4]，不须檀板共金樽[5]。

杭州北关夜市

【词语注释】

[1]暄妍：明丽。独：指梅花乃百花魁首也。　[2]霜禽：指白鸟。　[3]粉蝶：白色蝴蝶。　[4]微吟：指诗。相狎(xiá)：相亲近。　[5]檀板：歌者的拍板。金樽：泛指酒杯。

【作品简析】

首联有提领作用；领联正面描写梅的神韵；颈联借禽蝶的情态写梅的“风情”；尾联是对梅的称颂。诗从各种不同的角度自然地塑造出山园小梅的孤傲形象，也抒发了诗人孤傲的情怀。咏梅诗如“疏影横斜水清浅，暗香浮动月黄昏”，成功地描绘出梅花清幽香逸的风姿，是千古传诵的名句。后来南宋词人姜夔创制了两首著名的咏梅词，即以《暗香》和《疏影》作为词调名，可见林逋这首咏梅诗的影响。

【拓展阅读】

1. 彭孙遹《金粟词话》：林处士妻梅子鹤可称千古高风。
2. 林逋《省心录》：律己足以服人，量宽足以得人，身先足以率人。

【相关链接】

沈幼征　校注　《林和靖诗集》（两浙作家文丛　浙江古籍出版社）

浣　溪　沙

晏　殊

晏殊(991 年—1055 年)，字同叔，抚州临川(今江西抚州)人。十四岁以神童召试，赐同进士出身。他是北宋初期的重要词人。词风和婉明丽，风流蕴藉，著有《珠玉词》。

一曲新词酒一杯[1]，去年天气旧亭台，夕阳西下几时回？
无可奈何花落去，似曾相识燕归来，小园香径独徘徊[2]。

【词语注释】

[1]“一曲”句：指去年以歌侑酒的欢乐景象。　[2]香径：落花飘香的小路。

【作品简析】

《浣溪沙》表现了作者悼惜残春，感伤时光如流水，又暗寓相思离别之情。诗人善于以工丽的词语描写景物，情文并茂，音律谐婉，创造了情致缠绵、凄婉隽丽的意境，给人以美的享受。

【拓展阅读】

1.《宋史》本传：文章赡丽，应用不穷。尤工诗，闲雅有情思。

2. 唐圭璋《唐宋词简释》：此词谐不邻俗，婉不嫌弱。明为怀人，而通体不着一怀人之语，但以景衬情。上片三句，因今思昔。现时景象，记得与昔时无殊。天气也，亭台也，夕阳也，皆依稀去年光景。但去年人在，今年人杳，故骤触此景，即引起离索之感。“无可”两句，属对工整，最为昔人所称。盖既伤花落，又喜燕归，燕归而人不归，终令人抑郁不欢。小园香径，惟有独自徘徊而已。余味殊隽永。

【相关链接】

况周颐著　王幼安校订　《蕙风词话》（人民文学出版社）

望海潮

柳　永

柳永，字耆卿，初号三变。因排行七，又称柳七。祖籍河东(今属山西)，后移居崇安(今属福建)。宋仁宗时进士，官至屯田员外郎，故世称柳屯田。作为北宋第一个专力作词的词人，开拓了词的题材内容，多作慢词，长于铺叙，在词史上产生了较大的影响。“凡有井水饮处，即能歌柳词”(《避暑录话》)。现有《乐章集》。

东南形胜[1]，三吴都会[2]，钱塘自古繁华[3]。烟柳画桥，风帘翠幕，参差十万人家[4]。云树绕堤沙[5]，怒涛卷霜雪[6]，天堑无涯[7]。市列珠玑[8]，户盈罗绮竞豪奢。

重湖叠岳清嘉[9]。有三秋桂子，十里荷花。羌管弄晴，菱歌泛夜，嬉嬉钓叟莲娃[10]。千骑拥高牙[11]，乘醉听箫鼓，吟赏烟霞。异日图将好景[12]，归去凤池夸[13]。

【词语注释】

[1]形胜：地理形势重要、交通便利之地。　[2]三吴：《水经注》以吴兴、吴郡、会稽为三吴，即长江下游地区。　[3]钱塘：即杭州。　[4]参差：大约，将近。　[5]云树：高树。　[6]霜雪：指浪花。　[7]天堑：这里指钱塘江。　[8]珠玑：珠子中圆的称“珠”，有边角的称“玑”。　[9]重湖：白堤把西湖分为里西湖、外西湖，故称重湖。叠岳：重叠的山峰。　[10]莲娃：采莲女。　[11]高牙：主将的旗帜。　[12]异日：他日。图将：画成。　[13]凤池：魏晋时称中书省为凤凰池，这里指朝廷。

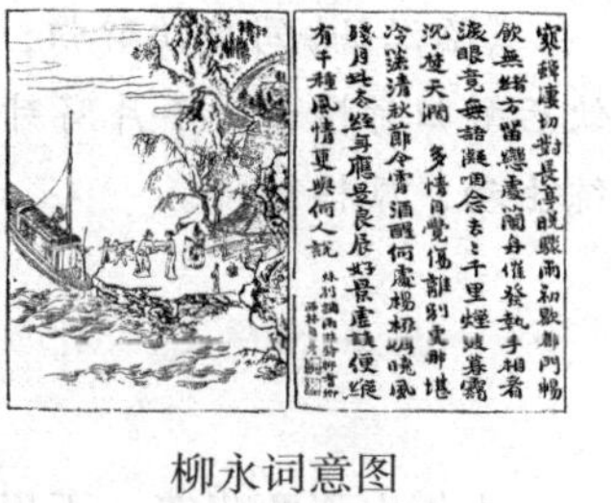

柳永词意图

【作品简析】

《望海潮》是柳永呈献给旧友孙何的作品，也是柳永词中广泛传诵的名篇。作者抓住事物的特征，用饱含激情而又带有夸张的笔调，尽情抒写钱塘胜景与西湖风光。上片写形胜之地和钱江潮的壮观。下片侧重于描绘西湖的美景。词的语言、音律、词调，与词的内容结合得恰到好处。这首词，慢声长调和所抒之情起伏相应，音律协调，情致婉转，是柳永的一首传世佳作。

【拓展阅读】

1. 陈振孙《直斋书录解题》：承平气象，形容曲尽。

2. 吴自牧《梦梁录卷十九》：柳永咏钱塘词曰“参差十万人家”，此元丰前语也。自高庙车驾自建康幸杭驻跸，几近二百余年，户口蕃息，近百万余家。杭城之外城，南西东北，各数十里，人烟生聚，民物阜蕃，市井坊陌，铺席骈盛，数日经行不尽，各可比外路一州郡，足见杭城繁盛耳。

【相关链接】

1.《柳永词详注及集评》（河南中州古籍出版社）

2.《柳永词赏析集》（四川巴蜀书社）

3.（日）宇野直人《柳永论稿:词的源流与创新》（上海古籍出版社）

临江仙·夜归临皋[1]

苏 轼

苏轼(1037年—1101年)，字子瞻，号东坡居士，眉州眉山(今属四川)人。仁宗嘉祐二年中进士，曾任翰林学士等官职。他是北宋杰出的词人、诗人、散文家。苏轼文纵横恣肆，其诗题材广阔，清新豪健，独具风格。词以豪放著称。他扩大了词的题材，冲破了声律的束缚，对词的发展产生了广泛而深远的影响。有《东坡全集》、《东坡乐府》传世。

夜饮东坡醒复醉[2]，归来仿佛三更。家童鼻息已雷鸣。敲门都不应，倚杖听江声。

长恨此身非我有，何时忘却营营[3]？夜阑风静縠纹平[4]。小舟从此逝，江海寄余生。

【词语注释】

[1]宋神宗元丰五年(1082年)九月作于黄州。临皋，即临皋亭。作者的寓所在此。 [2]东坡：地名，在黄州。作者仰慕白居易在四川忠州东坡躬耕之事，遂名此地为“东坡”，并自号“东坡居士”，又建雪堂居住。 [3]恨：感到缺憾。营营：周旋、忙碌，形容为名利所纷扰。 [4]夜阑：夜深。縠(hú)：有皱纹的纱。縠纹，喻指水面上细小的波纹。

【作品简析】

《临江仙》写夜饮醉归，即兴抒怀，展现了作者谪居黄州时期旷达而又伤感的心境。上片写饮后醉归时情景，下片写对人生的思索和感叹。全词融叙事、议论、写景、抒情于一体，语言简练生动，风格独特。

江城子(乙卯正月二十日夜记梦)

苏 轼

十年生死两茫茫，不思量[1]，自难忘。千里孤坟，无处话凄凉[2]。纵使相逢应不识，尘满面，鬓如霜。

夜来幽梦忽还乡[3]。小轩窗[4]，正梳妆。相顾无言[5]，惟有泪千行。料得年年肠断处[6]，明月夜，短松冈[7]。

【词语注释】

[1]茫茫：形容全无所知。思量(liáng)：想念。 [2]“千里”句：作者此时在密州，其妻葬于眉州，两地相距很远。 [3]幽梦：梦境隐约，故云“幽梦”。 [4]小轩窗：意指小房的窗下。 [5]顾：看。 [6]肠断：又作“断肠”。 [7]短松冈：栽有矮松树的小山冈，指作者妻子的葬地。

【作品简析】

《江城子》是苏轼为悼念妻子而写的一首词，表现了绵绵不尽的哀伤和思念。上片写实，写诗人对亡妻深沉的思念。下片记述梦境，抒写了诗人对亡妻执著不舍的深情。词中采用白描手法，语言朴素自然，情调凄凉哀婉，于平淡中寄寓真情。

【拓展阅读】

1. 唐圭璋《唐宋词简释》：此首为公悼亡之作。真情郁勃，句句沉痛，而音响凄厉，诚后山所谓“有声当彻天，有泪当彻泉”也。

2. 王方俊《唐宋词赏析》：本词通篇采用白描手法，娓娓诉说自己的心情和梦境，抒发自己对亡妻的深情。情真意切，全不见雕琢痕迹；语言朴素，寓意却十分深刻。

3. 苏轼《自评文》：吾文如万斛泉源，不择地皆可出，在平地滔滔汩汩，虽一日千里无难。及其与山石曲折，随物赋形，而不可知也。所可知者，常行于所当行，常止于不可不止，如是而已矣。其他虽吾亦不能知也。

4. 李庆甲辑《瀛奎律髓汇评》卷二引许印芳语：东坡天才豪放，学殖富有，发为文章，非大篇长句不足供其挥洒。故其诗七言最为擅长，七古较七律尤出色，七律虽不及七古，而气格超胜。全集佳篇甚夥，在宋人七律中尽可独树一帜。

【相关链接】

1. 陶文鹏 《苏轼诗词艺术论》 （上海古籍出版社）

2.《苏轼研究资料汇编》 （中华书局）

诉衷情

陆　游

陆游(1125年—1210年)，南宋诗人，字务观，号放翁，越州山阴(今浙江绍兴)人。陆游是宋代留存作品最多的一位诗人，他的诗以更为广泛的题材、更为多样化的风格和更为老练的技巧，取得了更为显著的成就。陆游的许多诗充满爱国激情，风格悲壮、奔放。现有诗集《剑南诗稿》和文集《渭南文集》。

当年万里觅封侯[1]，匹马戍梁州。关河梦断何处[2]？尘暗旧貂裘[3]。胡未灭，鬓先秋，泪空流。此生谁料，心在天山[4]，身老沧洲[5]！

绍兴八字桥

【词语注释】

[1]万里觅封侯：这里借指立功报国的愿望。[2]关河：指边地险要的战守之处。[3]貂裘：貂鼠皮做的皮袄。这里指功名未成而归。[4]天山：在新疆，汉唐时为西北边陲。心在天山，即犹有万里从军之志。[5]沧洲：水边。陆游晚年退居镜湖边的三山村。

【作品简析】

《诉衷情》写于作者晚年退居山阴以后。词中回顾当年慷慨从戎的气概，又为现实的壮志难酬而痛心。

临安春雨初霁

陆　游

世味年来薄似纱[1]，谁令骑马客京华[2]。

小楼一夜听春雨，深巷明朝卖杏花。

矮纸斜行闲作草[3]，晴窗细乳戏分茶[4]。

素衣莫起风尘叹[5]，犹及清明可到家。

【词语注释】

[1]世味：世态人情。[2]谁令骑马客京华：谁让我骑着马到京城来作客呢？意思是没想到会奉召至京。[3]矮纸：古代书法家常在手卷上写字，这里指卷面不高的纸。作草：写草书。[4]细乳：茶中精品。分茶：宋元时一种煎茶方法。[5]素衣莫起风尘叹：陆游借用陆机诗“京洛多风尘，素衣化为缁”的诗意，说自己快回家了不必顾虑会受京城的风尘所污。

【作品简析】

《临安春雨初霁》是陆游为严州知府，任前到临安觐见皇帝，在西湖边客栈候见时写作。首联透出政坛上的倾轧变幻，颔联将时令写得形象而有致，同时传达出诗人一夜未眠的郁闷与惆怅。颈联于消遣中透出无聊。尾联不仅有羁旅风尘之苦，还隐含无奈和悲愤之情，诗中流露出作者对官场生活的淡漠心情。

【相关链接】

1. 王双启 《陆游词新释辑评》（中国书店）
2. 齐治平 《陆游传论》（岳麓书社）

清平乐·村居

辛弃疾

辛弃疾(1140年—1207年)，南宋词人，字幼安，号稼轩。历城(今山东济南)人。二十一岁参加抗金义军，不久归南宋，历任湖北、江西、湖南、福建、浙东安抚使等职。他一生坚决主张抗金。辛弃疾的词抒发了强烈的爱国热情，倾诉壮志难酬的悲愤，抒发对祖国山河的热爱。其艺术风格多样，以豪放为主，热情洋溢，慷慨悲壮，笔力雄厚，与苏轼并称为“苏辛”。现有《稼轩长短句》。

茅檐低小，溪上青青草。醉里吴音相媚好[1]，白发谁家翁媪[2]？
大儿锄豆溪东，中儿正织鸡笼。最喜小儿无赖[3]，溪头卧剥莲蓬。

【词语注释】

[1]醉里吴音相媚好：在醉中听到有人用吴地的土语对话，语调亲昵，听起来柔和悦耳。[2]媪(ǎo)：老妇人。[3]最喜：最有趣，最可爱。无赖：这里是调皮偷懒的意思。

南宋刘松年“傀儡婴戏图”

【作品简析】

这首诗描写的是一幅有声有色的农村风俗画。上片勾勒环境用以烘托气氛。开篇用素描手法，只淡淡几笔便形象地描画出江南农村的特色。下片分别描写三个儿子，尤其是“小儿”无忧无虑、天真活泼的神态最为传神。全词具有浓厚的农村生活气息，洋溢着作者对农村生活的喜悦之情。

破阵子·为陈同甫赋壮语以寄之[1]

辛弃疾

醉里挑灯看剑，梦回吹角连营[2]。八百里分麾下炙[3]，五十弦翻塞外声[4]。沙场秋点兵[5]。马作的卢飞快[6]，弓如霹雳弦惊[7]。了却君王天下事[8]，赢得生前身后名[9]。可怜白发生！

【词语注释】

[1]陈同甫：陈亮(1143年—1194年)，字同甫，辛弃疾的好友。他富有才华，坚持抗金，终生未仕，为南宋豪放词派的重要词人。这首词为激励陈亮实现其平生恢复中原的抱负而作。[2]吹角连营：各个兵营都吹响了号角。[3]“八百里”句：“八百里”谓牛，晋王恺有一条良牛名“八百里”，事见《世说新语·汰侈篇》。麾下：部下。炙：烤熟的肉。[4]“五十弦”句：各种乐器齐奏军歌。翻：演奏。塞外声：雄壮悲凉的军歌。[5]“沙场”句：秋天在战地检阅军队。[6]“马作”句：战马像“的卢”那样跑得飞快。的卢：刘备的战马，曾“一越三丈”使刘备脱险。[7]“弓如”句：弓弦像惊雷那样响。[8]“了却”句：完成了皇帝托付的天下大事(指收复中原)。[9]“赢得”句：获得了不朽的荣誉。

【作品简析】

《破阵子》上片描写在一个秋天的早晨沙场上点兵时的壮盛场面。下片写投入战斗的惊险场面。最后一句写出了现实与理想的大矛盾，理想在现实生活中的幻灭。全词节奏紧凑，写声绘色，形象鲜丽、生动。

【拓展阅读】

1. 夏承焘：辛弃疾被称为宋词豪放派的宗师。在《破阵子》这首词中表现的艺术风格有两方面：一是内容感情的雄壮，它的声调、色彩与婉约派的作品完全不同。二是他这首词结构布局的奇变。一般词分片的作法，大抵是上下片分别写景和抒情，这个词调依谱式应在“沙场秋点兵”句分片。而这首词却把两片内容紧密连在一起，过变不变(过变是第二片的开头)。依它的文义看，这首词的前九句为一意，末了“可怜白发生”一句另为一意。全首词到末了才来一个大转折，并且一转折即结束，文笔很是矫健有力。前九句写军容、写雄心都是想象之辞。末句却是现实情况，以末了一句否定了前面的九句，以末了五字否定前面的几十个字。前九句写的酣恣淋漓，正为加重末五字失望之情。这样的结构不但宋词中少有，在古代诗文中也很少见。这种艺术手法也正表现了辛词的豪放风格和他的独创精神。但是辛弃疾运用这样的艺术手法，不是故意卖弄技巧、追求新奇，这种表达手法正密切结合他的生活感情、政治遭遇。由于他的恢复大志难以实现，心头百感喷薄而出，便自然打破了形式上的常规，这决不是一般只讲究文学形式的作家所能做到的。

2. 彭孙遹《金粟词话》：稼轩之词，胸有万卷，笔无点尘，激昂排宕，不可一世。

【相关链接】

1.《辛弃疾词鉴赏》（齐鲁书社）

2. 孙崇恩、刘德仕、李福仁主编《辛弃疾研究论文集》（中国文联出版公司）

如梦令

李清照

李清照(1084年—1155年)，号易安居士，山东历城(济南)人。自幼受文学艺术熏陶。南渡前，家庭生活平静美满。靖康之难后，流落异地，在孤寂凄苦中度过了晚年。李清照是诗、词、散文都有成就的作家，而以词的成就最高。她的词在艺术上具有独创性，善于以新颖的形象抒发情感，语言清新明快。现有《李清照集》、《漱玉词》。

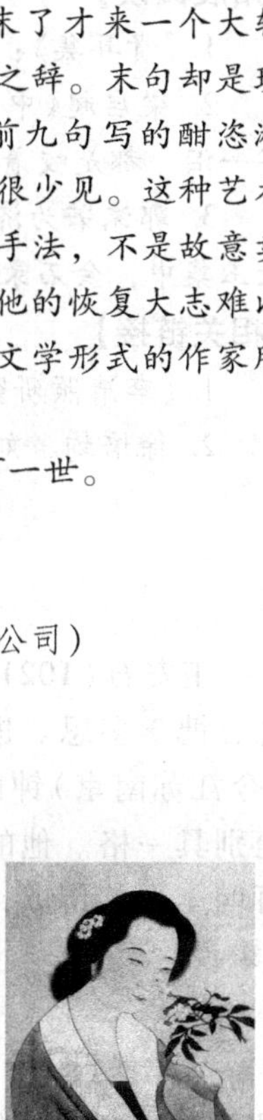

李清照

常记溪亭日暮[1]，沉醉不知归路。兴尽晚回舟，误入藕花深处[2]。争渡，争渡[3]，惊起一滩鸥鹭[4]。

【词语注释】

[1]常记：经常回忆。溪亭：溪边的亭阁。日暮：黄昏时候。 [2]藕花：即荷花。 [3]争渡：指奋力划船，寻找归路。 [4]鸥鹭：两种水鸟。水鸥和白鹭。

【作品简析】

《如梦令》以特有的方式表达了作者早期生活的情趣和心境。篇幅虽小，但写得清新别致，境界优美，给人以美的享受。

点绛唇

李清照

蹴罢秋千[1]，起来慵整纤纤手。露浓花瘦，薄汗轻衣透。见有人来，袜刬金钗溜[2]，和羞走[3]。倚门回首，却把青梅嗅。

【词语注释】

[1]蹴：原义为踩、踏，这里指荡。 [2]袜刬：光着袜子。是说来不及穿鞋子，仅仅穿着袜子走路。 [3]和羞：含羞。

【作品简析】

《点绛唇》为李清照早年作品，描绘少女纯情娇美的神态。上片写荡秋千后的状态，下片写乍见客人的羞涩情态，天真活泼的少女形象跃然纸上。

【拓展阅读】

1.《贵耳集》：易安"皆以寻常语言度入音律，炼句精巧者易，平淡入妙者难"。

2. 梁启超《中国韵文里头所表现的情感》：那种茕独恓惶的景况，非本人不能领略；所以一字一泪，都是咬着牙根咽下。

3. 郭沫若为济南"李清照纪念堂"题写的楹联："大明湖畔，趵突泉边，故居在垂杨深处；漱玉集中，金石录里，文采有后主遗风。"

【相关链接】

1.《李清照研究论文集》（中华书局）

2. 徐培均　刘忆萱　《李清照及其作品选》（上海古籍出版社）

桂枝香·金陵怀古

王安石

王安石（1021 年—1086 年），字介甫，自号半山老人，临川（今江西抚州）人。少怀大志，博学多思。进士出身，宋神宗时入相，封荆国公，是北宋的政治改革家。病死于江宁（今江苏南京）钟山，谥文。在文学方面，王安石不仅在理论上独树一帜，而且在创作实践上别具一格。他的诗词瘦硬雄直，散文说理逻辑严密，行文峭拔凌厉，给后人留下一千五百四十多首诗歌，八百多篇散文。现存著作有《临川集》、《临川集拾遗》、《周官新义》、《宋说》等。

登临送目[1]，正故国晚秋[2]，天气初肃[3]。千里澄江似练[4]，翠峰如簇[5]。归帆去棹残阳里，背西风酒旗斜矗[6]。彩舟云淡[7]，星河鹭起[8]，画图难足。

念往昔繁华竞逐，叹门外楼头，悲恨相续[9]。千古凭高对此，漫嗟荣辱[10]。六朝旧事随流水，但寒烟芳草凝绿。至今商女，时时犹唱，后庭遗曲[11]。

【词语注释】

[1]送目：放眼眺望。　[2]故国：旧都，指金陵。　[3]肃：萧索。　[4]练：白色绸带。[5]簇：指山高而尖。[6]矗：高高地立着。[7]彩舟云淡：彩色的舟船如在云端。[8]星河鹭起：水洲上的白鹭纷纷飞起。星河，即天河。　[9]竞逐：竞争，追逐。门外，指陈灭亡时，隋大将韩擒虎从朱雀门外入宫擒陈后及宠妃张丽华的故事。楼头，指张丽华住的"结绮楼"。悲恨相续，是说六朝亡国的悲恨相续不断。　[10]漫嗟：空空地悲叹。　[11]"商女"句，用杜牧诗"商女不知亡国恨，隔江犹唱《后庭花》"句原意。商女，即歌女。

【作品简析】

刘熙载《艺概·词曲概》：《桂枝香》为写景言志的名篇，内容是金陵怀古。上片写景，"澄江"、"翠峰"、"归帆"、"酒旗"、"彩舟"、"鹭起"，构成一幅雄伟壮丽的金陵晚秋图。下片通过怀古，揭露了六朝统治阶级"繁华竞逐"的奢侈生活。这首词语言苍劲，意境开阔，摆脱了当时绮靡词风的影响。"作品瘦削雅素，一洗五代旧习。"

【拓展阅读】

1. 张炎《词源卷下》：词以意为主，不要蹈袭前人语意。如东坡中秋水调歌、夏夜洞仙歌，王荆公金陵桂枝香，姜白石暗香赋梅，此数词，皆清空中有意境，无笔力者未易到。

2. 抚州临川人。少好读书，一过目，终身不忘。其属文动笔如飞，初若不经意，既成，见者皆服其妙。友生曾巩携以示欧阳修，修为之延誉，擢进士上第。安石议论高奇，能以辨博济其说，果于自用，慨然有矫世变俗之志，于是上万言书。俄直集贤院，知制诰。神宗立，命知江宁府。数月，召为翰林学士。兼侍讲。熙宁二年(1069年)拜参知政事，始行新法。三年，拜同中书门下平章事。七年，罢。八年，复相，屡谢病，出判江宁府。元丰二年(1079年)，复拜左仆射，封舒国公，改封荆。哲宗立，加司空。元佑元年(1086年)，卒，年六十八，谥曰文。(参考《宋史卷三百二十七王安石传》)

【相关链接】

李之亮　笺注　《王荆公文集笺注》　(巴蜀书社)

踏莎行

秦　观

秦观(1049年—1100年)，字少游、又字太虚，号淮海居士，扬州高邮(今江苏)人。宋神宗元丰八年进士。文才为苏轼赏识，是"苏门四学士"之一。秦观诗、文皆工，以词著称，在婉约词中成就最高。他善于以长调抒写柔情，语言淡雅，委婉含蓄。现有《淮海词》。

雾失楼台，月迷津渡[1]。桃源望断无寻处。可堪孤馆闭春寒[2]，杜鹃声里斜阳暮。驿寄梅花[3]，鱼传尺素。砌成此恨无重数。郴江幸自绕郴山[4]，为谁流下潇湘去？

【词语注释】

[1]津渡：渡口。　[2]可堪：那堪。　[3]驿寄梅花：引用陆凯寄赠范晔的诗："折梅逢驿使，寄与陇头人。江南无所有，聊赠一枝春。"作者以远离故乡的范晔自比。　[4]郴(chēn)：郴州，今湖南郴县。幸自：本身。

【作品简析】

这首词是作者因坐党籍连遭贬谪时所写，表达了失意人的凄苦和哀怨的心情，流露出对现实政治的不满。上片写旅途中所见景色，景中见情。下片抒发诗人内心的苦闷和愁恨心情。词意委婉含蓄，寓有作者身世之感。写实和象征手法的综合运用，开拓了词的意境，从而构成此词凄迷幽怨、含蓄深厚的艺术特色。

【拓展阅读】

1. 唐圭璋《唐宋词简释》：此首写羁旅，哀怨欲绝。起写旅途景色，已有归路茫茫之感。末引“郴江”、“郴山”，以喻人之分别，无理已极，沉痛已极，宜东坡爱之不忍释也。

2. 王方俊《唐宋词赏析》：这首词层次极为分明。开头两句都以对句起，都是平叙；中间第三句一顿；末两句是中心所在。虽是小词，用的是慢词作法。

3. 夏敬观《吷庵手校淮海词跋》：少游词清丽婉约，辞情相称，诵之回肠荡气，自是词中上品。

4. 叶梦得《避暑录话》：善为乐府，语工而入律，知乐者谓之作家歌，元丰间盛行于淮楚。

【相关链接】

陈祖美选注 《淮海词》（浙江古籍出版社）

登快阁

黄庭坚

黄庭坚(1045年—1105年)，字鲁直，自号山谷道人，晚号涪翁，江西修水人。北宋诗人、书法家。进士出身，神宗时为国子监教授。词风疏宕，深于感慨，豪放秀逸，时有高妙。其诗为苏轼所称赏，和秦观、张耒、晁补之齐名，后人并称为“苏门四学士”。他是江西诗派的开创者。南宋绍兴初年，宋高宗仰慕黄庭坚为人学识，特赠其直龙图阁学士加太师封谥号“文节”，后人因称其“文节公”。现有《山谷内外集》。

痴儿了却公家事[1]，快阁东西倚晚晴。
落木千山天远大，澄江一道月分明。
朱弦已为佳人绝[2]，青眼聊因美酒横[3]。
万里归船弄长笛，此心吾与白鸥盟。

【词语注释】

[1]痴儿：指作者自己。 [2]朱弦已为佳人绝：引伯牙摔琴之典。 [3]青眼聊因美酒横：引阮籍青眼之典。

【作品简析】

元丰三年(1080年)黄庭坚入京，授吉州太和(今江西泰和)县令。他在吉州太和期间的诗作多表现他的失意和苦闷，同时也表现了他对自然山川的喜爱之情。《登快阁》即是其中的一首。快阁在太和县治东澄江之上，以江山广远、景物清华而得名。此诗叙写作者公余之暇，至快阁放目远眺的愉快心情，展现了澄江沿岸的山光水色。他不仅写出了大江的磅礴气势，而且还不露痕迹地表现了时光的转换，并透露出诗人厌倦入仕生涯，渴望驾着小舟，徜徉山清水媚之中，与白鸥作伴。诗情酣畅，用典贴切。

【拓展阅读】

1. 黄庭坚《再次韵杨明叔序》：试举一纲而张万目，盖以俗为雅，以故为新。

2. 黄庭坚《次韵伯氏寄赠益郎中喜学老杜诗》：老杜文章擅一家，国风纯正不欹斜……千古是非存史笔，百年忠义寄江花。

3. 黄庭坚书法精妙，与苏、米、蔡并称“宋四家”。他的主要墨迹有《松风阁诗》、《华严疏》、《经伏波神祠》、《诸上座》、《李白忆旧游诗》、《苦笋赋》等。书论有《论近进书》、《论书》。

【相关链接】

1. 黄宝华 《黄庭坚诗词文选评》 (上海古籍出版社)

2. 郑永晓 《黄庭坚年谱新编》 (社会科学文献出版社)

苏幕遮

周邦彦

周邦彦(1056年—1121年),字美成,号清真居士,钱塘(今浙江杭州)人。北宋末年一大词家。他精通音律,宋徽宗召其为大晟府提举(国家音乐机关主管官),诗词文赋,无所不擅。其词善于铺叙,写景咏物,精工词语,讲究形式格律,对词的发展颇有影响。现有《片玉集》。

燎沉香[1],消溽暑[2]。
鸟雀呼晴,侵晓窥檐语[3]。
叶上初阳干宿雨,
水面清圆,一一风荷举。

故乡遥,何日去?
家住吴门[4],久作长安旅[5]。
五月渔郎相忆否?
小楫轻舟,梦入芙蓉浦[6]。

【词语注释】

[1]燎:燃。沉香:水沉木制成的薰香。 [2]溽暑:盛夏湿热天气。 [3]侵晓:破晓,天刚亮。 [4]吴门:本为苏州别名,此指古属三吴之地的钱境(杭州)。 [5]长安:借指北宋汴京。 [6]芙蓉浦:长着荷花的水边。

西湖风光

【作品简析】

此词写异地乡思。上片为眼前所见之景,夏雨初晴,风荷飘举,清新宜人。下片由景及情,遥想故乡五月,风光迷人,小楫轻舟,消失于芙蓉浦中。末句"芙蓉",与上片"风荷"呼应,点明由此及彼、神思奔驰由来,具见经营之妙。王国维《人间词话》赞扬此词为"真能得荷之神理者"。

【拓展阅读】

1. 俞陛云《唐五代两宋词选释》:"叶上"三句,笔力清挺,极体物浏亮之致。

2. 胡云翼《宋词选》:周邦彦的词向以"富艳精工"著称;这首词前段描绘雨后风荷的神态,后段写小楫舟的归梦,清新淡雅,别具一格。

【相关链接】

《周邦彦词选》 (中华书局)

扬州慢

姜夔

姜夔(约1155年—1221年)字尧章,号白石道人,饶州鄱阳(今江西波阳)人。能自度曲,成为南宋唯一词调曲谱传世的杰出音乐家。为诗初学黄庭坚,以词著称。他的词属婉约派,风格清峻,音调谐婉,多写爱情,或自伤身世,对南宋风雅词派影响很大。现有《白石词》、《白石道人诗》传世。

淳熙丙申至日[1],予过维扬[2]。夜雪初霁,荠麦弥望[3]。入其城则四壁萧条,寒水自碧,暮色渐起，戍角悲吟。予怀怆然，感慨今昔，因自度此曲。千岩老人以为有《黍离》之悲也[4]。

淮左名都，
竹西佳处，
解鞍少驻初程[5]。
过春风十里[6]，
尽荠麦青青。
自胡马窥江去后，
废池乔木，
犹厌言兵[7]。
渐黄昏，
清角吹寒，
都在空城。

杜郎俊赏[8]，
算而今，重到须惊。
纵豆蔻词工，
青楼梦好[9]，
难赋深情。
二十四桥仍在[10]，
波心荡，冷月无声。
念桥边红药[11]，
年年知为谁生。

【词语注释】

[1]淳熙丙申至日：宋孝宗三年(1176年,岁次丙申)的冬至日。 [2]维扬：即扬州。 [3]荠麦弥望：满眼是荠菜和麦子。 [4]千岩老人：指萧德藻，姜夔曾跟他学诗。《黍离》参见《诗经·王风》。 [5]淮左：宋在苏北和江淮设淮南东路和淮南西路，淮南东路又称淮左。竹西：扬州城东一亭名，景色清幽。杜牧《题扬州禅智寺》："谁知竹西路，歌吹是扬州"。初程：初次至扬州。程：旅程。 [6]春风十里：借指昔日扬州的最繁华处。杜牧《赠别》："娉娉袅袅十三馀，豆蔻梢头二月初。春风十里扬州路，卷上珠帘总不如。"这首诗也就是下阙的"豆蔻词"。 [7]胡马窥江：1129年和1161年，金兵两次南下，扬州都遭惨重破坏。厌：厌恶。清人陈廷焯特别欣赏这段描写："写兵燹后情景逼真。'犹厌言兵'四字，包括无限伤乱语，他人累千百言，亦无此韵味。"(《白雨斋词话》卷二) [8]杜郎：唐朝诗人杜牧，他以在扬州诗酒清狂著称。 [9]青楼梦：杜牧《遣怀》："十年一觉扬州梦，赢得青楼薄幸名。" [10]二十四桥：在扬州西郊，传说有二十四美人吹箫于此。杜牧《寄扬州韩绰判官》云："二十四桥明月夜，玉人何处教吹箫。" [11]桥边红药：二十四桥又名红药桥，桥边生红芍药。

【作品简析】

这首词写于宋孝宗淳熙三年(1176年)冬至日，词前的小序交待了写作时间、地点及写作原因。姜夔因路过扬州，目睹遭战争洗劫后扬州的萧条景象，抚今追昔，悲叹今日的荒凉，追忆昔日的繁华，以寄托作者的怀念和哀思。上片由"名都"、"佳处"起笔，以"空城"作结，抒发今昔盛衰之感。词的下片，作者从怀古中展开联想。《扬州慢》大量化用杜牧的诗句与诗境，又点出杜郎的风流俊赏，把杜牧的诗境融入自己的词境。"句中有余味，篇中有余意"(《白石道人诗说》)。

【拓展阅读】

1. 张炎《词源》推尊姜夔词"如野云孤飞，去留无迹"，"不惟清空，又且骚雅，读之使人神观飞越"。

2. 白石论诗有四素：气象、体面、血脉、韵度。对四者的要求且是"气象欲其浑厚"、"体面欲其宏大"、"血脉欲其贯通"、"韵度欲其飘逸"。

3. 黄升《中兴以来绝妙词选》卷六：白石道人，中兴诗家名流，词极精妙，不减清真乐府，其间高处，有美成所不能及。

【相关链接】

《姜夔词选》（人民文学出版社）

秋声赋

欧阳修

欧阳修(1007年—1072年)，字永叔，号醉翁，晚号六一居士，吉州永丰(今属江西)人。北宋政治家、文学家，卒谥文忠。欧阳修是唐宋八大家之一，他继承唐代韩愈“文以载道”的精神，发扬唐代古文运动传统，被公认为北宋中期的文坛领袖，在散文、诗词、史传等方面都有较高成就。曾与宋祁合修《新唐书》并独撰《新五代史》，尤以散文对后世影响最大。

秋声赋

欧阳子[1]方夜读书，闻有声自西南来者，悚然而听之[2]，曰：“异哉！”初淅沥[3]以萧飒[4]，忽奔腾而砰湃，如波涛夜惊，风雨骤至。其触于物也，𫓩𫓩铮铮[5]，金铁皆鸣；又如赴敌之兵，衔枚疾走[6]，不闻号令，但闻人马之行声。

予谓童子：“此何声也？汝出视之！”童子曰：“星月皎洁，明河在天[7]，四无人声，声在树间。”予曰：“噫嘻，悲哉！此秋声也，胡为乎来哉？盖夫秋之为状也：其色惨淡，烟霏云敛[8]；其容清明，天高日晶[9]；其气栗冽[10]，砭人肌骨[11]；其意萧条[12]，山川寂寥[13]。故其为声也，凄凄切切，呼号奋发。丰草绿缛而争茂[14]，佳木葱茏而可悦[15]；草拂之而色变，木遭之而叶脱；其所以摧败零落者[16]，乃一气[17]之余烈[18]。夫秋，刑官也[19]，于时为阴[20]；又兵象也，于行为金[21]；是谓天地之义气[22]，常以萧杀而为心。天之于物，春生秋实；故其在乐也，商声主西方之音[23]，夷则为七月之律[24]。商，伤也，物既老而悲伤；夷，戮也，物过盛而当杀。

“嗟乎！草木无情，有时飘零。人为动物，惟物之灵。百忧感其心，万事劳其形，有动于中，必摇其精[25]；而况思其力之所不及，忧其智之所不能，宜其渥然丹者为槁木[26]，黟然[27]黑者为星星[28]。奈何以非金石之质[29]，欲与草木而争荣？念谁为之戕贼[30]，亦何恨乎秋声！”

童子莫对，垂头而睡。但闻四壁虫声唧唧，如助余之叹息。

【词语注释】

[1]欧阳子：作者自称。 [2]悚然：恐惧的样子。 [3]淅沥：形容轻微的声音，如风声、雨声、落叶声等。 [4]萧飒：形容风吹树木的声音。 [5]𫓩𫓩铮铮：形容金属撞击的声音。[6]衔枚：古代军队秘密行动时，让兵士口中衔着枚(像筷子的东西)，防止喧嚣。 [7]明河：天河，银河。 [8]霏：弥漫。 [9]晶：明亮。 [10]栗冽：寒冷。 [11]砭：古代用石针刺皮肉治病叫砭。这里是刺的意思。 [12]萧条：寂寞冷落，没有生气。 [13]寂廖：寂静，空旷。[14]绿缛：绿色浓密。缛，繁密。 [15]葱茏：青翠茂盛的样子。 [16]摧败：折断，凋落。[17]一气：指构成天地万物的浑然之气。天地万物的变化，都是“一气”运行的结果。 [18]烈：威力。 [19]刑官：管刑法、狱讼的官职。《周礼》把官职按天、地、春、夏、秋、冬分为六类。因为秋有肃杀之气，所以把职掌刑法、狱讼的刑官分属于秋。 [20]于时为阴：在季节上说属于阴。古以春夏温暖为阳，秋冬寒凉为阴。 [21]又兵象也，于行为金：秋又是兵器和用兵的象征，在五行上属于金。古代把秋季和五行的金相配，金是制造兵器的原料，所以秋又是兵象。 [22]义气：天地严凝之气。义，在这里有刑杀得当的意思。 [23]商声主西方之音：古代称音乐上的五个音阶为宫、商、角、徵、羽，并与五行相配，商声属西方。 [24]夷则为七月之律：古代把十二个高度

不同的标准音叫十二律，并与十二个月相配。夷是十二律之一，与七月相配。 [25]必摇其精：一定要动摇他的精神。 [26]渥然丹者：指红润的面色。渥丹，润泽的丹砂。 [27]黟然：形容乌黑的样子。 [28]星星：鬓发花白的样子。 [29]金石之质：金石的质地。古诗十九首中有“人生非金石，岂能长寿考”的诗句。 [30]戕贼：残害。

【作品简析】

《秋声赋》作于1059年秋，描绘了山川寂寥、草木零落的萧条景象，抒发了作者对人生的感慨。此赋运用各种比喻，把无形的秋声描摹得非常生动形象，使人仿佛可闻。全赋语言流畅、声情并茂。这篇赋变唐代以来的“律体”为“散体”，对于赋的发展具有开拓意义。

【拓展阅读】

1. 苏轼：“论大道似韩愈，论事似陆贽，记事似司马迁，诗赋似李白。”

2.《六一居士传》中记载，客有问(欧阳修)曰：“六一，何谓也?”居士曰：“吾家藏书一万卷，集录三代以来金石遗文一千卷，有琴一张，有棋一局，而常置酒一壶。”客曰：“是为五一尔，奈何?”居士曰：“以吾一翁，老于此五物之间，是岂不为六一乎?”

【相关链接】

1.《欧阳修资料汇编》（中华书局）

2. 黄一权 《欧阳修散文研究》（华东师范大学出版社）

观潮

周密

周密(1232年—约1298年)，字公瑾，号草窗，四水潜夫等。他的一生历经南宋、金以及元代的前半期。宋灭亡后，周密弃政从文，迁居杭州，悉心著述。他工诗能文，亦善书画。其词讲究音律，文词精美，著有《齐东野语》、《武林旧事》等。

浙江之潮，天下之伟观也[1]。自既望以至十八日为最盛[2]。方其远出海门[3]，仅如银线[4]；既而渐近，则玉城雪岭际天而来[5]，大声如雷霆，震撼激射，吞天沃日[6]，势极雄豪。杨诚斋诗云“海涌银为郭，江横玉系腰”者是也[7]。

每岁京尹出浙江亭教阅水军[8]，艨艟数百[9]，分列两岸；既而尽奔腾分合五阵之势[10]，并有乘骑弄旗标枪舞刀于水面者[11]，如履平地。倏尔黄烟四起，人物略不相睹[12]，水爆轰震[13]，声如崩山。烟消波静，则一舸无迹[14]，仅有“敌船”为火所焚，随波而逝。

钱江潮

吴儿善泅者数百，皆披发文身[15]，手持十幅大彩旗，争先鼓勇，溯迎而上[16]，出没于鲸波万仞中[17]，腾身百变[18]，而旗尾略不沾湿，以此夸能。

而豪民贵宦，争赏银彩。江干上下十余里间[19]，珠翠罗绮溢目[20]，车马塞途，饮食百物皆倍穹常时[21]，而僦赁看幕，虽席地不容闲也[22]。禁中例，观潮于“天开图画。”[23]高台下瞰，如在指掌。都民遥瞻黄缴雉扇于九霄之上[24]，真若箫台蓬岛也[25]。

【词语注释】

[1]伟观：壮观的景象。 [2]既望：农历十六。 [3]方：当……时。 [4]仅：几乎，将近。 [5]际天：连接着天。 [6]沃日：冲荡太阳。形容波浪大。 [7]杨诚斋：南宋诗人杨万里自号诚斋。 [8]京尹(yǐn)：京都临安府(现在浙江杭州)的长官。浙江亭：馆驿名，在城南

钱塘江岸。[9]艨艟（méng hōng）：古代战船。[10]尽：穷尽。五阵：指两、伍、专、参、偏五种阵法。[11]乘骑（jì）弄旗标枪舞刀：乘马、舞旗、举枪、挥刀。骑：马。弄：舞动。标：树立、举。[12]略不相睹：彼此一点儿也看不见。[13]水爆：水军用的一种爆炸武器。[14]一舸（gě）无迹：一条船的踪影都没有。舸：船。[15]披发文身：披散着头发，身上画着文彩。文：动词。[16]溯迎而上：逆流迎着潮水而上。[17]鲸波万仞：万仞高的巨浪。鲸波：巨浪。万仞：形容浪头极高。[18]腾身百变：翻腾着身子变换着各种姿态。[19]江干：江岸。[20]珠翠罗绮溢目：满眼都是华丽的服饰。珠翠罗绮，泛指妇女的首饰和游人的华丽衣服。溢目：满眼。[21]倍穹：（价钱）加倍的高。穹：高。[22]僦（jiù）赁（lìn）看幕，虽席地不容闲：租用看棚的人（非常多），即使是一席之地也不空闲。僦、赁，都是租用的意思。看幕：为观潮而特意搭的帐棚。席地：一席之地，仅容一个座位的地方。容：许，使。[23]禁中：宫中。"天工图画"：南宋皇宫中的一个台的名字，因接近钱塘江北岸，可在上面观潮。[24]缴：同"伞"。雉扇：雉尾扇，下方上圆，周围饰的雉尾，也是帝王专用的仪仗。雉：野鸡。[25]箫台蓬岛：传说中神仙居住的天地。

【作品简析】

选自周密《武林旧事》卷三。本文只有两百余字，却写出了钱塘江潮的雄伟景象、水军演习的宏大场面和吴中健儿高超的弄潮技巧。作者以海潮为线索，写景记事相融合，正面描写与侧面烘托相结合，从四个方面写观潮：潮来之状，演兵之威，弄潮之技，观潮之盛。既写风景，又写民俗，使读者叹为观止。

【拓展阅读】

潘阆《酒泉子》：长忆观潮，满郭人争江上望。来疑沧海尽成空，万面鼓声中。弄潮儿向潮头立，手把红旗旗不湿。别来几向梦中看，梦觉尚心寒。

【相关链接】

1. 周密　《齐东野语》　（中华书局）
2.《梦粱录　武林旧事》（南宋）吴自牧撰；傅林祥注　（南宋）周密撰；傅林祥注　（山东友谊出版社）
3. 金启华　萧鹏　《周密及其词研究》　（齐鲁书社）

登西台恸哭记[1]

谢　翱

谢翱（1249年—1295年），字皋羽，号晞发子，南宋长溪（今福建霞浦）人。爱国主义诗人和散文家。倜傥有大节，元南侵后，曾从文天祥抗战，为咨议参军，后别去。及闻天祥殉国，悲不自禁，只身游浙水，过严陵，登西台，以竹如意击石，歌招魂之词，祭奠天祥，竹石俱碎，因作《西台恸哭记》。著有《晞发集》、《天地间集》等。

始[2]，故人唐宰相鲁公开府南服[3]，余以布衣从戎。明年，别公漳水湄[4]。后明年[5]，公以事过张睢阳庙及颜杲卿所尝往来处[6]，悲歌慷慨，卒不负其言而从之游。今其诗具在，可考也。

余恨死无以藉手见公，而独记别时语，每一动念，即于梦中寻之。或山水池榭，云岚草木，与所别之处及其时适相类，则徘徊顾盼，悲不敢泣。又后三年[7]，过姑苏[8]。姑苏，公初开府旧治也[9]，望夫差之台而始哭公焉[10]。又后四年，而哭之于越台[11]。又后五年及今[12]，而哭于子陵之台。

先是一日，与友人甲、乙若丙约[13]，越宿而集。午，雨未止，买榜江涘[14]。登岸，谒子陵祠[15]；憩祠旁僧舍，毁垣枯甃[16]，如入墟墓。还，与榜人治祭具。须臾，雨止，登西台，设主于荒亭隅；再拜，跪伏，祝毕，号而恸者三，复再拜，起。又念余弱冠时，往来必谒拜祠下。其始至也，侍先君焉。今余且老。江山人物，睠焉若失[17]。复东望，泣拜不已。有云从南来，渰浥浡郁[18]，气薄林木，若相助以悲者。乃以竹如意击石[19]，作楚歌[20]，招之曰："魂朝往兮何极？莫归来兮关塞黑。化为朱鸟兮有咮焉食[21]？"歌阕，竹石俱碎，于是相向感唶[22]。复登东台，抚苍石，还憩于榜中。榜人始惊余哭，云："适有逻舟之过也，盍移诸？"遂移榜中流，举酒相属，各为诗以寄所思[23]。薄暮，雪作风凛，不可留，登岸宿乙家。夜复赋诗怀古。明日，益风雪，别甲于江，余与丙独归。行三十里，又越宿乃至。

其后，甲以书及别诗来，言："是日风帆怒驶，逾久而后济；既济，疑有神阴相，以著兹游之伟。"余曰："呜呼！阮步兵死[24]，空山无哭声且千年矣！若神之助固不可知，然兹游亦良伟。其为文词因以达意，亦诚可悲已！"余尝欲仿太史公著《季汉月表》，如秦楚之际[25]。今人不有知余心，后之人必有知余者。于此宜得书，故纪之，以附季汉事后。

时，先君登台后二十六年也。先君讳某字某，登台之岁在乙丑云[26]。

【词语注释】

[1]西台：在浙江桐庐县西富春山，与东台相对峙，相传是汉代隐士严光(字子陵)游钓之处，又称为钓台。 [2]始：指宋景炎元年(1276年)七月。 [3]唐宰相鲁公：借唐宰相颜真卿(官太子太师，地位相当于宰相)来指宋丞相文天祥。颜真卿于唐代安禄山之乱时起兵抵抗，代宗时封鲁郡公，其事迹与文天祥有相似之处，亦是著名的忠烈之臣，借以隐喻。 [4]明年：指宋景炎二年(1277年)。《宋史·瀛国公纪》载其年正月"文天祥走漳州"，三月"取梅州"。地方都在漳州附近。 [5]后明年：指宋祥兴元年(1278年)。 [6]"公以事"句：指文天祥被俘，押往燕京途中经过睢阳(今河南商丘市)、常山(今河北正定)。张睢阳：指张巡。唐代安史之乱中，张巡、许远合力守睢阳，颜杲卿：宰相颜真卿之从兄。 [7]又后三年：元世祖至元十九年(1282年)，文天祥于这年殉国。 [8]姑苏：即苏州。 [9]公初开府旧治：《宋史·瀛国公纪》载宋恭帝德祐元年(1275年)，"文天祥为浙西、江东制置使兼知平江府"。平江府治在今江苏苏州。 [10]夫差之台：即姑苏台，在今苏州市西南姑苏山上，春秋时吴王夫差所建。 [11]又后四年：元世祖至元二十三年(1286年)。越台：指禹陵，在今浙江绍兴会稽山上。 [12]又后五年：指元世祖至元二十八年(1291年)。 [13]甲、乙若丙：黄宗羲注谓：甲为吴思齐，字子善，流寓桐庐，故下文有"别甲于江"。乙为严侣，字君友，家住江边，故下文有"登岸宿乙家"。丙为冯桂芳，桂芳字家睦(今浙江建德)，故下文有"与丙独归"。详见《南雷文定前集》卷一《谢翱年谱游录注序》。 [14]买榜(bàng)：雇船。榜：摇船的器具，此指船。涘(sì)：水边。 [15]子陵祠：在西台下，北宋范仲淹所建。 [16]甃(zhòu)：井壁，此借指井。 [17]睠(juàn)：同"眷"，回顾，恋慕。 [18]浥(yì)：湿润。浡(bó)：振作，兴起。 [19]如意：搔痒之器，后发展为玩赏之物。 [20]楚歌：楚地的歌调，其特点是其歌辞句中有"兮"字。 [21]朱鸟：火星名，在南方。咮(zhòu)：鸟嘴。作者以文天祥魂魄依恋南方，故宜化作朱鸟；又暗言宋亡，不得为之立庙祭祀，故曰"有咮焉食"。 [22]唶(jiè)：叹息声。 [23]为诗：谢翱有著名的《西台哭所思》："残年哭知己，白日下荒台。泪落吴江水，随潮到海回。故衣犹染碧，后土不怜才。未老山中客，唯应赋《八哀》。" [24]阮步兵：阮籍，字嗣宗，曾任步兵校尉，世称阮步兵。在魏晋易代之际，"时率意独驾，不由径路，车迹所穷，辄恸哭而反"(见《晋

书·阮籍传》)。谢翱在宋元之间，处境与之相似，故托以寄意。［25］“余尝”句：太史公，指司马迁，他著的《史记》中有《秦楚之际月表》，只记月，不记年，意谓当时天下未定，参错变易，没有“帝王正统”。作者欲作《季汉月表》，季汉即指季宋，亦即宋末，表示宋朝灭亡，天下无“正统”。月表：按月列叙人物及有关历史事件的图表。［26］乙丑：宋度宗咸淳元年(1265年)。时年作者随父谢钥登过西台，到本文写作之时元世祖至元二十八年(1291年)，相隔26年。

【作品简析】

《登西台恸哭记》是作者过严陵，登西台，以竹如意击石，歌招魂之词，祭奠天祥，竹石俱碎，而后作。“山川满目泪满衣”(刘过《木兰花慢》)。本文以唐宰相颜真卿事迹隐喻文天祥，以记游之名，行伤时吊亡之实，诉国之痛。文中历数随公征战，梦中忆公和哭公亡灵的往事，语气悲怆，感情真挚。作者为避文网，构思措辞闪烁委婉，利用烟雨风雪的环境渲染，更烘托出悲痛哀伤的气氛。

【拓展阅读】

1. 谢翱《西台哭所思》：残年哭知己，白日下荒台。泪落吴江水，随潮到海回。故衣犹染碧，后土不怜才。未老山中客，唯应赋八哀。

2. 宋濂评谢翱：其志汗漫超越，浩不可御，视世间事无足当其意者。……其诗直溯盛唐而上，不作近代语，卓卓有风人之余。文尤崭拔峭劲，雷电恍惚，出入风雨中。当其执笔时，瞑目遐思，身与天地俱忘。

3.《四库全书提要》评价谢翱：诗文桀骜有奇气，而节概亦卓然可观。

【相关链接】

《宋诗散论》(上海古籍出版社)

沧浪亭记[1]

苏舜钦

苏舜钦(1008年—1048年)，字子美，梓州铜山(今四川中江县南)人，生于开封。少慷慨有大志，初以父任补太庙斋郎，举进士，迁大理评事。范仲淹荐为集贤校理、监进奏院。因参加范仲淹为首的政治革新集团被除名，退居苏州，买水石作沧浪亭，自号沧浪翁。与穆修好为古文歌诗，其诗与梅尧臣齐名，风格豪健，甚为欧阳修所重。现有《苏学士文集》。

予以罪废[2]，无所归。扁舟南游，旅于吴中[3]，始僦舍以处[4]。时盛夏蒸燠[5]，土居皆褊狭，不能出气。思得高爽虚辟之地，以舒所怀，不可得也。

一日过郡学[6]，东顾草树郁然，崇阜广水，不类乎城中，并水得微径于杂花修竹之间。东趋数百步，有弃地，纵广合五六十寻，三向皆水也。杠之南[7]，其地益阔，旁无民居，左右皆林木相亏蔽。访诸旧老，云：“钱氏有国[8]，近戚孙承佑之池馆也[9]。”坳隆胜势，遗意尚存。予爱而徘徊，遂以钱四万得之，构亭北碕[10]，号“沧浪”焉[11]。前竹后水，水之阳又竹无穷极。澄川翠干，光影会合于轩户之间，尤与风月为相宜。

沧浪亭水景

予时榜小舟[12]，幅巾以往[13]，至则洒然忘其归。觞而浩歌，踞而仰啸，野老不至，鱼鸟共乐。形骸既适则神不烦，观听无邪则道以明。返思向之汩汩荣辱之场，日与锱铢利害相磨戛[14]，隔此真趣，不亦鄙哉！

噫！人固动物耳。情横于内而性伏[15]，必外寓于物而后遣。寓久则溺，以为当然；非胜是而易之，则悲而不开。惟仕宦溺人为至深。古之才哲君子，有一失而至于死者多矣；是未知所以自胜之道。予既废而获斯境，安于冲旷，不与众驱；因之复能乎内外失得之原，沃然有得，笑闵万古。尚未能忘其所寓，自用是以为胜焉。

【词语注释】

[1]沧浪亭：在今江苏苏州市南三元坊孔庙东，为苏州著名园林之一。 [2]予以罪废：庆历四年(1044年)，苏舜钦任集贤校理时，进奏院祀神，苏用卖故纸公钱召妓乐会宾客，遭保守派弹劾，苏舜钦等以坐自罪被除名。 [3]吴中：即今江苏省苏州市。 [4]僦(jiù)：租赁。[5]燠(yù)：天气闷热。 [6]郡学：指苏州的官立学校。宋时苏州相当于唐时的吴郡。 [7]杠(gāng)：小桥。段玉裁《说文解字注》："凡独木者曰杠，骈木者曰桥。" [8]钱氏有国：五代时，钱镠在钱塘(今杭州市西)建立吴越国。 [9]近戚孙承佑：最后一个吴越王(钱镠之孙)钱俶以孙承佑的姐姐为妃，故称孙为近戚。 [10]碕(qí)：曲折的堤岸。 [11]沧浪：取义于古代民歌"沧浪之水清兮，可以濯我缨；沧浪之水浊兮，可以濯我足"(见《孟子·离娄下》)，寓有政治污浊则退隐之意。[12]榜(bàng)：摇船的工具。此处作动词用，摇(船)。 [13]幅巾：古代男子用绢一幅束头发，一种表示儒雅的装束。 [14]锱铢(zī zhū)：锱、铢都是古代很小的重量单位。比喻极微小的数量。戛(jiá)：击。[15]"情横"句：《礼记·乐记》："人生而静，天之性也；感于物而动，性之欲也。"儒家把情(欲)看作是(天)性对外物的反映。性：指人物的自然质性，通常指人性。

【作品简析】

沧浪亭是苏舜钦在宋仁宗庆历五年退居苏州后所建，是我国江南现存历史最久的园林之一。全文仅三百余字，作者始述建亭原因，继叙觅地经过，终言游亭逸趣。叙事井然，状景宛然，抒情悠然，作者以"冲旷"的态度寄情于园林之乐中。亭的名字取自古代民歌"沧浪之水清兮，可以濯我缨，沧浪之水浊兮，可以濯我足"。文中写了亭及周围的草、木、山川各色景物，美妙景致令人遐思不已。

【拓展阅读】

苏舜钦《初晴游沧浪亭》：夜雨连明春水生，娇云浓暖弄微晴。
帘虚日薄花竹静，时有乳鸽相对鸣。

【相关链接】

《苏舜钦集》（河洛图书出版社）

文与可画筼筜谷偃竹记[1]

苏　轼

竹之始生，一寸之萌耳，而节叶具焉。自蜩腹蛇蚹以至于剑拔十寻者[2]，生而有之也。今画者乃节节而为之，叶叶而累之，岂复有竹乎[3]！故画竹必先得成竹于胸中，执笔熟视，乃见其所欲画者，急起从之，振笔直遂，以追其所见，如兔起鹘落，少纵则逝矣。

文与可《墨竹图》

与可之教予如此。予不能然也，而心识其所以然。夫既心识其所以然而不能然者，内外不一，心手不相应，不学之过也。故凡有见于中而操之不熟者，平居自视了然，而临事忽焉丧之，岂独竹乎？

子由为《墨竹赋》以遗与可[4]，曰："庖丁，解牛者也，而养生者取之[5]；轮扁，斫轮者也，而读书者与之[6]。今夫夫子之托于斯竹也，而予以为有道者，则非耶?"子由未尝画也，故得其意而已。若予者，岂独得其意，并得其法。

与可画竹，初不自贵重，四方之人持缣素而请者[7]，足相蹑于其门。与可厌之，投诸地而骂曰："吾将以为袜。"士大夫传之，以为口实。

及与可自洋州还，而余为徐州[8]。与可以书遗余曰："近语士大夫，吾墨竹一派，近在彭城[9]，可往求之。袜材当萃于子矣[10]。"书尾复写一诗，其略曰："拟将一段鹅溪绢[11]，扫取寒梢万尺长[12]。"予谓与可："竹长万尺，当用绢二百五十匹[13]，知公倦于笔砚，愿得此绢而已"。与可无以答，则曰："吾言妄矣，世岂有万尺竹哉!"余因而实之，答其诗曰："世间亦有千寻竹，月落庭空影许长[14]。"与可笑曰："苏子辩则辩矣，然二百五十匹，吾将买田而归老焉。"因以所画《筼筜谷偃竹》遗予，曰："此竹数尺耳，而有万尺之势。"

筼筜谷在洋州，与可尝令予作《洋州三十咏》，《筼筜谷》其一也。予诗云："汉川修竹贱如蓬[15]，斤斧何曾赦箨龙[16]。料得清贫馋太守，渭滨千亩在胸中[17]。"与可是日与其妻游谷中，烧笋晚食，发函得诗，失笑喷饭满案。

元丰二年正月二十日，与可没于陈州[18]。是岁七月七日，予在湖州曝书画[19]，见此竹，废卷而哭失声。昔曹孟德《祭桥公文》，有"车过"、"腹痛"之语[20]。而予亦载与可畴昔戏笑之言者[21]，以见与可于予亲厚无间如此也。

【词语注释】

[1]文与可：文同(1018年—1079年)，字与可，自号笑笑先生，人称石室先生。梓州永泰(今四川盐亭东)人。出知湖州，未到任而死，世称文湖州。北宋著名画家，善画墨竹。他是苏轼的表兄，又是其挚友。筼筜(yún dāng)谷：谷名，在洋州(今陕西洋县)，谷中多竹，因以为名，文与可曾在谷中筑亭。筼筜，竹名，生在水边，竹中最大的一种。偃竹：迎风仰斜的竹子。 [2]蜩(tiáo)腹蛇蚹(fù)：蜩：即蝉，蜩腹即蝉翼。蛇蚹，蛇腹下的横鳞。指竹在初生时笋壳陆续脱落，犹如蝉翼、蛇皮蜕去一样。寻：八尺叫一寻。 [3]岂复有竹乎：米芾《画史》载："子瞻作墨竹。从地一直起至顶。余问何不逐节分，曰：'竹生时何尝逐节生?'" [4]子由：苏轼的弟弟苏辙，字子由。[5]"庖丁"三句：《庄子·养生主》："庖丁为文惠君解牛"，技艺十分纯熟，自称"今臣之刀十九年矣，所解数千牛矣，而刀刃若新发于硎(磨刀石)。彼节者有间，而刀刃者无厚；以无厚入有间，恢恢乎其于游刃必有余地矣"。文惠君听后说："善哉，吾闻庖丁之言，得养生焉。"庖：厨师。丁：厨师之名。 [6]"轮扁"三句：《庄子·天道》："(齐)桓公读书于堂上，轮扁斫轮于堂下"，轮扁认为桓公读的都是古人的糟粕，理由是"斫轮徐则甘(松滑)而不固，疾则苦(滞涩)而不入；不徐不疾，得之于手而应于心，口不能言，有数存焉于其间"，由此看来古人之"道"也是"不可传"的。轮：造车轮的工匠。扁：工匠之名。 [7]缣(jiān)素：供作画用的绢。色淡黄的叫"缣"，洁白的叫"素"。 [8]徐州：州名，治所在今江苏铜山。 [9]彭城：即徐州。[10]萃(cuì)：草丛生的样子，此指聚集到一起。 [11]鹅溪：地名，在今四川盐亭县西北，其地产绢，颇为名贵。 [12]扫取寒梢：即画竹，寒梢：指竹梢。 [13]二百五十匹：古人以四十尺为一匹，二百五十匹合一万尺。 [14]许：如此，这样。 [15]汉川：汉水，洋州在汉水上游。 [16]箨(tuò)龙：竹笋。箨：原指笋壳。 [17]"渭滨"句：意思是"馋太守"(指当时任洋州的文与可把渭滨千亩竹笋都吞下去了，喻与可胸中有丰富的墨竹画稿。典出《史记·货殖列传》："渭川千亩竹……此其人皆与千户侯同。"韦居安《梅硐诗话》引当时人的两句诗："每日三厨都是笋，看看满腹千竿表青。"参读可解下文"失笑喷饭满案"。 [18]陈州：今河南淮阳县。文与可于丰元年(1078年)除知湖州(今江苏吴兴县)，次年正月行至陈州宛丘驿病逝。 [19]予在湖州：文与可死后，湖州一缺由苏轼继任。 [20]"昔曹孟德"句：《三国志·魏志·武帝纪》载：曹

操(字孟德)年轻时，不被人重视，只有桥玄以“命世之才”称之。建安七年(202年)，曹操治睢阳渠(睢阳,今河南商丘)，使人以太牢祭祀桥玄，并作祭文曰：“又承从容约誓之言：‘殂逝之后，路有经由，不以斗酒只鸡相沃酹，车过三步，腹痛勿怪。’虽临时戏之言，非至亲之笃好，胡肯为此辞乎?”

[21]畴昔：日前，往昔。畴：语助词，无义。

【作品简析】

文与可生前曾以竹子为题材，作画赠与苏轼。本文即以此画为线索，叙述作者和文与可的深挚友谊及睹物思人的悲痛，写得庄谐相衬，情深意切，是一篇难得的优秀散文。文章总结文与可的绘画理论，陈述自己对“胸有成竹”和“心手相应”创作思想的理解，指出“艺”与“道”的密切关系。又通过叙述二人诗歌赠和、书札往来，交待偃竹图的由来和有关趣事；见画思人，抒悲怆之情。最后一段说明写作此文的缘由。本文语言天然本色，朴素清新，活泼流畅。

【拓展阅读】

王舜俞在《苏长公小品》中说：“文至东坡真不须作文，只随便记录便是文。”

【相关链接】

《苏轼文集》（中华书局）

《林泉高致》

山 水 训

郭 熙

郭熙(1023年—1085年)，字淳夫。宋代杰出画家。河阳温县(今河南孟县)人，世称“郭河阳”。神宗熙宁年间为御画院艺学，官至翰林待诏直长。他擅长山水，自成一家，主张在“兼收众览”的同时师法自然。早年风格较工巧，晚年转为雄壮。其作品有：《春山访友图》、《江山万里图》、《关山春雪图》等。著有画论《林泉高致》。

君子之所以爱夫山水者，其旨安在[1]？丘园，养素所常处也；泉石，啸傲所常乐也；渔樵，隐逸所常适也；猿鹤，飞鸣所常亲也。尘嚣缰锁[2]，此人情所常厌也。烟霞仙圣，此人情所常愿而不得见也。直以太平盛日，君亲之心两隆，苟洁一身出处，节义斯系，岂仁人高蹈远引，为离世绝俗之行，而必与箕颖埒素黄绮同芳哉[3]！《白驹》之诗，《紫芝》之咏，皆不得已而长往者也[4]。然则林泉之志，烟霞之侣，梦寐在焉，耳目断绝，今得妙手郁然出之，不下堂筵，坐穷泉壑，猿声鸟啼依约在耳，山光水色滉漾夺目，此岂不快人意，实获我心哉，此世之所以贵夫画山之本意也。不此之主而轻心临之，岂不芜杂神观，溷浊清风也哉[5]！

画山水有体[6]，铺舒为宏图而无余，消缩为小景而不少。看山水亦有体，以林泉之心临之则价高，以骄侈之目临之则价低。

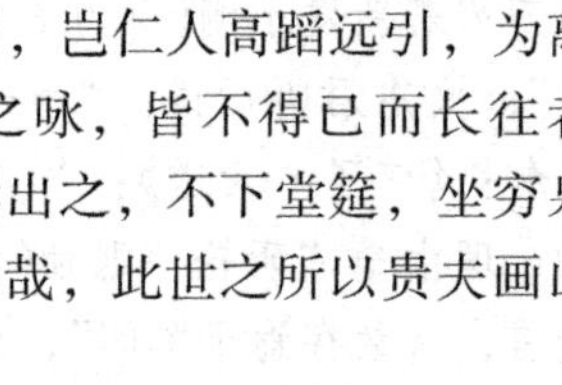
郭熙《窠石平远图》

山水，大物也。人之看者，须远而观之，方见得一障山川之形势气象。若士女人物，小小之笔，即掌中几上，一展便见，一览便尽[7]。此皆画之法也。

世之笃论，谓山水有可行者，有可望者，有可游者，有可居者[8]。画凡至此，皆入妙品[9]。但可行可望不如可居可游之为得，何者？观今山川，地占数百里，可游可居之处十无三四，而必取可居可游之品。君子之所以渴慕林泉者，正谓此佳处故也。故画者当以此意造，而鉴者又当以此意穷之，此之谓不失其本意。

【词语注释】

[1]旨：旨趣。[2]养素：调养素朴宁静的心境。尘嚣缰锁：为世俗的事物所羁绊。[3]直：仅仅。君亲：君主、父母。隆：深厚。出处：出，做官。处，居家。节义：气节道义。斯：这。系：关联。箕颖：代指隐士或其所居之地。埒：相当。黄绮：汉初，夏黄公、绮里季、甪里先生、东园公隐居商山，称"商山四皓"。黄绮为夏黄公、绮里季的合称，代指隐士。[4]《白驹》：《诗经·小雅》中的篇名。[5]溷：浑浊。[6]体：法式。[7]几：矮而小的桌子。[8]笃论：确切的评论、议论。[9]妙品：古代对书画作品的一种品评次第，这里特指神妙的作品，不含品评次第之意。

【作品简析】

《林泉高致》总结了传统绘画的经验，创"高远"、"深远"、"平远"的"三远法"，为我国山水画的散点透视奠定了基础。文章不仅是论画，同时揭示了人对林泉的自然审美感受。

【拓展阅读】

1.《山水训》：山，大物也，其形欲耸拔，欲偃蹇，欲轩豁，欲箕踞，欲盘礴，欲浑厚，欲雄豪，欲精神，欲严重，欲顾盼，欲朝揖，欲上有盖，欲下有乘，欲前有据，欲后有倚，欲下瞰而若临观，欲下游而若指麾，此山之大体也。水，活物也，其形欲深静，欲柔滑，欲汪洋，欲回环，欲肥腻，欲喷薄，欲激射，欲多泉，欲远流，欲瀑布插天，欲溅扑入地，欲渔钓怡怡，欲草木欣欣，欲挟烟云而秀媚，欲照溪谷而光辉，此水之活体也。

山以水为血脉，以草木为毛发，以烟云为神彩，故山得水而活，得草木而华，得烟云而秀媚。水以山为面，以亭榭为眉目，以渔钓为精神，故水得山而媚，得亭榭而明快，得渔钓而旷落，此山水之布置也。

山得水而活，水得山而媚。

2. 郭熙总结山水画的"三远"："自山下而仰山颠，谓之高远；自山前而窥山后，谓之深远；自近山而望远山，谓之平远。高远之色清明；深远之色重晦；平远之色，有明有晦。高远之势突兀，深远之意重叠，平远之意冲融，而缥缥缈缈，其人物之在三远也，高远者明了，深远者细碎，平远者冲淡。明了者不短，细碎者不长，冲淡者不大。此三远也。"郭熙论山的画法：春山淡冶而如笑，夏山苍翠而如滴，秋山明净而如妆，冬山惨淡而如睡。

3.《中国大百科全书》(简明版)：郭熙画山水注重深入体察生活，能真实、细致、微妙地表现出不同地区、季节、气候的特点，得"远近浅深，四时朝暮，风雨明晦之不同"，创造出极其丰富优美动人的意境，另外他还长于影塑，在墙壁上用泥堆塑浮雕式的山水，别具情趣。郭熙有《早春图》、《关山春雪图》、《窠石平远图》、《幽谷图》、《古木遥山图》等传世。其中《早春图》成功地表现出冬去春来、大地复苏、万物甦醒的细致季节变化。在绘画理论上郭熙亦有很高建树，其理论集中反映在他的《林泉高致》一书中。子郭思，亦善画，长于鞍马山水。

【相关链接】

《宋人画论》（湖南美术出版社）

《沧浪诗话》

诗　辨

严　羽

严羽，字仪卿，邵武(福建邵武县)人。事迹及生卒年不详。宋末隐居不仕，自号沧浪逋客。

为人“粹温中有奇气，好结江湖间名士”。他的《沧浪诗话》最为后世说诗者所称道。

诗之法有五：曰体制、曰格力、曰气象、曰兴趣、曰音节。诗之品有九：曰高、曰古、曰深、曰远、曰长、曰雄浑、曰飘逸、曰悲壮、曰凄婉。其用工有三：曰起结、曰句法、曰字眼。其大概有二：曰优游不迫、曰沉着痛快[1]。

诗之极致有一：曰入神。诗而入神，至矣！尽矣！蔑以加矣[2]！惟李杜得之，他人得之盖寡也。夫诗有别材[3]，非关书也；诗有别趣，非关理也。然非多读书、多穷理，则不能极其至，所谓不涉理路、不落言筌者[4]，上也。诗者，吟咏情性也。盛唐诸人惟在兴趣，羚羊挂角，无迹可求[5]。故其妙处透彻玲珑不可凑泊[6]，如空中之音、相中之色、水中之月、镜中之象，言有尽而意无穷。

近代诸公乃作奇特，解会遂以文字为诗，以才学为诗，以议论为诗，夫岂不工？终非古人之诗也。盖于一唱三叹之音有所歉焉。

【词语注释】

[1]“优游不迫”和“沉着痛快”句：概括两种不同的诗风，前者如陶渊明，后者如杜甫。 [2]蔑以加矣：无以加矣。 [3]别材：特殊的才能。 [4]不落言筌：不在语言运用上留下用工的痕迹。筌，捕鱼的竹器。语出《庄子·外物》：“筌者所以在鱼，得鱼而忘筌……言者所以在意，得意而忘言。” [5]“羚羊挂角”句：最早见于《埤雅·释兽》：羚羊夜眠以角悬树，足不着地，不留痕迹，以防敌患。多比喻诗的意境超脱。 [6]凑泊：原来是佛教禅宗术语，意为生硬地结合在一起。这里指诗歌创作中，创作主体的心灵与客观反映对象两者没有很好地融合在一起，即没有物我合一，而是显得生硬，有勉强结合的意思。

【作品简析】

《沧浪诗话》是一部全面而又系统的诗论，分为“诗辨”、“诗体”、“诗法”、“诗评”、“考证”（一作“诗证”）五部分，卷末附《答吴景仙书》。“诗评”、“诗法”、“考证”多有可取，而“诗辨”最为重要。“诗辨”的内容是阐述古今诗的艺术风格及诗歌的学习和创作等问题，归结于以盛唐为法。在这里，严羽提出一个学诗的方法，那就是“妙悟”。选文语言精练，概括精当。

【拓展阅读】

《诗辨》：工夫须从上做下，不可从下做上，先须熟读楚词，朝夕风咏，以为之本；及读古诗十九首、乐府四篇；李陵、苏武、汉魏五言皆须熟读；即以李杜二集枕藉观之，如今人之治经。然后博取盛唐名家酝酿胸中，久之自然悟入。虽学之不至，亦不失正路。此乃是从顶上做来，谓之向上一路，谓之直截根源，谓之顿门，谓之单刀直入也。

【相关链接】

1. 郭绍虞 《沧浪诗话校释》（人民文学出版社）
2.《中国历代文论选》（上海古籍出版社）
3.《历代诗话》（中华书局）

《梦溪笔谈》

书　画

沈　括

沈括（1031 年—1095 年），钱塘（今浙江杭州）人，北宋著名的科学家、政治家。仁宗嘉祐进士及第，历任太子中允、提举司天监、太常丞等职。熙林八年(1075年)拜为翰林学士，后来知延州(今陕西延安)。他精通天文、数学、物理学、化学、生物学、地理学、农学和医学。他还是卓越的工程师、出色的军事家和外交家。同时，他博学善文，对方志律历、音乐、卜算等均有研究。沈括的散文晓畅平易、简洁明快。著有《梦溪笔谈》。

欧阳公[1]尝得一古画牡丹丛，其下有一猫，未知其精粗。丞相正肃吴公与欧公姻家[2]，一见曰："此正午牡丹也。何以明之？其花披哆[3]而色燥，此日中时花也；猫眼黑睛如线，此正午猫眼也。有带露花，则房敛而色泽[4]。猫眼早暮则睛圆，日渐中狭长，正午则如一线耳。"此亦善求古人心意也。

"梦溪笔谈"书影

相国寺旧画壁，乃高益之笔[5]。有画众工奏乐一堵，最有意。人多病拥琵琶者误拨下弦[6]，众管皆发"四"字。琵琶"四"字在上弦，此拨乃掩[7]下弦，误也。余以谓非误也。盖管以发指为声，琵琶以拨过为声，此拨掩下弦，则声在上弦也。益之布置尚能如此，其心匠可知。

书画之妙，当以神会，难可以形器求也[8]。世之观画者，多能指摘其间形象、位置、彩色瑕疵而已，至于奥理冥造者，罕见其人。如彦远《画评》言：王维画物，多不问四时，如画花往往以桃、杏、芙蓉、莲花同画一景。余家所藏摩诘画《袁安卧雪图》[9]，有雪中芭蕉，此乃得心应手，意到便成，故其理入神，迥得天意，此难可与俗人论也。谢赫云："卫协之画，虽不该备形妙，而有气韵，凌跨群雄，旷代绝笔[10]。"又欧文忠《盘车图》诗云："古画画意不画形，梅诗咏物无隐情。忘形得意知者寡，不若见诗如见画[11]。"此真为识画也。

【词语注释】

[1]欧阳公：即欧阳修。《宋史》有传。　[2]正肃吴公：吴育(1004年—1058年)，字春卿，建州浦城(今福建)人。天圣进士。累迁知开封府、右谏议大夫、枢密副使、参知政事、翰林侍读学士，进资政殿大学士，判尚书省。卒谥正肃。《宋史》有传。姻家：联姻的家庭或其成员。　[3]披哆(chǐ)：展开，散开。　[4]房敛而色泽：花苞未开，颜色鲜艳。　[5]高益：北宋名画家，奉旨画开封相国寺壁画。　[6]病：诟病。　[7]掩：遮掩。　[8]以形器求：意思是从表象之物去推究画意。　[9]彦远：即张彦远。摩诘：即王维，字摩诘。袁安，后汉汝阳人，字邵公，微时客洛阳，值大雪。洛阳令按行至安门入户，见安僵曰："大雪皆卧，不宜于人。"令为贤，举为孝廉。后官至太仆，进司徒，为官有声。　[10]谢赫：南朝齐人，善画人物，尝论六法，品第前贤，为世所宗。卫协：晋人，工画道释、人物，师周不兴，时称"画圣"。　[11]欧文忠：欧阳修，谥文忠。《盘车图》诗：作于宋仁宗嘉佑元年(1056年)。梅诗：梅尧臣的诗。梅尧臣，字圣俞，工诗。

【作品简析】

本文论述的是书画之理，但文字简洁生动，言之有物，易于让人接受。吕叔湘赞其"翔实通澈，亦非徒事诵览者所能为。"

【拓展阅读】

沈括晚年寓居润州(今江苏镇江)的梦溪园，他总结自己一生的社会和科学活动，写成《梦溪笔谈》一书。全书26卷(又《补笔谈》3卷,《续笔谈》1卷)，分故事、辩证、乐律、象数、人事、官政、机智、艺文、书画、技艺、器用、神奇、异事、谬误、讥谑、杂志、药议17目，共609条。其内容涉及天文、数学、物理、化学、生物、地质、地理、气象、医药、农学、工程技术、文学、史事、音乐和美术等。其中二百多条属于科学技术方面的，记载了他的许多发明、发现和真知灼见。英国著名科学史专家李约瑟博士称：沈括的《梦溪笔谈》是中国科学史上的坐标。

【相关链接】

《梦溪笔谈》（岳麓书社）

第六部分　元代文学

元代的历史并不长(1271年—1368年)，在整个中国文学史上，元代文学却呈现出异常活跃而繁荣的面貌。由于社会经济、文化诸条件的变动，促使文学同大众传播媒介结合，戏曲成为新兴的文学样式，走在中国文学发展进程的前沿。元代的戏曲形式主要有散曲、杂剧、南戏三种。这三种戏曲形式都涌现出了一些优秀的作家和作品。除戏曲外，诗歌和散文也有一定的成就，但远不足与戏曲相提并论。前人把元杂剧与元散曲合称为“元曲”，与唐诗、宋词并举，各作为一代文学中最具有特色的代表。

一、元代散曲

元代散曲是“元曲”的一部分。它和杂剧中的唱词使用同样的格律形式，具有相近的语言风格。作为一种新的抒情诗体，它既承继了传统诗词的某些元素，又鲜明地体现出元代文学的新精神。

元代的散曲是在金代“俗谣俚曲”的基础上发展起来的。它当时也是和乐演唱的。在语言上，它吸收了大量民间口语，不避俗词俚语，因此特别生动活泼，诙谐幽默。在内容上，它写的最多的是男女爱情，其次是归隐、闲适以及山水自然。体制上一般都比较短小。散曲主要包括小令、套曲两大类。

小令一般指单独的一支曲子，即寻常小令。它大多来源于民间流行小调，经整理而成。小令还包括重头、带过曲、集曲等多种变体。重头指同一曲调重复两首或两首以上者，用以合咏一事或分咏数事，各首之间一般需换韵。带过曲指宫调相同、音律能衔接的两个或至多三个曲调连缀在一起，首尾一韵，共咏一事。集曲则盛行于南曲，指取各曲中零句组成一个新调。

套曲又称套数、散套或大令。由几支同一宫调的曲子联缀而成表演一个故事。它必须具备三个条件：同一宫调两支或两支以上曲子，不论长短一韵到底，一般都要有尾声。有无尾声是区分小令和套曲的最明显标志。

元代散曲的发展大致可以大德为界，分为前后两个时期。前期以大都为中心，后期以杭州为中心。前期的作家主要是一些“公卿大夫居要务者”和关汉卿、白朴、马致远等。尤其是马致远，他扩大了散曲的题材领域，提高了散曲的艺术地位，使散曲真正成为能与诗词分庭抗礼的新体诗。后期涌现出大量的散曲作家，包括专写散曲的作家，如张可久、乔吉，以及张养浩、睢景臣等。

二、元代杂剧

元代杂剧标志着中国戏剧的成熟。它是在金院本和诸宫调的直接影响下，融合宋金以来的音乐、舞蹈等各种表演艺术而形成的一种完整的戏剧形式，并在唐宋话本、词曲、讲唱文学的基础上创造了成熟的文学剧本。元杂剧在内容上不仅丰富了久已在民间传唱的故事，而且广泛地反映了当时的社会现实，成为广大人民群众最喜爱的文艺形式之一。

元代的杂剧在体制上有自己的特点：用北曲演唱，一般一本四折，有的还有楔子，用作交代人物、剧情或串联两折。每折限用同一宫调，而且一韵到底，中间不能换韵。剧中男主角称为末，女主角称为旦，根据主唱者角色的不同，分为旦本、末本。一本戏只能由一人主唱，其他人一般只能说白。角色除旦、末外，还有副末、冲末、外末、贴旦、老旦、外旦、净、丑等配角。

杂剧主要由歌曲与说白两部分构成。歌曲主要用来抒情、渲染，往往写得较典雅；说白主要用来对话或独白，往往用白话来写。

元代的杂剧创作和演出十分繁盛。当时有姓名可考的杂剧作家，有八十余人；见于书面记载的作品，约有五百余种。现存的元杂剧的数量，仅以臧懋循《元曲选》和隋树森《元曲选外编》所收相加就有一百六十二种。元杂剧广泛涉及元代社会生活的各个方面，题材极为丰富，并折射出那一时代文人的精神世界。明人朱权曾把杂剧分为十二种，近代学者则主要把它分为爱情婚姻剧、社会剧、历史剧、公案剧、神仙道化剧等几大种类。

元代杂剧创作经历了一个由盛而衰的过程。今人一般把它分为前后两个时期：

前期从金末到大德末年(1234 年—1307 年)，是杂剧发展的鼎盛时期。这一时期才人辈出，名作如林，著名作家几乎都是北方人。如关汉卿的《窦娥冤》、《望江亭》、《单刀会》，白朴的《墙头马上》、《梧桐雨》，王实甫的《西厢记》，马致远的《汉宫秋》等。他们的作品反映了蒙古灭金至南北统一前后的社会现实，大多具有深刻的思想内容和浓郁的生活气息，风格豪放粗犷，语言质朴自然，表现了北方文学的特质与精神。

后期从元武宗至大年间到元末(1308 年—1368 年)，是元杂剧创作的衰微时期，活动中心已从大都移向杭州。这一时期出现了不少南方作家，如杨梓、金仁杰等，有的北方作家亦多流寓南方。杰出的如郑光祖的《倩女离魂》、宫天挺的《严子陵垂钓七里滩》、乔吉的《扬州梦》等。这一时期的多数作品，在艺术上开始追求词藻典丽工巧，失去了早期的质朴本色。

三、元代南戏

南戏是南曲戏文的简称，原来是一种地方剧种，它最初流行于浙东沿海一带，又称为“温州杂剧”或“永嘉杂剧”。它的内容多以家庭为主，曲调轻柔婉转，以管乐伴奏为主，剧中各个角色可以分唱或合唱。一部戏没有固定的场次限制，每出戏也不要求通押一韵，也不限用同一宫调中的曲牌。因此，与杂剧相比，它要灵活得多。到了元末，南戏在同杂剧的接触过程中汲取它的部分成就，逐渐显出它的优越性，由此才重新趋向兴盛，产生了高明、施惠等优秀作家和《琵琶记》、《拜月亭》等著名剧本，并为明清以来的传奇戏奠定了基础。

四、元代诗词

元王冕《墨梅图》

与唐宋时期高度繁荣的诗文相比，元代诗文日趋衰落。只是作为中国诗歌史上的一个转折时期，元诗在整体上初步完成了批判宋诗中存在的违反形象思维规律的任务。在前期作家中，刘因(1249 年—1293 年,字梦吉)的成就是比较高的，其《白沟》诗揭示了宋代亡国的教训，表现了对历史的批判精神。他还写过不少题画诗和山水诗。中期诗人虞集(1272 年—1348 年,字伯生)的诗歌亦以典雅精切著称，在《挽文山丞相》一诗中，表现了他对民族英雄文天祥的敬意和对故国的怀念。和虞集齐名的还有杨载、范椁等。元后期作家，王冕(1287 年—1359 年,字元章)的诗歌的思想内容较为丰富。萨都剌、黄镇成、杨维桢等在艺术上也各有不同的成就。词的发展也进入低谷。著名词人有元好问、白朴、赵孟頫等。

[越调]天净沙[1]·秋思

马致远

马致远(约 1250 年—1321 至 1324 年间)，号东篱，字千里，大都(今北京)人。元代著名戏曲作家、散曲作家。他与关汉卿、白朴、郑光祖并称为“元曲四大家”。他的散曲被推崇为元代第一大家，散曲大多抒写个人怀才不遇的悲哀及消极避世的情怀，著有《汉宫秋》等杂剧十五种。他曾任江浙行省务官(一作江浙省务提举)，又加入过“书会”，并与书会才人合编过杂剧。他的散曲意境优美，语言清峻流畅。今人任讷将他的散曲辑录为《东篱乐府》。

枯藤老树昏鸦，小桥流水人家，古道西风瘦马。夕阳西下，断肠人在天涯[2]。

【词语注释】

[1]《天净沙》：曲牌名。　[2]断肠人：此处指飘泊天涯，极度忧伤的旅人。

【作品简析】

《天净沙·秋思》是元人小令的名作，用寓情于景的方法，通过对秋天黄昏时的景物描写，刻画了一个奔波在外的游子形象，表达了异乡游子的羁旅之思，被称为“秋思之祖”(周德清《中原音韵·小令定格》)。作品虽然体制短小，但由于所描绘的景物、表达的情思都颇具普遍意义，因而成为一直传唱的典范作品。马致远经历漂泊生涯二十多年，这支小令是他体验、感触的凝聚，历久不衰绝非偶然。本篇三句十八字共九个名词，亦无一虚词，九种不同景物，极和谐地组织在秋天夕阳之下，而秋天的旅思羁愁则通过景物自然呈现，能使人联想无穷。小令语言凝炼，刻画准确，格调清逸，音节和谐，最后一句点明本旨，情景交融，妙合无垠，故有“枯藤老树写秋思，不许旁人赘一词”之赞。

【拓展阅读】

1. 鼎足对是元代散曲中三句相对的形式。本篇“枯藤老树昏鸦，小桥流水人家，古道西风瘦马”就是鼎足对。

2. 王国维《人间词话》评曰：寥寥数语，深得唐人绝句妙境。有元一代词家，皆不能办此也。

3. 在《凌波仙·吊词》一书中，贾仲明称马致远是“战文场，曲状元，姓名香贯满梨园”。

【相关链接】

《马致远散曲选》(书目文献出版社)

[南吕]一枝花·不伏老

关汉卿

关汉卿，约生于金末，卒于元成宗大德年间，字汉卿，号已斋叟，大都人。我国古代最伟大的戏剧家，被后人列为元曲四大家之首。他一生创作杂剧六十多种，现存的有《窦娥冤》、《救风尘》、《拜月亭》、《望江亭》等13种，另有小令57首，套数13篇。

【南吕一枝花】攀出墙朵朵花，折临路枝枝柳。花攀红蕊嫩，柳折翠条柔，浪子风流。凭着我折柳攀花手，直煞得花残柳败休[1]。半生来折柳攀花，一世里眠花卧柳。

【梁州】我是个普天下郎君领袖，盖世界浪子班头[2]。愿朱颜不改常依旧，花中消遣，酒内忘忧。分茶，攧竹；打马，藏阄；通五音六律滑熟[3]，甚闲愁到我心头！伴的是银筝女银台前理银筝笑倚银屏，伴的是玉天仙携玉手并玉肩同登玉楼，伴的是金钗客歌金缕捧金樽满泛金瓯[4]。你道我老也，暂休。占排场风月功名首，更玲珑又剔透。我是个锦阵花营都帅头[5]，曾玩府游州。

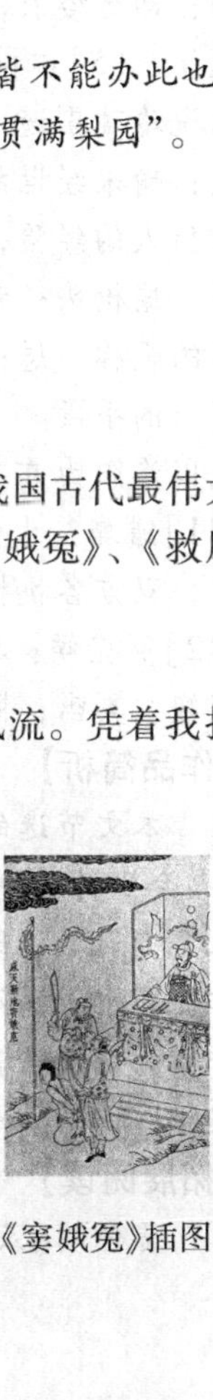

【隔尾】子弟每是个茅草冈、沙土窝初生的兔羔儿乍向围场上走[6]，我是个经笼

《窦娥冤》插图

罩、受索网、苍翎毛老野鸡踏踏的阵马儿熟[7]。经了些窝弓冷箭蜡枪头[8]，不曾落人后。恰不道“人到中年万事休”，我怎肯虚度了春秋。

【尾】我是个蒸不烂、煮不熟、捶不匾、炒不爆、响珰珰一粒铜豌豆，恁子弟每谁教你钻入他锄不断、斫不下、解不开、顿不脱、慢腾腾千层锦套头[9]。我玩的是梁园月，饮的是东京酒，赏的是洛阳花，攀的是章台柳[10]。我也会围棋、会蹴踘、会打围、会插科、会歌舞、会吹弹、会咽作、会吟诗、会双陆[11]。你便是落了我牙、歪了我嘴、瘸了我腿、折了我手，天赐与我这几般儿歹症候，尚兀自不肯休[12]。则除是阎王亲自唤，神鬼自来勾，三魂归地府，七魄丧冥幽[13]。天哪，那其间才不向烟花路儿上走[14]！

【词语注释】

[1]攀：攀折。花、柳：皆指娼妓。煞：迫使，弄成。休：为止。 [2]郎君：元代妓院对嫖客的称呼。盖世界：全世界。班头：首领。 [3]分茶：宋元时茶道的一种，用沸水冲注茶叶末，再以茶筅击打，使茶面出现纹脉或泡沫，以图形奇巧或维持时间的长短角胜。攧(diān)竹：洒墨于纸，互相比赛将墨团引画成竹枝或竹叶的形象。一说是将一束竹签散乱，然后比赛在不触动其他竹签的前提下，一一取拾竹签，多者为胜。打马：游戏名。参加各方轮流掷骰行棋（马），以一方的全部棋马先到终点为胜。过程中已方多马追上敌方少马，可以将其打下，故名。藏阄：一种集体游戏，分作两队，一队的若干人手中藏有“阄”，由另一队来猜测记分。五音：宫、商、角、徵、羽五个音级。六律：十二律中的阳声之律。 [4]银筝女、玉天仙、金钗客：均指妓女。银筝：精美的筝(一种十三弦的乐器)。银台：镜台。银屏：白色屏风。金钗客：歌妓。金缕：即金缕衣，唐曲名，以爱惜青春及时行乐为主要内容。泛金瓯：在金酒盅里斟满酒，轮流痛饮。 [5]占排场：在风月场中占得名声。玲珑又剔透：元人称风月场中老手为“水晶球”，所以说玲珑剔透。锦阵花营：妇女群，风流场所。都帅头：总头目。 [6]子弟每：嫖客们。兔羔儿：喻未经世故的青年子弟。围场：猎场，此喻妓院。 [7]踏踏：踩踏。阵马儿熟：有一套对付猎人的经验，此指狎妓经验。 [8]窝弓冷箭：伏弩、暗箭，此喻暗算。窝弓：装有机关的暗弓。蜡枪头：铅锡合金的枪头，喻中看不中用。 [9]匾：同“扁”。铜豌豆：旧时青楼对老狎客的昵称。恁：你。锦套头：锦绳结成的套头，喻外美内狠的圈套；一说比喻情网，指妓女笼络客人的手段。 [10]梁园：汉时梁孝王修建以接纳宾客的园苑，在今河南开封市南。东京：汉代以洛阳为东京，五代、宋以汴州(开封)为东京。洛阳花：牡丹。章台：长安城西南街名。 [11]蹴踘：古代的踢球运动。打围：打猎。插科：诙谐的表演。咽(yàn)作：唱曲。双陆：游戏名，双方各执棋马十五枚在十二道的棋盘上掷骰行马。因横道左右各六，两两相对，故名双陆。 [12]歹症候：坏毛病。尚兀自：还，仍然。 [13]三魂：道家术语，即魂。七魄：道家术语，即魄。冥幽：阴间。 [14]烟花路：风流路。

【作品简析】

本文节选的是全篇的最后一部分，也是总叙和高潮。作品以生动活泼的比喻，写书会才人(书会里的编撰者称为才人)的品行才华，具有民间曲词那种辛辣恣肆和诙谐滑稽的风格。“铜豌豆”正是关汉卿坚韧、顽强性格的自画像。正是这样的性格，使他能够终身不渝地从事杂剧创作，写出一篇篇惊天地、泣鬼神的伟大作品。全篇着力铺排风月场中的生活经历是有其深意的，作者故意夸耀其生活经历，实际是向正统挑战，这种傲岸和疏狂，正是对社会的反抗。全篇行文恣肆，挥洒如意，气势磅礴，音韵响亮，充分体现了元曲豪放明快的特色。

【拓展阅读】

贾仲明《录鬼簿续编》：驱梨园领袖，总编修帅首，捻杂剧班头。

【相关链接】

1.《关汉卿研究资料汇考》（中国戏剧出版社）

2. 张云生《关汉卿传论》（开明出版社）

山坡羊[1]·潼关怀古[2]

张养浩

张养浩(1270年—1329年)，字希孟，号云庄，又称齐东野人，山东济南人。曾任礼部尚书、监察御史等职。谥文忠，后人尊称为张文忠公。作为元散曲中豪放派的主要作家，张养浩的散曲在思想上和艺术上都达到了很高的成就。他的散曲集名《云庄休居自适小乐府》，现存小令一百六十一首，套曲两套。

峰峦如聚[3]，波涛如怒[4]。山河表里潼关路[5]。望西都[6]，意踌躕[7]。伤心秦汉经行处[8]，宫阙万间都做了土[9]。兴，百姓苦！亡，百姓苦[10]！

【词语注释】

[1]山坡羊：曲牌名。[2]潼关怀古：曲的题目。潼关：在陕西省东南部。[3]峰峦如聚：形容华山四周群山密集，地势险要。[4]波涛如怒：形容黄河水势浩荡，波涛汹涌。[5]山河表里潼关路：潼关地理形势险要。山河：华山和黄河。表里：内外。表为外。一说指潼关以东为关外，潼关以西为关内，互为表里。[6]西都：指长安。古称长安为西都，洛阳为东都。长安在潼关以西，今天的西安市旧址。[7]踌躕(chóu chú)：犹豫，彷徨。[8]经行处：曾经做过行宫的地方。经：曾经。行：行宫，行事。[9]宫阙：泛指皇家宫殿。[10]兴：兴盛。兴与亡为互文。亡：衰亡，灭亡。

【作品简析】

全篇以作者的所见、所感、所想为线索，思绪飞扬，穿越时空，说古论今，胸怀激荡，篇末点题，入木三分。开篇三句抒写潼关内外地势险要，为下文抒发感慨作充分的铺垫，写景是为写情。中间四句抒写怀古之情。作者在此通过暗喻的手法，含蓄地表达了对劳动人民无比同情，对统治阶层无比失望的复杂的思想感情，情调压抑低沉。结尾两句格调激越，感情鲜明，深切地表达了对百姓之苦的理解和同情，对昏君的鞭笞和怨愤。这首小令，语言形象生动，感情跌宕起伏，将描写、抒情、议论融汇贯通，寓意深刻，耐人寻味。曲调抑扬顿挫，风格高昂壮阔，转换自然顺畅，是难得的怀古写实的篇章。

【拓展阅读】

1.《元史·张养浩传》：年方十岁，读书不辍。父母忧其过勤而止之。养浩昼则默诵，夜则闭户，张灯窃读。

2. 天历二年(1329年)，陕西大旱，张养浩被召为陕西行台中丞，去赈济灾民，同年死于任所。在此期间，作者亲眼目睹了人民的万般苦难，写出了一些有进步思想的散曲和诗歌，《潼关怀古》便是其中的一首代表作。《元史·张养浩传》说："天历二年，关中大旱，饥民相食，特拜(张养浩)为陕西行台中丞。……登车就道，遇饥者则赈之，死者则葬之。"并说他"到官四月，忧劳以死"。就他的作品和有关资料看，他对元朝的黑暗统治深感不满，对人民的疾苦相当关心。这首小令尽管题为"怀古"，实际上重在"伤今"，其揭露、批判的锋芒，既指向历史上历朝的统治者，更指向当时的元朝统治者。

【相关链接】

1. 隋树森《全元散曲》（中华书局）

2.《全元散曲广选·新注·集评》（辽宁人民出版社）

摸鱼儿

元好问

元好问(1190年—1257年)字裕之，号遗山，秀容(今山西忻县)人。祖系出自北魏拓跋氏。兴定进士，曾任尚书省左司员外郎等职，金亡不仕。工诗文，在金元之际颇负重望。诗词风格沉郁，并多伤时感事之作。其《论诗》绝句三十首，崇尚天然，反对柔靡、雕琢，在文学批评史上颇有地位。著有《遗山集》，编有《中州集》。

问世间、情为何物[1]，只教生死相许？
天南地北双飞客，老翅几回寒暑。
欢乐趣，离别苦，就中更有痴儿女[2]。
君应有语，渺万里层云，千山暮雪，只影向谁去[3]？

横汾路，寂寞当年箫鼓，荒烟依旧平楚[4]。
招魂楚些何嗟及，山鬼暗啼风雨[5]。
天也妒，未信与，莺儿燕子俱黄土[6]。
千秋万古，为留待骚人，狂歌痛饮，来访雁丘处[7]。

【词语注释】

[1]亦有作“恨世间”。 [2]“天南地北”二句：写雁的生活。“双飞客”即为雁。大雁秋南下而春北归，双飞双宿，形影不离，经寒冬，历酷暑，多像人间的那一对痴男怨女。无论是团聚，还是离别都仿佛在眼前，刻骨铭心。 [3]“君应”四句：揣想雁的心情。“君”指殉情的雁。侥幸脱网后，想未来之路万里千山，层云暮雪，形孤影单，再无爱侣同趣共苦，生有何乐呢？不如共赴黄泉吧。 [4]“横汾”三句：写葬雁的地方。“雁丘”所在之处。汉代帝王曾来巡游，但现在这里却箫鼓绝响，只余烟树 ，一派凄冷，横汾，横渡汾水。汉武帝《秋风辞》有“汎楼船兮济汾河，横中流兮扬素波。”箫鼓，《秋风辞》有“箫鼓鸣兮发棹歌”。平楚，如言平林。 [5]“招魂”二句：意为雁死不能复生，山鬼枉自哀啼。招魂楚些意为用楚些招魂。语出《楚辞招魂》，它的句尾用“些”字，故言“楚些”。何嗟及即嗟何及。《诗经·王风》中有“何嗟及矣”，元词本此。山鬼、啼风雨本自《楚辞·九歌·山愿》“杳冥冥兮羌书晦，东风飘兮神买雨。” [6]“天也妒”二句：写雁的殉情将使它不像莺、燕那样死葬黄土，不为人知；它的声名会惹起上天的忌妒。 [7]“千秋”四句：写雁丘将永远受到词人的凭吊。

【作品简析】

这是一首咏物词。词前小序为：乙丑岁赴并州，道逢捕雁者，云：“今旦获一雁，杀之矣。其脱网者皆鸣不能去，竟自投于地而死”。予因买得之，葬之汾水之上，景石为识，是曰雁丘，时同行有多为赋诗，予亦有《雁丘辞》。可见，这是词人为雁殉情而死的事所感动，才挥笔写下了这首讴歌天地间至情的杰作。作者本要咏雁，却从“世间”落笔，以人拟雁，赋予雁情以超越自然的意义，想象极为新奇。下片作者借助周围景物衬托大雁殉情后的凄苦。作者把写景与写情融为一体，更增加了悲剧气氛。词的最后，是作者对殉情鸿雁的礼赞。这首词紧紧围绕“情”字，以雁拟人，谱写了一曲凄恻动人的恋情悲歌，表达了词人对殉情者的哀思，对至情至爱的讴歌。

【拓展阅读】

遗山涉足于诗、词、文、散曲和笔记小说等文学的各领域，尤以诗的成就为最高。他的诗题材多样，内容丰富，其中反映当时人民饱受天灾人祸之苦的作品，真实具体，富有感染力。其词则被誉为金朝一代之冠，以苏、辛为典范，博采众长，兼有婉约、豪放等诸种风格。后人评赞其词“乐章雅丽，情致幽婉”，“深于用事，精于炼句”，其中尤以《摸鱼儿》最富艺术魅力。“问世间、情为何物，直教生死相许”、“天南地北双飞客，老翅几回寒暑”等皆是哀婉动人的佳句。其文艺评论的代表作《论诗绝句三十首》流传很广，强调诗歌的内容，同时重视艺术成就和诗人的品德。他认为好诗应该真淳自然，推崇雄健豪迈的风格，反对绮靡纤丽的诗风，对后世影响颇大，尤其是“一语天然万古新，豪华落尽见真淳”之句十分脍炙人口。其散曲今存九首，其中《[双调]小圣乐 骤雨打新荷》小令为一代名曲，号称是“变宋词为元曲”的开山之作。

【相关链接】

《遗山乐府校注》（江苏古籍出版社）

长亭送别[1]

王实甫

王实甫(约1260年—1336年)，名德信，字实甫，大都(今北京)人，元代著名杂剧作家。所作杂剧仅存《西厢记》、《丽春堂》、《破窑记》等十三种。其中最著名的《西厢记》共五本，是王实甫的代表作，在元代和明代就为人推崇，被称为杂剧之冠。他的作品戏剧性强，曲词优美，对元杂剧和后来戏曲的发展有很大影响。

《西厢记》插图

(夫人、长老上，云[2])今日送张生赴京，十里长亭[3]，安排下筵席。我和长老先行，不见张生、小姐来到。(旦、末、红同上[4]，旦云)今日送张生上朝取应，早是离人伤感，况值那暮秋天气，好烦恼人也呵！“悲欢聚散一杯酒，南北东西万里程。”(旦唱)

【正宫】【端正好】碧云天，黄花地[5]，西风紧，北雁南飞。晓来谁染霜林醉[6]？总是离人泪。

【滚绣球】恨相见得迟，怨归去得疾[7]。柳丝长玉骢难系[8]，恨不得倩疏林挂住斜晖[9]。马儿迍迍的行，车儿快快的随[10]，却告了相思回避[11]，破题儿又早别离[12]。听得道一声“去也”，松了金钏[13]；遥望见十里长亭，减了玉肌。此恨谁知！

(红云)姐姐今日怎么不打扮？(旦云)你那知我的心里呵！(旦唱)

【叨叨令】见安排着车儿、马儿，不由人熬熬煎煎的气；有甚么心情花儿、靥儿[14]，打扮得娇娇滴滴的媚；准备着被儿、枕儿，只索昏昏沉沉的睡[15]；从今后衫儿、袖儿，都揾做重重叠叠的泪[16]。兀的不闷杀人也么哥？兀的不闷杀人也么哥？久已后书儿、信儿，索与我恓恓惶惶的寄[17]。

(做到[18]科)(见夫人科)(夫人云)张生和长老坐，小姐这壁[19]坐，红娘将酒来。张生，你向前来，是自家亲眷，不要回避。俺今日将莺莺与你，到京师休辱末了俺孩儿[20]，挣揣一个状元回来者[21]。(末云)小生托夫人余荫，凭着胸中之才，视官如拾芥耳[22]。(洁云[23])夫人主见不差，张生不是落后的人。(把酒

了,坐)(旦长吁科)(旦唱)

【脱布衫】下西风黄叶纷飞，染寒烟衰草萋迷。酒席上斜签着坐的[24]，蹙愁眉死临侵地[25]。

【小梁州】我见他阁泪汪汪不敢垂[26]，恐怕人知。猛然见了把头低，长吁气，推整素罗衣[27]。

【幺篇[28]】虽然久后成佳配，奈时间怎不悲啼[29]。意似痴，心如醉，昨宵今日，清减了小腰围。

(夫人云)小姐把盏者[30]！(红递酒,旦把盏长吁科,云)请吃酒！(旦唱)

【上小楼】合欢未已，离愁相继。想着俺前暮私情，昨夜成亲，今日别离。我谂知这几日相思滋味[31]，却原来比别离情更增十倍。

【幺篇】年少呵轻远别，情薄呵易弃掷。全不想腿儿相挨，脸儿相偎，手儿相携。你与俺崔相国做女婿，妻荣夫贵，但得一个并头莲，煞强如状元及第[32]。

(夫人云)红娘把盏者！(红把酒科)(旦唱)

【满庭芳】供食太急，须臾对面，顷刻别离。若不是酒席间子母每当回避，有心待与他举案齐眉[33]。虽然是厮守得一时半刻[34]，也合着俺夫妻每共桌而食[35]。眼底空留意，寻思起就里[36]，险化做望夫石[37]。

(红云)姐姐不曾吃早饭，饮一口儿汤水。(旦云)红娘，甚么汤水咽得下！(唱)

【快活三】将来的酒共食[38]，尝着似土和泥。假若便是土和泥，也有些土气息、泥滋味。

【朝天子】暖溶溶玉醅[39]，白泠泠似水[40]，多半是相思泪。眼面前茶饭怕不待要吃[41]，恨塞满愁肠胃。"蜗角虚名，蝇头微利"，拆鸳鸯在两下里[42]。一个这壁，一个那壁，一递一声长吁气[43]。

(夫人云)辆起车儿[44]，俺先回去，小姐随后和红娘来。(下)(末辞洁科)(洁云)此一行别无话儿，贫僧准备买登科录看[45]，做亲的茶饭少不得贫僧的。先生在意，鞍马上保重者！"从今经忏无心礼[46]，专听春雷第一声[47]。"(下)(旦唱)

【四边静】霎时间杯盘狼藉，车儿投东，马儿向西，两意徘徊，落日山横翠。知他今宵宿在那里？有梦也难寻觅。

(旦云)张生，此一行得官不得官，疾早便回来。(末云)小生这一去白夺一个状元，正是"青霄有路终须到，金榜无名誓不归"。(旦云)君行别无所赠，口占一绝[48]，为君送行："弃掷今何在，当时且自亲。还将旧来意，怜取眼前人[49]。"(末云)小姐之意差矣，张珙更敢怜谁？谨赓一绝[50]，以剖寸心："人生长远别，孰与最关亲？不遇知音者，谁怜长叹人？"(旦唱)

【耍孩儿】淋漓襟袖啼红泪[51]，比司马青衫更湿[52]。伯劳东去燕西飞[53]，未登程先问归期。虽然眼底人千里[54]，且尽生前酒一杯。未饮心先醉，眼中流血，心内成灰。

【五煞】到京师服水土，趁程途节饮食[55]，顺时自保揣身体[56]。荒村雨露宜眠早，野店风霜要起迟！鞍马秋风里[57]，最难调护，最要扶持[58]。

【四煞】这忧愁诉与谁？相思只自知，老天不管人憔悴。泪添九曲黄河溢[59]，恨压三峰华岳低[60]。到晚来闷把西楼倚，见了些夕阳古道，衰柳长堤。

【三煞】笑吟吟一处来，哭啼啼独自归。归家若到罗帏里，昨宵个绣衾香暖留春住，今夜个翠被生寒有梦知。留恋你别无意，见据鞍上马，阁不住泪眼愁眉。

(末云)有甚言语嘱付小生咱？(旦唱)

【二煞】你休忧文齐福不齐[61]，我只怕你停妻再娶妻。休要一春鱼雁无消息[62]！我这里青鸾有信频须寄[63]，你却休"金榜无名誓不归"。此一节君须记：若见了那异乡花草[64]，再休似此处栖迟[65]。

(末云)再谁似小姐？小生又生此念。(旦唱)

【一煞】青山隔送行，疏林不做美，淡烟暮霭相遮蔽[66]。夕阳古道无人语，禾黍秋风听马嘶。我为甚么懒上车儿内，来时甚急，去后何迟？

(红云)夫人去好一会，姐姐，咱家去！(旦唱)

【收尾】四围山色中，一鞭残照里。遍人间烦恼填胸臆，量这些大小车儿如何载得起[67]？

（旦、红下）（末云）仆童赶早行一程儿，早寻个宿处。泪随流水急，愁逐野云飞。（下）

【词语注释】

[1]节选自《西厢记》第四本第三折，题目是编者所加。 [2]夫人：指崔莺莺的母亲。长老：寺院住持僧的通称，这里指普救寺的法本和尚。上：上场。云：这里是夫人在说话。 [3]十里长亭：古代驿路上约隔十里设一长亭，五里设一短亭，都是供行人休息和送别的地方。 [4]旦：这里指扮演莺莺的女主角。末：这里指扮演张珙的男主角。红：莺莺的丫环红娘。 [5]碧云天，黄花地：由范仲淹《苏幕遮》词"碧云天，黄叶地"脱化而来。黄花，指菊花。 [6]谁染霜林醉：形容经霜的叶子像喝醉了酒一样红。 [7]疾：迅速。 [8]柳丝长玉骢(cōng)难系：柳丝虽长，却难系住(远行的人)马。玉骢，毛色青白相间的马，也作马的美称。 [9]恨不得倩疏林挂住斜晖：恨不能使斜阳一直挂在疏林上，意思是不让时光过去。倩，使。晖，日光。 [10]马儿迍迍(zhūn)的行，车儿快快的随：意思是，张生骑马在前，因依恋而慢慢地走；莺莺坐车在后，因难舍而紧紧地跟随。迍迍：行动迟缓的样子。 [11]却告了相思回避：刚刚结束了相思。却，通"恰"。 [12]破题儿：开始，起头。早通"遭"。 [13]松了金钏：与下面的"减了玉肌"，都是形容人消瘦。 [14]靥儿：古代妇女贴在额两边的花饰。 [15]只索：只好。 [16]揾(wèn)：揩拭。 [17]索：要。惶惶：惊慌不安的样子，这里是急忙、赶紧的意思。 [18]做到：做表示达到的动作。 [19]这壁：这边。 [20]辱末：即"辱没"，有时也写作"辱抹"。 [21]挣揣：努力争取。 [22]如拾芥：像在地上捡小草一样地轻而易举。 [23]洁：洁郎。元杂剧中称和尚为洁郎，简称洁。这里指普救寺的长老。 [24]斜签着坐的：斜偏身子坐着。指张生。 [25]死临侵地(de)：呆呆地。死临侵，发呆的样子。 [26]阁泪汪汪不敢垂：强忍泪水而不敢任其流出。阁，同"搁"，这里是噙着的意思。 [27]推整素罗衣：假装着是在整理自己的衣服。推，假装。素罗衣，素色的绸衣。 [28]幺篇：凡是重复前曲的叫"幺篇"。 [29]奈时间：无奈眼前这个时候。 [30]把盏：斟酒。 [31]谂(shěn)知：深切体会，深知。 [32]煞强如：远胜过。煞，表示极度。 [33]举案齐眉：后汉梁鸿的妻子孟光给丈夫上饭时，总是把端饭的盘子高举至眉前以示恭敬。后人用来形容夫妻相敬。 [34]厮守：相守，相聚。[35]也合着：也算是。 [36]就里：内中的实际情况。 [37]险：险些，差一点。望夫石：古代神话，有一妇人天天到山上望夫归来，竟变成了石头，人称"望夫石"。 [38]酒共食：酒和食物。 [39]玉醅(pēi)：美酒。 [40]泠泠(líng)：清淡。 [41]怕不待：难道不想。 [42]"蜗角虚名，蝇头微利"，拆鸳鸯在两下里：为了一点微不足道的虚名小利，却把夫妻拆开在两处。"蜗角虚名，蝇头微利"语出苏轼《满庭芳》词。"蜗角"和"蝇头"，都是形容极小。 [43]一递一声：一声接着一声，即你一声我一声。递，交替，更迭。 [44]辆起：套上。 [45]登科录：科举考试后发表的录取名册。 [46]经：指佛经。忏：佛教善男信女忏悔罪过的文书。礼：顶礼，这里指诵习。 [47]春雷第一声：指考中状元的捷报。 [48]口占一绝：随口做成一首绝句诗。 [49]"弃掷"四句：抛弃我的人现在何处？想当初对我是那么亲热。现在又用原来对我的情意，去爱怜眼前的新人。 [50]赓(gēng)：续，酬和。 [51]红泪：女子眼泪。 [52]比司马青衫更湿：意思是自己落的泪比白居易听琵琶声时落的泪更多。 [53]"伯劳"句：比喻人的离散。伯劳，鸟名。 [54]眼底：眼前。 [55]趁程途：赶路，在旅途中。趁，赶。 [56]"顺时"句：顺应时令的变化，保重自己的身体。 [57]"鞍马"句：指在秋风中远行。 [58]扶持：当心，留意。 [59]九曲黄河：黄河从积石山到龙门一段有九道弯。 [60]三峰华岳：陕西境内的西岳华山主峰顶部分为三峰，西为莲花峰，东为朝阳峰，南为落雁峰，世称华岳三峰。 [61]"文齐"句：有文才而没有福气，指落第。

[62]“一春”句：长久没有音讯。[63]青鸾：古代传说中能报信的鸟。[64]花草：借指女子。[65]栖迟：留恋。[66]暮霭：傍晚的云气。[67]“量这些”句：即量这样大的小车子。

【作品简析】

《长亭送别》是《西厢记》中第四本第三折，是剧中最为脍炙人口的精彩片断之一，由莺莺主唱，是塑造莺莺形象的重场戏之一。这折戏没有曲折复杂的戏剧情节，它以赴长亭途中、长亭别宴、长亭话别为序，展现了一卷情景交融的暮秋别离图。它主要通过十九支曲子，集中刻画了莺莺送别时深细而复杂的心绪，成功地塑造了一个感情细腻、纯真而又充满内心矛盾的少女形象，反映了自由爱情与封建礼教的尖锐矛盾，表现了封建礼教对人性、人情的严重束缚和压制。这折戏以景物描写设置戏剧环境，渲染气氛，烘托出人物复杂的感情和微妙的心理，达到了情景交融的艺术境界。全折运用了比喻、夸张、用典、对比、对偶、排比、反复、叠音、设问等多种修辞方法。特别是巧用夸张，并与比喻、用典、对比等结合，因情随物而设。作者善于把典雅凝炼的古代诗词与通俗流畅的民间口语融为一体，从而形成清丽华美、生动活泼的语言风格，显示了王实甫深厚的语言功力。

【拓展阅读】

1. 贾仲明《凌波仙》：作词章，风韵美，士林中等辈伏低。新杂剧，旧传奇，《西厢记》天下夺魁。

2. 金圣叹《读第六才子书西厢记法》：《西厢记》，必须尽一日一夜之力，一气读之者。一气读之者，总揽其起尽也。《西厢记》，必须展半月一月之功，精切读之。精切读之者，细寻其肤寸也。

3. 文化共享网：《西厢记》的结构规模在中国戏剧史上是空前的。它突破了元杂剧的一般惯例，用长篇巨制来表现一个曲折动人的完整的爱情故事。因此它避免了其他元杂剧由于篇幅限制而造成的剧情简单化和某种程度的模式化的缺点，能够游刃有余地展开情节、刻划人物。这是王实甫的一个创举。《西厢记》最突出的艺术成就是成功地塑造了栩栩如生、性格各异的人物形象。王实甫很善于按照人物的地位、身份、教养以及彼此之间的具体关系，准确地把握人物的性格特征；并且调动多种艺术手段，生动、鲜明地将其表现出来。崔莺莺、张生、红娘、老夫人都由于王实甫的卓越才能而成为不朽的艺术典型。王实甫的《西厢记》问世以后，在中国文学史上产生了广泛而深远的影响。其版本数量众多，流传至今的明清刻本约有一百种。明清两代的众多学者对《西厢记》评价很高，直到近现代，《西厢记》的各种版本依旧活跃在舞台上，备受人们的赞赏。

【相关链接】

1. 王季思校注　张人和集评　《集评校注西厢记》（上海古籍出版社）
2. 蒋星煜　《西厢记的文献学研究》（上海古籍出版社）
3. 徐建生　刘和椿　《西厢情缘：西厢记导读》（四川教育出版社）

第七部分 明代文学

公元1368年，朱元璋在南京建立明王朝。1644年李自成攻占北京，明朝灭亡。明代前后共计二百七十多年历史。明朝建立以后，进一步巩固并发展了中央集权的统治，在思想文化上实行专制主义，大力提倡程朱理学，采用八股取士制度，这在一定程度上箝制了文人的思想，对文学的创作极为不利。朱元璋对封建文人采取了笼络和高压的手段，他曾亲自筹划，开设文华堂招揽人才。明成祖朱棣(1403年—1424年)集天下文士三千人编纂类书《永乐大典》，凡二万二千八百七十七卷，为我国文化史上的一件大事。明前期文学一些优秀的作品几乎都集中在元明之际。明代中叶，社会情况发生了显著变化，商业和手工业的发展十分迅速，不仅纺织、采矿、冶铸等行业有了更大的发展，造纸、印刷、制糖、轧棉等，也有了迅速的成长。其中印刷行业特别发达。嘉靖、万历两朝是明代刻书的极盛时代。万历时期的南京已成为大量刊行小说、戏曲和彩色套印的中心。这为当时小说、戏曲及其他通俗文学的广泛流传创造了有利的条件。明代末年，随着国事多艰，经世实学思潮抬头，部分作家又重新强调文学的社会功用。这是明代文学的繁荣期。明代文学的成就是辉煌的，尤其是小说和戏曲创作，在中国文学史上占有重要的地位。

一、明代小说

明代的小说创作，无论是长篇还是短篇，都出现了空前繁荣的盛况。

1. 讲史小说

明初章回小说的开山之作罗贯中的《三国志通俗演义》，是我国最有成就的长篇历史演义小说。施耐庵的《水浒传》是描写农民斗争的著名长篇小说。此后产生了不少以它们的故事为题材的戏曲、说唱文学等作品。

水浒书影

《西游记》插图

2. 神话(魔)小说

杰出的浪漫主义神话小说《西游记》影响很大，它是历来西游记故事的总结，同时又是吴承恩的天才创造。小说在幻想的情节中，交织着深刻的现实内容，讽刺和抨击了现实的黑暗，表达了作者对当时腐朽政治的愤懑和自己的理想。

3. 世情小说

第一部文人独创的以描写家庭生活为题材的长篇小说《金瓶梅》。上述四部作品并称为“四大奇书”。

4. 拟话本小说

明代文人模拟宋元人的旧话本而创作的，主要供案头阅读，但思想内容比宋、元话本深广得多，情节曲折，人物心理活动刻划细致，艺术上更加成熟。著名的有冯梦龙编著的《喻世明言》、《警世通言》、《醒世恒言》(合称“三言”)；凌濛初创作的《初刻拍案惊奇》、《二刻拍案惊奇》(合称“二拍”)。“三言”、“二拍”是明代短篇话本小说最优秀的代表。明中叶后经济、文化、思想上的种种复杂情况，在这些拟话本里有比较全面的反映。此外，明代的文言短篇小说数量也不少，但成就不如白话小说。

二、明代戏曲

明代戏曲分传奇和杂剧两类。传奇是由宋元南戏演变而来的，伴随着昆山、弋阳、海盐、余姚“四大声腔”的弦歌，传奇迅速发展为明清两代的全国性大型戏曲。元杂剧与明传奇前后辉映，成为中国戏曲史上的两座高峰。嘉靖年间产生了《宝剑记》、《鸣凤记》、《浣纱记》三部重要传奇。明代传奇中影响最大、成就最高的是戏剧家汤显祖。他的代表作《牡丹亭》是我国戏曲史上浪漫主义的优秀作品。它热情地歌颂了反对封建礼教、追求爱情幸福的要求；同时也在一定程度上体现了个性解放的时代精神。它与《紫钗记》、《邯郸记》、《南柯记》合称“临川四梦”。戏曲流派除汤显祖为首的“临川派”外，还有以沈璟为首的“吴江派”，以梁辰鱼为代表的“昆山派”。明代前期杂剧创作以宫廷贵族为主。朱有炖的杂剧开始突破元杂剧的体制，他一生创作31种杂剧，全部保留至今。明代中叶以徐渭的《四声猿》为代表，将元杂剧一本四折，一人主唱的格局完全打破。吕天成《曲品》：“博观传奇，近时为盛。大江左右，骚雅沸腾；吴、浙之间，风流掩映。”当时士大夫宴集以观赏戏曲为娱乐，成为普遍风气。由于戏曲的繁盛，关于戏曲的艺术形式的理论探讨也进一步深入，产生了一些主要的专门著作，如沈璟的《南九宫十三调曲谱》、王骥德的《曲律》、吕天成的《曲品》等。在戏曲作品的整理与出版方面也取得显著的成绩。如臧懋循的《元曲选》、毛晋的《六十种曲》、沈泰的《盛明杂剧》，都是古代最重要的戏曲作品集。另外，还有许多书坊刻印的专收当时流行的折子戏的选集，如《词林一枝》、《摘锦奇音》等。这些对后来戏曲的发展具有深远的影响。

三、明代诗文

明初诗文的创作，有以高启为代表的吴派诗人，以宋濂、刘基等为代表的越派文人。他们写出了一些揭露现实黑暗、反映民生疾苦的优秀作品，使明初文学取得了令人注目的成就。宋濂有“开国文臣之首”之称。刘基(字伯温)著有《郁离子》。此后是“台阁体”诗一统天下近百年，歌功颂德，雅丽雍容。明代中叶，以李梦阳、何景明、李攀龙、王世贞、宗臣等为代表的“前后七子”，强调“文必秦汉，诗必盛唐”，写了一些具有现实意义的作品。王填中、唐顺之、茅坤、归有光等人，提倡学习唐宋古文大家的法度，被称为“唐宋派”。其中归有光的创作成就最高，其散文记事、抒情相结合，亲切感人，被黄宗羲推为“明文第一”。明中叶后期，在杰出的思想家、文学家李贽的“童心说”等进步思潮影响下，出现了以湖北公安人袁宗道、袁宏道、袁中道三兄弟为首的“公安派”，主张“独抒性灵、不拘格套”，体现了晚明文学新的理论主张。之后，以钟惺、谭元春为代表的“竟陵派”崛起于文坛。明末，陈子龙、夏完淳等用血泪凝成的诗文，表现了崇高的民族气节。张溥是我国明朝末年一位著名的文学家，他的《五人墓碑记》是一篇政治性、思想性俱佳的散文。晚明文坛上，小品文盛极一时，以张岱、王思任等为代表的小品名家，创作了清新明丽、细致动人的作品，体现了晚明散文的艺术特色。

四、明代词曲

明代词曲创作成就不高，但也出现了如刘基、高启、杨慎、陈子龙、夏完淳等有一定影响的词人。杨慎的《临江仙》词（“滚滚长江东逝水”）较为有名。明代散曲在元代散曲的基础上，又有新的发展，著名的有陈铎、冯惟敏和薛论道等人，他们是散曲创作中面向现实的作家。在民间文学方面，也出现了搜集、整理民歌的新现象。最早的民歌集子是成化年间刊行的《新编四季五更驻云飞》、《新编题西厢记咏十二月赛驻云飞》等四种；冯梦龙编有《山歌》和《挂枝儿》等民歌集子。被称为明代文学“一绝”的明代民歌，以其清新活泼的风貌，为后世留下了一份宝贵的民族遗产。

童心说[1]

李　贽

李贽（1527 年—1602 年），字宏甫，号卓吾，又号温陵居士。福建泉州晋江人。明代杰出思想家、文学家、史学家。曾任云南姚安知府，未几辞官，讲学各地。在文学创作方面，反对复古摹拟，主张抒发己见，并重视小说、戏曲，曾评点《水浒传》，今传容与堂刊本《李卓吾先生批忠义水浒传》。著有《李氏焚书》、《续焚书》、《藏书》、《李温陵集》等。

龙洞山人叙《西厢》[2]，末语云：“知者勿谓我尚有童心可也。”夫童心者，真心也；若以童心为不可，是以真心为不可也。夫童心者，绝假纯真[3]，最初一念之本心也。若夫失却童心，便失却真心；失却真心，便失却真人。人而非真，全不复有初矣[4]。

童子者，人之初也；童心者，心之初也。夫心之初，曷可失也[5]？然童心胡然而遽失也[6]。盖方其始也，有闻见从耳目而入，而以为主于其内[7]，而童心失。其长也，有道理从闻见而入，而以为主于其内，而童心失。其久也，道理闻见，日以益多，则所知所觉，日以益广，于是焉又知美名之可好也，而务欲以扬之，而童心失。知不美之名之可丑也，而务欲以掩之，而童心失。夫道理闻见，皆自多读书识义理而来也[8]。古之圣人，曷尝不读书哉。然纵不读书，童心固自在也；纵多读书，亦以护此童心而使之勿失焉耳，非若学者反以多读书识理而反障之也。夫学者既以多读书识义理障其童心矣，圣人又何用多著书立言，以障学人为耶？童心既障，于是发而为言语，则言语不由衷；见而为政事，则政事无根柢；著而为文辞，则文辞不能达；非内含以章美也[9]，非笃实生辉光也[10]，欲求一句有德之言，卒不可得，所以者何？以童心既障，而以从外入者闻见道理为之心也。

夫既以闻见道理为心矣，则所言者，皆闻见道理之言，非童心自出之言也，言虽工，于我何与！岂非以假人言假言，而事假事，文假文乎！盖其人既假，则无所不假矣。由是而以假言与假人言，则假人喜；以假事与假人道，则假人喜；以假文与假人谈，则假人喜；无所不假则无所不喜，满场是假，矮场阿辩也。虽有天下之至文，其湮灭于假人而不尽见于后世者，又岂少哉！何也？天下之至文，未有不出于童心焉者也。苟童心常存，则道理不行，闻见不立，无时不文，无人不文，无一样创制体格而非文者。诗何必古选，文何必先秦，降而为六朝，变而为近体[11]，又变而为传奇[12]，变而为院本[13]，为杂剧[14]，为《西厢曲》，为《水浒传》，为今之举子业大贤言圣人之道，皆古今至文，不可得而时势先后论也，故吾因是有感于童心者之自文也，更说什么六经，更说什么《语》《孟》乎！

夫六经《语》《孟》，非其史官过为褒崇之词，则其臣子极为赞美之语，又不然则其迂腐门徒、懵懂弟子，记忆师说，有头无尾，得后遗前，随其所见，笔之于书，后学不察，便为出自圣人之口也，决定目之为经矣，孰知其大半非圣人之言乎！纵出自圣人，要亦有为而发，不过因病发药，随时处方，以救此一等懵懂弟子、迂腐门徒云耳。药医假病，方难定执[15]，是岂可遽以为万世之论乎！然则六经《语》《孟》，乃道学之口实，假人之渊薮也[16]，断断乎其不可以语于童心之言明矣。呜呼！吾又安得真正大圣人之童心未曾失者，而与之一言言哉！

【词语注释】

[1]本篇选自《焚书》卷三。[2]龙洞山农：当是李贽别号。此句下引龙洞山农语，实乃李贽的反语。[3]绝假：与假隔绝。[4]初：指人的自然淳朴的本来状态。[5]曷：何。[6]胡：为什么。遽(jù)：突然。[7]内：内心。[8]义理：旧指儒家讲求经义、探究名理的学问。此指宋明理学。[9]章：同“彰”，显扬。[10]笃实：敦厚朴实。[11]近体：唐代形成的律诗和绝句。[12]传奇：唐宋传奇小说。[13]院本：金元时艺人演剧时所用脚本。[14]杂剧：通常指元杂剧。[15]方：药方。定执：固定。[16]渊薮(sǒu)：聚集的处所。

【作品简析】

这是明代李贽提出的文艺美学理论，在中国文论史上正式提出了艺术真实性的问题。所谓“童心”说，就是主张文学创作要有真心，要表现作家的真情实感，如儿童那样纯洁自然、坦白直率，不带偏见。只有保持纯真的童心，才能接近美，认识美，创造出艺术美。他还进一步指出，艺术创作要出于真情，只有情真积久，感受深刻，作者不吐不快，由此所创造的艺术作品才能强烈地打动读者的感情，引起人们的美感，才是最有价值的。李贽的“童心”说，把真与美联系了起来，明确地提出真是美的基础，这对我国古典美学理论是一个重大的发展。“童心”说作为一种创作基础和方法，为注重个性心灵解放的浪漫主义艺术的发展铺平了道路。“童心”说包含着对人性的自觉，它反对封建理学对人性的压抑和束缚，具有反封建的进步意义，在古代文艺理论、美学发展史上具有重要的意义。

【拓展阅读】

1. 李贽“生于闽，长于海，丐食于卫，就学于燕，访友于白下(南京)，质正于四方”，对历代朝章典故，各地人情物产，各种学术流派，都有过接触和研究，阅识广泛，学问渊博，著作宏富，除《焚书》、《藏书》外，尚有《续焚书》、《续藏书》、《史纲评要》、《世说新语补》等，以及一大批评论《水浒传》等文学艺术作品的论著。

2.《焚书》卷三中记载，李贽极力推崇自然之美，在《读律肤说》中写道：“盖声色之来，发于情性，由乎自然，是可以牵合矫强而致乎？故自然发于情性，则自然止乎礼义，非情性之外复有礼义可止也。惟矫强乃失之，故以自然为美耳。”

3.《孟子·离娄下》：大人者，不失其赤子之心者也。

【相关链接】

《焚书·续焚书》 (岳麓书社)

西湖七月半[1]

张 岱

张岱(1597年—约1689年)，字宗子、陶庵，号万公、蝶庵居士。明末浙江山阴(今浙江绍兴)人。明末优秀散文家。其著作或回忆往事，或寄寓故国之思，或记游山水，文笔隽秀，用意新奇，富有诗意。好音乐，能弹琴制曲。明亡，避乱剡溪(今绍兴嵊州)山中，杜门谢客数十年，著有《石匮书》、《西湖梦寻》、《陶庵梦忆》等。

西湖七月半，一无可看，只可看看七月半之人。看七月半之人，以五类看之。其一，楼船箫鼓[2]，峨冠盛筵[3]，灯火优傒[4]，声光相乱，名为看月而实不见月者，看之。其一，亦船亦楼，名娃闺秀[5]，携及童娈[6]，笑啼杂之，还坐露台[7]，左右盼望，身在月下而实不看月者，看之。其一，亦船亦声歌，名妓闲僧，浅斟低唱[8]，弱管轻丝[9]，竹肉相发[10]，亦在月下，亦看月，而欲人看其看月者，看之。其一，不舟不车，不衫不帻[11]，酒醉饭饱，呼群三五，跻入人丛[12]，昭庆、断桥[13]，嘄呼嘈杂[14]，装假醉，唱无腔曲，月亦看，看月者亦看，不看月者亦看，而实无一看者，看之。其一，小船轻幌[15]，净几暖炉，茶铛旋煮[16]，素瓷静递，好友佳人，邀月同坐，或匿影树下，或逃嚣里湖[17]，看月而人不见其看月之态，亦不作意看月者[18]，看之。

杭人游湖，巳出酉归[19]，避月如仇。是夕好名，逐队争出，多犒门军酒钱[20]，轿夫擎燎[21]，列俟岸上。一入舟，速舟子急放断桥[22]，赶入胜会。以故二鼓以前[23]，人声鼓吹，如沸如撼，如魇如呓[24]，如聋如哑，大船小船一齐凑岸，一无所见，止见篙击篙，舟触舟，肩摩肩，面看面而已。少刻兴尽，官府席散，皂隶喝道去[25]。轿夫叫船上人，怖以关门[26]，灯笼火把如列星，一一簇拥而去。岸上人亦逐队赶门，渐稀渐薄，顷刻散尽矣。

雷峰塔

吾辈始舣舟近岸[27]。断桥石磴始凉[28]，席其上，呼客纵饮。此时月如镜新磨，山复整妆，湖复颒面[29]，向之浅斟低唱者出，匿影树下者亦出，吾辈往通声气，拉与同坐。韵友来[30]，名妓至，杯箸安，竹肉发。月色苍凉，东方将白，客方散去。吾辈纵舟，酣睡于十里荷花之中，香气拍人，清梦甚惬[31]。

三潭印月

雷峰夕照(木雕)

【词语注释】

[1]《西湖七月半》选自《陶庵梦忆》卷七，描述七月半杭州人游湖赏月的盛况。 [2]楼船箫鼓：配有声乐的游船。 [3]峨冠：高耸的帽子，指高官。刘基《卖柑者言》："峨大冠，拖长绅者，昂昂乎庙堂之器也。" [4]优傒：歌妓和婢仆。优，优伶。傒，随身仆人。 [5]名娃闺秀：指大家闺秀。名娃，美女。 [6]童娈(luán)：即娈童，漂亮的男童。 [7]露台：楼船上的平台。 [8]浅斟低唱：慢慢斟酒，轻声地歌唱。 [9]管：管乐。丝：弦乐。 [10]竹肉相发：箫笛声伴着歌唱声。竹，指管乐器。肉，指歌喉。 [11]帻(zé)：头巾。 [12]跻(jī)：此处通"挤"。 [13]昭庆：昭庆寺，在杭州西湖东北角岸上，为宋明以来的著名僧寺。断桥：西湖名胜之一，在苏堤上。 [14]嘄(jiāo)呼：大声叫喊。 [15]轻幌：轻薄的帷幔。 [16]茶铛(chēng)：煮茶的器具。旋：频繁地。 [17]逃嚣：逃避喧嚣。里湖：西湖苏堤以北的部分。[18]作意：着意，特意。 [19]巳出酉归：巳，巳时，约指上午九点到十一点。酉，酉时，约指下午五点到七点。 [20]犒门军酒钱：犒赏守城门的军士酒钱。 [21]擎燎：举着火把。[22]速：催促。 [23]二鼓：二更，约指夜晚九点到十点。[24]如魇(yǎn)如呓：好像人在梦中的惊叫、梦话。 [25]皂隶：官署中的差役，因穿黑衣，称皂隶。喝道：呼喝着让人肃静让路。 [26]怖以关门：用要关城门了来吓唬游人。 [27]舣(yǐ)舟：停船靠岸。 [28]石磴：石阶。 [29]颒(huì)面：洗面。此处形容湖面恢复了明净。 [30]韵友：气味相投的朋友。[31]惬：快意。

【作品简析】

《西湖七月半》是一篇绝妙的记游散文。文章通过对杭州人中元节游西湖的习俗和情景的生动描绘，表现了作者孤高自傲、超脱凡俗的思想情趣。前半篇描绘的是社会各类人物的生活情态；后半篇写月下游湖胜景，在叙事、写景之中寄寓着作者的思想感情。本文结构严谨，构思奇特，文字简洁，描写生动。

【拓展阅读】

《西湖梦寻》自序：余生不辰，阔别西湖二十八载，然西湖无日不入吾梦中，而梦中之西湖，实未尝一日别余也。前甲午、丁酉两至西湖，如涌金门商氏之楼外楼，祁氏之偶居，钱氏、余氏之别墅，及余家之寄园，一带湖庄，仅存瓦砾，则是余梦中所有者，反为西湖所无。及至断桥一望，凡昔日之弱柳夭桃、歌楼舞榭，如洪水淹没，百不存一矣。余及急急走避，谓余为西湖而来，今所见若此，反不如保我梦中之西湖尚得安全无恙也。因想余梦与李供奉异，供奉之梦天姥也，如神女名姝，梦所未见，其梦也幻；余之梦西湖也，如家园眷属，梦所故有，其梦也真。今余僦居他氏已二十三载，梦中犹在故居，旧役小溪，今已白头，梦中仍是总角。夙习未除，故态难脱，而今而后，余但向蝶庵岑寂，蘧榻于徐，唯吾旧梦是保，一派西湖景色，犹端然未动也。儿曹诘问，偶为言之，总是梦中说梦，非魇即呓也。因作梦寻七十二则，留之后世，以作西湖之影。余犹山中人归自海上，盛称海错之美，乡人竞来共舐其眼。嗟嗟！金齑瑶柱，过舌即空，则舐眼亦何救其馋哉！岁辛亥七月既望，古剑蝶庵老人张岱题。

【相关链接】

《陶庵梦忆》（华夏出版社）

游雁宕山日记[1]

徐宏祖

徐宏祖(1586年—1641年)，字振之，别号霞客。江苏江阴人。明代杰出的地理学家、旅行家。自幼喜读古今史籍、地理方志和山海图经等书，立志朝碧海而暮苍梧。他从二十一岁起开始漫游，历时三十余年，并坚持写日记。经后人整理，编辑为《徐霞客游记》。此书在地理学、文学方面都有重要的价值。

十三日　出山门，循麓而右，一路崖壁参差，流霞映彩。高而展者，为板嶂岩[2]。岩下危立而尖夹者，为小剪刀峰。更前，重岩之上，一峰亭亭插天，为观音岩[3]。岩侧则马鞍岭横亘于前。鸟道盘折[4]，逾坳右转，溪流汤汤[5]，涧底石平如砥[6]。沿涧深入，约去灵岩十余里，过常云峰[7]，则大剪刀峰介立涧旁[8]。剪刀之北，重岩陡起，是名连云峰[9]。从此环绕回合，岩穷矣。龙湫之瀑，轰然下捣潭中，岩势开张峭削，水无所着，腾空飘荡，顿令心目眩怖。潭上有堂，相传为诺讵那观泉之所[10]。堂后层级直上，有亭翼然。面瀑踞坐久之，下饭庵中，雨廉纤不止[11]，然余已神飞雁湖山顶[12]。遂冒雨至常云峰，由峰半道松洞外，攀绝磴三里[13]，趋白云庵。人空庵圮[14]，一道人在草莽中，见客至，望去。再入一里，有云静庵，乃投宿焉。道人清隐，卧床数十年，尚能与客谈笑。余见四山云雨凄凄，不能不为明晨忧也。

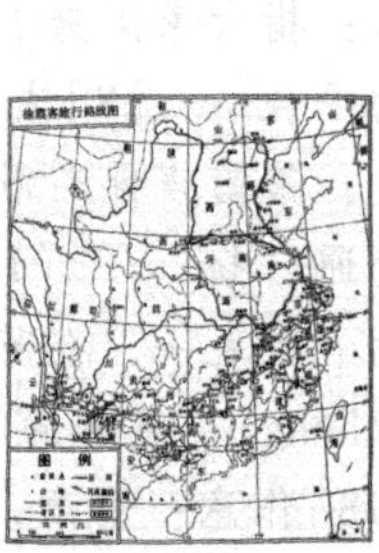
徐霞客旅行路线图

十四日　天忽晴朗，乃强清隐徒为导。清隐谓湖中草满，已成芜田，徒复有他行[15]，但可送至峰顶。余意至顶，湖可坐得[16]，于是人捉一杖[17]，跻攀深草中，一步一喘，数里，始历高巅。四望白云，迷漫一色，平铺峰下。诸峰朵朵，仅露一顶，日光映之，如冰壶瑶界[18]，不辨海陆。然海中玉环一抹[19]，若可俯而拾也。北瞰山坳壁立，内石笋森森，参差不一。三面翠崖环绕，更胜灵岩。但谷幽境绝，惟闻水声潺潺，莫辨何地。望四面峰峦累累，下伏如丘垤[20]，惟东峰昂然独上，最东之常云，犹堪比肩[21]。导者告退，指湖在西腋一峰，尚须越三尖[22]。余从之，及越一尖，路已绝；再越一尖，而所登顶已在天半。自念《志》云[23]："宕在山顶，龙湫之水，即自宕来。"今山势渐下，而上湫之涧，却自东高峰发脉[24]，去此已隔二谷，遂返辙而东[25]，望东峰之高者趋之，莲舟疲不能从[26]。由旧路下，余与二奴东越二岭，人迹绝矣。已而山愈高，脊愈狭，两边夹立，如行刀背。又石片棱棱怒起[27]，每过一脊，即一峭峰，皆从刀剑隙中攀援而上。如是者三，但见境不容足，安能容湖？既而高峰尽处，一石如劈，向惧石锋撩人[28]，至是且无锋置足矣！踌躇崖上，不敢复向故道。俯瞰南面石壁下有一级，遂脱奴足布四条[29]，悬崖垂空，先下一奴，余次从之，意可得攀援之路。及下，仅容足，无余地。望岩下斗，下同深百丈[30]，欲谋复上，而上岩亦嵌空三丈余，不能飞陟[31]登。持布上试，布为突石所勒[32]，忽中断。复续悬之[33]，竭力腾挽[34]，得复登上岩。出险，还云静庵，日已渐西。主仆衣履俱敝破，寻湖之兴衰矣。遂别而下，复至龙湫，则积雨之后，怒涛倾注，变幻极势[35]，轰雷喷雪，大倍于昨。坐至暝日落始出，南行四里，宿能仁寺[36]。

十五日　寺后觅方竹数握，细如枝；林中新条，大可径寸，柔不中杖太柔软不宜作拐杖，老柯斩伐殆尽矣！遂从岐度四十九盘，一路遵海而南，逾窑岙岭，往乐清。

【词语注释】

[1]雁宕山：在今浙江省乐清东北。旧传山顶有荡，秋雁归时多宿此，所以今称雁荡山，简称雁山，多悬崖奇峰，有百二峰、六十一岩、四十六洞、十三瀑等。著名胜迹有灵峰、灵岩、大龙湫、雁湖等。　[2]板嶂岩：一名板嶂峰。在灵岩寺的右上方。　[3]观音岩：位于雁荡山东谷，形似云髻高耸的观音菩萨。[4]鸟道：只容鸟儿通过的险路，这里是形容道路险峭。[5]汤汤：水势疾急的样子。　[6]如砥：砥，磨刀石。这里是形容涧底之石的平滑。[7]常云峰：一名灵府山，位于灵岩寺南。因峰上常有云气而得名。[8]大剪刀峰：位于能仁寺西北。侧面观看，像分开的剪刀，故名之。[9]连云峰：位于天冠峰之南，大龙湫由此泻下。[10]诺讵那：佛教十八罗汉之一，又叫诺讵罗。相传是我国唐代人罗尧运，据说他最先进入雁荡山，是雁荡山的开山祖师。　[11]廉纤：细小。　[12]雁湖：位于雁荡山顶峰，秋雁常栖息于此，雁荡山即因此得名。今已干涸。[13]绝磴(dèng)：极陡的石级。　[14]圮(pǐ)：毁坏。[15]他行：到别处去。[16]坐得：不用力气就可得到。[17]人捉一杖：人拄一拐杖。　[18]冰壶瑶界：形容山色洁白晶莹，宛如仙境。[19]玉环一抹：形容望中的玉环岛，如同尺幅上的一笔彩墨。[20]丘垤(dié)：小土堆。[21]犹堪比肩：还可并肩。　[22]尖：指尖削的山峰。[23]志：指《大明一统志》。[24]发脉：发源。[25]返辙而东：掉转车头向东行。此指返身往东走。[26]莲舟：同游的僧人名。　[27]棱(léng)棱：形容石片锋利，高峻突兀的样子。[28]向：先前。撩：撩拨。[29]足布：绑腿的布。[30]斗：通"陡"。[31]陟(zhì)：升、登。　[32]勒：磨刻。　[33]续：把断处连接起来。[34]腾挽：挪移向上引体。[35]变幻极势：极尽变化。[36]能仁寺：在雁荡山西内谷丹芳岭下，宋真宗咸平二年(999年)建寺。

【作品简析】

作者曾先后三次游雁荡山，本文是作者二十八岁时第一次游雁荡山的纪实文字。文章以时间与游踪为线索，主要记叙了作者游览北雁荡山一路所见。详细描写了北雁荡山的主要景观灵峰、灵岩、大龙湫三绝，并对许多细微奇景如龙鼻水、老僧岩、独秀峰等作了描绘。该记层次分明，语言优美，描绘生动逼真。《徐霞客游记》继承古代山水游记文学的优良传统，又有开拓发展。钱谦益称之为“古今游记之最”（《徐霞客传》）。英国学者李约瑟在《中国科学技术史》中称赞其“并不像是十七世纪的学者所写的东西，倒像是一位二十世纪的野外勘测家所写的考察记录”。

【拓展阅读】

雁宕山，省称雁山，今称作雁荡山。山顶有积水长草之洼地，故称“荡”。据传秋时归雁多宿于此，山亦名为雁荡山。其山在浙江温州地区，分为南、中、北三段，北雁荡山面积最大，灵峰、灵岩、大龙湫为雁荡风景三绝。此日记所记乃北雁荡山游程，对其三绝皆有记叙。

【相关链接】

《徐霞客游记选评》（上海古籍出版社）

狱中上母书[1]

夏完淳

夏完淳(1631年—1647年)，原名复，字存古，别号灵胥，上海松江县人。其父夏允彝，其师陈子龙，均是文名卓著、讲求气节的民族英雄。夏完淳被清廷捕获，坚贞不从，就义时年仅十七岁。其诗、词、文均有较高成就。著有《夏完淳内史集》、《玉樊堂词》等。今合编为《夏完淳集》，辑有《云间三子新诗合编》(9卷)。

不孝完淳，今日死矣！以身殉父，不得以身报母矣！

痛自严君见背[2]，两易春秋[3]。冤酷日深[4]，艰辛历尽。本图复见天日[5]，以报大仇，恤死荣生[6]，告成黄土[7]。奈天不佑我[8]，钟虐先朝[9]，一旅才兴[10]，便成齑粉[11]。去年之举[12]，淳已自分必死[13]，谁知不死，死于今日也！斤斤延此二年之命[14]，菽水之养[15]，无一日焉。致慈君托迹于空门[16]，生母寄生于别姓[17]，一门漂泊，生不得相依，死不得相问。淳今日又溘然先从九京[18]，不孝之罪，上通于天。

呜呼！双慈在堂[19]，下有妹女，门祚衰薄，终鲜兄弟[20]。淳一死不足惜，哀哀八口，何以为生？虽然，已矣！淳之身，父之所遗；淳之身，君之所用。为父为君，死亦何负于双慈？但慈君推干就湿[21]，教礼习诗，十五年如一日；嫡母慈惠，千古所难。大恩未酬，令人痛绝。慈君托之义融女兄[22]，生母托之昭南女弟[23]。

淳死之后，新妇遗腹得雄[24]，便以为家门之幸；如其不然，万勿置后[25]。会稽大望[26]，至今而零极矣[27]。节义文章，如我父子者几人哉！立一不肖后如西铭先生[28]，为人所诟笑，何如不立之为愈耶[29]？呜呼！大造茫茫[30]，总归无后，有一日中兴再造，则庙食千秋[31]，岂止麦饭豚蹄[32]，不为馁鬼而已哉[33]！若有妄言立后者，淳且与先文忠在冥冥诛殛顽嚚[34]，决不肯舍！

兵戈天地，淳死后，乱且未有定期。双慈善保玉体，无以淳为念。二十年后，淳且与先文忠为北塞之举矣[35]。勿悲，勿悲。相托之言，慎勿相负。武功甥将来大器[36]，家事尽以委之。寒食盂兰[37]，一杯清酒，一盏寒灯，不至作若敖之鬼[38]，则吾愿毕矣。新妇结褵二年[39]，贤孝素著，武功甥好为我善待之。亦武功渭阳情也[40]。

语无伦次，将死言善[41]。痛哉，痛哉！人生孰无死，贵得死所耳。父得为忠臣，子得为孝子，含笑归太虚[42]，了我分内事。大道本无生[43]，视身若敝屣[44]。但为气所激[45]，缘悟天人理[46]。恶梦十七年，报仇在来世。神游天地间，可以无愧矣！

【词语注释】

[1]此文为作者在清顺治四年(1647年)被捕后于南京狱中写给生母陆氏与嫡母盛氏的绝笔

书。信中就尽义与亲情两者申述，思周情深，缠绵中寓浩然正气。 [2]严君：对父亲的敬称。见背：去世。夏完淳父夏允彝，为几社创始人之一，崇祯十年(1637年)进士，官福建长乐县知县，后丁母忧归家。南都失守，与陈子龙等起兵松江，兵败沉水死。 [3]两易春秋：过了两年。[4]冤酷：残酷无道。《韩诗外传》卷五：“纣之为主，戮无辜，劳民力，冤酷之令，加于百姓。”这里指清朝的惨无人道。 [5]复见天日：指驱逐满清，恢复明朝。 [6]恤死荣生：使死难的人得到抚恤，使活着的人得到荣封。 [7]告成黄土：把恢复明室的消息告祭于先人。黄土，指父墓。 [8]佑：帮助。 [9]钟虐先朝：降祸于明朝。钟虐，汇聚灾祸。 [10]一旅才兴：指顺治三年，夏完淳与陈子龙、钱栴在太湖起兵。 [11]齑(jī)粉：粉末，喻失败。[12]去年之举：指作者于前一年入吴易军抗清，兵败后，只身流亡，历尽艰危。 [13]自分：自料。[14]斤斤：仅仅。 [15]菽水之养：指对父母的供养。《礼记·檀弓下》：“啜菽饮水尽其欢，斯之谓孝。” [16]慈君：作者的嫡母盛氏。夏允彝死后，盛氏削发为尼。空门：佛门。 [17]生母：作者的生母陆氏(夏允彝妾)。夏允彝死后，陆氏寄居在亲戚家。 [18]溘(kè)然：忽然。先从：先追随。九京：即九泉，地下。 [19]双慈：生母与嫡母。 [20]“门祚(zuò)”二句：语出晋李密《陈情表》：“既无伯叔，终鲜兄弟，门祚衰薄，晚有儿息。”意思说家门衰落，福泽浅薄，又无同胞兄弟。祚，运气。鲜(xiǎn)，少。 [21]推干就湿：把干燥处让给幼儿，自己睡在幼儿便溺后的湿处。形容母亲养育子女的辛劳。语出《孝经援神契》：“母之于子也，鞠养殷勤，推燥居湿，绝少分甘。” [22]义融女兄：夏完淳的姐姐夏淑吉，字美南，别号义融，嫁与嘉定侯泂。 [23]昭南女弟：夏完淳的妹妹夏惠吉，字昭南。家亡后奉母陆氏寄居亲戚家。[24]新妇：作者的新婚妻子。雄：男孩。 [25]置后：抱养别家的孩子为后嗣。 [26]会稽大望：会稽的望族。会稽，古郡名。大望，指夏姓大族。传说夏禹曾会诸侯于会稽，于是会稽姓夏的人都以禹为其祖。 [27]零极：零落到极点。 [28]西铭先生：即张溥。张溥无子，死后钱谦益等为他立嗣子，名永锡。此子未能继承张溥的遗风，为人诟笑。 [29]愈：好。 [30]大造：造化，指天。 [31]庙食：享受庙祭。 [32]麦饭豚蹄：指祭祀死者的食品。麦饭，面食。豚蹄，猪蹄。 [33]馁鬼：饿鬼。人死后无子孙，则无人祭祀而会成为饿鬼。 [34]先文忠：指作者的父亲夏允彝。诛殛(jí)顽嚚(yín)：诛杀顽钝之人。诛殛，诛杀。顽嚚，顽钝愚蠢之人。 [35]北塞之举：出师北伐，驱逐满清。这句话说死后再度转世为人，仍与其父在北方起兵反清。 [36]武功甥：夏完淳的姐姐淑吉的儿子侯若檠，字武功，小完淳六岁，少负文才，有神童之称。大器：大材。夏完淳曾于狱中寄诗给他，其中有“大仇俱未报，赖尔后生贤”之句，对他寄予了极大的期望。 [37]寒食：指清明节，是上坟祭鬼的节日。盂兰：旧俗七月十五日中元节延僧尼结盂兰盆会，诵经施食，解脱饿鬼倒悬之苦。 [38]若敖之鬼：无子孙祭祀的饿鬼。若敖，楚国公族名。这一族的子文为楚国令尹，看到族人子越椒行止不正，将会给整个家族带来灾难。临终前，对族人哭着说：“鬼犹求食，若敖氏之鬼，不其馁而。”后来，若敖氏终于因为越椒叛楚而被灭了全族。事见《左传·宣公四年》。 [39]新妇结褵：顺治二年夏，夏完淳与钱梅女儿钱秦篆结婚。结褵：指女子出嫁，代指结婚。 [40]渭阳情；甥舅之间的情谊。《诗经·秦风·渭阳》：“我送舅氏，曰至渭阳。”据说此诗是写晋公子重耳出亡，辗转到了秦国，后来他的姐夫秦穆公护送他返国即位，外甥秦康公时为太子，送他至渭阳，作诗赠别。后世因用渭阳比喻甥舅。渭阳，渭水之北。 [41]将死言善：语出《论语·泰伯》：“鸟之将死，其鸣也哀；人之将死，其言也善。”言善，指说话真诚不欺。 [42]含笑归太虚：含笑而死。太虚，天。 [43]大道本无生：大道，天道。无生，佛教认为，生命本无所谓生死，是一个虚幻的过程。 [44]敝屣(xǐ)：破鞋子。 [45]气：正义之气。激：激发。 [46]“缘悟”句：缘此明白了天道和人事的道理。天，天道。人，人事。

【作品简析】

《狱中上母书》中，夏完淳回顾了“慈君推干就湿，教礼习诗，十五年如一日；嫡母慈惠，千古所难”，自己却“菽水之养无一日”“致慈君托迹于空门，生母寄生于别姓，一门漂泊，生不得相依，死不得相问”的内疚之情，抒发了他对未能报答双亲之恩的拳拳深情和对家事的谆谆嘱托。信中夏完淳还不忘“中兴再造”，“二十年后，淳且与先文忠为北塞之举”，“恶梦十七年，报仇在来世”，国难家仇的遗恨，坚贞不屈的民族气节，视死如归的战斗精神，浸满纸背，全信既血泪交萦又浩气回荡。

【拓展阅读】

1. 夏完淳《别云间》：三年羁旅客，今日又南冠。无限山河泪，谁言天地宽！
已知泉路近，欲别故乡难。毅魄归来日，灵旗空际看。

2. 柳亚子题《夏内史集》：悲歌慷慨千秋血，文采风流一世宗。
我亦年华垂二九，头颅如许负英雄。

【相关链接】

王伯坚《夏完淳集笺校》（上海古籍出版社）

《牡丹亭》

惊　梦

汤显祖

汤显祖(1550 年—1616 年)字义仍，号若士、海若、海若士，晚年号茧翁，自署清远道人。江西临川人。明代戏曲作家。任过浙江遂昌知县。万历二十六年(1598 年)弃官回临川隐居。诗文有《玉茗堂全集》等，戏曲有“临川四梦”。《牡丹亭》经整理改编后在昆曲中全本上演。

【绕池游】(旦上)梦回莺啭，乱煞年光遍[1]。人立小庭深院。(贴)炷尽沉烟[2]，抛残绣线，恁今春关情似去年？[乌夜啼]“(旦)晓来望断梅关[3]，宿妆残[4]。(贴)你侧著宜春髻子恰凭栏[5]。(旦)剪不断，理还乱[6]，闷无端。(贴)已分付催花莺燕借春看。”(旦)春香，可曾叫人扫除花径？(贴)分付了。(旦)取镜台衣服来。(贴取镜台衣服上)“云髻罗梳还对镜，罗衣欲换更添香。”[7]镜台衣服在此。

牡丹亭

【步步娇】(旦)袅晴丝吹来闲庭院[8]，摇漾春如线。停半晌、整花钿。没揣菱花[9]，偷人半面，迤逗的彩云偏[10]。(行介)步香闺怎便把全身现！(贴)今日穿插的好。

【醉扶归】(旦)你道翠生生出落的裙衫儿茜[11]，艳晶晶花簪八宝填[12]，可知我常一生儿爱好是天然[13]。恰三春好处无人见[14]。不提防沉鱼落雁鸟惊喧[15]，则怕的羞花闭月花愁颤。(贴)早茶时了，请行。(行介)你看：“画廊金粉半零星，池馆苍苔一片青。踏草怕泥新绣袜[16]，异花疼煞小金铃[17]。”(旦)不到园林，怎知春色如许！

【皂罗袍】原来姹紫嫣红开遍[18]，似这般都付断井颓垣。良辰美景奈何天，赏心乐事谁家院[19]！恁般景致，我老爷和奶奶再不提起。(合)朝飞暮倦[20]，云霞翠轩；雨丝风片，烟波画船。锦屏人忒看的这韶光贱[21]！（贴）是花都放了[22]，那牡丹还早。

【好姐姐】（旦）遍青山啼红了杜鹃[23]，荼蘼外烟丝醉软[24]。春香呵，牡丹虽好，他春归怎占的先[25]！（贴）成对儿莺燕呵。（合）闲凝眄，生生燕语明如翦，呖呖莺歌溜的圆。（旦）去罢。（贴）这园子委是观之不足也[26]。（旦）提他怎的！（行介）

【隔尾】观之不足由他缱[27]，便赏遍了十二亭台是枉然。到不如兴尽回家闲过遣。（作到介）（贴）"开我西阁门，展我东阁床[28]。瓶插映山紫[29]，炉添沉水香。"小姐，你歇息片时，俺瞧老夫人去也。（下）（旦欢介）"默地游春转，小试宜春面[30]。"春呵，得和你两留连，春去如何遣？咳，恁般天气，好困人也。春香那里？（作左右瞧介）（又低首沉吟介）天呵，春色恼人，信有之乎！常观诗词乐府，古之女子，因春感情，遇秋成恨，诚不谬误矣。吾今年已二八，未逢折桂之夫；忽慕春情，怎得蟾宫之客？昔韩夫人得遇于郎[31]，张生偶逢崔氏[32]，曾有《题红记》、《崔徽传》二书。此佳人才子，前以密约偷期[33]，后皆得成秦晋[34]。（长叹介）吾生于宦族，长在名门。年已及笄[35]，不得早成佳配，诚为虚度青春，光阴如过隙耳。（泪介）可惜妾身颜色如花，岂料命如一叶乎[36]！

【山坡羊】没乱里春情难遣[37]，蓦地里怀人幽怨。则为俺生小婵娟，拣名门一例、一例里神仙眷。甚良缘，把青春抛的远！俺的睡情谁见？则索因循腼腆[38]。想幽梦谁边，和春光暗流转？迁延，这衷怀那处言！淹煎，泼残生[39]，除问天！身子困乏了，且自隐几而眠[40]。（睡介）（梦生介）（生持柳枝上）"莺逢日暖歌声滑，人遇风情笑口开。一径落花随水入，今朝阮肇到天台[41]。"小生顺路儿跟著杜小姐回来，怎生不见？（回看介）呀，小姐，小姐（旦作惊起介）（相见介）（生）小生那一处不寻访小姐来，却在这里！（旦作斜视不语介）（生）恰好花园内，折取垂柳半枝。姐姐，你既淹通书史，可作诗以赏此柳枝乎？（旦惊喜，欲言又止介）（背想）这生素昧平生，何因到此？（生笑介）小姐，咱爱杀你哩！

【山桃红】则为你如花美眷，似水流年，是答儿闲寻遍[42]。在幽闺女自怜。小姐，和你那答儿讲话去。（旦作含笑不行）（生作牵衣介）（旦低问）那边去（生）转过这芍药栏前，紧靠著湖山石边。（旦低问）秀才，去怎的？（生低答）和你把领扣松，衣带宽，袖梢儿揾著牙儿苫也，则待你忍耐温存一晌[43]眠。（旦作羞）（生前抱）（旦推介）（合）是那处曾相见，相看俨然，早难道这好处相逢无一言[44]？（生强抱旦下）（末扮花神束发冠，红衣插花上）"催花御史惜花天[45]，检点春工又一年。蘸客伤心红雨下[46]，勾人悬梦彩云边。"吾乃掌管南安府后花园花神是也。因杜知府小姐丽娘，与柳梦梅秀才，后日有姻缘之分。杜小姐游春感伤，致使柳秀才入梦。咱花神专掌惜玉怜香，竟来保护他，要他云雨十分欢幸也。

【鲍老催】（末）单则是混阳蒸变，看他似虫儿般蠢动把风情煽。一般儿娇凝翠绽魂儿颤[47]。这是景上缘，想内成，因中见[48]。呀，淫邪展污了花台殿[49]。咱待拈片落花儿惊醒他。（向鬼门丢花介）[50]他梦酣春透了怎留连？拈花闪碎的红如片。秀才才到的半梦儿，梦毕之时，好送杜小姐仍归香阁。吾神去也。（下）

【山桃红】（生、旦携手上）（生）这一霎天留人便，草藉花眠。小姐可好？（旦低头介）（生）则把云鬟点，红松翠偏。小姐休忘了呵，见了你紧相偎，慢厮连，恨不得肉儿般团成了片也，逗的个日下胭脂雨上鲜。(旦)秀才，你可去呵？(合)是那处曾相见，相看俨然，早难道这好处相逢无一言？(生)姐姐，你身子乏了将息，将息。(送旦依前作睡介)(轻担旦介)姐姐，俺去了。(作回顾介)姐姐，你可十分将息，我再来瞧你那。"行来春色三分雨，睡去巫山一片云。"(下)(旦作惊醒,低叫介)秀才，秀才，你去了也？(又作疑睡介)(老旦上)"夫婿坐黄堂，娇娃立绣窗。怪他裙衩上，花鸟绣双双。"孩儿，孩儿，你为甚瞌睡在此？(旦作醒,叫秀才介)咳也。(老旦)孩儿怎的来？(旦作惊起介)奶奶到此！(老旦)我儿，何不做些针指，或观玩书史，舒展情怀？因何昼寝于此？(旦)孩儿适花园中闲玩，忽值春暄恼人，故此回房。无可消遣，不觉困倦少息。有失迎接，望母亲恕儿之罪。(老旦)孩儿，这后花园中冷静，少去闲行。(旦)领母亲严命。(老旦)孩儿，学堂看书去。(旦)先生不在，且自消停[51]。(老旦叹介)女孩儿长成，自有许多情态，且自由他。正是："宛转随儿女，辛勤做老娘。"(下)(旦长叹介)(看老旦下介)哎也，天那，今日杜丽娘有些侥幸也。偶到后花园中，百花开遍，睹景伤情。没兴而回，昼眠香阁。忽见一生，年可弱冠[52]，丰姿俊妍。于园中折得柳丝一枝，笑对奴家说："姐姐既淹通书史，何不将柳枝题赏一篇？"那时待要应他一声，心中自忖，素昧平生，不知名姓，何得轻与交言。正如此想间，只见那生向前说了几句伤心话儿，将奴搂抱去牡丹亭畔，芍药栏边，共成云雨之欢。两情和合，真个是千般爱惜，万种温存。欢毕之时，又送我睡眠，几声"将息"。正待自送那生出门，忽值母亲来到，唤醒将来。我一身冷汗，乃是南柯一梦[53]。忙身参礼母亲，又被母亲絮了许多闲话。奴家口虽无言答应，心内思想梦中之事，何曾放怀。行坐不宁，自觉如有所失。娘呵，你教我学堂看书去，知他看那一种书消闷也(作掩泪介)

【绵搭絮】雨香云片[54]，才到梦儿边。无奈高堂，唤醒纱窗睡不便。泼新鲜冷汗粘煎，闪的俺心悠步亸[55]，意软鬟偏。不争多费心神情[56]，坐起谁忺[57]？则待去眠。(贴上)"晚妆销粉印，春润费香篝[58]。"小姐，薰了被窝睡罢。

【尾声】(旦)困春心游赏倦，也不索香薰绣被眠。天呵，有心情那梦儿还去不远。

春望逍遥出画堂，(张说)间梅遮柳不胜芳。(罗隐)
可知刘阮逢人处？(许浑)回首东风一断肠。(韦庄)

【词语注释】

[1]乱煞年光遍：缭乱的春光到处都是。 [2]沉烟：沉水香，薰用的香料。 [3]梅关：即大庾岭，宋代在这里开设关城，因附近多梅花，故名，是往来广东、江西的重要通道，在本剧故事发生地点江西省南安府(大庾)的南面。 [4]宿妆：隔夜的残妆。 [5]宜春髻子：相传立春那天，妇女剪彩色丝绸作燕子状，戴在髻上，上贴"宜春"二字。见《荆楚岁时记》。 [6]剪不断，理还乱：南唐后主李煜词《相见欢》中的两句。 [7]"罗衣欲换更添香"两句：薛逢诗《宫词》中的两句，见《全唐诗》卷二十。 [8]晴丝：游丝、飞丝，也即后文所说的烟丝，虫类所吐的丝缕，常在空中飘游。在春天晴朗的日子最易看见。 [9]没揣：不意，蓦然。菱花，镜子。古时用铜镜，背面所铸花纹一般为菱花，因此称菱花镜，或用菱花作镜子的代称。 [10]迤逗的彩云偏：迤逗：引惹，挑逗。彩云：美丽的发卷的代称。全句，想不到镜子(拟人化)偷偷地照见了她，害得(迤逗的)她羞答答地把发卷也弄歪了。这几句写出一个少女的含情脉脉的微妙心理，她是连看见镜子里自己的影子也有些不好意思的。迤逗，元曲中或作拖逗。 [11]翠生生出落的裙衫儿茜：翠生生，极言彩色鲜艳。苏轼诗："一朵妖红翠欲流。"用法正同。见《苏诗编注集成》卷十一《和述古冬日牡丹》四首。《老学庵笔记》卷八："鲜翠，犹言鲜明也。"出落的：

显出，衬托出。茜：茜红色。[12]艳晶晶花簪八宝填：镶嵌着多种宝石的簪子。[13]天然：天性使然。上文爱好，犹言爱美。《紫箫记》十一出《懒画眉》：“道你绿鬓乌纱映画罗。”系丫环赞李十郎词，下接十郎云，“小生从来带一种爱好的性子。”用法正同。现在浙江还有这样的方言。[14]三春好处：比喻自己的青春美貌。[15]沉鱼落雁：小说戏曲中用来形容女人的美貌。意思说，鱼见她的美色，自愧不如而下沉；雁则为看她的美色而停落下来。下文羞花闭月，同。[16]泥：沾污，这里作动词用。[17]异花疼煞小金铃：《开元天宝遗事》：“天宝初，宁王……于后园中纫红丝为绳，密缀金铃，掣于花梢之上。每有鸟鹊翔集，则令园吏掣令索以掣之。盖异花之故也。”疼，为异花常常掣铃，连小金铃都被拉得疼煞了。这是夸大的描写。[18]姹紫嫣红：花色鲜艳的样子。[19]谁家：哪一家。一说作“甚么”解，见张相《诗词曲语辞汇释·谁家条》。全句本谢灵运《拟魏太子邺中集诗序》：“天下良辰美景赏心乐事，四者难并。”[20]朝飞暮倦：唐王勃《滕王阁诗》：“画栋朝飞南浦云，朱帘暮卷西山雨。”[21]锦屏人：深闺中人，包括自己在游园前。[22]是：凡是、所有的。[23]啼红了杜鹃：开遍了红色的杜鹃花。从杜鹃(鸟)泣血联想起来的。[24]荼蘼：花名，晚春时开放。[25]牡丹虽好，他春归怎占的先：《诚齐乐府·牡丹品》三折《喜莺》：“花索让牡丹先。”[26]观之不足：看不厌。[27]缱：留恋不舍。[28]开我西阁门，展我东阁床：《木兰诗》：“开我东阁门，坐我西阁床。”[29]映山紫：映山红(杜鹃红)的一种。[30]宜春面：指新妆。[31]韩夫人得遇于郎：唐人传奇故事：唐僖宗时，宫女韩氏以红叶题诗，从御沟中流出，被于佑拾到。于佑也以红叶题诗，投入上流，寄给韩氏。后来两人结为夫妇。见《青琐高议》前集卷五《流红记》。汤显祖的同时代人王骥德曾以这个故事写成戏曲《题红记》，见王骥德《曲律·杂论》第三十九下。

[32]张生偶逢崔氏：即张生和崔莺莺的爱情故事，见唐元稹《会真记》，后来《西厢记》演的就是这个故事。下文说的《崔徽传》是另外一个故事，见《丽情集》：妓女崔徽和裴敬中相爱，分别之后不再相见。崔徽请画工画了一幅像，托人带给敬中说：“崔徽一旦不及卷中人，徽且为郎死矣!”这里《崔徽传》疑是《莺莺传》或《西厢记》的笔误。[33]偷期：幽会。[34]得成秦晋：得成夫妇。春秋时代，秦、晋两国世代联姻，后世称联姻为秦晋。[35]及笄：古代女子十五岁开始以笄(簪)束发，叫及笄。见《礼记·内训》。及笄，意指女子已成年，到了婚配的年龄。

[36]“岂料命如一叶乎”句：元好问《鹧鸪天·薄命妾》词：“颜色如花画不成，命如叶薄可怜生”。[37]没乱里：形容心绪很乱。[38]腼腆：害羞。索：要，须。[39]淹煎，泼残生：淹煎：受熬煎，遭磨折。泼残生：苦命儿。泼：表示厌恶，原来是骂人的话。[40]隐几：靠着几案。[41]阮肇到天台：见到爱人。用刘晨和阮肇在天台山桃源洞遇到仙女的故事。[42]是答儿：到处。是：凡。下文，那答儿：那边。[43]一晌：一会儿。[44]早难道：这里就是难道，但证据较强。[45]催花御史：《说郛》卷二十七《云仙散录》引《玉尘集》：唐“穆宗，每宫中花开，则以重顶帐蒙蔽栏槛，置惜花御史掌之。”[46]蘸：指红雨(落花)泪落在人的身上。[47]单则是混阳蒸变……魂儿颤：形容幽会。[48]景上缘：景，影；与下文的想、因都是佛家的因缘。景上缘，想内成，喻姻缘短暂，是不真实的梦幻。因中见(现)，佛家认为一切事物都由因缘造合而成。[49]展污：沾污、弄脏。[50]鬼门：一作古门，戏台上演员的上、下场门。[51]消停：休息。[52]弱冠：二十岁。《礼·曲礼》上：“人生十年曰幼，学；二十曰弱，冠；三十曰壮，有室……。”冠，男子到二十岁行冠礼表示已经成人。[53]南柯一梦：唐人传奇故事：淳于棼梦见自己被大槐安国国王招为驸马，做南柯太守。历尽了富贵荣华，人世浮沉。醒来才发现槐安国不过是大槐树下的一个蚁穴，南柯郡则是南面树枝下的另一个蚁穴。见《太平广记》卷四七五引李公佐《淳于棼》。南柯，后来被用作梦的代称。[54]雨香云片：云雨，指梦中的幽会。[55]步亸：脚步不动。亸：偏斜。闪的俺：弄得我，害得我。

[56]不争多：差不多，几乎。 [57]忺(xiān)：惬意。 [58]香篝：即薰笼，薰香用。

【作品简析】

“一生四梦，得意处惟在牡丹”。汤显祖所作《牡丹亭》是明代重要的戏曲作品，在中国文学史上占有一席之地。《牡丹亭》以梦写爱情，通过对青年男女爱情的描写，歌颂他们追求个性解放，追求理想爱情和幸福婚姻的勇敢精神，反对封建礼教和封建道学对人性、人情的扼杀。在这部不朽作品中，作者以才华横溢的艺术手法，通过一个充满浪漫主义色彩的故事，塑造了杜丽娘、春香等一系列生动的艺术形象。《牡丹亭》在继承《西厢记》艺术成就的基础上又有创新，在人物形象的塑造，人物心理活动的刻画，语言文辞的典雅清丽等诸方面都为论者赞许称道。《牡丹亭》在中国戏剧史上也有着重要的地位。

《牡丹亭》“惊梦”一出戏通过长期幽居深闺的杜丽娘对于美好春色的观赏，以及对春光短暂的感叹，表现了她对大自然的热爱、青春意识的觉醒和对自己美好青春被耽误的不满，深刻地反映了在宋明理学等封建礼教桎梏下青年女子的苦闷，揭露了扼杀人性的封建礼教对青年人的摧残和造成的不幸，表现了鲜明的反封建精神。“游园”时，她一连唱了[步步娇]、[醉扶归]、[皂罗袍]等好几支愉悦的曲子，细细欣赏姹紫嫣红、美景良辰，她的心情因为被春心也是情心唤起而轻灵柔美，但总是拂不去一层淡淡幽怨、莫名惆怅。《山坡羊》是杜丽娘第一支直抒胸臆的春情曲，是从游园到惊梦转变的关键，抒发她内心深处对自己青春与爱情的渴望与幽思。与柳生梦中幽会，正是杜丽娘内心的压抑在梦境中的全面实现。

“游园”是昆曲的代表作之一，至今仍是舞台上经常演出的剧目。

【拓展阅读】

1. 张琦《衡曲尘》中对《牡丹亭》的评价为：临川学士，旗鼓词坛。今玉茗诗曲，争脍人口，其最者，《杜丽娘》一剧，可与实甫《西厢》交胜。

2. 郭汉城《汤显祖研究论文集》序言：汤显祖上承元人，下启洪(昇)曹(雪芹)，把现实主义和浪漫主义相结合的创作方法提高到相当完整的地步，他的作品，在明末封建社会像火把和呐喊，划破了漫长的岑寂和无边的黑暗，把希望给予了在封建专制高压下挣扎、反抗、战斗的人们。“临川四梦”所达到的思想成就和艺术成就，为我国戏曲史留下辉煌灿烂的一页，也因此，汤显祖才成为我国乃至世界史上的一位文化巨人，“东方的莎士比亚”这句来自东瀛学者的誉称，对于汤显祖的思想成就和艺术成就是一点也不过分的。

3. 2001 年 5 月 18 日，联合国教科文组织宣布，世界 19 个文化活动和口头文化表现形式被授予首批“人类口述和非物质遗产代表作”称号，其中包括了中国的昆曲艺术。

【相关链接】

1. 徐朔方 《汤显祖年谱》 (浙江古籍出版社)
2. (日) 青木正儿 《中国近世戏剧史》
3. 钱南扬校点 《汤显祖戏剧集》 (上海古籍出版社)
4. 张庚、郭汉城 《中国戏曲通史》 (中国戏剧出版社)

《天工开物》

陶 埏

宋应星

宋应星(1587 年—1661 年)，字长庚。江西奉新人。明代著名科学家、诗人。他博学多才，著作宏富。除举世瞩目的科技名著《天工开物》外，流传的有《野议》、《论气》、《谈天》、《思怜诗》四种，失传的有《画音归正》、《乐律》、《杂色文》等十多种政论杂文、科学技术、文学艺术等方面的著作。

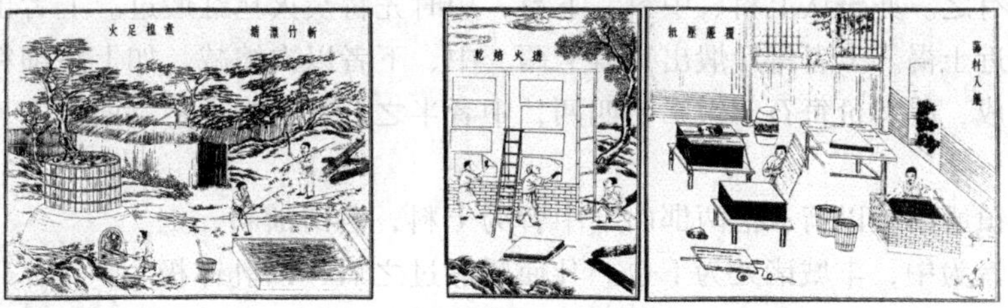

《天工开物》插图

凡白土曰垩土，为陶家精美器用。中国出惟五、六处：北则真定定州、平凉华亭、太原平定、开封禹州，南则泉郡德化(土出永定，窑在德化)、徽郡婺源祁门[1](他处白土陶范不粘，或以扫壁为墁)。德化窑惟以烧造瓷仙、精巧人物、玩器，不适实用。真、开等郡瓷窑所出，色或黄滞无宝光。合并数郡，不敌江西饶郡[2]产。浙省处州丽水、龙泉两邑，烧造过釉杯碗，青黑如漆，名曰处窑。宋、元时龙泉华琉山下有章氏造窑，出款贵重，古董行所谓哥窑器者即此。

若夫中华四裔驰名猎取者，皆饶郡浮梁景德镇之产也。此镇从古及今为烧器地，然不产白土。土出婺源、祁门两山。一名高梁山，出粳米土，其性坚硬；一名开化山，出糯米土，其性粢软。两土和合，瓷器方成。其土作成方块，小舟运至镇。造器者将两土等分入臼舂一日，然后入缸水澄。其上浮者为细料，倾跌过一缸[3]。其下沉底者为粗料。细料缸中再取上浮者，倾过为最细料，沉底者为中料。既澄之后，以砖砌方长塘，逼靠火窑，以借火力。倾所澄之泥于中吸干，然后重用清水调和造坯。

凡造瓷坯有两种。一曰印器，如方圆不等瓶、瓮、炉、盒之类，御器则有瓷屏风、烛台之类。先以黄泥塑成模印，或两破或两截，亦或囫囵，然后埏白泥印成，以釉水涂合其缝，烧出时自圆成无隙。一曰圆器。凡大小亿万杯盘之类，乃生人日用必需，造者居十九，而印器则十一。造此器坯，先制陶车。车竖直木一根，埋三尺入土内，使之安稳。上高二尺许，上下列圆盘，盘沿以短竹棍拨运旋转，盘顶正中用檀木刻成盔头帽其上。

凡造杯、盘，无有定形模式，以两手捧泥盔帽之上，旋盘使转，拇指剪去甲，按定泥底，就大指薄旋而上，即成一杯碗之形(初学者任从作废，破坯取泥再造)。功多业熟，即千万如出一范。凡盔帽上造小坯者，不必加泥；造中盘、大碗，则增泥大其帽，使干燥而后受功。凡手指旋成坯后，覆转用盔帽一印，微晒留滋润，又一印，晒成极白干，入水一汶，漉上盔帽，过利刀二次(过刀时手脉微振，烧出即成雀口[4])。然后补整碎缺，就车上旋转打圈。圈后或画或书字，画后喷水数口，然后过釉。

凡为碎器[5]与千钟粟[6]与褐色杯等，不用青料。欲为碎器，利刀过后，日晒极热，入清水一蘸而起，烧出自成裂纹。千钟粟则釉浆捷点，褐色则老茶叶煎水一抹也。(古碎器，日本国极珍重，真者不惜千金。古香炉碎器不知何代造，底有铁钉，其钉掩光色不锈。)

凡饶镇白瓷釉，用小港咀泥浆和桃竹叶灰调成，似清泔汁(泉郡瓷仙用松毛水调泥浆，处郡青瓷釉未详所出)，盛于缸内。凡诸器过釉，先荡其内，外边用指一蘸涂弦，自然流遍。凡画碗青料总一味无名异(漆匠煎油,亦用以收火色)。此物不生深土，浮生地面，深者掘下三尺即止，各省直皆有之。亦辨认上料、中料、下料，用时先将炭火丛红煅过。上者出火成翠毛色，中者微青，下者近土褐。上者每斤煅出只得七两，中、下者以次缩减。如上品细料器及御器龙凤等，皆以上料画成，故其价每石值银二十四两，中者半之，下者则十之三而已。

凡饶镇所用，以衢、信两郡山[7]中者为上料，名曰浙料，上高[8]诸邑者为中，丰城诸处为下也。凡使料煅过之后，以乳钵极研(其钵底留粗,不转釉)，然后调画水。调研时色如皂，入火则成青碧色。凡将碎器为紫霞色杯者，用胭脂打湿，将铁线性纽一兜络，盛碎器其中，炭火炙热，然后以湿胭脂一抹即成。凡宣红器乃烧成之后出火，另施工巧微炙而成者，非世上朱砂能留红质于火内也(宣红元末已失传,正德中历试复造出)。

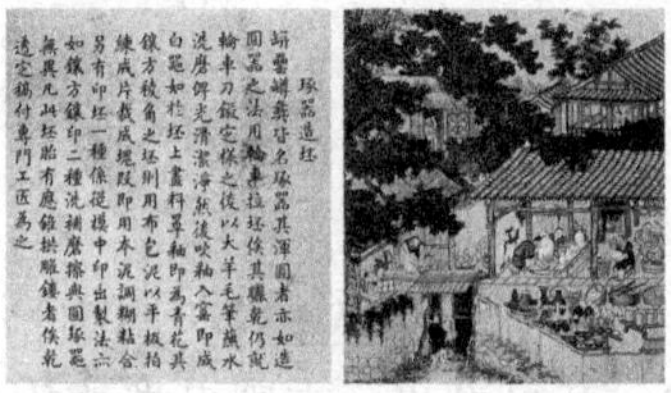
陶瓷制作

凡瓷器经画过釉之后，装入匣钵(装时手拿微重,后日烧出即成坳口,不复周正)。钵以粗泥造，其中一泥饼托一器，底空处以沙实之。大器一匣装一个，小器十余共一匣钵。钵佳者装烧十余度，劣者一、二次即坏。凡匣钵装器入窑，然后举火。其窑上空十二圆眼，名曰天窗。火以十二时辰为足。先发门火十个时，火力从下攻上，然后天窗掷柴烧两时，火力从上透下。器在火中，其软如绵絮，以铁叉取一，以验火候之足。辨认真足，然后绝薪止火。共计一坯工力，过手七十二方克成器，其中微细节目尚不能尽也。

【词语注释】

[1]“北则真定定州”句：河北定州，原属真定府；甘肃平凉府华亭县；山西太原府平定州；河南开封府禹州；福建泉州府德化县；安徽徽州府婺源，今属江西；徽州府祁门县。[2]饶郡：江西饶州府，即指浮梁县景德镇。后即简称饶镇。[3]倾跌过一缸：倾斜之使缸水入另一缸。[4]雀口：牙边。[5]碎器：表面带有裂纹的瓷器品种。[6]千钟粟：表面带有米粒状凸起的瓷器品种。[7]衢、信两郡：浙江衢州府、江西广信府。[8]上高：与下文之丰城均在江西省。

【作品简析】

《天工开物》的思想核心是，以天工补人工开万物，或通过自然力与人力的协调从自然界开发物产。《陶埏(shān)》叙述房屋建筑所用砖瓦及日常生活所用陶瓷器(白瓷、青瓷)的制造及工具，着重介绍江西景德镇生产民用白瓷的技术，从原料配制、造坯、过釉到入窑烧结，都予以详细说明。本文条理清晰，文字简洁。

【拓展阅读】

1. 日本学者三枝博音博士解释天工开物思想时写道：天工是与人类行为对应的自然界的行为，开物是根据人类生存利益将自然界中包含的种种物由人工加工出来。在欧洲人的技术书中，恐怕没有这类书名的著作。技术确实是自然界与人类协调的产物，它是人类与自然界之间赖以沟通的桥梁。

2. 英国学者李约瑟把宋应星称为“中国的阿格里科拉”和“中国的狄德罗”。

3. 人民教育网：《天工开物》一书初刊于明崇祯十年(1637年)。全书分上、中、下三册，又细分为十八卷，全面系统地记述了我国古代农业和手工业的生产技术和经验，并附有123幅详尽生动的插图。上册主要记载了谷物豆麻的栽培和加工方法，蚕丝棉苎的纺织和染色技术，以及制盐、制糖工艺。中册包括砖瓦、陶瓷的制作，车船的建造，金属的铸锻，石灰、煤炭、硫磺、白矾的开采和烧制，以及榨油、制烛、造纸等。下册记述了五金开采及冶炼，兵器、火药的制造，朱墨、颜料、酒曲的生产，以及珠玉的采琢等。对原料的品种、产地、用量、工具构造和生产加工的操作过程等，记载都很详细。《天工开物》一书，堪称是一部关于我国古代农业和手工业生产技术的百科全书，其中记录了不少在当时居于世界前列的工艺措施和科学创见，在我国乃至世界科学技术史上都占有重要地位。

【相关链接】

《天工开物》(上下)　(中国社会出版社)

第八部分 清代文学

清代是中国最后一个封建王朝。在思想上，清朝统治者大力提倡程朱理学，对广大知识分子则采取镇压与笼络相结合的政策，一方面大兴文字狱，另一方面，又沿袭明代的科举制度，以八股文取士，开设博学鸿词科，广泛搜罗和笼络知识分子。朝廷组织编纂大型的辞书、丛书和类书，如《康熙字典》、《佩文韵府》、《子史精华》、《古今图书集成》、《四库全书》等，通过这些工作，把大批知识分子束缚在故纸堆中，以磨灭他们的反清意志。这一时期，文化思想领域的斗争十分激烈。在反对民族压迫，反对封建专制的斗争中，出现了顾炎武、黄宗羲、王夫之等一批进步思想家，提出了一些带有民主性质的政治主张。

清代文学是中国古代文学史的最后一个阶段。清代文学各种文体都取得了比较高的成就，无论是诗、词、散文等传统文学样式，还是小说、戏曲、民间讲唱等新兴的文学样式，都呈现出较为繁荣的景象。其中，文学成就最高的是小说。

一、清代诗歌

清初的进步作家民族意识强烈，对现实的认识也更加深刻。清初的顾炎武、王夫之、黄宗羲等遗民诗人，他们的创作充满了反抗民族压迫的爱国主义思想感情。顾炎武有《亭林诗文集》传世，存诗四百多首。其诗抚事感时，同情人民的悲惨遭遇，充满深厚的民族感情，格调慷慨悲壮，苍劲沉郁。如《秋山》、《海上》、《精卫》等，抒写了诗人的亡国之痛和恢复故国的决心。他的诗对清初和晚清诗坛产生了巨大的影响。吴伟业的诗艺术性较高。王士祯是康熙时期的诗坛主将，他论诗以“神韵”为主，创作力求“超脱”。

沈德潜著有《归愚诗文集》，作诗注重“格调”，他的选诗和诗歌评论影响颇大。选诗有《古诗源》、《唐诗别裁集》、《明诗别裁集》等，诗话有《说诗晬语》。画家郑燮的诗抒写民生疾苦和磊落胸怀，风格质朴。

袁枚与赵翼、蒋士铨并称“乾隆三大家”。袁枚论诗主张“性灵说”，著有《小仓山房诗文集》、《随园诗话》等，他的诗直抒感兴，清丽灵巧。

二、清代的词

清代词的创作有中兴之象，词派林立，词作众多。重要的有三大家，以陈维崧为首的“阳羡词派”，朱彝尊为代表的“浙西词派”和自成一家的满族大词人纳兰性德。

《贺新郎·纤夫词》是陈维崧的代表作。这首词取景壮阔，风格豪放，是词中的现实主义杰作。

朱彝尊诗、文、词兼工，但在文坛的影响，却以词为最大。他的词精工隽永、清丽流畅；并纂辑六百余家词为《词综》，为词的研究和创作提供了重要资料。

纳兰性德擅长书法，精于书画鉴赏，爱好写词。他的词直抒胸臆，情致深婉，语言清新自然。以小令为主偶有长调，亦见工力。《蝶恋花·又到绿杨曾折处》、《长相思·山一程》、《金缕曲·亡妇忌日有感》均为传世名篇。

三、清代散文

清初有著名的政论散文三大家顾炎武、黄宗羲、王夫之，强调文章的经世致用社会功能，文章“须有益于天下”（顾炎武《日知录》），从而形成清初散文质实和致用的文风。这类散文以黄宗羲的成就为最高。他的政论集《明夷待访录》共分《原君》等13篇，笔锋犀利。文学散文三大家魏禧、侯方域、汪琬，倡导恢复唐宋散文传统。其中侯方域的散文较为突出。他的《李姬传》等传记散文，叙事分明，情节曲折，具有短篇小说的特点。魏禧的《大铁椎传》也是传世名篇之一。《江天一传》是汪琬的代表作之一，选取典型事例来刻画抗清烈士形象，文字朴实无华。

“桐城派”古文是清中叶最著名的一个散文流派。主要作家有方苞、刘大魁、姚鼐，他们都是安徽桐城人，故得名。方苞的《狱中杂记》、《左忠毅公逸事》，姚鼐的《登泰山记》都较为有名。

袁枚、郑燮、纪晓岚等都善于写散文。沈复的纪传体散文《浮生六记》文笔朴实，真切感人。

四、清代小说

从清初到清中叶，出现了一些最优秀的作品。代表这个时期小说成就的是《聊斋志异》、《儒林外史》和《红楼梦》。

蒲松龄的文言短篇小说集《聊斋志异》，继承了六朝志怪和唐代传奇的优良传统，又有创造性的发展。这部小说大都借狐仙鬼怪的故事，曲折地反映社会现实。“写鬼写妖高人一等，刺贪刺虐入骨三分”（郭沫若题联）。在对黑暗社会的揭露和控诉中，包含着对自由、幸福和光明的向往和追求，达到了中国文言小说的最高峰。

纪昀(1724年—1805年,字晓岚)的《阅微草堂笔记》也是较优秀的笔记小说。鲁迅在《中国小说史略》中评论：“纪昀本长文笔，多见秘书，又襟怀夷旷，故凡测鬼神之情状，发人间之幽微，托狐鬼以抒己见者，隽思妙语，时足解颐；间杂考辨，亦有灼见。叙述复雍容淡雅，天趣盎然，故后来无人能夺其席，固非仅借位高望重以传者矣。”

聊斋画册

吴敬梓的《儒林外史》是中国古代文学中优秀的长篇讽刺小说。它对科举制度的罪恶作了深刻的揭露和辛辣的嘲讽。《儒林外史》的问世，如鲁迅《中国小说史略》所说：“说部中乃始有足称讽刺之书。”它奠定了我国古典讽刺小说的基础，为以后讽刺小说的发展开辟了道路。

《红楼梦》是中国古典长篇小说中最优秀的一部。作者曹雪芹“披阅十载，增删五次”，真是“字字看来皆是血，十年辛苦不寻常”。曹雪芹的未完稿题名《石头记》，基本定稿只有八十回。到了乾隆五十六年(1791年)，程伟元、高鹗第一次以活字版排印出版，已是一百二十回，书名改为《红楼梦》。它以贾宝玉、林黛玉、薛宝钗之间的恋爱、婚姻悲剧为中心，写出了以贾府为代表的四大家族的由盛而衰，揭示了封建制度必然灭亡的历史趋势。曹雪芹在广阔的社会背景下，以精雕细琢的工夫，描绘了一大批个性鲜明的典型形象，如宝玉、黛玉、宝钗、凤姐、刘姥姥等，使他们成为不朽的人物形象。《红楼梦》的语言最成熟，最优美。其特点是简洁而纯净，准确而传神，朴素而多彩，达到了炉火纯青的境界。《红楼梦》多方面吸收诗歌、散文、戏剧、绘画、音乐、建筑、雕刻等民族文化的精华，在继承民族文化传统的基础上进行了巨大的创造和发展，使它成为我国古典小说现实主义的高峰。鲁迅在《中国小说的历史的变迁》中说：“自有《红楼梦》出来以后，传统的思想和写法都打破了。”

五、清代戏曲

清初是清代戏曲成就最高的时期。最杰出的戏曲作家和作品是洪昇的《长生殿》、孔尚任的

《桃花扇》。此外，李玉等人创作的我国戏曲史上第一部“事俱按实”（吴伟业《清忠谱序》）的历史戏《清忠谱》，在清代戏曲舞台上也有着重要的地位。

《长生殿》是洪昇的代表作品。作者恰当地处理了历史真实和艺术真实的关系，热烈地歌颂唐明皇与杨贵妃的爱情，丰富和发展了传说故事的爱情主题，展开了更广阔的场景，塑造了更生动的形象。它在艺术表现上达到了清代戏曲创作的最高水平。

《桃花扇》是写南明王朝兴亡的历史剧。作品以侯方域、李香君的爱情故事为线索，集中地反映了明末动荡的社会现实及统治阶级内部的矛盾和斗争。作者“借离合之情，写兴亡之感”，这是全剧的主题思想，同时也体现了作者的艺术构思。作者说：“桃花扇一剧，皆南朝新事，父老犹有存者。场上歌舞，局外指点，知三百年之基业，隳于何人？败于何事？消于何年？歇于何地？不独令观者感慨涕零，亦可惩创人心，为末世之一救矣”（《桃花扇小引》）。李香君成为我国戏曲舞台上最光辉的妇女形象之一。

李渔是我国著名的戏曲理论家。他的《闲情偶寄》是我国最早的系统论述戏曲的专著。词曲部从结构、词采、音律、宾白、科诨、格局六方面论戏曲文学；演习部从选剧、变调、授曲、教白、脱套五方面论戏曲表演。李渔的剧本保留下来的有十八种，为《笠翁十种曲》。李渔继承明人的成就，并结合舞台实际，比较全面而系统地总结了填词和演习方面的理论，十分难能可贵。

乾嘉时著名学者焦循的《剧说》，取材一百六十多种有关戏曲记载的书籍，为研究古典戏曲汇集了相当丰富的参考资料。

咏　史

龚自珍

龚自珍(1792 年—1841 年)，一名巩祚，易简，字璱人，号定庵，浙江仁和(今杭州)人。清末思想家、文学家。道光进士。曾任内阁中书、礼部主事。他支持林则徐禁烟，建议加强战备。他反对清末土地兼并，反对君主独裁。其为文纵横，表达真情实感，自成一家；其词“绵丽飞扬”（谭献《复堂日记》）；诗风瑰丽奇肆。辑有《龚自珍全集》。

金粉东南十五州[1]，万重恩怨属名流[2]；
牢盆狎客操全算[3]，团扇才人踞上游[4]。
避席畏闻文字狱，著书都为稻粱谋[5]；
田横五百人安在[6]？难道归来尽列侯？

【词语注释】

[1]“金粉”句：泛指江南繁华富庶地区。 [2]属(zhǔ)：结。《国语·晋语四》：“齐秦不得其请，必属怨焉。”韦昭注：“属，结也。”名流：知名之士。这里指当时社会上沽名钓誉的人。 [3]牢盆：煮盐的铁制器具。《本草》：“煮盐之器，汉谓之牢盆。”这里指代把持盐政的官僚政客。狎(xiá)客：陪伴帝王、权贵游乐的幸臣或门客。操全算：把持的意思。 [4]团扇才人：指不学无术、流连声色而身居高位的人。 [5]稻粱谋：为生计打算，语出杜甫《同诸公登慈恩寺塔》。 [6]田横：典故出于《史记·田儋列传》。楚汉相争时田横曾自立为齐王。刘邦称帝后，田横率其部属五百余人入海岛。后因耻于事刘，不受劝降封爵，自己及所部皆自刎而死。

【作品简析】

作者当时因母丧离官后寓居昆山。对于当时日趋颓废的社会风气，诗人有着清醒的认识。此诗以东南一带上层社会生活为背景，对这一现象作了充分的揭示。此诗从现实感慨出发，而以历史故事作为映衬，具有强烈的批判与讽刺效果。

【拓展阅读】

1. 柳亚子：三百年来第一流，飞仙剑客古无俦。

2. 钱仲联《论近代诗四十家》：其诗笔乃横扫一世之彗星，光芒辐射，拔奇于古人之外，境界独辟。

【相关链接】

1. 王佩诤校《龚自珍全集》（上海古籍出版社）

2. 钱仲联主编《近代诗三百首》（浙江古籍出版社）

赠梁任父同年

黄遵宪

黄遵宪(1848 年—1905 年)，字公度，嘉应州(今广东梅州)人。光绪二年(1876 年)顺天乡试举人。晚清著名外交家和诗人。变法维新活动的重要人物之一。他的诗广泛地描写重大的历史事件，是当时“诗界革命”中成就最高的诗人。著有《人境庐诗草》等。

寸寸河山寸寸金，侉离分裂力谁任[1]；
杜鹃再拜忧天泪[2]，精卫无穷填海心[3]。

【词语注释】

[1]侉(kuǎ)离：离绝，离散。一作侃离。力谁任：谁有能力当此重任。[2]杜鹃啼血：古时巴蜀的望帝化为杜鹃鸟的传说。[3]精卫填海：见《山海经·北山经》。

【作品简析】

黄遵宪用诗歌记录了近代中国乃至世界的许多重大事件。如《台湾行》、《哀旅顺》、《哭威海》等诗作。甲午战争后一年，诗人黄遵宪结束了长达十八年的外交生涯，从新加坡回到国内。这年的春天，痛感山河破碎的黄遵宪写下了《赠梁任父同年》诗六首，“寸寸河山寸寸金”一诗是其中的第四首。首句直白自明。二句谁能担负制止国土分裂的重任。三句典出古蜀国望帝(名杜宇)死后化为杜鹃鸟，一再哀鸣忧国泣血。四句典出炎帝小女溺死东海化为精卫鸟，坚持衔木石欲填海，永无止息。

【拓展阅读】

1. 黄遵宪不但提倡改革旧体诗，还注意从民歌中汲取营养，他曾亲选客家山歌，并略做加工，成为天然好语：“向娘添索嫁衣裳，只是含羞怕问娘。翻道别家新娶妇，多多满送镂金箱。”、“催人出门鸡乱啼，送人离别水东西。挽水西流想无法，从今不养五更鸡。”

2. 梁启超《饮冰室诗话》：近世诗人能熔铸新理想以入旧风格者，当推黄公度。

3. 于右任《望大陆》：葬我于高山之上兮，望我大陆；大陆不可见兮，惟有恸哭。葬我于高山之上兮，望我家乡；家乡不可见兮，永不能忘。山苍苍，野茫茫。山之上，国之殇。

【相关链接】

《人境庐诗草》（古典文学出版社）

卖花声·雨花台[1]

朱彝尊

朱彝尊(1629 年—1709 年)，字锡鬯，号竹垞，浙江秀水(今嘉兴)人。清代词人、学者。康熙十八年，以布衣应博学鸿词考试，授官翰林院检讨。他博学多才，诗、词、文并工，是浙西词派领袖。曾与陈维崧合刻《朱陈村词》，并称“朱陈”。他还纂辑唐宋金元词五百余家为《词综》，为词学研究和创作提供了重要资料。著有《曝书亭集》。

衰柳白门湾[2]，潮打城还[3]。小长干接大长干[4]。歌板酒旗零落尽[5]，剩有渔竿。

秋草六朝寒[6]，花雨空坛[7]。更无人处一凭阑[8]。燕子斜阳来又去[9]，如此江山。

【词语注释】

[1]雨花台：在南京聚宝门外聚宝山上。相传梁云光法师在这里讲经，感天雨花，故称雨花台。雨：降落。 [2]白门：本建康（南京）台城的外门，后来用为建康的别称。 [3]潮打城还：城：这里指古石头城，在今南京清凉山一带。刘禹锡《石头城》：“山围故国周遭在，潮打空城寂寞回。淮水东边旧时月，夜深还过女墙来。” [4]小长干、大长干：古代里巷名，故址在今南京城南。 [5]歌板：即拍板，打击乐器，一般用檀木制成，用以定歌曲节拍。 [6]秋草六朝寒：唐吴融《秋色》：“曾从建业城边路，蔓草寒烟锁六朝。” [7]花雨：《永乐大典》引《建康志》梁武帝时，云光法师讲经于此，感天而花坠如雨。 [8]凭阑：李煜《浪淘沙》：“独自莫凭阑，无限江山，别时容易见时难，流水落花春去也，天上人间。” [9]燕子：见刘禹锡《乌衣巷》。

【作品简析】

此词从南京的萧条景象，侧面反映清兵南侵对这座名城的破坏。江山依旧，人事已非，追怀往事，不胜感慨。上片描写南京的衰败零落。下片吊古伤今，抒发感怀。全词字字蕴含着兴亡之慨，哀婉抑郁，清丽自然。

【拓展阅读】

1. 陈世焜：气韵沉雄，却不涉叫嚣，不流散漫，出苏辛之上。结得妙，妙在其味不尽。

2. 朱彝尊从康熙二十五年（1686年）起，开始了《日下旧闻》的创作。从一千六百多种古籍中选录历代有关北京的记载和资料，辑录了北京地区的山川地理、文物古迹、风情物产，详细记载京师地理沿革，著录历代有关典章制度、遗闻旧事，可称为研究北京的小百科全书。全书分为13门，分别是星土、世纪、形胜、宫室、城市、郊坰、京畿、侨治、边障、户版、风俗、物产、杂缀，共42卷。于康熙二十七年（1688年）九月出书。

乾隆命窦光鼎、朱筠等根据朱彝尊编辑的《日下旧闻》加以增补、考证，于乾隆五十年至五十二年刊刻出书《日下旧闻考》，也叫《钦定日下旧闻考》，成为封建王朝中最大、最完全的关于北京历史、地理、城坊、宫殿、名胜等资料选辑。《日下旧闻考》有160卷。（选自《北京日报》）

【相关链接】

1.《朱彝尊选集》（上海古籍出版社）

2. 罗仲鼎等选注 《朱彝尊诗词选》（浙江古籍出版社）

长相思

纳兰性德

纳兰性德（1655年—1685年），原名成德，字容若，号楞伽山人，满洲正黄旗人。他写词主情致，重白描，“缠绵清婉，为当代冠”（郑振铎语），以小令见长，意象新颖，多感伤情调，间有雄浑之作。也能诗。有《通志堂集》，词集名《纳兰词》。

山一程，水一程[1]，身向榆关那畔行[2]，夜深千帐灯[3]。

风一更[4]，雪一更，聒碎乡心梦不成[5]，故园无此声[6]。

【词语注释】

[1]程：道路、路程。山一程、水一程，即山长水远也。　[2]榆关：即今山海关。古名榆关，明代改今名。那畔：即山海关的另一边，指身处关外。　[3]帐：军营的帐篷，千帐言军营之多。　[4]更：旧时一夜分五更，每更大约两小时。风一更、雪一更，即言整夜风雪交加。[5]聒（guō）：声音嘈杂，使人厌烦。　[6]故园：故乡。此声：指风雪交加的声音。

【作品简析】

这是一首描写边塞军旅途中思乡寄情的佳作。柔情之中流露出男儿镇守边塞的慷慨报国之志。本文意境高远，自然真切，韵律优美，含蓄深沉。

【拓展阅读】

1. 顾贞观《通志堂词序》：容若天资超逸，翛然尘外，所为乐府小令，婉丽凄清，使读者哀乐不知所主，如听中宵梵呗，先凄婉而后喜悦。

2. 周之琦《箧中调》：格高韵远，极缠绵婉约之致。

3. 王国维《人间词话》：纳兰容若以自然之眼观物，以自然之舌言情。……故能真切如此，北宋以来，一人而已！

【相关链接】

1.《纳兰词》（浙江古籍出版社）

2. 赵秀亭　冯统一　笺校　《饮水词笺校》（辽宁教育出版）

《板桥题画》[1]（二则）

郑　燮

郑燮（1693年—1765年），字克柔，号板桥。江苏兴化人。出身贫苦，后中进士，做过两任知县。后愤而弃官，在扬州卖书画度日。他工书善画，是扬州八怪之一。他的诗清新流畅，自由洒脱，但含意深厚，真挚感人。郑燮在文学艺术领域，诗文、书法、绘画创作及理论方面多有建树。有《郑板桥全集》、《板桥先生印册》等。

其　一

余家有茅屋二间，南面种竹。夏日新篁初放[2]，绿阴照人，置一小榻其中，甚凉适也。秋冬之际，取围屏骨子[3]，断去两头，横安以为窗棂；用匀薄洁白之纸糊之。风和日暖，冻蝇触窗纸上，冬冬作小鼓声。于时一片竹影零乱，岂非天然图画乎？凡吾画竹，无所师承，多得于纸窗粉壁、日光月影中耳。

郑燮《兰竹图》

其　二

江馆清秋，晨起看竹，烟光日影露气，皆浮动于疏枝密叶之间。胸中勃勃遂有画意。其实胸中之竹，并不是眼中之竹也。因而磨墨展纸，落笔倏作变相[4]，手中之竹又不是胸中之竹也。总之，意在笔先者，定则也，趣在法外者，化机也[5]。独画云乎哉！

【词语注释】

[1]板桥题画之作甚多，或诗或文，风格不一。此处所选二则，均录自《郑板桥集》。　[2]新篁：当年长出来的新竹。　[3]围屏：可折叠的屏风。骨子：屏风骨架。　[4]变相：原佛家语，有图绘净土或地狱之形相者，称变相。此处泛指图画。　[5]化机：造化的生机。此指天然巧妙、充满灵感与妙趣的艺术境界。

【作品简析】

好的题跋，能与画相映成趣，珠联璧合。板桥题画，文笔清新秀丽，即生发于画面而又能出乎其外，时具真知灼见而又妙趣横溢，故历来为人所重。文中第一则通过叙写极为普通的日常生活片段，道出“凡吾画竹，无所师承，多得于纸窗粉壁日光月影中耳”的学艺诀窍，生动阐述了应以造化为师的深刻艺理。第二则叙己对“眼中之竹”（竹的自然形态）、“胸中之竹”（酝酿中的竹的审美意象）、“手中之竹”（画稿上竹子的艺术形象）的看法，实际上巧妙论述现实生活、作家的审美观和艺术创作三者间的相互关系和影响，论及文学艺术源于生活而又高于生活的重要命题。此则题跋正是对艺术创作过程的生动描述，也是板桥绘画经验的精练概括，颇给人启迪。

【拓展阅读】

1. 郑燮兼擅诗、词、曲、文、书、画、联、印，饮誉清代文坛艺苑，是“扬州八怪”中影响最大的一个。现存文学作品有诗一千余首、词近百首、曲十余首、对联一百余副、书信一百余封，还有序跋、判词、碑记、横额数百件。

2. 袁守定《占毕丛谈》卷五：文章之道，遭际兴会，摅发性灵，生于灵文之顷者也。然须平日餐经馈史，霍然有怀，对景感物，旷然有会，尝有欲吐之言，难遏之意，然后拈题泚笔，忽忽相遭。得之在俄顷，积之在平日，昌黎所谓有诸其中是也。

【相关链接】

曹惠民　李红权编注　《郑板桥诗文书画全集》（中国言实出版社）

人间词话（节选）

王国维

王国维(1877年—1927年)，字静安，号观堂，浙江海宁人。中国近代著名文论家。他的批评理论及美学观点，对中国近现代文学批评理论产生了很大影响。主要著作有《〈红楼梦〉评论》、《宋元戏曲史》和《人间词话》，尤以《人间词话》的影响最大。其著述刊为《海宁王静安先生遗书》，共104卷。

古今之成大事业、大学问者，必经过三种之境界：“昨夜西风凋碧树。独上高楼，望尽天涯路[1]。”此第一境也。“衣带渐宽终不悔，为伊消得人憔悴[2]。”此第二境也。“众里寻他千百度，蓦然回首，那人却在，灯火阑珊处[3]。”此第三境也。此等语皆非大词人不能道。然遽以此意解释诸词，恐为晏欧诸公所不许也。

【词语注释】

[1]晏殊《蝶恋花》：“槛菊愁烟兰泣露。罗幕轻寒，燕子双飞去。明月不谙别离苦，斜光到晓穿朱户。昨夜西风凋碧树。独上高楼，望尽天涯路。欲寄彩笺兼尺素，山长水阔知何处。”
[2]柳永《凤栖梧》：“伫倚危楼风细细。望极春愁，黯黯生天际。草色烟光残照里。无言谁会凭栏意。拟把疏狂图一醉，对酒当歌，强乐无味。衣带渐宽终不悔，为伊消得人憔悴。”　[3]辛弃疾《青玉案·元夕》：“东风夜放花千树。更吹落、星如雨。宝马雕车香满路，凤箫声动，玉壶光转，一夜鱼龙舞。蛾儿雪柳黄金缕。笑语盈盈暗香去。众里寻他千百度。蓦然回首，那人却在，灯火阑珊处。”

【作品简析】

《人间词话》是王国维在探索历代词人创作得失的基础上，结合自己艺术鉴赏和艺术创作的切身经验，从西方美学和文艺学思想中汲取营养，运用新的思维方式和分析方法，提出并阐释了

"境界"说。"境界"说具有完整的理论结构和丰富的内容，是王国维艺术论的中心和精髓。第一境是打好基础，专心致志。所谓"独上高楼"，便含有闭门苦读，心不旁顾的意思。"望尽天涯路"便是指博览群书，学习各种知识。第二境是刻苦钻研，矢志不渝。"衣带渐宽"、"人憔悴"，为做学问而付出许多，却"终不悔"。只有这样，才可能达到第三境界，那就是豁然开朗，获得成功。"众里寻他千百度"，为成功历尽艰辛，"蓦然回首，那人却在灯火阑珊处"，梦寐以求的目标终于达到了。这三种境界，是做学问所必经的三个阶段。

【拓展阅读】

1.《人间词话》：有有我之境，有无我之境。"泪眼问花花不语，乱红飞过秋千去"，"可堪孤馆闭春寒，杜鹃声里斜阳暮"，有我之境也。"采菊东篱下，悠然见南山"，"寒波澹澹起，白鸟悠悠下"，无我之境也。有我之境，以我观物，故物皆著我之色彩。无我之境，以物观物，故不知何者为我，何者为物。古人为词，写有我之境者为多，然未始不能写无我之境，此在豪杰之士能自树立耳。

2.《人间词话》：自然中之物，互相限制。然其写之于文学及美术中也，必遗其关系，限制之处。故虽写实家，亦理想家也。又虽如何虚构之境，其材料必求之于自然，而其构造，亦必从自然之法则。故虽理想家，亦写实家也。

3. 陈寅恪：先生之学博矣，精矣！几若无涯岸之可望，辙迹之可寻。

4. 新华网：王国维学识博大精深，著述宏富，通日、英、法诸国文字，先后在哲学、文学、戏曲史、甲骨古文、古器物、殷周史、汉晋木简、汉魏碑刻、汉唐史、敦煌文献及西北地理、蒙古史、元史、图书管理学、版本目录学等多学科研究中作出了重大贡献。

【相关链接】

1. 王幼安校订 《人间词话/蕙风诗话》 （人民文学出版社）

2.《人间词话新注》 （齐鲁书社）

《闲情偶寄》

取景在借

李渔

李渔(1611 年—1680 年)，原名仙侣，号天征，后改名渔，字笠翁，一字笠鸿、谪凡。李渔祖籍浙江兰溪，生于雉皋(今江苏如皋)。明末清初杰出的戏曲家和小说家。

开窗莫妙于借景，而借景之法，予能得其三昧。向犹私之，乃今嗜痂者众，将来必多依样葫芦，不若公之海内，使物物尽效其灵，人人均有其乐。但期于得意酣歌之顷，高叫笠翁数声，使梦魂得以相傍，是人乐而我亦与焉，为愿足矣。向居西子湖滨，欲购湖舫一只，事事犹人，不求稍异，止以窗格异之。人询其法，予曰：四面皆实，独虚其中，而为"便面[1]"之形。实者用板，蒙以灰布，勿露一隙之光；虚者用木作框，上下皆曲而直其两旁，所谓便面是也。纯露空明，勿使有纤毫障翳。是船之左右，止有二便面，便面之外，无他物矣。坐于其中，则两岸之湖光山色、寺观浮屠[2]、云烟竹树，以及往来之樵人牧竖、醉翁游女，连人带马尽入便面之中，作我天然图画。且又时时变幻，不为一定之形。非特舟行之际，摇一橹变一象，撑一篙换一景，即系缆时，风摇水动，亦刻刻异形。是一日之内现出百千万幅佳山佳水，总

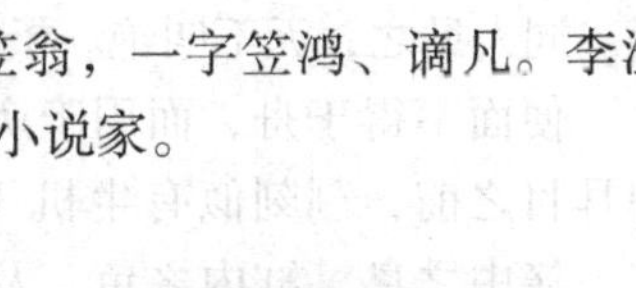

李渔《行书诗》扇面

以便面收之。而便面之制，又绝无多费，不过曲木两条、直木两条而已。世有掷尽金钱，求为新异者，其能新异若此乎？

此窗不但娱已，兼可娱人。不特以舟外无穷无景色摄入舟中，兼可以舟中所有之人物，并一切几席杯盘射出窗外，以备来往游人之玩赏。何也？以内视外，固是一幅便面山水；而以外视内，亦是一幅扇头人物。譬如拉妓邀僧，呼朋聚友，与之弹棋观画，分韵拈毫，或饮或歌，任眠任起，自外观之，无一不同绘事。同一物也，同一事也，此窗未设以前，仅作事物观；一有此窗，则不烦指点，人人俱作画图观矣。夫扇面非异物也，肖扇面为窗，又非难事也。世人取像乎物，而为门为窗者，不知凡几，独留此眼前共见之物，弃而弗取，以待笠翁，讵非咄咄怪事乎？所恨有心无力，不能办此一舟，竟成欠事。兹且移居白门，为西子湖之薄幸人矣。此愿茫茫，其何能遂？不得已而小用其机，置机窗于楼头，以窥钟山气色，然非创始之心，仅存其制而已。

予又尝作观山虚牖，名“尺幅窗”，又名“无心画”，姑妄言之。浮白轩中，后有小山一座，高不逾丈，宽止及寻[3]，而其中则有丹崖碧水，茂林修竹，鸣禽响瀑，茅屋板桥，凡山居所有之物，无一不备。盖因善塑者肖予一像，神气宛然，又因予号笠翁，顾名思义，而为把钓之形。予思既执纶竿，必当坐之矶上，有石不可无水，有水不可无山，有山有水，不可无笠翁息钓归休之地，遂营此窟以居之。是此山原为像设，初无意于为窗也。后见其物小而蕴大，有“须弥芥子[4]”之义，尽日坐观，不忍阖牖，乃瞿然曰：“是山也，而可以作画；是画也，而可以为窗；不过损予一日杖头钱[5]，为装潢之具耳。”遂命童子裁纸数幅，以为画之头尾，乃左右镶边。头尾贴于窗之上下，镶边贴于两旁，俨然堂画一幅，而但虚其中。非虚其中，欲以屋后之山代之也。坐而观之，则窗非窗也，画也；山非屋后之山，即画上之山也。不觉狂笑失声，妻孥群至，又复笑予所笑，而“无心画”、“尺幅窗”之制，从此始矣。予又尝取枯木数茎，置作天然之牖，名曰“梅窗”。生平制作之佳，当以此为第一。己酉之夏，骤涨滔天，久而不涸，斋头淹死榴、橙各一株，伐而为薪，因其坚也，刀斧难入，卧于阶除者累日。予见其枝柯盘曲，有似古梅，而老干又具盘错之势，似可取而为器者，因筹所以用之。是时栖云谷中幽而不明，正思辟牖，乃幡然曰：“道在是矣！”遂语工师，取老干之近直者，顺其本来，不加斧凿，为窗之上下两旁，是窗之外廓具矣。再取枝柯之一面盘曲、一面稍站者，分作梅树两株，一从上生而倒垂，一从下生而仰接，其稍平之一面则略施斧斤，去其皮节而向外，以便糊纸；其盘曲之一面，则匪特尽全其天，不稍戕斫，并疏枝细梗而留之。既成之后，剪彩作花，分红梅、绿萼二种，缀于疏枝细梗之上，俨然活梅之初着花者。同人见之，无不叫绝。予之心思，讫于此矣。后有所作，当亦不过是矣。

便面不得于舟，而用于房舍，是屈事矣。然有移天换日之法在，亦可变昨为今，化板成活，俾耳目之前，刻刻似有生机飞舞，是亦未尝不妙，止费我一番筹度耳。予性最癖，不喜瓶内之花，笼中之鸟，缸内之鱼，及案上有座之石，以其局促不舒，令人作囚鸾絷凤之想。故盆花自幽兰、水仙而外，未尝寓目。鸟中之画眉，性酷嗜之，然必另出已意而为笼，不同旧制，务使不见拘囚之迹而后已。自设便面以后，则生平所弃之物，尽在所取。从来作便面者，凡山水人物、竹石花鸟以及昆虫，无一不在所绘之内，故设此窗于屋内，必先于墙外置板，以备承物之用。一切盆花笼鸟、蟠松怪石，皆可更换置之。如盆兰吐花，移之窗外，即是一幅便面幽兰；盎菊舒英，内之牖中，即是一幅扇头佳菊。或数日一更，或一日一更；即一日数更，亦未尝不可。但须遮蔽下段，勿露盆盎之形。而遮蔽之物，则莫妙于零星碎石，是此窗家家可用，人人可办，讵非耳目之前第一乐事？得意酣歌之顷，可忘作始之李笠翁乎？

【词语注释】

[1]便面：用以遮面的扇子。《汉书·张敞传》注：“便面，所以障面，盖扇之类也。不欲见人，以此自障面，则得其便，故曰便面。” [2]浮屠：塔。因将佛塔“窣堵波”音译为浮屠，

故名。[3]寻：古代长度单位。八尺为一寻。[4]须弥芥子：亦称"芥子纳须弥"，佛家语，喻诸相皆非真、巨细可以相容。语本《维摩经·不思议品》："若菩萨住是解脱者，以须弥之高广，纳芥子中，无所增减，须弥山王本相如故。"[5]杖头钱：买酒的钱。语本《世说新语·任诞》："阮宣子常步行，以百钱杖头，至酒店，便独酣畅。"

【作品简析】

《闲情偶寄》内容博杂，是李渔自己非常看重的一部书。书中包含戏曲理论、妆饰打扮、园林艺术、居室布置、饮食养生、器玩古董、竹木花卉等内容。这本书成为他一生艺术经验的结晶，反映出他的文艺素养和生活趣味。《闲情偶寄》恰如其名，首先是作者有此闲情，其次是妙手偶得之，毫无牵强、刻意的成分。本文通过居室布置集中体现了李渔的毕生情趣与文墨修养。

【拓展阅读】

1. 李渔《闲情偶寄·词曲部·结构第一》：吾谓技无大小，贵在能精；才乏纤洪，利于善用。能精善用，虽寸长尺短，亦可成名。

2. 余怀《闲情偶寄》序：其言近，其旨远，其取情多而用物闳，缪缪乎，缅缅乎，汶者读之旷，僿者读之通，悲者读之愉，拙者读之巧，愁者读之忭且舞，病者读之霍然兴。

【相关链接】

1.《李渔全集》（二十卷本）（浙江古籍出版社）

2.《闲情偶寄》（上海古籍出版社）

《红楼梦》

黛玉葬花[1]

曹雪芹

曹雪芹(约1715年—约1764年)，名霑，字梦阮，号雪芹、芹圃、芹溪。满州正白旗人。伟大的现实主义作家。《红楼梦》为中国古典小说中伟大的现实主义作品。

那一日正当三月中浣[2]，早饭后，宝玉携了一套《会真记》[3]，走到沁芳闸桥边桃花底下一块石上坐着，展开《会真记》，从头细玩。正看到"落红成阵"，只见一阵风过，把树头上桃花吹下一大半来，落的满身满书满地皆是。宝玉要抖将下来，恐怕脚步践踏了，只得兜了那花瓣，来至池边，抖在池内。那花瓣浮在水面，飘飘荡荡，竟流出沁芳闸去了。

红楼梦

回来只见地下还有许多，宝玉正踟蹰间，只听背后有人说道："你在这里作什么？"宝玉一回头，却是林黛玉来了，肩上担着花锄，锄上挂着花囊，手内拿着花帚。宝玉笑道："好，好，来罢！把这个花扫起来，撂在那水里。我才撂了好些在那里呢。"林黛玉道："撂在水里不好。你看这里的水干净，只一流出去，有人家的地方脏的臭的混倒，仍旧把花遭塌了。那畸角上我有一个花冢，如今把他扫了，装在这绢袋里，拿土埋上，日久不过随土化了，岂不干净。"

宝玉听了喜不自禁，笑道："待我放下书，帮你来收拾。"黛玉道："什么书？"宝玉见问，慌得藏之不迭，便说道："不过是《中庸》、《大学》。"黛玉笑道："你又在我跟前弄鬼。趁早儿给我瞧，好多着呢。"宝玉道："好妹妹，若论你，我是不怕的。你看了，好歹别告诉别人去。

这真是好书！你要看了，连饭也不想吃呢。”一面说，一面递了过去。林黛玉把花具且都放下，接书来瞧，从头看去，越看越爱看，不到一顿饭工夫，将十六出俱已看完，自觉词藻警人，余香满口。虽看完了书，却只管出神，心内还默默记诵。

宝玉笑道：“妹妹，你说好不好？”林黛玉笑道：“果然有趣。”宝玉笑道：“我就是个‘多愁多病身’，你就是那‘倾国倾城貌[4]’。”林黛玉听了，不觉带腮连耳通红，登时直竖起两道似蹙非蹙的眉，瞪了两只似睁非睁的眼，微腮带怒，薄面含嗔，指宝玉道：“你这该死的胡说！好好的把这淫词艳曲弄了来，还学了这些混话来欺负我。我告诉舅舅舅母去。”说到“欺负”两个字上，早又把眼睛圈儿红了，转身就走。宝玉着了急，向前拦住说道：“好妹妹，千万饶我这一遭，原是我说错了。若有心欺负你，明儿我掉在池子里，教个癞头鼋[5]吞了去，变个大忘八，等你明儿做了‘一品夫人’病老归西的时候，我往你坟上替你驮一辈子的碑去。”说的林黛玉嗤的一声笑了，揉着眼睛，一面笑道：“一般也唬的这个调儿，还只管胡说。‘呸！原来是苗而不秀，是个银样蜡枪头。’[6]”宝玉听了，笑道：“你这个呢？我也告诉去。”林黛玉笑道：“你说你会过目成诵，难道我就不能一目十行么？”

读西厢(剪纸)

宝玉一面收书，一面笑道：“正经快把花埋了罢，别提那个了。”二人便收拾落花，正才掩埋妥协，只见袭人走来，说道：“那里没找到，摸在这里来。那边大老爷身上不好，姑娘们都过去请安，老太太叫打发你去呢。快回去换衣裳去罢。”宝玉听了，忙拿了书，别了黛玉，同袭人回房换衣不提。

这里林黛玉见宝玉去了，又听见众姊妹也不在房，自己闷闷的。正欲回房，刚走到梨香院墙角上，只听墙内笛韵悠扬，歌声婉转。林黛玉便知是那十二个女孩子演习戏文呢。只是林黛玉素习不大喜看戏文，便不留心，只管往前走。偶然两句吹到耳内，明明白白，一字不落，唱道是：“原来姹紫嫣红开遍[7]，似这般都付与断井颓垣。”林黛玉听了，倒也十分感慨缠绵，便止住步侧耳细听，又听唱道是：“良辰美景奈何天，赏心乐事谁家院。”听了这两句，不觉点头自叹，心下自思道：“原来戏上也有好文章。可惜世人只知看戏，未必能领略这其中的趣味。”想毕，又后悔不该胡想，耽误了听曲子。又侧耳时，只听唱道：“则为你如花美眷，似水流年……”林黛玉听了这两句，不觉心动神摇。又听道：“你在幽闺自怜”等句，亦发如醉如痴，站立不住，便一蹲身坐在一块山子石上，细嚼“如花美眷，似水流年”八个字的滋味。忽又想起前日见古人诗中有“水流花谢两无情”之句[8]，再又有词中有“流水落花春去也，天上人间”之句[9]，又兼方才所见西厢记中“落水流红，闲愁万种”之句，都一时想起来，凑聚在一处。仔细忖度，不觉心痛神痴，眼中落泪。正没个开交，忽觉背上击了一下，及回头看时，原来是……且听下回分解。正是：

黛玉葬花(剪纸)

妆晨绣夜心无矣，对月临风恨有之。

【词语注释】

[1]本文节选自《红楼梦》第二十三回的后半部分。据浙江文艺出版社蔡义江校注本。 [2]中

浣：中旬。 [3]会真记：唐代元稹所作传奇小说；但此处乃指元代王实甫所作《西厢记》杂剧。 [4]“倾国倾城貌”两句：《西厢记》第一本中张珙唱词：“小子多愁多病身，怎当他倾国倾城貌。”分别指张生和崔莺莺。 [5]癞头鼋：大龟。古代墓道前常用其驮载大石碑。 [6]苗而不秀：只长苗不结穗，指中看不中用。银样蜡枪头，喻意相同。两句原为《西厢记》中红娘嘲讽张生语。 [7]原来姹紫嫣红开遍：自此句至后文“你在幽闺自怜”等句，均为汤显祖《牡丹亭·惊梦》中两位主人公杜丽娘、柳梦梅的唱词。 [8]水流花谢两无情：唐代崔涂《春夕》诗有云：“水流花谢两无情，送尽东风过楚城。” [9]流水落花春去也，天上人间：语出南唐李后主《浪淘沙》。意谓美好的生活如春去花落一般再难回来，相见之难如同天上人间之相隔。

【作品简析】

《红楼梦》写了一个封建贵族大家庭从繁荣走向衰败的故事。贾宝玉、林黛玉、薛宝钗的恋爱婚姻悲剧，是这个故事的中心。《红楼梦》塑造了贾宝玉、林黛玉、薛宝钗、王熙凤、鸳鸯、晴雯、贾政、贾赦、贾珍、贾琏等一大批千古不朽的典型形象。宝玉、黛玉是作者最心爱的两个中心人物。林黛玉是一个和贾宝玉志同道合的封建叛逆者的形象。在她身上，一定程度地体现了封建社会里妇女的不幸命运，反映了她们勇于反抗和对自由爱情的热烈追求。但她的性格中有着贵族小姐的矜持和脆弱。“黛玉葬花”选自《红楼梦》第二十三回，“葬花”是黛玉表达内心世界和渲泄情感的方式。本文通过宝黛惜花、葬花，共读《西厢记》的典型事例，说明了他俩有着共同的爱好和情趣。

【拓展阅读】

《红楼梦》是一部中国长篇小说，写成于清朝乾隆帝中期。清乾隆帝四十九年梦觉主人序本正式题为《红楼梦》，在此之前，此书一般都题为《石头记》。此后《红楼梦》便取代《石头记》而成为通行的书名。《红楼梦》被评为中国最具文学成就的古典小说及章回小说的巅峰之作，被认为是“中国四大名著”之首。在现代产生了一门以研究红楼梦为主题的学科“红学”。

《红楼梦》中日常生活场景描写生动逼真，并巧妙地与刻划人物相结合；语言达到了炉火纯青的地步。这些都对后代人的小说创作产生了深远的影响。《红楼梦》在诗词、戏曲、绘画、建筑、园林等诸多方面都有很高的美学价值。(《文化艺术》)

【相关链接】

1. 冯其庸 李希凡主编 《红楼梦大辞典》 （文化艺术出版社）
2. 俞平伯著 《说红楼梦》 （上海古籍出版社）
3. 吕启祥 林东海 主编 《红楼梦研究稀见资料汇编》 （上下）(人民文学出版社)
4. 王蒙著 《红楼启示录》 （三联书店）
5. 郭若愚著 《红楼梦风物考》 （陕西人民出版社）

第九部分　现当代文学

中国现代文学和中国当代文学合称中国现当代文学，就性质上来说，是指用现代的语言和文学形式，表达现代中国人的思想感情、审美情趣的文学；在时限上是指 1917 年开始的新文化运动至新时期，包括了整个新民主主义和社会主义时期将近一百年的新文学。中国新文学是在轰轰烈烈的新文化运动中诞生的，其起点以 1917 年胡适和陈独秀在《新青年》杂志上发表《文学改良刍议》、《文学革命论》两篇文章为标志。作为一个历史叙述段落，新文学伴随着中国社会的剧烈变化动荡而律动，大体走过了五个历史阶段：1917—1927 新文学发生、发展的第一个十年，1928—1937 称为新文学的第二个十年，1938—1949 抗战与解放战争时期的文学的第三个十年，1949—1976 的建国后文学，1976 年后的新时期文学。

文学改良运动是上个世纪初思想运动的一个重要内容。胡适、陈独秀等提出的反对文言文，提倡白话文，反对旧文学，提倡新文学的文学革命主张，以激烈强硬的姿态很快形成了规模和声势，产生了广泛的社会影响，取得了重大实绩。在 20 世纪 20 年代，初生的新文学领域出现了流派纷呈、社团蓬勃发展的景象。当时重要的文学社团有文学研究会、创造社、新月社等。在文学创作领域，各种文学样式都取得了丰硕的成果，都鲜明地显示了新文学实践的勃勃生机和累累实绩。就小说而言，鲁迅作为新文化运动的一面旗帜，以《阿 Q 正传》、《祝福》、《药》等小说创作实绩被称为“现代小说之父”，从而使得现代小说在他手里奠基，也在他手里成熟；也使得现代小说一经问世就有了较高的艺术水准和精神品位。鲁迅本时期的小说作品集结于《呐喊》、《彷徨》。另外，许地山(《命命鸟》)、王统照(《沉思》)、冰心(《超人》)等通过问题小说的创作；郁达夫(《沉沦》)、郭沫若(《牧羊哀话》)等通过抒情小说的创作；以及王鲁彦(《柚子》)、许钦文(《鼻涕阿二》)、废名(《竹林的故事》)等通过乡土小说的创作；叶圣陶(《潘先生在难中》)通过教育小说的创作，丰富和繁荣了新文学开端期的小说创作。这是一个诗歌之花竞相绽放的时期，郭沫若激情澎湃、带有浓厚浪漫主义色彩的诗集《女神》是继胡适《尝试集》后中国新诗的奠基之作。其他重要的诗人和流派还有汪静之等以写爱情诗为主的湖畔诗人；以蒋光慈为代表的政治抒情诗人；以闻一多、徐志摩为代表的新月派格律诗人；以李金发为代表的象征主义诗人等。在吸取中国传统散文营养的基础上发展起来的现代散文，在当时也极为繁盛，“周氏兄弟(周树人、周作人)”在杂文园地里培植出了生动景象，朱自清也在叙事散文领域别开生面，瞿秋白开辟了报告文学这一崭新的文学体例。通过对传统旧戏的批判和西洋话剧的引入，当时还涌现出了田汉、丁西林、郭沫若、陈大悲、洪深、熊佛西、欧阳予倩等剧作家和他们的话剧作品。

第二个十年是个多元美学形态并存的文学时期。从 1928 年开始，新文学队伍发生新的组合，旧文学主潮随着社会的变革而空前政治化。马克思主义文艺理论的传播与运用，使得新兴的“左翼”文艺迅速发展；与此同时，人文主义思潮与文艺也同时高涨，形成了多元并存的文学格局。无产阶级文学运动是在 20 世纪后期随着新文学“从文学革命到革命文学”的过程中产生、发展、壮大的，这是文学对时代的必然回应。1930 年 3 月成立的中国左翼作家联盟(简称“左联”)领导的左翼文艺运动以及受其影响的民主主义、自由主义作家的创作，决定了 30 年代文学的基本面貌。当时的文学界主要有“左翼文学”、“海派文学”、“京派文学”三大流派。左翼文学的重要作家有蒋光慈、丁玲、柔石、张天翼、沙汀、艾芜等，他们以对时代和社会的真诚思考和倾情投入，使左翼文学展现出强大的声势，而代表左翼小说最高成就的是茅盾创作的《子夜》、

《林家铺子》、《春蚕》等。海派文学以施蛰存、刘纳鸥等组成的“新感觉派”为代表。京派文学的代表作家有废名、沈从文等。这两派作家更多地着力于“文学”和“艺术”本身，使他们的小说作品在当时别具一格，同时也为现代小说开辟了“另一路向”。民主主义小说作家巴金创作的《家》、老舍创作的《骆驼祥子》，以及戏剧作家曹禺创作的《雷雨》、《日出》、《原野》等，既有进步的思想意义，又达到了极高的艺术水平，是这个时期一道亮丽的文学风景。本时期的诗歌主潮当属以殷夫、蒲风为代表的中国诗歌会的革命诗人和臧克家、田间、艾青等进步诗人的现实主义诗歌。这些诗歌传达的是时代的情绪，呼号的是时代的声音，因而在当时产生了深远的影响。而20年代以徐志摩、闻一多为代表的新月派诗歌经由陈梦家等的过渡，到了30年代已被以戴望舒、何其芳、卞之琳为代表的现代派诗歌取而代之。现代派诗歌深受西方现代派诗的影响，注意意象、象征、隐喻等现代诗歌的表现方式和技巧，追求诗意的含蓄、朦胧。在散文方面，鲁迅后期的杂文和左翼作家的“鲁迅风”杂文在当时紧跟政治，起到了积极的战斗作用，并对后世的杂文创作提供了很好的范本。而周作人、林语堂、京派作家等的散文创作，则与时代和政治保持着距离，形成了“言志”、独抒性灵的小品散文的风格。

八年抗战及以后的三年内战，是中国社会步入大转折前的动荡时期。特殊的战时形势，使战时的政治区域分割为国统区、解放区、沦陷区和“孤岛”区四块。不同区域的文化背景和文化心理决定了不同的文学风范。但是，“五四”新文学传统并未因此而消解，在特殊的历史时期，表现出了更为一致的同质性，显示出战争与救亡并存的特征。抗战的爆发，民族生死存亡的严峻形势使各派作家组成了抗日统一战线，在全国范围掀起了声势浩大的抗日文艺运动。这是一个文学走向“大众”、回归“社会”的时期，既有朗诵诗、街头剧、报告文学等鼓动性文学作品的如火如荼，也有话剧、小说、讽刺诗等讽刺暴露性作品的层出不穷。进入40年代以后，面对蒋介石政权的法西斯专制，作家们创作了大量讽喻现实的历史剧，著名的有阳翰笙等的“太平天国”史剧，郭沫若的“战国史剧”和“南朝史剧”等。七月派作家是40年代很有影响的文学流派，该流派的代表诗人有阿垅、绿原等，代表小说作家有路翎等，而理论代表为胡风。这是一个主张“现实主义深化”的文学流派，无论在创作上，还是在文学理论上，都呈现出了独特的风貌和强大的实力。“九叶诗派”（包括辛笛、陈敬容、杜运燮、杭约赫、郑敏、唐祈、唐湜、袁可嘉、穆旦等诗人和诗歌理论家）也是40年代的重要文学流派，他们在诗歌创作中吸取西方现代派诗人的艺术营养，同时又把诗歌视线投入到大变革、大动荡的社会现实当中，“现实”的题材和“现代”的手法的有机结合，把现代诗歌推向了新的高度，也为中国新诗的现代化作出了巨大的贡献。作为“沦陷区”的代表作家，张爱玲创作了《金锁记》、《倾城之恋》等小说和《更衣记》等散文。以延安文学为中心的解放区文学是新文学的一方新天地，以毛泽东《在延安文艺座谈会上的讲话》确定的文学规范和方向为指导，产生了赵树理、丁玲、周立波、孙犁、李季、阮章竞等作家、诗人及其作品，从而为新中国文学开启了门户，铺就了道路。

1949年7月在北京召开的“第一次文代会”，标志着中国“当代文学”的开始，同时也是文学“为工农兵服务，为政治服务”的文学规范和方向确立的标志。这种单一的文学规范和方向体现在文学创作和文学理论的各个领域、各个方面。“颂歌”是建国初期文学的主流，作家主要是从解放区来的和刚刚成长起来的。新的文学规范和方向反映在小说创作中，主要是《保卫延安》（杜鹏程）等共产党领导的革命战争题材的小说和《山里湾》（赵树理）、《创业史》（柳青）等农村题材小说的风靡盛行。50年代中后期和60年代前期，中国当代文学掀起了一个创作高潮，既有老舍、田汉分别创作的话剧《茶馆》、《关汉卿》把话剧创作提高到新的高度；也有一大批革命历史题材的长篇小说纷纷亮相，如杨沫的《青春之歌》、曲波的《林海雪原》、吴强的《红日》、欧阳山的《三家巷》等；还有郭小川、贺敬之、闻捷等的诗歌；秦牧、杨朔、刘白羽等的散文纷纷涌现。总地来说，这一时期的文学创作传播了国家意志，灌输和强化了国家主流意识形态，配合了现实社会的政治形势和现实斗争，传达和张扬了昂扬、明丽的时代情绪。客观地说，本时期的文学创作是政治意义大于艺术意义的。

1966年“文化大革命”的爆发，使中国文学陷入了灾难的深渊，但文学的“地火”依旧在燃烧，文学仍在文学专制和政治暴政的“历史语境”中艰难而冥顽地沿袭自身的香火。除了穆旦、丰子恺等失去创作权利的老作家依旧在坚持秘密创作外，“白洋淀诗派”和张扬、赵振开等的小说创作是“地下创作”的典型代表。

新时期文学是从苦难的行旅中起步的，只有十一届三中全会以后，文艺“为人民服务，为社会主义服务”方针的提出，“五四”文学所开辟的现实主义优良传统的恢复和发扬，“文学是人学”的职能重新得到确认，才标志着一个多向拓进的新时期文学的到来。以对刚刚过去的那个荒谬时代的控诉和反思为写作题材的“伤痕文学”和“反思文学”是新时期文学首先涌动的创作潮流。“伤痕文学”的代表作品有刘心武的《班主任》、卢新华的《伤痕》等，“反思文学”的代表作品有王蒙的《布礼》、古华的《芙蓉镇》、张贤亮的《绿化树》等。70年代末期、80年代初期也是诗歌“改头换面”的大好时期，艾青、公刘等一大批“复出的诗人”率先恢复了诗歌的现实主义传统；以北岛、顾城、舒婷等为代表的“朦胧诗人”在思想和艺术两方面都展现了新的美学风格，呈现出“崛起”的诗歌姿态。“改革文学”是顺应时代的改革进程出现的，有影响的作家作品有蒋子龙的《乔厂长上任记》、张洁的《沉重的翅膀》、高晓声的“陈焕生系列”小说等。在新时期，单一的文学局面被打破，文学的题材和艺术表现都得到了突破和拓展：爱情题材、知识分子题材、军旅题材、“文化寻根”题材……多姿多彩，竞相斗艳。意识流等现代主义创作手法与现实主义手法的交叉融汇，使当代小说得到了迅猛发展，使文学领域呈现出朝气蓬勃的多元格局。

80年代中后期，发展中的中国文学进入了一个多元化时代。在诗歌领域，具有后现代主义特质的“新生代诗歌”（第三代诗歌）取代“朦胧诗”占据了“先锋”的位置，海子、西川、韩东、于坚，以及女诗人翟永明、伊蕾等，用各自的诗歌实践把诗歌创作带进了广阔的空间。在小说领域，“先锋小说”发起了声势浩大的叙述革命，从而结束了传统现实主义完整叙事的时代。余华以《现实一种》、《难逃劫数》、《活着》、《许三观卖血记》、《我没有自己的名字》等作品显示了雄厚的实力。现代主义创作经历了王蒙等的“形式上的现代主义”、刘索拉等“荒诞小说”的“观念上的现代主义”后，到马原等的创作，才真正实现从小说观念到形式都进行现代主义的全新尝试。刘恒、池莉、方方等作家的“新写实主义”小说，莫言、苏童、陈忠实的“新历史小说”，以王朔为代表的“新市民小说”，林白、陈染、海男和宣称“身体写作”的更年轻的女性作家的“女性文学”，在新时期小说格局中也都占据着引人注目的位置。散文、戏剧等其他文学样式在探索中不断调整、不断完善，从整体上把中国当代文学推向了一个个新境界，比如戏剧走向小剧场，散文出现“学者散文热”、“美文热”等。

20世纪90年代以来，文学的个人化特点越来越明显，同时，文学面向市场的价值取向特征也越来越明显。

诗歌

雪花的快乐

徐志摩

徐志摩（1896年—1931年），浙江海宁人。1918年赴美留学，1921年转入英国剑桥大学，同年开始写诗。1922年回国，次年参与发起成立“新月社”，并与闻一多、朱湘等诗人倡导“格律诗”写作，成为“新月派”的代表诗人之一。1931年11月19日因飞机失事遇难。生前出版有诗集《志摩的诗》(1925)、《翡冷翠的一夜》(1927)、《猛虎集》(1931)，死后由陈梦家编辑出版《云游集》。

假如我是一朵雪花，
翩翩的在半空里潇洒，
我一定认清我的方向——
飞扬，飞扬，飞扬，——
这地面上有我的方向。

不去那冷寞的幽谷，
不去那凄清的山麓，
也不上荒街去惆怅——
飞扬，飞扬，飞扬，——
你看，我有我的方向。

在半空里娟娟的飞舞，
认明了那清幽的住处，
等着她来花园里探望——
飞扬，飞扬，飞扬，——
啊，她身上有朱砂梅的清香！

那时我凭藉我的身轻，
盈盈的，沾住了她的衣襟，
贴近她柔波似的心胸——
消溶，消溶，消溶，——
溶入了她柔波似的心胸！

【作品简析】

这首诗被文学史家称作“雪花的精灵、诗人的精灵、时代的精灵”。雪花的比喻看似信手拈来，却再准确不过地反映了诗人飘逸灵动的个性，同时又吻合“五四”昂扬向上的时代精神。诗中的“她”也可以有多重的理解，既可能是生活中实有的情人，也可能是诗人想象中的恋人，更可能象征一种理想的爱情和人生，反映了诗人对美好爱情和理想的热情憧憬。

全诗四节，各节结构相同而内容略异，具有起承转合的章法结构之美。在雪花的自上而下，回旋飞扬的动态中，流动着内在的韵律和节奏，显示出时间和空间的延续、推移。

【拓展阅读】

1. 韩石山《徐志摩诗歌全编》序：细细地读他的诗，有灵性的飞舞，也有悲悯的沉潜，有勘破红尘的放纵，也有泣血锥心的呜咽。非有大抱负者，不会有这样的轻盈，非有大智慧者，不会有这样的简约。

2. 钱理群　温儒敏　吴福辉《中国现代文学三十年》：徐志摩是贯穿新月派前后期的重镇。他热烈追求“爱”、“自由”与“美”，追求“人”与“自然”的和谐，与他那活泼好动、潇洒空灵的个性及不受羁绊的才华和谐地统一，形成了徐志摩特有的飞动飘逸的艺术风格。

【相关链接】

1. 韩石山主编《徐志摩全集》(1—8)　(天津人民出版社)
2. 谢冕主编　《徐志摩名作欣赏》　(中国和平出版社)
3. 陆耀东著　《徐志摩评传》　(陕西人民出版社)
4. 刘炎生　《徐志摩的爱情诗》　(《中国文学研究》)
5. 张是先《论徐志摩诗歌的轻灵飘逸》　(《江汉论坛》)

寻 梦 者

戴望舒

戴望舒(1905年—1950年)，浙江杭州人。1928年发表成名作《雨巷》，1932年参加施蛰存主编《现代》杂志的创作，并成为20世纪30年代“现代派”诗人群的领袖。著有诗集《我的记忆》、《望舒草》等。1932年~1935年留学法国，抗战后迁往香港，1942年被日寇逮捕入狱，在狱中写下了《我用残损的手掌》等诗作。建国后，在新闻总署从事编译工作。

梦会开出花来的，
梦会开出娇妍的花来的，
去求无价的珍宝吧。

在青色的大海里，
在青色的大海的底里，
深藏着金色的贝一枚。

你去攀九年的冰山吧，
你去航九年的旱海吧，
然后你逢到那金色的贝。

它有天上的云雨声，
它有海上的风涛声，
它会使你的心沉醉。

把它在海水里养九年，
把它在天水里养九年，
然后，它在一个暗夜里开绽了。

当你鬓发斑斑了的时候，
当你眼睛朦胧了的时候，
金色的贝吐出桃色的珠。

把桃色的珠放在你怀里，
把桃色的珠放在你枕边，
于是一个梦静静地升上来了。

你的梦开出花来了。
你的梦开出娇妍的花来了，
在你已衰老了的时候。

【作品简析】

这是一首现代寻梦者之歌，表现了诗人对现代理性、价值与意义的坚定信仰和不屈的探寻精神。该诗构思的精巧处在于把理想之梦具体化为一枚“金色的贝”，从而构筑了一个由“珍宝”、“大海”、“冰山”、“旱海”、“云雨”、“风涛”、“海水”、“天水”、“桃色的珠”等色彩斑斓的意象组成的象征化意境。在意蕴上，诗人突出的是追寻的艰难以及衰老的代价，暗示出对生命、理想的追寻必须终其一生才能实现，使追寻本身从而转化为人生的真正目的，这使诗歌的结尾多少透露出一种生命的苍凉感。与这种艰苦曲折的生命追寻相一致的，是诗歌形式上复沓回环的韵律与意象朦胧的现代象征手法，不露痕迹地结合为一体。

【拓展阅读】

1.《戴望舒诗歌经典全集》：戴望舒是现代中国诗坛上负有盛名的“雨巷诗人”。他的诗歌和诗论极富个性，虽然总量不多，却“以少胜多”，产生了广泛而深远的影响。他是一位现代派象征主义诗歌代表人物，在中国新诗发展史上占有不容忽视的地位。他的《雨巷》、《狱中题壁》、《我用残损的手掌》等诗篇，堪称中国新诗的杰作。戴望舒的才情建立在很高的文化修养上，他的诗融化了西欧诗歌朦胧、新奇和中国古典诗词含蓄、敏锐的情感素质，铸就自己的独特的诗风。他既善于汲取西方现代派诗歌技巧，又深沉地保持本民族的传统诗心；既善于运用超现实的方法，又关切现实生活。从这一意义上说，戴望舒既是现代诗派最重要的代表诗人，也是现代诗派中最独异的诗人。

2. 蓝棣之《现代诗的情感与形式》：戴望舒的诗风大体上可以说是象征主义的，但它没有象征主义的神秘与晦涩，更非只是官能的游戏。戴望舒的诗是感情的，但不是感伤的。

【相关链接】

1. 梁仁 《戴望舒诗全编》（浙江文艺出版社）
2. 郑择魁、王文彬《戴望舒评传》（百花文艺出版社）
3. 孙玉石主编 《戴望舒名作欣赏》（中国和平出版社）
4. 李怡 《论戴望舒与中西诗歌文化》（《中州学刊》）

雪落在中国的土地上

艾　青

艾青(1910—1996年)，原名蒋海澄，浙江金华人，现当代著名诗人。青年时代赴法勤工俭学，利用业余时间自学绘画和文学。1932年回国后即投入革命文艺运动，并致力于诗歌创作。曾担任《诗刊》主编和《人民文学》副主编。1979年当选为中国作家协会副主席。1985年法国授予艾青文学艺术最高勋章。艾青的诗歌与现实结合紧密，充满战斗精神，及时而强烈地传达了时代的呼唤和人民的心声。在艺术上，则以追求深沉的审美意象、提倡自由流动的形式，推动了中国现代新诗的发展。

雪落在中国的土地上，
寒冷在封锁着中国呀……

风，
像一个太悲哀了的老妇，
紧紧地跟随着
伸出寒冷的指爪
拉扯着行人的衣襟，
用着像土地一样古老的话
一刻也不停地絮聒着……

那丛林间出现的
赶着马车的
你中国的农夫
戴着皮帽
冒着大雪
你要到哪儿去呢？

告诉你
我也是农人的后裔——
由于你们的
刻满了痛苦的皱纹的脸
我能如此深深地
知道了
生活在草原上的人们的
岁月的艰辛。

而我
也并不比你们快乐啊
——躺在时间的河流上
苦难的浪涛
曾经几次把我吞没而又卷起——
流浪与监禁
已失去了我的青春的
最可贵的日子，
我的生命
也像你们的生命
一样的憔悴呀。

雪落在中国的土地上，
寒冷在封锁着中国呀……

沿着雪夜的河流，
一盏小油灯在徐缓地移行，
那破烂的乌篷船里
映着灯光，垂着头
坐着的是谁呀？

——啊，你
蓬发垢面的少妇，
是不是
你的家
——那幸福与温暖的巢穴——
已被暴戾的敌人
烧毁了么？
是不是
也像这样的夜间，
失去了男人的保护，
在死亡的恐怖里
你已经受尽敌人刺刀的戏弄？

咳，就在如此寒冷的今夜，

无数的
我们的年老的母亲，
都蜷伏在不是自己的家里，
就像异邦人
不知明天的车轮
要滚上怎样的路程……
——而且
中国的路
是如此的崎岖
是如此的泥泞呀。

雪落在中国的土地上，
寒冷在封锁着中国呀……

透过雪夜的草原
那些被烽火所啮啃着的地域，
无数的，土地的垦植者
失去了他们所饲养的家畜
失去了他们肥沃的田地
拥挤在
生活的绝望的污巷里：
饥馑的大地
朝向阴暗的天
伸出乞援的
颤抖着的两臂。

中国的苦痛与灾难
像这雪夜一样广阔而又漫长呀！

雪落在中国的土地上，
寒冷在封锁着中国呀……

中国，
我的在没有灯光的晚上
所写的无力的诗句
能给你些许的温暖么？

1937 年 12 月 28 日夜间

【作品简析】

这首诗写在抗战爆发那一年的冬天。诗人感受着祖国冬天的寒冷，更感受到日寇铁蹄之下祖国的多灾多难和人民的贫困痛苦。

“雪落在中国的土地上，寒冷在封锁着中国呀……”是诗中反复出现的核心意象，既是中国北方寒夜的生活写照，同时也是诗人对当时严峻时势的高度概括，构成了贯通全诗的沉重、忧郁的抒情基调。

以“雪落在中国的土地上，寒冷在封锁着中国呀……”为界，全诗可分为四个部分。前三个部分分别描述寒冷的夜晚赶着马车的农夫、坐在船上的少妇、离家的年老母亲，具有较强的生活实感和画面感，同时又富有指向中国民众的象征意味。最后的部分作为抒情的高潮与总括，是诗人当时心境的写真，也是对诗人与祖国命运关系的自我探询。

强烈的爱国主义激情，具有写实倾向与艺术美的画面感，以及富于表现力的象征手法，是本诗最主要的创作特色。

【拓展阅读】

1. 艾青：“生活实践是诗人在经验世界里的扩展，诗人必须在生活实践里汲取创作的源泉，把每个日子都活动在人世间的悲、喜、苦、乐、憎、爱、忧愁与愤懑里，将全部的情感都在生活里发酵，酝酿，才能从心的最深处，流出无比芬芳与浓烈的美酒。”

2. 艾青：“灵感是诗人对于外界事物的一种无比调协、无比欢快的遇合；是诗人对于事物的禁闭的门的偶然的开启。”“灵感是诗的受孕。”

3. 朱栋霖等主编《中国现代文学史》：艾青追求感受力的统一，即感觉、情绪、想象和思想（理性）的综合。在他的诗中诗情、诗思不是抽象空洞的，而是被丰富敏锐的生活感受所充实。作为现实主义诗人，他的作品中紧密结合现实、富于战斗精神的特点总是和新鲜的诗美结合在一起。艾青是从绘画转向写诗的，他的创作受到印象派绘画的很大影响，从而形成了自己感知世界和艺术地表现世界的基本方式，迅速而准确地把握感觉印象，并将之清新而明晰地再现为视觉形象。

【相关链接】

1.《艾青诗选》《诗论》（人民文学出版社）

2. 牛汉主编《艾青名作欣赏》（中国和平出版社）

3. 程光炜《艾青传》（北京十月文艺出版社）

4. 晓雪《生活的牧歌》（人民音乐出版社）

5. 陆耀东《论艾青诗歌的审美特征》（《中国现代文学研究丛刊》）

这是四点零八分的北京

食 指

食指(1948 年—)，原名郭路生。青少年时期生活于北京。15 岁开始写诗，1968 年底赴山西插队。1978 年重新开始写诗。著有《相信未来》(1968)、《食指的诗》等。2001 年获第三届人民文学奖诗歌奖。

这是四点零八分的北京，
一片手的海浪翻动；
这是四点零八分的北京，
一声雄伟的汽笛长鸣。

北京车站高大的建筑，
突然一阵剧烈地抖动。
我双眼吃惊地望着窗外，
不知发生了什么事情。

我的心骤然一阵疼痛，一定是
妈妈缀扣子的针线穿透了心胸。
这时，我的心变成了一只风筝，
风筝的线绳就在母亲的手中。

线绳绷得太紧了，就要扯断了，
我不得不把头探出车厢的窗棂。
直到这时，直到这时候，
我才明白发生了什么事情。

——一阵阵告别的声浪，
就要卷走车站；
北京在我的脚下，
已经缓缓地移动。

我再次向北京挥动手臂，
想一把抓住她的衣领，
然后对她大声地叫喊：
永远记着我，妈妈啊北京！

终于抓住了什么东西，
管他是谁的手，不能松，
因为这是我的北京，
这是我的最后的北京。

1968 年 12 月 20 日

【作品简析】

食指这样回忆本诗的写作经过：“1968 年底，上山下乡的高潮兴起。在去山西插队的火车上(火车四点零八分开)，我开始写这首诗。当时去山西的人和送行的人都很多。再有，火车开动前先‘咣当’一下，我的心也跟着一颤，然后就看到车窗外的手臂一片。一切都明白了，‘这是我最后的北京’(因为户口也跟着落在山西)”。

四合院垂花门

这首诗写的是诗人告别北京的悲壮场面。诗歌捕捉住了火车开动这一历史性的时刻，把远离父母、家乡的惜别之情，对未来命运的忧虑、恐慌以及

“手臂一片”的海潮般的告别声浪，都汇聚到“四点零八分”这一瞬间，使这一瞬间浓缩了一个特定时代的重大历史内涵。诗歌也以一种对个体遭际的速写式的记录，成为历史的忠实见证。

【拓展阅读】

1. 朱光潜《谈读诗与趣味的培养》：一个人不喜欢诗，何以文学趣味就低下呢？因为一切纯文学都要有诗的特质。一部好小说或是一部好戏剧都要当一首诗看。诗比别类文学较谨严，较纯粹，较精微。如果对于诗没有兴趣，对于小说戏剧散文等等的佳妙处也终不免有些隔膜。不爱好诗而爱好小说、戏剧的人们，大半在小说和戏剧中只能见到最粗浅的一部分，就是故事。所以他们看小说和戏剧，不问它们的艺术技巧，只求它们里面有趣的故事。……读小说只见到故事而没有见到它的诗，就像看到花架而忘记架上的花。要养成纯正的文学趣味，我们最好从读诗入手。能欣赏诗，自然能欣赏小说、戏剧及其他种类文学。

2. 陈思和等主编《中国当代文学史》：食指具有天生的诗人的敏感气质，表现在这首诗中，就是敏锐地抓住个体的“我”，心灵中的几个幻觉意象，并把它们自然而集中地组合起来，这在1949年以后的祖国大陆文学中是罕见的。幻觉中“剧烈地抖动”的“北京车站”，作为“我”的心灵的外伤，强烈地表现了诗人的感情震动之巨，表现了那种“不知发生了什么事情”的茫然与无助。这标志着年轻一代不但在精神上从“乌托邦神话”中觉醒，而且，尝试着以自己独特的方式来表现自己的感性体验与理性思考，从而走出“乌托邦神话”制造的梦魇，回归到个体的真实体验，也因此具有一种涤除了政治权力话语之后的真率与清新。

【相关链接】

1. 林莽 《食指论》（《诗探索金库·食指卷》作家出版社）
2.《食指的诗》（人民文学出版社）
3. 洪子诚、刘登翰《中国当代新诗史》（人民文学出版社）
4. 崔卫平 《郭路生》（《二十世纪中国文学史论》(下卷)东方出版中心）

神 女 峰

舒 婷

舒婷(1952年—)，原名龚佩瑜，福建泉州人。1969年到闽西山区插队开始写诗。1977年开始发表作品，并成为“新诗潮”中与北岛、顾城、杨炼、江河齐名的代表诗人。著有诗集《双桅船》(1982)、《舒婷顾城抒情诗选》(1982)、《会唱歌的鸢尾花》(1986)等。舒婷的诗表达了一代青年在动乱及转折时期对青春和国家命运的忧患意识，对理想的热烈追求，歌咏了纯真的爱情和友谊。她的诗情感真挚，具有强烈的主观性和象征性，并且意蕴深刻，耐人寻味。

在向你挥舞的各色花帕中
是谁的手突然收回
紧紧捂住自己的眼睛
当人们四散离去，谁
还站在船尾
衣裙漫飞，如翻涌不息的云
江涛
　　高一声
　　　　低一声

美丽的梦留下美丽的忧伤
人间天上，代代相传
但是，心
真能变成石头吗
沿着江岸
金光菊和女贞子的洪流
正煽动着新的背叛
与其在悬崖上展览千年
不如在爱人肩头痛哭一晚

【作品简析】

千百年广为流传的神话传说，已经赋予了神女这一原型形象以忠诚、坚贞、多情的特征，在这些特征背后隐含着对女性的要求和价值准则。女性在成为神女的同时也就成为一道供人观赏的风景，成为没有个性和心灵的石头。诗人的别出心裁之处正在于她看到了神女峰的故事在“美丽”的形态背后“忧伤”的悲剧性质。“与其在悬崖上展览千年/不如在爱人肩头痛哭一晚”正标志着现代女性意识的觉醒，即把神女从神还原为人的形象，表现了对女性自身的独立与幸福的大胆追求。

【拓展阅读】

1. 刘登翰：我们看到舒婷诗歌的一种特殊的审美形态。她常常在比较单纯的诗歌外观中，蕴涵着比较丰富复杂的感情层次，在温柔宁静的抒情形象中，寄寓着一颗骚动不安的心。温柔宁静只是外在的感情形态，由历史和现实所唤起的内心崇高而痛苦的骚动，才是它的精神内涵。

2. 洪子诚、刘登翰《中国当代新诗史》：她以自己的感情方式，在个人青春的失落中感应民族的命运，在自己不甘沉沦的追求中寄寓一代人的精神追求。这使她的历史反思的主题表现，复合着个人与时代的双重视角，忧伤与奋起的双重情绪。

【相关链接】

1.《舒婷的诗》（人民文学出版社）

2. 洪子诚、刘登翰 《中国当代新诗史》（北京大学出版社）

3. 陈仲义 《中国朦胧诗人论》（江苏文艺出版社）

4. 孙绍振 《在机遇的中心和边缘:舒婷的诗和散文在当代文学史上的地位》（《当代作家评论》）

5. 吕晴飞主编 《中国当代青年女作家评传》（中国妇女出版社）

面朝大海，春暖花开

海 子

海子(1964—1989 年)，原名查海生，安徽怀宁人。1979 年考入北京大学法律系。1982 年开始写诗。1986 年获北京大学第一届艺术节“五四”文学大奖赛特别奖。1988 年获第三届《十月》文学奖荣誉奖。留下将近两百万字的诗歌、小说、戏剧和论文。由友人编辑出版《土地》、《海子的诗》、《海子诗全编》。

从明天起，做一个幸福的人
喂马，劈柴，周游世界
从明天起，关心粮食和蔬菜
我有一所房子，面朝大海，春暖花开

从明天起，和每一个亲人通信
告诉他们我的幸福
那幸福的闪电告诉我的
我将告诉每一个人

给每一条河每一座山取一个温暖的名字
陌生人，我也为你祝福
愿你有一个灿烂的前程
愿你有情人终成眷属
愿你在尘世获得幸福
我只愿面朝大海，春暖花开

1989 年 1 月 13 日

【作品简析】

第一节表现了诗人对质朴、单纯而自由的人生境界的向往，对“永恒”、未知世界的探寻精神。第二节写诗人找到幸福后无法抑制的喜悦之情。第三节写诗人对世界的祝福。诗人将直抒胸臆与暗示、象征手法结合起来，使全诗既清澈又深厚，既明朗又含蓄，畅快淋漓而又凝重、丰富。

【拓展阅读】

洪子诚《中国当代文学史》：海子的抒情短诗有浪漫的、梦幻的色彩，他将自己童年与少年时代的乡村生活经验，凝结成一个质朴、单纯的世界：麦地、村庄、月亮、天空等，是海子诗中经常出现的、带有原型意味的意象。海子赋予这些意象以新诗意，使它们与现代社会的个人经验产生了联系。但海子并不满足于写短诗，他说：“我的诗歌理想是在中国成就一种伟大的集体的诗，我不想成为一个抒情诗人，或一位戏剧诗人，甚至不想成为一名史诗诗人，我只想融合中国的行动，成就一种民族和人类结合、诗和理想合一的大诗”。

【相关链接】

1. 西川编 《海子的诗》 （人民文学出版社）
2. 骆一禾 《冲击极限——我心中的海子》 （《骆一禾诗全编》上海三联书店）
3. 洪子诚、刘登翰 《中国当代新诗史》 （北京大学出版社）

散文

雅　舍

梁实秋

紫禁城太和殿

梁实秋（1903 年—1987 年），名治华，北京人，现代作家、理论批评家、翻译家。早年就读于清华学校。1923 年赴美留学。回国后参加新月社活动，主编《新月》月刊。1949 年后长期在台湾师范大学任教。著有《雅舍小品》、《秋室杂文》、《槐园梦忆》、《雅舍散文》等散文集。梁实秋的散文具有清雅通脱、温柔敦厚的美文风格。就文风而言，行文雅洁，潇洒幽默，亲切自然；就情趣来说，虽以闲适为格调，却并非不食人间烟火，表现出的是自由洒脱的人生襟怀、恬淡心境和生命意识。

到四川来，觉得此地人建造房屋最是经济。火烧过的砖，常常用来做柱子，孤零零的砌起四根砖柱，上面盖上一个木头架子，看上去瘦骨嶙嶙，单薄得可怜；但是顶上铺了瓦，四面编了竹篦墙，墙上敷了泥灰，远远的看过去，没有人能说不像是座房子。我现在住的“雅舍”正是这样一座典型的房子。不消说，这房子有砖柱，有竹篦墙，一切特点都应有尽有。讲到住房，我的经验不算少，什么“上支下摘”，“前廊后厦”，“一楼一底”，“三上三下”，“亭子间”，“茆草棚”，“琼楼玉宇”和“摩天大厦”，各式各样，我都尝试过。我不论住在哪里，只要住得稍久，对那房子便发生感情，非不得已我还舍不得搬。这“雅舍”，我初来时仅求其能蔽风雨，并不敢存奢望，现在住了两个多月，我的好感油然而生。虽然我已渐渐感觉它并不能蔽风雨，因为有窗而无玻璃，风来则洞若凉亭，有瓦而空隙不少，雨来则渗如滴漏。纵然不能蔽风雨，“雅舍”还是自有它的个性。有个性就可爱。

“雅舍”的位置在半山腰，下距马路约有七八十层的土阶。前面是阡陌螺旋的稻田。再远望过去是几抹葱翠的远山，旁边有高粱地，有竹林，有水池，有粪坑，后面是荒僻的榛莽未除的土山坡。若说地点荒凉，则月明之夕，或风雨之日，亦常有客到，大抵好友不嫌路远，路远乃见情谊。客来则先爬几十级的土阶，进得屋来仍须上坡，因为屋内地板乃依山势而铺，一面高，一面低，坡度甚大，客来无不惊叹，我则久而安之，每日由书房走到饭堂是上坡，饭后鼓腹而出是下坡，亦不觉有大不便处。

“雅舍”共是六间，我居其二。篦墙不固，门窗不严，故我与邻人彼此均可互通声息。邻人轰饮作乐，咿唔诗章，喁喁细语，以及鼾声，喷嚏声，吮汤声，撕纸声，脱皮鞋声，均随时由门窗户壁的隙处荡漾而来，破我岑寂。入夜则鼠子瞰灯，才一合眼，鼠子便自由行动，或搬核桃在地板上顺坡而下，或吸灯油而推翻烛台，或攀援而上帐顶，或在门框桌脚上磨牙，使得人不得安枕。但是对于鼠子，我很惭愧的承认，我“没有法子”。“没有法子”一语是被外国人常常引用着的，以为这话最足代表中国人的懒惰隐忍的态度。其实我的对付鼠子并不懒惰。窗上糊纸，纸一戳就破；门户关紧，而相鼠有牙，一阵咬便是一个洞洞。试问还有什么法子？洋鬼子住到“雅舍”里，不也是“没有法子”？比鼠子更骚扰的是蚊子，“雅舍”的蚊风之盛，是我前所未见的。“聚蚊成雷”真有其事！每当黄昏时候，满屋里磕头碰脑的全是蚊子，又黑又大，骨骼都像是硬的。在别处蚊子早已肃清的时候，在“雅舍”则格外猖獗，来客偶不留心，则两腿伤处累累隆起如玉蜀黍，但是我仍安之。冬天一到，蚊子自然绝迹，明年夏天——谁知道我还是否住在“雅舍”！

“雅舍”最宜月夜——地势较高，得月较先。看山头吐月，红盘乍涌，一霎间，清光四射，天空皎洁，四野无声，微闻犬吠，坐客无不悄然！舍前有两株梨树，等到月升中天，清光从树间筛洒而下，地上阴影斑驳，此时尤为幽绝。直到兴阑人散，归房就寝，月光仍然逼进窗来，助我凄凉。细雨蒙蒙之际，“雅舍”亦复有趣。推窗展望，俨然米氏章法，若去若雾，一片弥漫。但若大雨滂沱，我就又惶悚不安了，屋顶湿印到处都有，起初如碗大，俄而扩大如盆，继则滴水乃不绝，终乃屋顶灰泥突然崩裂，如奇葩初绽，砉然一声而泥水下注，此刻满室狼藉，抢救无及。此种经验，已数见不鲜。

“雅舍”之陈设，只当得简朴二字，但洒扫拂拭，不使有纤尘。我非显要，故名公巨卿之照片不得入我室；我非牙医，故无博士文凭张挂壁间；我不业理发，故丝织西湖十景以及电影明星之照片亦均不能张我四壁。我有一几一椅一榻，酣睡写读，均已有着，我亦不复他求。但是陈设虽简，我却喜欢翻新布置。西人常常讥笑妇人喜欢变更桌椅位置，以为这是妇人天性喜变之一征。诬否且不论，我是喜欢改变的。中国旧式家庭，陈设千篇一律，正厅上是一条案，前面一张八仙桌，一边一把靠椅，两旁是两把靠椅夹一只茶几。我以为陈设宜求疏落参差之致，最忌排偶。“雅舍”所有，毫无新奇，但一物一事之安排布置俱不从俗。人入我室，即知此是我室。笠翁《闲情偶寄》之所论，正合我意。

“雅舍”非我所有，我仅是房客之一。但思“天地者万物之逆旅”，人生本来如寄，我住“雅舍”一日，“雅舍”即一日为我所有。即使此一日亦不能算是我有，至少此一日“雅舍”所能给予之苦辣酸甜，我实躬受亲尝。刘克庄词：“客里似家家似寄。”我此时此刻卜居“雅舍”，“雅舍”即似我家。其实似家似寄，我亦分辨不清。

长日无俚写作自遣，随想随写，不拘篇章，冠以“雅舍小品”四字，以写作所在，日志因缘。

【作品简析】

“雅舍”是梁实秋40年代在重庆寓居的一座平房。在这座“有窗而无玻璃”、“风来则洞若凉亭”，“有瓦而空隙不少”、“雨来则渗如滴漏”，“坡度甚大”、“篦墙不固”、“门窗不严”、“聚蚊成雷”的陋室里，作者细品日常琐事，写出了自己对生活的细腻感触，表现出中国传统士林阶层特有的达观、恬然、自安的态度和胸襟。从中可以领略到作者从容赏玩，随缘而处，优游自在的雅人品性和名士风度。在艺术手法上，作者行文如流水，引经据典，博论古今中外，自然天成。如作者的住房经验、米氏章法、《闲情偶寄》、刘克庄词等，以及“卜居”、“无俚”等纯文言词语，均表现出作者深厚的传统文化修养。

【拓展阅读】

1. 姚振黎《雅舍的春华秋实——梁实秋学术研讨会论文集》：其散文创作兼具欧美文学之刚直严密、雍容幽默，中国文学之古朴凝炼、铿锵顿挫，先秦散文之寓庄於谐、北京方言之亲切平白，经融合陶铸，成为一种新风格。

2. 朱栋霖等主编《中国现代文学史》：梁实秋传承了中国传统士大夫的思想轨迹和生活情趣。他的散文呈现出通达超脱、知足自持的处世态度和人生追求，从中可以领略到作者从容赏玩、随缘而处、优游自在的雅人品性和名士风度。梁实秋熔性情、学识、修养于一炉，集雅人、名士、学者于一体，成为中国现代文学史上堪与周作人媲美的闲适派散文大家。

【相关链接】

1. 陈漱渝 《〈雅舍小品〉现象——我观梁实秋的散文》（《梁实秋散文》中国广播电视出版社）

2.《随想随写 不拘篇章——读梁实秋〈雅舍〉》（《中国散文精品分类鉴赏辞典》南京出版社）

3. 鲁西奇 《梁实秋传》（中央民族大学出版社）

杨 柳

丰子恺

丰子恺(1898—1975年)，浙江桐乡人，中国现当代著名散文家。他以精深的艺术修养和旺盛的创作意志，一生涉及文学、绘画、音乐、翻译、书法等各个艺术领域，并都取得了杰出的成就。著有《子恺漫画全集》、《缘缘堂随笔》、《缘缘堂续笔》等。丰子恺的早期散文细腻深沉，朴素率直，并受佛学思想的影响，体现出超脱静观与爱憎分明的两重特性；后期散文则在纯朴自然中，增加了时代的气息和特征。

因为我的画中多杨柳，就有人说我喜欢杨柳；因为有人说我喜欢杨柳，我似觉自己真与杨柳有缘。但我也曾问心，为什么喜欢杨柳？到底与杨柳有什么深缘？其答案了不可得。原来这完全是偶然的：昔年我住在白马湖上，看见人们在湖边种柳，我向他们讨了一小株，种在寓屋的墙角里。因此给这屋取名为“小杨柳屋”，因此常取见惯的杨柳为画材，因此就有人说我喜欢杨柳，因此我自己似觉与杨柳有缘。假如当时人们在湖边种荆棘，也许我会给屋取名为“小荆棘屋”，而专画荆棘，成为与荆棘有缘，亦未可知。天下事往往如此。

但假如我存心要和杨柳结缘，就不说上面的话，而可以附会种种的理由上去。或者说我爱它的鹅黄嫩绿，或者说我爱它的如醉如舞，或者说我爱它像小蛮的腰，或者说我爱它是陶渊明的宅边所种，或者还可引援“客舍青青”的诗，“树犹如此”的话，以及“王恭之貌”、“张绪之神”等种种古典来，作为自己爱柳的理由。即使要找三百个冠冕堂皇、高雅深刻的理由，也是很容易的。天下事又往往如此。

也许我曾经对人说过“我爱杨柳”的话，但这话也是随缘的。仿佛我偶然买一双黑袜穿在脚上，逢人问我“为什么穿黑袜”时，就对他说“我喜欢穿黑袜”一样。实际，我向来对于花木无所爱好；即有之，亦无所执着。这是因为我生长穷乡，只见桑麻、禾黍、烟片、棉花、小麦、大豆，不曾亲近过万花如绣的园林。只在几本旧书里看见过“紫薇”、“红杏”、“芍药”、“牡丹”等美丽的名称，但难得亲近这等名称的所有者。并非完全没有见过，只因见时它们往往使我失望，不相信这便是曾对紫薇郎的紫薇花，曾使尚书出名的红杏，曾傍美人醉卧的芍药，或者象征富贵的牡丹。我觉得它们也只是植物中的几种，不过少见而名贵些，实在也没有什么特别可爱的地方，似乎不配在诗词中那样地受人称赞，更不配在花木中占居那样高尚的地位。因此我似觉诗词中所赞叹的名花是另外一种，不是我现在所看见的这种植物。我也曾偶游富丽的花园，但终于不曾见过十足地配称“万花如绣”的景象。

假如我现在要赞美一种植物，我仍是要赞美杨柳。但这与前缘无关，只是我这几天的所感，一时兴到，随便谈谈，也不会像信仰宗教或崇拜主义地毕生皈依它。为的是昨天天气佳，埋头写作到傍晚，不免走到西湖边的长椅子里去坐了一会。看见湖岸的杨柳树上，好像挂着几万串嫩绿的珠子，在温暖的春风中飘来飘去，飘出许多弯度微微的S线来，觉得这一种植物实在美丽可爱，非赞它一下不可。

听人说，这种植物是最贱的。剪一根枝条来插在地上，它也会活起来，后来变成一株大杨柳树。它不需要高贵的肥料或工深的壅培，只要有阳光、泥土和水，便会生活，而且生得非常强健而美丽。牡丹花要吃猪肚肠、葡萄藤要吃肉汤，许多花木要吃豆饼；但杨柳树不要吃人家的东西，因此人们说它是“贱”的。大概“贵”是要吃的意思。越要吃得多，越要吃得好，就是越“贵”。吃得很多很好而没有用处，只供观赏的，似乎更贵。例如牡丹比葡萄贵，是为了牡丹吃了猪肚肠只供观赏，而葡萄吃了肉汤有结果的缘故。杨柳不要吃人的东西，且有木材供人用，因此被人看做“贱”的。

我赞杨柳美丽，但其美与牡丹不同，与别的一切花木都不同。杨柳的主要的美点，是其下垂。花木大都是向上发展的，红杏能长到“出墙”，古木能长到“参天”。向上原是好的，但我往往看见枝叶花果蒸蒸日上，似乎忘记了下面的根，觉得其样子可恶；你们是靠它养活的，怎么只管高居在上面，绝不理睬它呢？你们的生命建设在它上面，怎么只管贪图自己的光荣，而绝不回顾处在泥土中的根本呢？花木大都如此。甚至下面的根已经被斫，而上面的花叶还是欣欣向荣，在那里作最后一刻的威福，真是可恶而又可怜！杨柳没有这般可恶可怜的样子：它不是不会向上生长。它长得很快，而且很高；但是越长越高，越垂得低。千万条陌头细柳，条条不忘记根本，常常俯首顾着下面，时时借了春风之力，向处在泥土中的根本拜舞，或者和它亲吻。好像一群活泼的孩子环绕着他们的慈母而游戏，但时时依傍到慈母的身边去，或者扑进慈母的怀里去，使人看了觉得非常可爱。杨柳树也有高出墙头的，但我不嫌它高，为了它高而能下，为了它高而不忘本。

自古以来，诗文常以杨柳为春的一种主要题材。写春景曰“万树垂杨”，写春色曰“陌头杨柳”，或竟称春天为“柳条春”。我以为这并非仅为杨柳当春抽条的缘故，实因其树有一种特殊的姿态，与和平美丽的春光十分调和的缘故。这种姿态的特点，便是“下垂”。不然，当春发芽的树木不知凡几，何以专让柳条做春的主人呢？只为别的树木都凭仗了东君的势力而拼命向上，一味好高，忘记了自己的根本，其贪婪之相不合于春的精神。最能象征春的神意的，只有垂杨。

这是我昨天看了西湖边上的杨柳而一时兴起的感想。但我所赞美的不仅是西湖上的杨柳，在这几天的春光之下，乡村处处的杨柳都有这般可赞美的姿态。西湖似乎太高贵了，反而不适于栽植这种“贱”的垂杨呢。

【作品简析】

《杨柳》创作于1935年3月，作者以一个独特的视角，展现了杨柳的品格之美。作者把“高而能下”、“高而不忘本”的杨柳与那些只顾一味向上生长的花木作对照，来表达自己对杨柳的喜爱，从杨柳下垂这一自然现象中悟出了一种人生哲理，对那种“高”而不能“下”，“高”即忘本的令人憎恶的世态作了巧妙的讽喻，这种托物言志的写法，确实能给人以无限的遐想。

【拓展阅读】

1. 郁达夫：人家只晓得他漫画入神，殊不知他的散文清幽玄妙，灵达处反远出他画笔之上。

2. 姬学友《真性情涵万里天》：丰子恺是中国现代文学史上一位独具风格和神韵的散文大家，也是一位在漫画、书法、音乐、翻译诸方面有着很高造诣的艺术家和翻译家，一生以散文和漫画为主，有令人瞩目的成就和影响。笔者认为，作为“现代中国最像艺术家的艺术家”，丰子恺无论从人格还是创作上，都更为明显地接受了中国古典散文、传统艺术、佛家思想的熏染和影响，这种艺术创作的特点在中国现代作家中是颇为难得的。

【相关链接】

1.《丰子恺散文全编》（浙江文艺出版社）

2. 丰一吟著 《潇洒风神——我的父亲丰子恺》（华东师范大学出版社）

3. 林非 《现代六十家散文札记·丰子恺》（百花文艺出版社）

4. 汤哲生 《丰子恺散文论》（《文学评论》）

5. 陈星编 《丰子恺》（西泠印社）

中国诗文与中国园林艺术

陈从周

陈从周(1918—2000年)，字行世，原名郁文，晚年别号梓翁，浙江杭州人。上海同济大学教授，知名的古建筑专家和园林艺术家，亦能诗词，工书画。著有《书带集》、《帘青集》、《世缘集》等多种散文集。陈从周的散文，“有才情，有文采，更重要的是有感情，有真实的喜怒哀乐”(邓云乡《世缘集序二》)。作者营构园林，反对雕琢造作，追求怡情适性、自然而然的艺术境界。其散文似晚明的小品文，清隽洒脱，发自性情而韵味深厚。他的散文也正是体现出这样的艺术境界。

中国园林，名之为“文人园”，它是饶有书卷气的园林艺术，前年建成的北京香山饭店，是贝聿铭先生的匠心，因为建筑与园林结合得好，人们称之为有“书卷气的高雅建筑”，我则首先誉之为“雅洁明净，得清新之致”，两者意思是相同的。足证历代谈中国园林总离不了中国诗文。而画呢？也是以南宗的文人画为蓝本，所谓“诗中有画，画中有诗”，归根到底脱不开诗文一事。这就是中国造园的主导思想。

留园曲溪楼

拱桥

南北朝以后，士大夫寄情山水，啸傲烟霞，避嚣烦，寄情赏，既见之于行动，又出之以诗文，园林之筑，应时而生，继以隋唐、两宋、元，直至明清，皆一脉相承。白居易之筑堂庐山，名文传诵；李格非之记洛阳名园，华藻吐纳。故园之筑出于文思，园之存，赖文以传，相辅相成，互为促进，园实文，文实园，两者无二致也。

造园看主人，即园林水平高低，反映了园主之文化水平，自来文人画家颇多名园，因立意构思出于诗文。除了园主本身之外，造园必有清客。所谓清客，其类不一，有文人、画家、笛师、曲师、山师等等，他们相互讨论，相机献谋，为主人共商造园。不但如此，在建成以后，文酒之会，畅聚名流，赋诗品园，还有所拆改。明末张南垣，为王时敏造"乐郊园"，改作者再四，于此可得名园之成，非成于一次也，尤其在晚明更为突出。我曾经说过那时的诗文、书画、戏曲，同是一种思想感情，用不同形式表现而已，思想感情指的主导是什么？一般是指士大夫思想，而士大夫可说皆为文人，敏诗善文，擅画能歌，其所造园无不出之同一意识，以雅为其主要表现手法了。园寓诗文，复再藻饰，有额有联，配以园记题咏，园与诗文合二为一。所以，每当人进入中国园林，便有诗情画意之感，如果游者文化修养高，必然能吟出几句好诗来，画家也能画上几笔晚明清逸之笔的园景来。这些我想是每一个游者所必然产生的情景，而其产生之由就是这个道理。

汤显祖所为《牡丹亭》，而"游园"、"拾画"诸折，不仅是戏曲，而且是园林文学，又是教人怎样领会中国园林的精神实质，"遍青山啼红了杜鹃，那荼靡外烟丝醉软"，"朝日暮卷，云霞翠轩，雨丝风片，烟波画船"。其兴游移情之处真曲尽其妙。是情钟于园，而园必写情也，文以情生，园固相同也。

清代钱泳在《履园丛话》中说："造园如作诗文，必使曲折有法，前后呼应，最忌堆砌，最忌错杂，方称佳构。"一言道破，造园与作诗文无异，从诗文中可悟造园法，而园林又能兴游以成诗文。诗文与造园同样要通过构思，所以我说造园一名构园。这其中还是要能表达意境。中国美学，首重意境，同一意境可以不同形式之艺术手法出之。诗有诗境，词有词境，曲有曲境，画有画境，音乐有音乐境，而造园之高明者，运文学绘画音乐诸境，能以山水花木，池馆亭台组合出之，人临其境，有诗有画，各臻其妙。故"虽由人作，宛自天开"，中国园林，能在世界上独树一帜者，实以诗文造园也。

诗文言空灵，造园忌堆砌，故"叶上初阳干宿雨，水面清圆，一一风荷举"。言园景虚胜实，论文学亦极尽空灵。中国园林能于有形之景兴无限之情，反过来又产生不尽之景，觥筹交错，迷离难分，情景交融的中国造园手法。《文心雕龙》所谓"为情而造文"，我说为情而造景。性能生文，亦能生景，其源一也。

诗文兴情以造园，园成则必有书斋、吟馆，名为园林，实作读书吟赏挥毫之所，故苏州网师园有看松读画轩，留园有汲古得绠处，绍兴有青藤书屋等，此有名可征者，还有额虽未名，但实际功能与有额者相同，所以园林雅集文酒之会，成为中国游园的一种特殊方式。历史上的清代北京怡园与南京随园的雅集盛况后人传为佳话，留下了不少名篇。至于游者漫兴之作，那真太多了。随园以投赠之诗，张贴而成诗廊。

读晚明文学小品，宛如游园，而且有许多文字真不啻造园法也，这些文人往往家有名园，或参与园事，所以，从明中叶后直到清初，在这段时间中，文人园可说是最发达，水平也高，名家辈出，计成《园冶》，总结反映了这时期的造园思想与造园法，而文则以典雅骈骊出之，我怀疑其书必经文人润色过，所以非仅仅匠家之书。继起者李渔《一家言·居室器玩部》，亦典雅行文，李本文学戏曲家也。文震亨《长物志》更不用说了，文家是以书画诗文传世的，且家有名园，苏州艺圃至今犹存。至于园林记，必出文人之手，抒景绘情，增色泉石。而园中匾额起点景作用，几尽人皆知的了。

中国园林必置顾曲之处，临水池馆则为其地，苏州拙政园卅六鸳鸯馆、网师园濯缨水阁尽人皆知者，当时俞振飞先生与其尊人粟庐老人客张氏补园（补园为今拙政园西部），与吴中曲友，顾曲于此，小演于此，曲与园境合而情契，故俞先生之戏具书卷气，其功力实得之文学与园林深也。其尊人墨迹属题于我，知我解意也。

造园言“得体”，此二字得假借于文学，文贵有体，园亦如是。“得体”二字，行文与构园消息相通，因此我曾以宋词喻苏州诸园：网师园如晏小山词，清新不落套；留园如吴梦窗词，七宝楼台，拆下不成片段；而拙政园中部，空灵处如闲云野鹤去来无踪，则姜白石之流了；沧浪亭有若宋诗；怡园仿佛清词，皆能从其境界中揣摩得之。设造园者无诗文基础，则人之灵感又自何来。文体不能混杂，诗词歌赋各据不同情感而成之，决不能以小令引慢为长歌，何种感情，何种内容，成何种文体，皆有其独立性。故郊园、市园、平地园、小麓园，各有其体；亭台楼阁，安排布局，皆须恰如其分；能做到这一点，起码如做文章一样，不讥为“不成体统”了。

总之，中国园林与中国文学，盘根错节，难分难离，我认为研究中国园林，似应先从中国诗文入手，则必求其本，先究其源，然后有许多问题可迎刃而解。如果就园论园，则所解不深。姑提这样肤浅的看法，希望海内外专家将有所指正与教我也。

【作品简析】

作者用简洁的文字，回顾了中国园林产生、发展的历史，选取白居易、李格非等人营造园林的事例，从历史的角度，着重强调“园之筑出于文思，园之存，赖文以传，相辅相成，互为促进，园实文，文实园，两者无二致也。”并从园林水平的高低与园主文化水平高低之关系、诗文与园林精神实质之相同、诗文与园林创作构思、艺术追求及表现方法等方面，进一步说明“中国园林，能在世界上独树一帜者，实以诗文造园也”。文中引用了古代、现代众多的掌故、诗文，旁征博引，夹叙夹议，娓娓而谈，将园林艺术和古典诗文的精髓融会贯通，化而为一。作者对传统文化的眷念、自豪之情溢于言表。

【拓展阅读】

1. 俞平伯《书带集》序：陈教授从周，多才好学，博识能文，与予相知垂二十年。中历海桑，顷始重聚，获观其近编散文集者，其间山川奇伟，人物彬雅，楼阁参差，园林清宴，恍若卧游，如闻馨咳，知其会心于文艺，所得良非浅已。

2. 陈从周的散文、杂谈、诗词歌赋先后编辑出版《园林谈丛》、《书带集》、《春苔集》、《帘青集》、《随宜集》、《山湖处处》。1956 年代表作《苏州园林》问世。1975 年，在极艰难困苦的条件下著述《梓室余墨》40 余万字，详细记述了一生中的交往、研究、各地山川风光、民俗、民情、遗闻轶事。1978 年，将苏州园林局部模制，输出至美国纽约大都会博物馆，即明轩，成为新中国以来园林文化建筑对外输出之先河。1985 年，受聘为美国贝聿铭建筑设计事务所顾问。1986 年，编辑出版《绍兴石桥》。主编出版《上海近代建筑史稿》。1990 年出版《中国名园》，全书用诗词一般的语言描述各地园林之精华。1991 年香港商务印书馆出版了陈从周的最新散文集《书边人语》。

【相关链接】

1. 陈从周 《园林谈丛》（上海文化出版社）
2. 陈从周 《惟有园林》（百花文艺出版社）
3. 陈从周 《园韵》（上海文化出版社）
4. 同济大学建筑与城市规划学院编 《陈从周纪念文集》（上海科学技术出版社）

把栏杆拍遍

梁 衡

梁衡(1946 年—)，山西人。当代作家，多年从事新闻出版工作，曾任新闻出版署副署长。写作以散文为主，主要有《梁衡散文》、《夏感与秋思》、《名山大川感恩录》、《人杰鬼雄》等。他的散文立意高远，见解独到，耐人寻味，蕴含着丰富的哲思和厚重的文化色彩，风格豪雄刚健，常常表现出一种澎湃浩荡之气。

中国历史上由行伍出身，以武起事，而最终以文为业，成为大诗词作家的只有一人，这就是辛弃疾。这也注定了他的词及他这个人在文人中的惟一性和在历史上的独特地位。

在我看到的资料里，辛弃疾至少是快刀利剑地杀过几次人的。他天生孔武高大，从小苦修剑法。他又生于金宋乱世，不满金人的侵略蹂躏，22 岁时他就拉起了一支数千人的义军，后又与耿京为首的义军合并，并兼任书记长，掌管印信。一次义军中出了叛徒，将印信偷走，准备投金。辛弃疾手提利剑单人独马追贼两日，第三天提回一颗人头。为了光复大业，他又说服耿京南归，南下临安亲自联络。不想就这几天之内又变生肘腋，当他完成任务返回时，部将叛变，耿京被杀。辛大怒，跃马横刀，只率数骑突入敌营生擒叛将，又奔突千里，将其押解至临安正法，并率万人南下归宋。说来，他干这场壮举时还只是一个英雄少年，正血气方刚，欲为朝廷痛杀贼寇，收复失地。

山野

但世上的事并不能心想事成。南归之后，他手里立即失去了钢刀利剑，就只剩下一支羊毫软笔，他也再没有机会奔走沙场，血溅战袍，而只能笔走龙蛇，泪洒宣纸，为历史留下一声声悲壮的呼喊，遗憾的叹息和无奈的自嘲。

应该说，辛弃疾的词不是用笔写成，而是用刀和剑刻成的。他是以一个沙场英雄和爱国将军的形象留存在历史上和自己的诗词中。时隔千年，当今天我们重读他的作品时，仍感到一种凛然杀气和磅礴之势。比如这首著名的《破阵子》：

醉里挑灯看剑，梦回吹角连营，八百里分麾下炙，五十弦翻塞外声。沙场秋点兵。

马作的卢飞快，弓如霹雳弦惊。了却君王天下事，赢得生前身后名。可怜白发生。

我敢大胆说一句，这首词除了武圣岳飞的《满江红》可与之媲美外，在中国上下五千年的文人堆里，再难找出第二首这样有金戈之声的力作。虽然杜甫也写过："射人先射马，擒贼先擒王"，军旅诗人王昌龄也写过："欲将轻骑逐，大雪满弓刀"。但这些都是旁观式的想像、抒发和描述，哪一个诗人曾有他这样亲身在刀刃剑尖上滚过来的经历？"列舰层楼"、"投鞭飞渡"、"例指三秦"、"西风塞马"，他的诗词简直是一部军事辞典。他本来是以身许国，准备血洒大漠，马革裹尸的。但是南渡后他被迫脱离战场，再无用武之地。像屈原那样仰问苍天，像共工那样怒撞不周，他临江水，望长安，登危楼，拍栏杆，只能热泪横流。

楚天千里清秋，水随天去秋无际。遥岑远目，献愁供恨，玉簪螺髻。落日楼头，断鸿声里，江南游子，把吴钩看了，栏杆拍遍，无人会、登临意……(《水龙吟》)

谁能懂得他这个游子，实际上是亡国浪子的悲愤之心呢？这是他登临建康城赏心亭时所作。此亭遥对古秦淮河，是历代文人墨客赏心雅兴之所，但辛弃疾在这里发出的却是一声悲怆的呼喊。他痛拍栏杆时一定想起过当年的拍刀催马，驰骋沙场，但今天空有一身力，一腔志，又能向何处使呢？我曾专门到南京寻找过这个辛公拍栏杆处，但人去楼毁，早已了无痕迹，惟有江水悠悠，似词人的长叹，东流不息。

辛词比其他文人更深一层的不同，是他的词不是用墨来写，而是蘸着血和泪涂抹而成的。我们今天读其词，总是清清楚楚地听到一个爱国臣子，一遍一遍地哭诉，一次一次地表白；总忘不了他那在夕阳中扶栏远眺、望眼欲穿的形象。

辛弃疾南归后为什么这样不为朝廷喜欢呢？他在一首《戒酒》的戏作中说："怨无大小，生于所爱；物无美恶，过则成灾。"这首小品正好刻画出他的政治苦闷。他因爱国而生怨，因尽职而招灾。他太爱国家、爱百姓、爱朝廷了。但是朝廷怕他，烦他，忌用他。他作为南宋臣民共生活了40年，倒有近20年的时间被闲置一旁，而在断断续续被使用的20多年间又有37次频繁调动。但是，每当他得到一次效力的机会，就特别认真，特别执著地去工作。本来有碗饭吃便不该再多事，可是那颗炽热的爱国心烧得他浑身发热。40年间无论在何地何时任何职，甚至赋闲期间，他都不停地上书，不停地唠叨，一有机会还要真抓实干，练兵、筹款、整饬政务，时刻摆出一副要冲上前线的样子。你想这能不让主和苟安的朝廷心烦？他任湖南安抚使，这本是一个地方行政长官，他却在任上创办了一支2500人的"飞虎军"，铁甲烈马，威风凛凛，雄镇江南。建军之初，造营房，恰逢连日阴雨，无法烧制屋瓦。他就令长沙市民，每户送瓦20片，立付现银，两日内便全部筹足。其施政的干练作风可见一斑。后来他到福建任地方官，又在那里招兵买马。闽南与漠北相隔何远，但还是隔不断他的忧民情、复国志。他这个书生，这个工作狂，实在太过了，"过则成灾"，终于惹来了许多的诽谤，甚至说他独裁、犯上。皇帝对他也就时用时弃。国有危难时招来用几天；朝有谤言，又弃而闲几年，这就是他的基本生活节奏，也是他一生最大的悲剧。别看他饱读诗书，在词中到处用典，甚至被后人讥为"掉书袋"。但他至死，也没有弄懂南宋小朝廷为什么只图苟安而不愿去收复失地。

辛弃疾名弃疾，但他那从小使枪舞剑、壮如铁塔的五尺身躯，何尝有什么疾病？他只有一块心病，金瓯缺，月未圆，山河碎，心不安。

郁孤台下清江水，中间多少行人泪。西北望长安，可怜无数山。青山遮不住，毕竟东流去。江晚正愁予，山深闻鹧鸪。

这是我们在中学课本里就读过的那首著名的《菩萨蛮》。他得的是心郁之病啊！他甚至自嘲自己的姓氏：

烈日秋霜，忠肝义胆，千载家谱，得姓何年，细参辛字，一笑君听取。艰辛做就，悲辛滋味，总是辛酸辛苦。更十分，向人辛辣，椒桂捣残堪吐。

世间应有，芳甘浓美，不到吾家门户。……(《永遇乐》)

你看"艰辛"、"酸辛"、"悲辛"、"辛辣"，真是五内俱焚。世上许多甜美之事，顺达之志，怎么总轮不到他呢？他要不就是被闲置，要不就是走马灯似的被调动。1179年，他从湖北调湖南，同僚为他送行时他心情难平，终于以极委婉的口气叹出了自己政治的失意。这便是那首著名的《摸鱼儿》：

更能消几番风雨，匆匆春又归去。惜春长，怕花开早，何况落红无数。春且住，见说道，天涯芳草无归路。怨春不语。算只有画檐蛛网，尽日惹飞絮。

长门事，准拟佳期又误。蛾眉曾有人妒。千金纵买相如赋，脉脉此情谁诉？君莫舞，君不见，玉环飞燕皆尘土。闲愁最苦。休去倚危楼，斜阳正在，烟柳断肠处。

据说宋孝宗看到这首词后很不高兴。梁启超评曰："回肠荡气，至于此极，前无古人，后无来者。""长门事"，是指汉武帝的陈皇后遭忌被打入长门宫里。辛以此典相比，一片忠心、痴情和着那许多辛酸、辛苦、辛辣，真是打翻了五味坛子。今天我们读时，每一个字都让人一惊，直让你觉得就是一滴血，或者是一行泪。确实，古来文人的惜春之作，多得可以堆成一座纸山。但有哪一首，能这样委碗而又悲愤地将春色化入政治、诠释政治呢？美人相思也是旧文人写滥了的题材，有哪一首能这样深刻贴切地寓意国事，评论正邪，抒发忧愤呢？

但是南宋朝毕竟是将他闲置了20年。20年的时间让他脱离政界，只许旁观，不得插手，也不得插嘴。辛在他的词中自我解嘲道："君恩重，且教种芙蓉！"这有点像宋仁宗说柳永："且去浅斟低唱，何要浮名？"柳永倒是真的去浅斟低唱了，结果唱出一个纯粹的词人艺术家。辛与柳不同，你想，他是一个大碗喝酒，大块吃肉，痛拍栏杆，大声议政的人。报国无门，他便到赣南修了一座带湖别墅，咀嚼自己的寂寞。

带湖吾甚爱，千丈翠奁开。先生杖屦无事，一日走千回。见我同盟鸥鹭，今日既盟之后，来往莫相猜。白鹤在何处，尝试与偕来。破青萍，排翠藻，立苍苔。窥鱼笑汝痴计，不解举吾杯。废沼荒丘畴昔，明月清风此夜，人世几欢哀。东岸绿阴少，杨柳更须栽。(《水调歌头》)

这回可真的应了他的号："稼轩"，要回乡种地了。一个正当壮年又阅历丰富、胸怀大志的政治家，却每天在山坡和水边踱步，与百姓聊一聊农桑收成之类的闲话，再对着飞鸟游鱼自言自语一番，真是"闲愁最苦"，"脉脉此情谁诉"？

说到辛弃疾的笔力多深，是刀刻也罢，血写也罢，其实他的追求从来不是要做一个词人。郭沫若说陈毅："将军本色是诗人"，辛弃疾这个人，词人本色是武人，武人本色是政人。他的词是在政治的大磨盘间磨出来的豆浆汁液。他由武而文，又由文而政，始终在出世与入世间矛盾，在被用或被弃中受煎熬。作为封建知识分子，对待政治，他不像陶渊明那样浅尝辄止，便再不染政；也不像白居易那样长期在任，亦政亦文。对国家民族他有一颗放不下、关不住、比天大、比火热的心；他有一身早练就、憋不住、使不完的劲。他不计较"五斗米折腰"，也不怕谗言倾盆。所以随时局起伏，他就大忙大闲，大起大落，大进大退。稍有政绩，便招谤而被弃；国有危难，便又被招而任用。他亲自组练过军队，上书过《美芹十论》这样著名的治国方略。他是贾谊、诸葛亮、范仲淹一类的时刻忧心如焚的政治家。他像一块铁，时而被烧红锤打，时而又被扔到冷水中淬火。有人说他是豪放派，继承了苏东坡。但苏的豪放仅止于"大江东去"，山水之阔。苏正当北宋太平盛世，还没有民族仇、复国志来炼其词魂，也没有胡尘飞、金戈鸣来壮其词威。真正的诗人只有被政治大事(包括社会、民族、军事等矛盾)所挤压、扭曲、拧绞、烧炼、锤打时才可能得到合乎历史潮流的感悟，才可能成为正义的化身。诗歌，也只有在政治之风的鼓荡下，才能飞翔，才能燃烧，才能炸响，才能振聋发聩。学诗功夫在诗外，诗歌之效在诗外。我们承认艺术本身的魅力，更承认艺术加上思想的爆发力。有人说辛词其实也是婉约派，多情细腻处不亚柳永、李清照。

婚俗

近来愁似天来大，谁解相怜？谁解相怜？又把愁来做个天。都将今古无穷事，放在愁边。放在愁边，却自移家向酒泉。(《丑奴儿》)

少年不识愁滋味，爱上层楼。爱上层楼，为赋新词强说愁。而今识尽愁滋味，欲说还休。欲说还休，却道天凉好个秋。(《丑奴儿》)

柳、李的多情多愁仅止于"执手相看泪眼"、"梧桐更兼细雨"，而辛词中的婉约言愁之笔，于淡淡的艺术美感中，却含有深沉的政治与生活哲理。真正的诗人，最善以常人之心言大情大理，能于无声处炸响惊雷。

我常想，要是为辛弃疾造像，最贴切的题目就是"把栏杆拍遍"。他一生大都是在被抛弃的感叹与无奈中度过的。当权者不使为官，却为他准备了锤炼思想和艺术的反面环境。他被九蒸九晒，水煮油炸，千锤百炼。历史的风云，民族的仇恨，正与邪的搏击，爱与恨的纠缠，知识的积累，感情的浇铸，艺术的升华，文字的锤打，这一切都在他的胸中、他的脑海，翻腾、激荡，如地壳内岩浆的滚动鼓胀，冲击积聚。既然这股能量一不能化做刀枪之力，二不能化做施政之策，便只有一股脑地注入诗词，化做诗词。他并不想当词人，但武途政路不通，历史歪打正着地把他逼向了词人之道。终于他被修炼得连叹一口气，也是一首好词了。说到底，才能和思想是一个人的立身之本。像石缝里的一棵小树，虽然被扭曲、挤压，成不了旗杆，却也可成一条遒劲的龙头拐杖，别是一种价值。但这前提，你必须是一棵树，而不是一棵草。从“沙场秋点兵”到“天凉好个秋”，从决心为国弃疾去病，到最后掰开嚼碎，识得辛字含义，再到自号“稼轩”，同盟鸥鹭，辛弃疾走过了一个爱国志士、爱国诗人的成熟过程。诗，是随便什么人就可以写的吗？诗人，能在历史上留下名的诗人，是随便什么人都可以当的吗？“一将功成万骨枯”，一员武将的故事，还要多少持刀舞剑者的鲜血才能写成。那么，有思想光芒而又有艺术魅力的诗人呢？他的成名，要有时代的运动，像地球大板块的冲撞那样，他时而被夹其间感受折磨，时而又被甩在一旁被迫冷静思考。所以，积三百年北宋南宋之动荡，才产生了一个辛弃疾。

【作品简析】

梁衡是做过多年记者的，记者的一大本事就是能够同任何人平等地对话，能够亲近和进入任何一颗心灵。他的散文，明白晓畅如一泓湖水，细细道来若一湾清泉。那种清澈、那种委婉、那种渐次，通过心灵的细腻感觉，那种以读者为挚友，以所写的人物和一花一叶为挚友的平等、亲和的谈心和笔法，那种“润物细无声”的引导力量，叫你不由自主地跟着他的目光、足印和渐深渐远的思绪前行。

《把栏杆拍遍》是一篇记写南宋爱国词人辛弃疾的散文。作者独辟蹊径，在占有大量素材和深入思考的基础上，用辛弃疾的八首词串起了他出身行伍，以武起事，以文为业的坎坷人生和“拍遍栏杆”也无法排解的一腔哀愁愤怒，人物形象充实、亮丽、生动、鲜活。

该文的理性和情感融会一体，作者的理性绝不生硬，因为他不过在叙说一种历史的因果与必然。作者的理性绝不是说教，因为他写下的不过是一位思想者的自白。

【拓展阅读】

梁衡是著名的新闻理论家、散文家、科普作家和政论家。有散文集《夏感与秋思》、《只求新去处》、《名山大川感思录》、《人杰鬼雄》、《当代散文名家精品文库——梁衡卷》等。作品曾获青年文学奖、赵树理文学奖、全国优秀科普作品奖。有散文三篇《晋祠》、《觅渡，觅渡，渡何处》和《夏感》入选中学教材。

【相关链接】

1.《梁衡散文》（浙江文艺出版社）

2. 张振金《中国当代散文史》（人民文学出版社）

3.《梁衡绝妙小品·论写作》（时代文艺出版社）

读书示小妹十八生日书

——文外谈文之四

贾平凹

清　陕西窑洞

贾平凹（1952年—　），陕西丹凤人。当代著名作家。从小生活在农村。他的小说善于从平淡的风俗人情中揭示民族文化心理的底蕴。他的散文创作及其成就不在小说之后，他勤奋多产，著有《商州散记》、《月迹》、《心迹》等散文集。

七月十七日，是你十八生日，辞旧迎新，咱们家又有一个大人了。贾家在乡里是大户，父辈那代兄弟四人，传到咱们这代，兄弟十个，姊妹七个；我是男儿老八，你是女儿最小。分家后，众兄众姐都英英武武有用于社会，只是可怜了咱俩。我那时体单力孱，面又丑陋，十三岁看去老气犹如二十，村人笑为痴傻，你又三岁不能言语，哇哇只会啼哭，父母年纪尚老，恨无人接力，常怨咱这一门人丁不达。从那时起，我就羞于在人前走动，背着你在角落玩耍；有话无人可说，言于你你又不能回答，就喜欢起书来。书中的人对我最好，每每读到欢心处，我就在地上翻着跟斗，你就乐得直叫，读到伤心处，我便哭了，你见我哭了，也便爬(趴)在我身上哭。但是，更多的是在沙地上，我筑好一个沙城让你玩，自个躺在一边读书，结果总是让你尿湿在裤子上。你又是哭，我不知如何哄你，就给你念书听，你竟不哭了。我感激得抱住你，说："我小妹也是爱书人啊!"东村的二旦家，其父是老先生，家有好多藏书，我背着你去借，人家不肯，说要帮着推磨子。我便将你放在磨盘顶上，教你拨着磨眼，我就抱着磨棍推起磨盘转，一个上午，给人家磨了三升包谷，借了三本书，我乐得去亲你，把你的脸蛋都咬出了一个红牙印儿。你还记得那本《红楼梦》吗？那是你到了四岁，刚刚学会说话，咱们到县城姨家去，我发现柜里有一本书，就蹲在那里看起来，虽然并不全懂，但觉得很有味道。天快黑了，书只看了五分之一，要回去，我就偷偷将书藏在怀里。三天后，姨家人来找，说我是贼，我不服，两厢骂起来，被娘打过一个耳光，我哭了，你也哭了，娘也抱住咱们哭，你那时说："哥哥，我长大了，一定给你买书!"小妹，你那一句话，给了兄多大安慰，如今我一坐在书房，看着满架书籍，我就记想那时的可怜了。

咱们不是书香门第，家里一直不曾富绰，即使现在，父母和你还在乡下，地分了，粮是不短缺了，钱却有出没入，兄虽每月寄点，也只能顾住油盐酱醋，比不得会做生意的人家。但是，穷不是咱们的错，书却会使咱们位低而人品不微，贫困而志向不贱。这个社会，天下在振兴，民族在奋发，咱们不企图作官，以仕途之路作功于国家，但作为凡人百姓，咱们却只有读书习文才能有益于社会啊。你也立志写作，兄很高兴，你就要把书看重，什么都不要眼红，眼红读书，什么朋友都可抛弃，但书之友不能一日不交。贫困倒是当作家的准备条件，书是忌富，人富则思惰，你目下处境正好逼你静心地读书，深知书中的精义。这道理人往往以为不信，走过来了方才醒悟，小妹可将我的话记住，免得以后悔之不及。

兄在外已经十年，自不敢忘了读书，所作一、二篇文章，尽属肤浅习作，愈使读书不已。过了二月二十一日，已到了而立之年，才更知立身难，立德难，立文难。夜读《西游记》，悟出"取经唯诚，伏怪以力"，不觉怀多感激，临风而叹息。兄在你这般年纪，读书目过能记，每每是借来之书，读得也十分注重，而今桌上，几上，案上，床上，满是书籍，却常常读过十不能记下四五，这全是年龄所致也，我至今只有抄写辅助强记，但你一定要珍惜现在年纪，多多读书啊。

既有条件，读书万万不能狭窄。文学书要读，政治书要读，哲学，历史，美学，天文，地理，医药，建筑，美术，乐理……凡能找到的书，都要读读。若读书面窄，借鉴就不多，思路就不广，触一而不能通三。但是，切切又不要忘了精读，真正的本事掌握，全在于精读。世上好书，浩如烟海，一生不可能读完，且又有的书虽好，但不能全为之喜爱，如我一生不喜食肉，但肉却确实是世上好东西。你若喜欢上一本书了，不妨多读：第一遍可囫囵吞枣读，这叫享受；第二遍就静心坐下来读，这叫吟味；第三遍便要一句一句想着读，这叫深究。三遍读过，放上几天，再去读读，常又会有再新再悟的地方。你真真正正爱上这本书了，就在一个时期多找些这位作家的书来读，读他的长篇，读他的中篇，读他的短篇，或者散文，或者诗歌，或者理论，再读外人对他的评论，所写的传记，也可再读读和他同期作家的一些作品。这样，你知道他的文了，更知道他的人了，明白当时是什么社会，如何的文坛，他的经历，性格，人品，爱好等等是怎样促使他的风格的形成？大凡世上，一个作家都有自己一套写法，都是有迹而可觅寻，当然有的天分太高了，便不是一时一阵便可理得清的。兄读中国的庄子，太白，东坡诗文，读外国的泰戈尔，川端康成，海明威之文，便至今于起灭转接之间不可测识。说来，还是兄读书太少，悟觉浅薄啊！如此这番读过，你就不要理他了，将他丢开，重新进攻另一个大家。文学是在突破中前进，你要时时注意，前人走到了什么地方，同辈人走到了什么地方？任何一个大家，你只能继承，不能重复，你要在读他的作品时，就将他拉到你的脚下来读。这不是狂妄，这正是知其长，晓其短，师精神而弃皮毛啊。虚无主义可笑，但全然跪倒来读，他可以使你得益，也可能使你受损，永远在他的屁股后了。这你要好好记住。

在家时，逢小妹生日，兄总为你梳那一双细辫，亲手要为你剥娘煮熟的鸡蛋。一走十年，竟总是忘了你生日的具体时间，这你是该骂我的了。今年一入夏，我便时时提醒自己，要到时一定祝贺你成人。邻居妇人要我送你一笔大钱，说我写书，稿费易如就地俯拾，我反驳，又说我“肥猪也哼哼”，咳，邻人只知是钱！人活着不能没钱，但只要有一碗吃，钱又算什么呢？如今稿费低贱，家岂是以稿费发得?！读书要精品，写书要立之于身，功于天下，哪里是邻居妇人之见啊！这么多年，兄并不敢侈奢，只是简朴，唯恐忘了往昔困顿，也是不忘了往昔，方将所得数钱尽买了书籍。所以，小妹生日，兄什么也不送，仅买一套名著十册给你寄来，乞妹快活。

一九八三年七月初写于静虚村

【作品简析】

在信中，作者回顾了自己早年读书求学时的艰难，剖析了自己走上社会之后的心路历程，以及在人生奋斗过程之中最终的价值选择，这就是读书、明理、做人。作者这里已经越出了一般家书的私语层次，而上升为一个当代知识分子对于中国优秀人文传统的一种捍卫与坚守。

全文紧扣“读书”，先写少年时读书的不易，再写中年时读书的甘苦，继而写读书的方法，最后才写“小妹生日，兄什么也不送，仅买一套名著十册给你寄来”，这样，既首尾呼应，又中心突出。作品既有形象生动的生活细节描写，亦有理性层面的深入浅出，较好地将记叙、议论与抒情融为一体。

【拓展阅读】

1. 佘树森等《中国当代散文报告文学发展史》：正由于贾平凹能从中西文构成的角度来观照我国现代散文传统，并加强自我修养，故其散文创作上所表现出来的“五四”散文传统的“回归”现象，就不仅是艺术形式的再现，而且还是文化心理的继承。

2. 贾平凹《好读书》：能好读书必有读书的好，譬如，能识天地之大，能晓人生之难，有自知之明，有预料之先，不为苦而悲，不受宠而欢，寂寞时不寂寞，孤单时不孤单，所以绝权欲，弃浮华，潇洒达观，于嚣烦尘世而自尊自重自强自立不卑不畏不俗不谄。

3. 贾平凹著有小说集《兵娃》、《姐妹本纪》、《山地笔》、《野火集》、《商州散记》、《小月前本》、《腊月·正月》、《天狗》、《晚唱》、《贾平凹获奖中篇小说集》、《贾平凹自选集》，长篇小说《商州》、《州河》、《浮躁》、《废都》、《白夜》，自传体长篇《我是农民》等。散文集《月迹》、《心迹》、《爱的踪迹》、《贾平凹散文自选集》，诗集《空白》以及《平凹论集》等。

【相关链接】

1.《贾平凹散文自选集》（漓江出版社）

2. 佘树森 《中国当代散文研究》（北京大学出版社）

3. 林非主编《中国当代散文大系(5)·贾平凹》(江苏教育出版社)

4. 李星 《贾平凹评传》(郑州大学出版社)

小说

铸　剑

鲁　迅

鲁迅像

鲁迅(1881—1936年)原名周树人，字豫才，浙江绍兴人。早年留学日本，由学医而改从文，以期改造国民的精神。1918年第一次用“鲁迅”的笔名发表小说《狂人日记》，以此奠定了新文学的基石。他所创作的《呐喊》、《彷徨》、《野草》等篇章，无不显示了他是中国现代文学史与思想史上的文化高峰。

一

眉间尺刚和他的母亲睡下，老鼠便出来咬锅盖，使他听得发烦。他轻轻地叱了几声，最初还有些效验，后来是简直不理他了，格支格支地径自咬。他又不敢大声赶，怕惊醒了白天做得劳乏，晚上一躺就睡着了的母亲。

许多时光之后，平静了；他也想睡去。忽然，扑通一声，惊得他又睁开眼。同时听到沙沙地响，是爪子抓着瓦器的声音。

“好！该死！”他想着，心里非常高兴，一面就轻轻地坐起来。

他跨下床，借着月光走向门背后，摸到钻火家伙，点上松明，向水瓮里一照。果然，一匹很大的老鼠落在那里面了；但是，存水已经不多，爬不出来，只沿着水瓮内壁，抓着，团团地转圈子。

“活该!”他一想到夜夜咬家具，闹得他不能安稳睡觉的便是它们，很觉得畅快。他将松明插在土墙的小孔里，赏玩着；然而那圆睁的小眼睛，又使他发生了憎恨。伸手抽出一根芦柴，将它直按到水底去。过了一会，才放手。那老鼠也随着浮了上来，还是抓着瓮壁转圈子。只是抓劲已经没有先前似的有力，眼睛也淹在水里面，单露出一点尖尖的通红的小鼻子，咻咻地急促地喘气。

他近来很有点不大喜欢红鼻子的人。但这回见了这尖尖的小红鼻子，却忽然觉得它可怜了，就又用那芦柴，伸到它的肚下去。老鼠抓着，歇了一回力，便沿着芦干爬了上来。待到他看见全身——湿淋淋的黑毛，大的肚子，蚯蚓似的尾巴，——便又觉得可恨可憎得很，慌忙将芦柴一抖，扑通一声，老鼠又落到水瓮里，他接着就用芦柴在它头上捣了几下，叫它赶快沉下去。

换了六回松明之后，那老鼠已经不能动弹，不过沉浮在水中间，有时还向水面微微一跳。眉间尺又觉得很可怜，随即折断芦柴，好容易将它夹了出来，放在地面上。老鼠先是丝毫不动，后来才有一点呼吸；又许多时，四只脚运动了，一翻身，似乎要站起来逃走。这使眉间尺大吃一惊，不觉提起左脚，一脚踏下去。只听得吱的一声，他蹲着，呆看着，站不起来。

“尺儿，你在做什么?”他的母亲已经醒来了，在床上问。

“老鼠……。”他慌忙站起，回转身去，却只答了两个字。

“是的，老鼠。这我知道。可是你在做什么？杀它呢，还是在救它?”

他没有回答。松明烧尽了；他默默地立在暗中，渐看见月光的皎洁。

“唉!”他的母亲叹息说，“一交子时，你就是十六岁了，性情还是那样，不冷不热地，一点也不变。看来你的父亲的仇是没有人报的了。”

他看见他的母亲坐在灰白色的月影中，仿佛身体都在颤动；低微的声音里，含着无限的悲哀，使他冷得毛骨悚然，而一转眼间，又觉得热血在全身中忽然腾沸。

“父亲的仇？父亲有什么仇呢？”他前进几步，惊急地问。

“有的。还要你去报。我早想告诉你的了；只因为你太小，没有说。现在你已经成人了，却还是那样的性情。这教我怎么办呢？你似的性情，能行大事的么？”

“能。说罢，母亲。我要改过……。”

“自然。我也只得说。你必须改过……。那么，走过来罢。”

他走过来；他的母亲端坐在床上，在暗白的月影里，两眼发出闪闪的光芒。

“听哪！”她严肃地说，“你的父亲原是一个铸剑的名工，天下第一。他的工具，我早已都卖掉了来救了穷了，你已经看不见一点遗迹；但他是一个世上无二的铸剑的名工。二十年前，王妃生下了一块铁，听说是抱了一回铁柱之后受孕的，是一块纯青透明的铁。大王知道是异宝，便决计用来铸一把剑，想用它保国，用它杀敌，用它防身。不幸你的父亲那时偏偏入了选，便将铁捧回家里来，日日夜夜地锻炼，费了整三年的精神，炼成两把剑。

“当最末次开炉的那一日，是怎样地骇人的景象呵！哗拉拉地腾上一道白气的时候，地面也觉得动摇。那白气到天半便变成白云，罩住了这处所，渐渐现出绯红颜色，映得一切都如桃花。我家的漆黑的炉子里，是躺着通红的两把剑。你父亲用井华水慢慢地滴下去，那剑嘶嘶地吼着，慢慢转成青色了。这样地七日七夜，就看不见了剑，仔细看时，却还在炉底里，纯青的，透明的，正像两条冰。

“大欢喜的光采，便从你父亲的眼睛里四射出来；他取起剑，拂拭着，拂试着”。然而悲惨的皱纹，却也从他的眉头和嘴角出现了。他将那两把剑分装在两个匣子里。

“‘你只要看这几天的景象，就明白无论是谁，都知道剑已炼就的了。’他悄悄地对我说。‘一到明天，我必须去献给大王。但献剑的一天，也就是我命尽的日子。怕我们从此要长别了。’

“‘你……。’我很骇异，猜不透他的意思，不知怎么说的好。我只是这样地说：‘你这回有了这么大的功劳……。’

“‘唉！你怎么知道呢！’他说。‘大王是向来善于猜疑，又极残忍的。这回我给他炼成了世间无二的剑，他一定要杀掉我，免得我再去给别人炼剑，来和他匹敌，或者超过他。’

“我掉泪了。

“‘你不要悲哀。这是无法逃避的。眼泪决不能洗掉命运。我可是早已有准备在这里了！’他的眼里忽然发出电火似的光芒，将一个剑匣放在我膝上。‘这是雄剑。’他说。‘你收着。明天，我只将这雌剑献给大王去。倘若我一去竟不回来了呢，那是我一定不再在人间了。你不是怀孕已经五六个月了么？不要悲哀；待生了孩子，好好地抚养。一到成人之后，你便交给他这雄剑，教他砍在大王的颈子上，给我报仇！’”

“那天父亲回来了没有呢？”眉间尺赶紧问。

“没有回来！”她冷静地说。“我四处打听，也杳无消息。后来听得人说，第一个用血来饲你父亲自己炼成的剑的人，就是他自己——你的父亲。还怕他鬼魂作怪，将他的身首分埋在前门和后苑了！”

眉间尺忽然全身都如烧着猛火，自己觉得每一枝毛发上都仿佛闪出火星来。他的双拳，在暗中捏得格格地作响。

他的母亲站起了，揭去床头的木板，下床点了松明，到门背后取过一把锄，交给眉间尺道：“掘下去！”

眉间尺心跳着，但很沉静地一锄一锄轻轻地掘下去。掘出来的都是黄土，约到五尺多深，土色有些不同了，似乎是烂掉的材木。

“看罢！要小心！”他的母亲说。

眉间尺伏在掘开的洞穴旁边，伸手下去，谨慎小心地撮开烂树，待到指尖一冷，有如触着冰雪的时候，那纯青透明的剑也出现了。他看清了剑靶，捏着，提了出来。

窗外的星月和屋里的松明似乎都骤然失了光辉，惟有青光充塞宇内。那剑便溶在这青光中，看去好像一无所有。眉间尺凝神细视，这才仿佛看见长五尺余，却并不见得怎样锋利，剑口反而有些浑圆，正如一片韭叶。

“你从此要改变你的优柔的性情，用这剑报仇去！”他的母亲说。

“我已经改变了我的优柔的性情，要用这剑报仇去！”“但愿如此。你穿了青衣，背上这剑，衣剑一色，谁也看不分明的。衣服我已经做在这里，明天就上你的路去罢。不要记念我！”她向床后的破衣箱一指，说。

眉间尺取出新衣，试去一穿，长短正很合式。他便重行叠好，裹了剑，放在枕边，沉静地躺下。他觉得自己已经改变了优柔的性情；他决心要并无心事一般，倒头便睡，清晨醒来，毫不改变常态，从容地去寻他不共戴天的仇雠。

但他醒着。他翻来覆去，总想坐起来。他听到他母亲的失望的轻轻的长叹。他听到最初的鸡鸣；他知道已交子时，自己是上了十六岁了。

二

当眉间尺肿着眼眶，头也不回地跨出门外，穿着青衣，背着青剑，迈开大步，径奔城中的时候，东方还没有露出阳光。杉树林的每一片叶尖，都挂着露珠，其中隐藏着夜气。但是，待走到树林的那一头，露珠里却闪出各样的光辉，渐渐幻成晓色了。远望前面，便依稀看见灰黑色的城墙和雉堞。

和挑葱卖菜的一同混入城里，街市上已经很热闹。男人们一排一排的呆站着；女人们也时时从门里探出头来。她们大半也肿着眼眶；蓬着头；黄黄的脸，连脂粉也不及涂抹。

眉间尺预觉到将有巨变降临，他们便都是焦躁而忍耐地等候着这巨变的。

他径自向前走；一个孩子突然跑过来，几乎碰着他背上的剑尖，使他吓出了一身汗。转出北方，离王宫不远，人们就挤得密密层层，都伸着脖子。人丛中还有女人和孩子哭嚷的声音。他怕那看不见的雄剑伤了人，不敢挤进去；然而人们却又在背后拥上来。他只得宛转地退避；面前只看见人们的背脊和伸长的脖子。

忽然，前面的人们都陆续跪倒了；远远地有两匹马并着跑过来。此后是拿着木棍，戈，刀，弓弩，旌旗的武人，走得满路黄尘滚滚。又来了一辆四匹马拉的大车，上面坐着一队人，有的打钟击鼓，有的嘴上吹着不知道叫什么名目的劳什子。此后又是车，里面的人都穿画衣，不是老头子，便是矮胖子，个个满脸油汗。接着又是一队拿刀枪剑戟的骑士。跪着的人们便都伏下去了。这时眉间尺正看见一辆黄盖的大车驰来，正中坐着一个画衣的胖子，花白胡子，小脑袋；腰间还依稀看见佩着和他背上一样的青剑。

他不觉全身一冷，但立刻又灼热起来，像是猛火焚烧着。他一面伸手向肩头捏住剑柄，一面提起脚，便从伏着的人们的脖子的空处跨出去。

但他只走得五六步，就跌了一个倒栽葱，因为有人突然捏住了他的一只脚。这一跌又正压在一个干瘪脸的少年身上；他正怕剑尖伤了他，吃惊地起来看的时候，肋下就挨了很重的两拳。他也不暇计较，再望路上，不但黄盖车已经走过，连拥护的骑士也过去了一大阵了。

路旁的一切人们也都爬起来。干瘪脸的少年却还扭住了眉间尺的衣领，不肯放手，说被他压坏了贵重的丹田，必须保险，倘若不到八十岁便死掉了，就得抵命。闲人们又即刻围上来，呆看着，但谁也不开口；后来有人从旁笑骂了几句，却全是附和干瘪脸少年的。眉间尺遇到了这样的敌人，越是怒不得，笑不得，只觉得无聊，却又脱身不得。这样地经过了煮熟一锅小米的时光，眉间尺早已焦躁得浑身发火，看的人却仍不见减，还是津津有味似的。

前面的人圈子动摇了，挤进一个黑色的人来，黑须黑眼睛，瘦得如铁。他并不言语，只向眉间尺冷冷地一笑，一面举手轻轻地一拨干瘪脸少年的下巴，并且看定了他的脸。那少年也向他看了一会，不觉慢慢地松了手，溜走了；那人也就溜走了；看的人们也都无聊地走散。只有几个人还来问眉间尺的年纪，住址，家里可有姊姊。眉间尺都不理他们。

他向南走着；心里想，城市中这么热闹，容易误伤，还不如在南门外等候他回来，给父亲报仇罢，那地方是地旷人稀，实在很便于施展。这时满城都议论着国王的游山，仪仗，威严，自己得见国王的荣耀，以及俯伏得有怎么低，应该采作国王的模范等等，很像蜜蜂的排衙。直至将近南门，这才渐渐地冷静。

他走出城外，坐在一株大桑树下，取出两个馒头来充了饥；吃着的时候忽然记起母亲来，不觉眼鼻一酸，然而此后倒也没有什么。周围是一步一步地静下去了，他至于很分明地听到自己的呼吸。

天色愈暗，他也愈不安，尽目力望着前方，毫不见有国王回来的影子。上城卖菜的村人，一个个挑着空担出城回家去了。

人迹绝了许久之后，忽然从城里闪出那一个黑色的人来。

"走罢，眉间尺！国王在捉你了！"他说，声音好像鸱鸮。

眉间尺浑身一颤，中了魔似的，立即跟着他走；后来是飞奔。他站定了喘息许多时，才明白已经到了杉树林边。后面远处有银白的条纹，是月亮已从那边出现；前面却仅有两点磷火一般的那黑色人的眼光。

"你怎么认识我！……"他极其惶骇地问。

"哈哈！我一向认识你。"那人的声音说。"我知道你背着雄剑，要给你的父亲报仇，我也知道你报不成。岂但报不成；今天已经有人告密，你的仇人早从东门还宫，下令捕拿你了。"

眉间尺不觉伤心起来。

"唉唉，母亲的叹息是无怪的。"他低声说。

"但她只知道一半。她不知道我要给你报仇。"

"你么？你肯给我报仇，义士？"

"阿，你不要用这称呼来冤枉我。"

"那么，你同情于我们孤儿寡妇？……"

"唉，孩子，你再不要提这些受了污辱的名称。"他严冷地说，"仗义，同情，那些东西，先前曾经干净过，现在却都成了放鬼债的资本。我的心里全没有你所谓的那些。我只不过要给你报仇！"

"好。但你怎么给我报仇呢？"

"只要你给我两件东西。"两粒磷火下的声音说。"那两件么？你听着：一是你的剑，二是你的头！"

眉间尺虽然觉得奇怪，有些狐疑，却并不吃惊。他一时开不得口。

"你不要疑心我将骗取你的性命和宝贝。"暗中的声音又严冷地说。"这事全由你。你信我，我便去；你不信，我便住。"

"但你为什么给我去报仇的呢？你认识我的父亲么？"

"我一向认识你的父亲，也如一向认识你一样。但我要报仇，却并不为此。聪明的孩子，告诉你罢。你还不知道么，我怎么地善于报仇。你的就是我的；他也就是我。我的魂灵上是有这么多的，人我所加的伤，我已经憎恶了我自己！”

暗中的声音刚刚停止，眉间尺便举手向肩头抽取青色的剑，顺手从后项窝向前一削，头颅坠在地面的青苔上，一面将剑交给黑色人。

“呵呵！”他一手接剑，一手捏着头发，提起眉间尺的头来，对着那热的死掉的嘴唇，接吻两次，并且冷冷地尖利地笑。

笑声即刻散布在杉树林中，深处随着有一群磷火似的眼光闪动，倏忽临近，听到咻咻的饿狼的喘息。第一口撕尽了眉间尺的青衣，第二口便身体全都不见了，血痕也顷刻舔尽，只微微听得咀嚼骨头的声音。

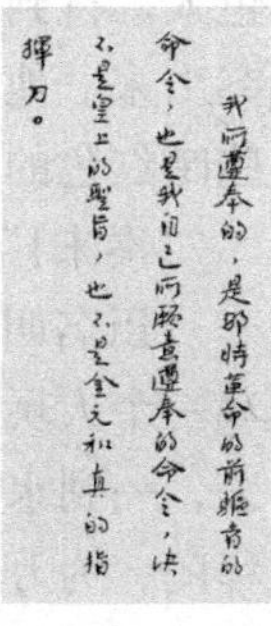

鲁迅手迹

最先头的一匹大狼就向黑色人扑过来。他用青剑一挥，狼头便坠在地面的青苔上。别的狼们第一口撕尽了它的皮，第二口便身体全都不见了，血痕也顷刻舔尽，只微微听得咀嚼骨头的声音。

他已经掣起地上的青衣，包了眉间尺的头，和青剑都背在背脊上，回转身，在暗中向王城扬长地走去。

狼们站定了，耸着肩，伸出舌头，咻咻地喘着，放着绿的眼光看他扬长地走。

他在暗中向王城扬长地走去，发出尖利的声音唱着歌：

哈哈爱兮爱乎爱乎！
爱青剑兮一个仇人自屠。
夥颐连翩兮多少一夫。
一夫爱青剑兮呜呼不孤。
头换头兮两个仇人自屠。
一夫则无兮爱乎呜呼！
爱乎呜呼兮呜呼阿呼，
阿呼呜呼兮呜呼呜呼！

三

游山并不能使国王觉得有趣；加上了路上将有刺客的密报，更使他扫兴而还。那夜他很生气，说是连第九个妃子的头发，也没有昨天那样的黑得好看了。幸而她撒娇坐在他的御膝上，特别扭了七十多回，这才使龙眉之间的皱纹渐渐地舒展。

午后，国王一起身，就又有些不高兴了，待到用过午膳，简直现出了怒容来。

“唉唉！无聊！”他打一个大呵欠之后，高声说。

上自王后，下至弄臣，看见这情形，都不觉手足无措。白须老臣的讲道，矮胖侏儒的打诨，王是早已听厌的了；近来便是走索，缘竿，抛丸，倒立，吞刀，吐火等等奇妙的把戏，也都看得毫无意味。他常常要发怒；一发怒，便按着青剑，总想寻点小错处，杀掉几个人。

偷空在宫外闲游的两个小宦官，刚刚回来，一看见宫里面大家的愁苦的情形，便知道又是照例的祸事临头了，一个吓得面如土色；一个却像是大有把握一般，不慌不忙，跑到国王的面前，俯伏着，说道：

“奴才刚才访得一个异人，很有异术，可以给大王解闷，因此特来奏闻。”

“什么?!”王说。他的话是一向很短的。

“那是一个黑瘦的，乞丐似的男子。穿一身青衣，背着一个圆圆的青包裹；嘴里唱着胡诌的歌。人问他。他说善于玩把戏，空前绝后，举世无双，人们从来就没有看见过；一见之后，便即解烦释闷，天下太平。但大家要他玩，他却又不肯。说是第一须有一条金龙，第二须有一个金鼎。……”

“金龙？我是的。金鼎？我有。”

“奴才也正是这样想。……”

"传进来!"

话声未绝，四个武士便跟着那小宦官疾趋而出。上自王后，下至弄臣，个个喜形于色。他们都愿意这把戏玩得解愁释闷，天下太平；即使玩不成，这回也有了那乞丐似的黑瘦男子来受祸，他们只要挨到传了进来的时候就好了。

并不要许多工夫，就望见六个人向金阶趋进。先头是宦官，后面是四个武士，中间夹着一个黑色人。待到近来时，那人的衣服却是青的，须眉头发都黑；瘦得颧骨，眼圈骨，眉棱骨都高高地突出来。他恭敬地跪着俯伏下去时，果然看见背上有一个圆圆的小包袱，青色布，上面还画上一些暗红色的花纹。

"奏来!"王暴躁地说。他见他家伙简单，以为他未必会玩什么好把戏。

"臣名叫宴之敖者；生长汶汶乡。少无职业；晚遇明师，教臣把戏，是一个孩子的头。这把戏一个人玩不起来，必须在金龙之前，摆一个金鼎，注满清水，用兽炭煎熬。于是放下孩子的头去，一到水沸，这头便随波上下，跳舞百端，且发妙音，欢喜歌唱。这歌舞为一人所见，便解愁释闷，为万民所见，便天下太平。"

"玩来!"王大声命令说。

并不要许多工夫，一个煮牛的大金鼎便摆在殿外，注满水，下面堆了兽炭，点起火来。那黑色人站在旁边，见炭火一红，便解下包袱，打开，两手捧出孩子的头来，高高举起。那头是秀眉长眼，皓齿红唇；脸带笑容；头发蓬松，正如青烟一阵。黑色人捧着向四面转了一圈，便伸手擎到鼎上，动着嘴唇说了几句不知什么话，随即将手一松，只听得扑通一声，坠入水中去了。水花同时溅起，足有五尺多高，此后是一切平静。

许多工夫，还无动静。国王首先暴躁起来，接着是王后和妃子，大臣，宦官们也都有些焦急，矮胖的侏儒们则已经开始冷笑了。王一见他们的冷笑，便觉自己受愚，回顾武士，想命令他们就将那欺君的莠民掷入牛鼎里去煮杀。

但同时就听得水沸声；炭火也正旺，映着那黑色人变成红黑，如铁的烧到微红。王刚又回过脸来，他也已经伸起两手向天，眼光向着无物，舞蹈着，忽地发出尖利的声音唱起歌来：

哈哈爱兮爱乎爱乎!
爱兮血兮兮谁乎独无。
民萌冥行兮一夫壶卢。
彼用百头颅，千头颅兮用万头颅!

我用一头颅兮而无万夫。
爱一头颅兮血乎呜呼!
血乎呜呼兮呜呼阿呼，
阿呼呜呼兮呜呼呜呼!

随着歌声，水就从鼎口涌起，上尖下广，像一座小山，但自水尖至鼎底，不住地回旋运动。那头即随水上上下下，转着圈子，一面又滴溜溜自己翻筋斗，人们还可以隐约看见他玩得高兴的笑容。过了些时，突然变了逆水的游泳，打旋子夹着穿梭，激得水花向四面飞溅，满庭洒下一阵热雨来。一个侏儒忽然叫了一声，用手摸着自己的鼻子。他不幸被热水烫了一下，又不耐痛，终于免不得出声叫苦了。

黑色人的歌声才停，那头也就在水中央停住，面向王殿，颜色转成端庄。这样的有十余瞬息之久，才慢慢地上下抖动；从抖动加速而为起伏的游泳，但不很快，态度很雍容。绕着水边一高一低地游了三匝，忽然睁大眼睛，漆黑的眼珠显得格外精彩，同时也开口唱起歌来：

王泽流兮浩洋洋；

克服怨敌，怨敌克服兮，赫兮强!

宇宙有穷止兮万寿无疆。
幸我来也兮青其光！
青其光兮永不相忘。
异处异处兮堂哉皇！
堂哉皇哉兮嗳嗳唷，
嗟来归来，嗟来陪来兮青其光！

头忽然升到水的尖端停住；翻了几个筋斗之后，上下升降起来，眼珠向着左右瞥视，十分秀媚，嘴里仍然唱着歌：

阿呼呜呼兮呜呼呜呼，
爱呜呼兮呜呼啊呼！
血一头颅兮爱乎呜呼。
我用一头颅兮而无万夫。
彼用百头颅，千头颅……

唱到这里，是沉下去的时候，但不再浮上来了；歌词也不能辨别。涌起的水，也随着歌声的微弱，渐渐低落，像退潮一般，终至到鼎口以下，在远处什么也看不见。

“怎了？”等了一会，王不耐烦地问。

“大王，”那黑色人半跪着说。“他正在鼎底里作最神奇的团圆舞，不临近是看不见的。臣也没有法术使他上来，因为作团圆舞必须在鼎底里。”

王站起身，跨下金阶，冒着炎热立在鼎边，探头去看。只见水平如镜，那头仰面躺在水中间，两眼正看着他的脸。待到王的眼光射到他脸上时，他便嫣然一笑。这一笑使王觉得似曾相识，却又一时记不起是谁来。刚在惊疑，黑色人已经掣出了背着的青色的剑，只一挥，闪电般从后项窝直劈下去，扑通一声，王的头就落在鼎里了。

仇人相见，本来格外眼明，况且是相逢狭路。王头刚到水面，眉间尺的头便迎上来，狠命在他耳轮上咬了一口。鼎水即刻沸涌，澎湃有声；两头即在水中死战。约有二十回合，王头受了五个伤，眉间尺的头上却有七处。王又狡猾，总是设法绕到他的敌人的后面去。眉间尺偶一疏忽，终于被他咬住了后项窝，无法转身。这一回王的头可是咬定不放了，他只是连连蚕食进去；连鼎外面也仿佛听到孩子的失声叫痛的声音。

上自王后，下至弄臣，骇得凝结着的神色也应声活动起来，似乎感到暗无天日的悲哀，皮肤上都一粒一粒地起粟；然而又夹着秘密的欢喜，瞪了眼，像是等候着什么似的。

黑色人也仿佛有些惊慌，但是面不改色。他从从容容地伸开那捏着看不见的青剑的臂膊，如一段枯枝；伸长颈子，如在细看鼎底。臂膊忽然一弯，青剑便蓦地从他后面劈下，剑到头落，坠入鼎中，澎的一声，雪白的水花向着空中同时四射。

他的头一入水，即刻直奔王头，一口咬住了王的鼻子，几乎要咬下来。王忍不住叫一声“阿唷”，将嘴一张，眉间尺的头就乘机挣脱了，一转脸倒将王的下巴下死劲咬住。他们不但都不放，还用全力上下一撕，撕得王头再也合不上嘴。于是他们就如饿鸡啄米一般，一顿乱咬，咬得王头眼歪鼻塌，满脸鳞伤。先前还会在鼎里面四处乱滚，后来只能躺着呻吟，到底是一声不响，只有出气，没有进气了。

黑色人和眉间尺的头也慢慢地住了嘴，离开王头，沿鼎壁游了一匝，看他可是装死还是真死。待到知道了王头确已断气，便四目相视，微微一笑，随即合上眼睛，仰面向天，沉到水底里去了。

四

烟消火灭；水波不兴。特别的寂静倒使殿上殿下的人们警醒。他们中的一个首先叫了一声，大家也立刻迭连惊叫起来；一个迈开腿向金鼎走去，大家便争先恐后地拥上来了。有挤在后面的，只能从人脖子的空隙间向里面窥探。

热气还炙得人脸上发烧。鼎里的水却一平如镜，上面浮着一层油，照出许多人脸孔：王后，王妃，武士，老臣，侏儒，太监。……

“阿呀，天哪！咱们大王的头还在里面哪，哀哀哀！”第六个妃子忽然发狂似的哭嚷起来。

上自王后，下至弄臣，也都恍然大悟，仓皇散开，急得手足无措，各自转了四五个圈子。一个最有谋略的老臣独又上前，伸手向鼎边一摸，然而浑身一抖，立刻缩了回来，伸出两个指头，放在口边吹个不住。

大家定了定神，便在殿门外商议打捞办法。约略费去了煮熟三锅小米的工夫，总算得到一种结果，是：到大厨房去调集了铁丝勺子，命武士协力捞起来。

器具不久就调集了，铁丝勺，漏勺，金盘，擦桌布，都放在鼎旁边。武士们便揎起衣袖，有用铁丝勺的，有用漏勺的，一齐恭行打捞。有勺子相触的声音，有勺子刮着金鼎的声音；水是随着勺子的搅动而旋绕着。好一会，一个武士的脸色忽而很端庄了，极小心地两手慢慢举起了勺子，水滴从勺孔中珠子一般漏下，勺里面便显出雪白的头骨来。大家惊叫了一声；他便将头骨倒在金盘里。

“阿呀！我的大王呀！”王后，妃子，老臣，以至太监之类，都放声哭起来。但不久就陆续停止了，因为武士又捞起了一个同样的头骨。

他们泪眼模糊地四顾，只见武士们满脸油汗，还在打捞。此后捞出来的是一团团的白头发和黑头发；还有几勺很短的东西，似乎是白胡须和黑胡须。此后又是一个头骨。此后是三枝簪。

直到鼎里面只剩下清汤，才始住手；将捞出的物件分盛了三金盘：一盘头骨，一盘须发，一盘簪。

“咱们大王只有一个头。哪一个是咱们大王的呢？”第九个妃子焦急地问。

“是呵……”老臣们都面面相觑。

“如果皮肉没有煮烂，那就容易辨别了。”一个侏儒跪着说。

大家只得平心静气，去细看那头骨，但是黑白大小，都差不多，连那孩子的头，也无从分辨。王后说王的右额上有一个疤，是做太子时候跌伤的，怕骨上也有痕迹。果然，侏儒在一个头骨上发现了；大家正在欢喜的时候，另外的一个侏儒却又在较黄的头骨的右额上看出相仿的瘢痕来。

“我有法子。”第三个王妃得意地说，“我们大王的龙准是很高的。”

太监们即刻动手研究鼻准骨，有一个确也似乎比较地高，但究竟相差无几；最可惜的是右额上却并无跌伤的瘢痕。

“况且，”老臣们向太监说，“大王的后枕骨是这么尖的么？”

王后和妃子们也各自回想起来，有的说是尖的，有的说是平的。叫梳头太监来问的时候，却一句话也不说。

当夜便开了一个王公大臣会议，想决定哪一个是王的头，但结果还同白天一样。并且连须发也发生了问题。白的自然是王的，然而因为花白，所以黑的也很难处置。讨论了小半夜，只将几根红色的胡子选出；接着因为第九个王妃抗议，说她确曾看见王有几根通黄的胡子，现在怎么能知道决没有一根红的呢。于是也只好重行归并，作为疑案了。

到后半夜，还是毫无结果。大家却居然一面打呵欠，一面继续讨论，直到第二次鸡鸣，这才决定了一个最慎重妥善的办法，是：只能将三个头骨都和王的身体放在金棺里落葬。

七天之后是落葬的日期，合城很热闹。城里的人民，远处的人民，都奔来瞻仰国王的“大出丧”。天一亮，道上已经挤满了男男女女；中间还夹着许多祭桌。待到上午，清道的骑士才缓辔而来。又过了不少工夫，才看见仪仗，什么旌旗，木棍，戈戟，弓弩，黄钺之类；此后是四辆鼓吹车。再后面是黄盖随着路的不平而起伏着，并且渐渐近来了，于是现出灵车，上载金棺，棺里面藏着三个头和一个身体。

百姓都跪下去，祭桌便一列一列地在人丛中出现。几个义民很忠愤，咽着泪，怕那两个大逆不道的逆贼的魂灵，此时也和王一同享受祭礼，然而也无法可施。

此后是王后和许多王妃的车。百姓看她们，她们也看百姓，但哭着。此后是大臣，太监，侏儒等辈，都装着哀戚的颜色。只是百姓已经不看他们，连行列也挤得乱七八糟，不成样子了。

【作品简析】

《铸剑》是《故事新编》中写得最严肃的一篇，也是鲁迅历史题材创作中自己最满意的小说。最初发表于1927年4月24日、5月10日《莽原》半月刊，原题为《眉间尺》，1932年编入《自选集》时改为现题。《铸剑》是根据曹丕《列异传》和干宝《搜神记》中记载的“干将铸剑，其子报仇”的传说故事铺排而成的。

小说通过宴之敖设计巧杀楚王、为眉间尺报仇的故事，热情地讴歌了我国古代人民以鲜血抗击强暴、以生命反抗邪恶的复仇精神，它是鲁迅血战到底的韧性的战斗精神的艺术再现。

悲壮雄伟的浪漫主义是本文最鲜明的特色。同时，大胆的夸张和奇妙的想象更增添了小说的浪漫主义色彩。

【拓展阅读】

朱栋霖等主编《中国现代文学史》：小说在描写眉间尺的复仇行为时，着力描写了宴之敖令人颤栗的冷峻。他是一个历经沧桑的斗士，他的全部精力集中在复仇上，就是要为一切遭受苦难的人民复仇。这篇小说的特点是没有穿插现代化的细节，很认真，没有“油滑”的东西。鲁迅在给日本友人增田涉的信中提到《铸剑》时说：“但要注意的，是那里面的歌”，又说“第三首歌，确是伟丽雄壮”，这首歌是根据《吴越春秋》中“勾践伐吴外传”的歌词改写的，强调了复仇的意义和性质。

【相关链接】

1. 高远东等编著 《走进鲁迅世界·小说卷》（北京工业大学出版社）
2. 朱晓进、唐纪如主编 《鲁迅概论》（苏州大学出版社）
3. 钱理群 《鲁迅作品十五讲》（北京大学出版社）
4. 残雪 《艺术复仇——读〈铸剑〉》（《21世纪:鲁迅和我们》人民文学出版社）

萧　萧

沈从文

沈从文(1902—1988年)，原名沈岳焕，湖南凤凰人。现当代著名作家。1922年开始文学创作生涯。1928年~1949年，先后在上海公学、武汉大学、青岛大学、西南联大、北京大学任教。建国后，先后在中国历史博物馆、故宫博物院、中国社会科学院历史研究所从事古代艺术史研究。20世纪30年代是沈从文创作的高峰，1934年发表代表作中篇小说《边城》，作品以其独特的审美价值，成为中国现代文学的不朽之作。代表作还有《湘行散记》、《长河》、《湘西》、《中国古代服饰研究》等。沈从文一是创造了寄寓自然、健康、和谐人性的“湘西世界”，以文学形式探讨健全的“生命形式”；二是创造了极富诗意的抒情小说文体。

乡下人吹唢呐接媳妇，到了十二月是成天会有的事情。

唢呐后面有一顶花轿，两个夫子平平稳稳的抬着，轿中人被铜锁锁在里面，虽穿了平时没上过身的体面红绿衣裳，也仍然得荷荷大哭。在这些小女人心中，做新娘子，从母亲身边离开，且准备做他人的母亲，从此必然将有许多新事情等待发生。像做梦一样，将同一个陌生男子汉在一个床上睡觉，作着承宗接祖的事情。这些事想起来，当然有些害怕，所以照例觉得要哭哭，于是就哭了。

也有做媳妇不哭的人。萧萧作媳妇就不哭。这小女子没有母亲，从小寄养到伯父种田的庄子上，终日提着个小竹兜萝，在路旁田坎捡狗屎挑野菜。出嫁只是从这家转到那家。因此到那一天，这女人还只是笑。她又不害羞，又不怕。她是什么事也不知道，就做了人家的新媳妇了。

萧萧作媳妇时年纪十二岁，有一个小丈夫，年纪还不到三岁。丈夫比她年少九岁，还不曾断奶。按地方规矩，过了门，她喊他作弟弟。她每天应做的事是抱弟弟到村前柳树下去玩，到溪边去玩。饿了，喂东西吃；哭了，就哄他，摘南瓜花或狗尾草戴到小丈夫头上，或者亲嘴，一面说："弟弟，哪，啵。再来，啵。"在那肮脏的小脸上亲了又亲，孩子于是便笑了。孩子一欢喜兴奋，行动粗野起来，会用短短的小手乱抓萧萧的头发。那是平时不太能收拾蓬蓬松松在头上的黄发。有时候，垂到脑后那条小辫子被拉得太久，把红绒线结也弄松了，生了气，就打那弟弟几下，弟弟自然哇的哭出声。萧萧于是也装成要哭的样子，用手指着弟弟的脸，说："哪，人不讲理，可不行！哪能这样动手动脚，长大了不是要杀人放火！"

天晴落雨日子混下去，每日抱抱丈夫，也帮同家中做点杂事，能动手就动手。又时常到溪沟里去洗衣，搓尿片，一面还捡拾有花纹的田螺给坐在身边的小丈夫玩。到了夜里睡觉，便常常做这种年龄人所做的梦，梦到后门角落或别的什么地方捡得大把大把铜钱，吃好东西，爬树，自己变成鱼到水中各处溜。或一时仿佛身子很小很轻，飞到天上众星中，没有一个人，只是一片白，一片金光，于是大喊"妈！"人就吓醒了。醒来心还只是跳。吵了隔壁的人，不免骂着："疯子，你想什么！白天玩得疯，晚上就做梦！"萧萧听着不作声，只是咕咕的笑。也有很好很爽快的梦，为丈夫哭醒的事情。那丈夫本来晚上在自己母亲身边睡，吃奶方便。有时吃多了奶，或因另外情形，半夜大哭，起来放水拉稀是常有的事。丈夫哭到婆婆无可奈何，于是萧萧轻脚轻手爬起床来，睡眼迷蒙，走到床边，把人抱起，给他看月亮，看星光；或者仍然啵啵的亲嘴，互相觑着，孩子气的"嗨嗨，看猫呵"那样喊着哄着，于是丈夫笑了。玩一会会，困倦起来，慢慢的合上眼。人睡定后，放上床，站在床边看着，听远处一传一递的鸡叫，知道天快到什么时候了，于是仍然蜷到小床上睡去。天亮后，虽不做梦，却可以无意中闭眼开眼，看一阵在面前空中变幻无端的黄边紫心葵花，那是一种真正的享受。

萧萧嫁过了门，做了拳头大丈夫的小媳妇，一切并不比先前受苦，这只看她一年来身体发育就可明白。风里雨里过日子，像一株长在园角落不为人注意的蓖麻，大叶大枝，日增茂盛。这小女人简直是全不为丈夫设想什么似的，一天比一天长大起来了。

夏夜光景说来如做梦。大家饭后坐到院中心歇凉，挥摇蒲扇，看天上的星同屋角的萤，听南瓜棚上纺织娘咯咯咯拖长声音纺车，远近声音繁密如落雨。禾花风悠悠吹到脸上，正是让人在各种方便中说笑话的时候。

萧萧好高，一个人常常爬到草料堆上去，抱了已经熟睡的丈夫在怀里，轻轻的轻轻的随意唱着自编的四句头山歌。唱来唱去却把自己也催眠起来，快要睡去了。

在院坝中，公公婆婆，祖父祖母，另外还有帮工汉子两个，散乱的坐在小板凳上，摆龙门阵学古，轮流下去打发上半夜。

祖父身边有个烟包，在黑暗中放光。这用艾篙作成的烟包，是驱逐长脚蚊的得力东西，蜷在祖父脚边，犹如一条乌梢蛇。间或又拿起来晃那么几下。

想起白天场上的事情，祖父开口说话：

“我听三金说，前天又有女学生过身。”

大家就哄然笑了起来。

这笑的意义何在？只因为大家印象中，都知道女学生没有辫子，留下个鹌鹑尾巴，像个尼姑，又不完全像。穿的衣服像洋人，又不是洋人。吃的，用的，……总而言之，事事不同，一想起来就觉得怪可笑！

萧萧不大明白，她不笑。所以老祖父又说话了。他说：

“萧萧，你长大了，将来也会做女学生！”

大家于是更哄然大笑起来。

萧萧为人并不愚蠢，觉得这一定是不利于己的一件事，所以接口便说：

“爷爷，我不做女学生。”

“你像个女学生，不做可不行。”

“我不做。”

众人有意取笑，异口同声说：“萧萧，爷爷说得对，你非做女学生不行！”

萧萧急得无可如何，“做就做，我不怕。”其实做女学生有什么不好，萧萧全不知道。

女学生这东西，在乡下的确永远是奇闻。每年一到六月天，据说放“水假”日子一到，照例便有三三五五女学生，由一个荒谬不经的热闹地方来，到另一个远地方去，取道从本地过身。从乡下人眼中看来，这些人都近于另一世界中活下的人，装扮奇奇怪怪，行为更不可思议。这种女学生过身时，使一村人都可以说一整天的笑话。

祖父是当地一个人物，因为想起所知道的女学生在大城中的生活情形，所以说笑话要萧萧去做女学生。一面听到这话，就感觉一种打哈哈趣味，一面还有那被说的萧萧感觉一种惶恐，说这话不为无意义了。

女学生由祖父方面所知道的是这样的一种人：她们穿衣服不管天气冷热，吃东西不问饥饱，晚上交到子时才睡觉，白天正经事全不做，只知唱歌打球，读洋书。她们会花钱，一年用的钱可以买十六只水牛。她们在省里京里想往什么地方去时，不必走路，只要钻进一个大匣子中，那匣子就可以带她到地。城市中还有各种各样大小不同的匣子，都用机器开动。她们在学校，男女在一处上课读书，人熟了，就随意同那男子睡觉，也不要媒人，也不要财礼，名叫“自由”。她们也做州县官，带家眷上任，男子仍喊声作“老爷”，小孩子叫“少爷”。她们自己不养牛，却吃牛奶羊奶，如小牛小羊；买那奶时是用铁罐子盛的。她们无事时到一个唱戏地方去，那地方完全像个大庙，从衣袋中取出一块洋钱来(那洋钱在乡下可买五只母鸡)，买了一小方纸儿，拿了那片纸到里面去，就可以坐下看洋人扮演的影子戏。她们被冤了，不赌咒，不哭。她们年纪有老到二十四岁还不肯嫁人的，有老到三十四十居然还好意思嫁人的。她们不怕男子，男子不能使她们受委屈，一受委屈就上衙门打官司，要官司罚男子的款，这笔钱她有时独占自己花用，有时和官平分。她们不洗衣煮饭，也不养猪喂鸡；有了小孩子，也只花五块钱或十块钱一月，雇个人专管小孩，自己仍然整天看戏打牌，或者读那些没有用处的闲书。……

总而言之，说来事事都稀奇古怪，和庄稼人不同，有的简直还可说是岂有此理。这时经祖父一说明，听过这话的萧萧，心中却忽然有了一种模模糊糊的愿望，以为倘若她也是个女学生，她是不是照祖父说的女学生一个样子去做那些事情？不管好歹，女学生并不可怕，因此一来，却已为这乡下姑娘初次体念到了。

因为听祖父说起女学生是怎样的人物，到后萧萧独自笑得特别久。笑够了时，她说：

“爷爷，明天有女学生过路，你喊我，我要看看。”

“你看，她们捉你去做丫头。”

“我不怕她们。”

“她们读洋书念经你也不怕?”

“念观音菩萨消灾经，念紧箍咒，我都不怕。”

“她们咬人，和做官的一样，专吃乡下人，吃人骨头渣渣也不吐，你也不怕?”

萧萧肯定地回答说：“也不怕。”

可是这时节萧萧手上所抱的丈夫，不知为什么，在睡梦中哭了，媳妇于是用做母亲的声势，半哄半吓地说：

“弟弟，弟弟，不许哭，女学生咬人来了。”

丈夫还仍然哭着，得抱起各处走走。萧萧抱着丈夫离开了祖父，祖父同人说另外一种古话去了。

萧萧从此以后心中有个“女学生”。做梦也便常常梦到女学生，且梦到同这些人并排走路。仿佛也坐过那种自己会走路的匣子，她又觉得这匣子并不比自己跑路更快。在梦中那匣子的形体同谷仓差不多，里面还有小小灰色老鼠，眼珠子红红的，各处乱跑，有时钻到门缝里去，把个小尾巴露在外边。

因为有这样一段经过，祖父从此喊萧萧不喊“小丫头”，不喊“萧萧”，却唤作“女学生”。在不经意中萧萧答应得很好。

乡下的日子也如世界上一般日子，时时不同。世界上的人把日子糟蹋，和萧萧一类人家把日子吝惜是同样的，各有所得，各属分定。许多城市中文明人，把一个夏天完全消磨在软绸衣服、精美饮料以及种种好事情上面。萧萧的一家，因为一个夏天的劳作，却得了十多斤细麻，二三十担瓜。

做小媳妇的萧萧，一个夏天中，一面照料丈夫，一面还绩了细麻四斤。到秋八月工人摘瓜，在瓜间玩，看硕大如盆、上面满是灰粉的大南瓜，成排成堆摆在地上，很有趣味。时间到摘瓜，秋天真的已来了，院子中各处有从屋后林子里树上吹来的大红大黄木叶。萧萧在瓜旁站定，手拿木叶一束，为丈夫编小小笠帽玩。

工人中有个名叫花狗，年纪二十三岁，抱了萧萧的丈夫到枣树下去打枣子。小小竹竿打在枣树上，落枣满地。

“花狗大，莫打了，太多了吃不完。”

虽听到这样喊，还不动身。到后，仿佛完全因为丈夫要枣子，花狗才不听话。萧萧于是又警告她那小丈夫：

“弟弟，弟弟，来，不许捡了。吃多了生东西肚子痛。”

丈夫听话，兜了大堆枣子向萧萧身边走来，请萧萧吃枣子。

“姐姐吃，这是大的。”

“我不吃。”

“要吃一颗。”

她两手哪里有空！木叶帽正在制边，工夫要紧，还正要个人帮忙！

“弟弟，把枣子喂我口里。”

丈夫照她的命令做事，做完了觉得有趣，哈哈大笑。

她要他放下枣子帮忙捏紧帽边，便于添加新木叶。

丈夫照她吩咐做事，但老是顽皮的摇动，口中唱歌。这孩子原来像一只猫，欢喜时就得捣乱。

“弟弟，你唱的是什么?”

"我唱花狗大告我的山歌。"

"好好的唱一个给我听。"

丈夫于是帮忙拉着帽边，一面就唱下去，照所记到的歌唱：

天上起云云起花，	天上起云云重云，
包谷林里种豆荚，	地下埋坟坟重坟，
豆荚缠坏包谷树，	娇妹洗碗碗重碗，
娇妹缠坏后生家。	娇妹床上人重人。

歌中意义丈夫全不明白，唱完了就问萧萧好不好。萧萧说好，并且问跟谁学来的，她知道是花狗教他的，却故意盘问他。

"花狗大告我的，他说还有好多歌，长大了再教我唱。"

听说花狗会唱歌，萧萧说：

"花狗大，花狗大，你唱一个好听的歌我听听。"

那花狗，面如其心，生长得不很正气，知道萧萧要听歌，人也快到听歌的年龄了，就给她唱"十岁娘子一岁夫"。那故事说的是妻年大，可以随便到外面作一点不规矩的事；夫年小，只知吃奶，让他吃奶。这歌丈夫完全不懂，懂到一点儿的是萧萧，把歌听过后，萧萧装成"我全明白"那种神气，她用生气的样子，对花狗说：

"花狗大，这个不行，这是骂人的歌！"

花狗分辩说："不是骂人的歌。"

"我明白，是骂人的歌。"

花狗难得说多话，歌已经唱过了，错了赔礼，只有不再唱。他看她已经有点懂事了，怕她回头告祖父，会挨顿臭骂，就把话支吾开，扯到"女学生"上头去。他问萧萧，看没看女学生习体操唱洋歌的事情。

若不是花狗提起，萧萧几乎忘却了这事情。这时又提到女学生，她问花狗近来有没有女学生过路，她想看看。

花狗一面把南瓜从棚架边抱到墙角去，告她女学生唱歌的事情，这些事的来源还是萧萧的那个祖父。他在萧萧面前说了点大话，说他曾经在官路上见过四个女学生，她们都拿得有旗子，走长路流汗喘气中仍然唱歌，同军人所唱的一模一样。不消说，这自然完全是胡诌的笑话。可是那故事把萧萧可乐坏了。因为花狗说这个就叫做"自由"。

花狗是起眼动眉毛，一打两头翘、会说会笑的一个人。听萧萧带着歆羡口气说："花狗大，你膀子真大"，他就说："我不止膀子大。"

"你身个子也大。"

"我全身无处不大。"

萧萧还不大懂得这个话的意思，只觉得憨而好笑。

到萧萧抱了她丈夫走去以后，同花狗一起摘瓜，取名字叫哑巴的，开了平时不常开的口。

"花狗，你少坏点。人家是十三岁黄花女，还要等十年才圆房！"

花狗不做声，打了那伙计一巴掌，走到枣树下捡落地枣去了。

到摘瓜的秋天，日子计算起来，萧萧过丈夫家有一年半了。

几次降霜落雪，几次清明谷雨，一家中人都说萧萧是大人了。天保佑，喝冷水，吃粗粝饭，四季无疾病，倒发育得这样快。婆婆虽生来像一把剪子，把凡是给萧萧暴长的机会都剪去了，但乡下的日头同空气都帮助人长大，却不是折磨可以阻拦得住。

萧萧十五岁时已高如成人，心却还是一颗糊糊涂涂的心。

人大了一点，家中做的事也多了一点。绩麻、纺车、洗衣、照料丈夫以外，打猪草推磨一些事情也要做，还有浆纱织布。凡事都学，学学就会了。乡下习惯凡是行有余力的都可以从劳作中攒点本分私房，两三年来仅仅萧萧个人份上所聚集的粗细麻和纺就的棉纱，也够萧萧坐到土机上抛三个月的梭子了。

丈夫早断了奶。婆婆有了新儿子，这五岁的儿子就像归萧萧独有了。不论做什么，走到什么地方去，丈夫总跟在身边。丈夫有些方面很怕她，当她如母亲，不敢多事。他们俩实在感情不坏。

地方稍有进步，祖父的笑话转到“萧萧你也把辫子剪去好自由”那一类事上去了。听着这话的萧萧，某个夏天也看过一次女学生，虽不把祖父笑话认真，可是每一次在祖父说过这笑话以后，她到水边去，必不自觉地用手捏着辫子末梢，设想着没有辫子的人的那种神气，那点趣味。

打猪草，带丈夫上螺狮山的山阴是常有的事。

小孩子不知事故，听别人唱歌也唱歌。一开腔唱歌，就把花狗引来了。

花狗对萧萧生了另外一种心，萧萧有点明白了，常常觉得惶恐不安。但花狗是男子，凡是男子的美德恶德都不缺少，劳动力强，手脚勤快，又会玩会说，所以一面使萧萧的丈夫非常喜欢同他玩，一面一有机会即缠在萧萧身边，且总是想方设法把萧萧那点惶恐减去。

山大人小，到处是树林蒙茸，平时不知道萧萧所在，花狗就站在高处唱歌逗萧萧身边的丈夫；丈夫小口一开，花狗穿山越岭就来到萧萧面前了。

见了花狗，小孩子只有欢喜，不知其他。他原要花狗为他编草虫子玩，做竹箫哨子玩，花狗想方法支使他到一个远处去找材料，便坐到萧萧身边来，要萧萧听他唱那使人开心红脸的歌。她有时觉得害怕，不许丈夫走开；有时又像有了花狗在身边，打发丈夫走去反倒好一点。终于有一天，萧萧就这样给花狗把心窍子唱开，变成妇人了。

那时节，丈夫走到山下采刺莓去了，花狗唱了许多歌，到后却向萧萧唱：

娇家门前一重坡，
别人走少郎走多，
铁打草鞋穿烂了，
不是为你为那个？

末了却向萧萧说：“我为你睡不着觉。”他又说他赌咒不把这事情告给人。听了这些话仍然不懂什么的萧萧，眼睛只注意到他那一对粗粗的手膀子，耳朵只注意到他最后一句话。末了花狗大便又唱了许多歌给她听。她心里乱了。她要他当真对天赌咒，赌过了咒，一切好像有了保障，她就一切尽了他。到丈夫返身时，手被毛毛虫螫伤，肿了一大片，走到萧萧身边。萧萧捏紧这一只小手，且用口去呵它，吮它，想起刚才的糊涂，才仿佛明白自己做了一点不大好的糊涂事。

花狗诱她做坏事情是麦黄四月，到六月，李子熟了，她欢喜吃生李子。她觉得身体有点特别，在山上碰到花狗，就将这事情告给他，问他怎么办。

讨论了多久，花狗全无主意。虽以前自己当天赌得有咒，也仍然无主意。原来这家伙个子大，胆量小。个子大容易做错事，胆量小做错了事就想不出办法。

到后，萧萧捏着自己那条乌梢蛇似的大辫子，想起城里了，她说：“花狗大，我们到城里去自由，帮帮人过日子，不好么？”

“那怎么行？到城里去做什么？”

“我肚子大了。”

“我们找药去。场上有郎中卖药。”

“你赶快找药来，我想……”

“你想逃到城里去自由，不成的。人生面不熟，讨饭也有规矩，不能随便！”

“你这没有良心的，你害了我，我想死！”

“我赌咒不辜负你。”

“负不负我有什么用，帮我个忙，赶快拿去肚子里这块肉吧。我害怕！”

花狗不再作声，过了一会，便走开了。不久丈夫从他处拿了大把山里红果子回来，见萧萧一个人坐在草地上眼睛红红的，丈夫心中纳罕。看了一会，问萧萧：

“姐姐，为什么哭？”

“不为甚么，灰尘落到眼睛窝里，痛。”

“我吹吹吧。”

“不要吹。”

“你瞧我，得这些这些。”

他把手中拿的和从溪中捡来放在衣口袋里的小蚌、小石头全部陈列到萧萧面前，萧萧眼泪婆娑看了一会，勉强笑着说：“弟弟，我们要好，我哭你莫告家中。告家中我可要生气！”到后这事情家中当真就无人知道。

过了半个月，花狗不辞而行，把自己所有的衣裤都拿去了。祖父问同住的长工哑巴，知不知道他为什么走路，走哪儿去？是上山落草，还是做薛仁贵投军？哑巴只是摇头，说花狗还欠了他两百钱，临走时话都不留一句，为人少良心。哑巴说他自己的话，并没有把花狗走的理由说明。因此这一家希奇一整天，谈论一整天。不过这工人既不偷走物件，又不拐带别的，这事情过后不久，自然也就把他忘掉了。

萧萧仍然是往日的萧萧。她能够忘记花狗就好了。但是肚子真有些不同了，肚中有东西总在动，使她常常一个人干着急，尽做怪梦。

她脾气坏了一点，这坏处只有丈夫知道，因为她对丈夫似乎严厉苛刻了好些。

仍然每天同丈夫在一处，她的心，想到的事自己也不十分明白。她常想，我现在死了，什么都好了。可是为什么要死？她还很高兴活下去，愿意活下去。

家中不拘谁在无意中提起丈夫弟弟的话，提起小孩子，提起花狗，都像使这话如拳头，在萧萧胸口上重重一击。

到九月，她担心人知道更多了，引丈夫庙里去玩，就私自许愿，吃了一大把香灰。吃香灰被她丈夫看见了，丈夫问这是做什么，萧萧就说肚痛，应当吃这个。虽说求菩萨保佑，菩萨当然没有如她的希望，肚子中的东西依旧在慢慢的长大。

她又常常往溪里去喝冷水，给丈夫看见时，丈夫问她，她就说口渴。

一切她所想到的方法都没有能够使她同自己不欢喜的东西分开。大肚子只有丈夫一人知道，他却不敢告这件事给父母晓得。因为时间长久，年龄不同，丈夫有些时候对于萧萧的怕同爱，比对于父母还深切。

她还记得花狗赌咒那一天里的事情，如同记着其他事情一样。到秋天，屋前屋后毛毛虫都结茧，成了各种好看蝶蛾，丈夫像故意折磨她一样，常常提起几个月前被毛毛虫螫手的旧话，使萧萧心里难过。她因此恨毛毛虫，见了那小虫就用脚去踹。

有一天，又听人说有好些女学生过路，听过这话的萧萧，睁了眼做过一阵梦，愣愣的对日头出处痴了半天。

萧萧步花狗后尘，也想逃走，收拾一点东西预备跟了女学生走的那条路上城。但没有动身，就被家里人发觉了。这种打算照乡下人来说是一件大事，于是把她两手捆了起来，丢在灶屋边，饿了一天。

家中追究这逃走的根源，才明白这个十年后预备给小丈夫生儿子继香火的萧萧肚子已经被另一个人抢先下了种。这在一家人生活中真是了不得的一件大事！一家人平静的生活，为这件新事全弄乱了。生气的生气，流泪的流泪，骂人的骂人，各按本分乱下去。悬梁、投水、吃毒药，被困着的萧萧，诸事漫无边际的全想到了，究竟是年纪太小，舍不得死，却不曾做。于是祖父从现实出发，想出个聪明主意，把萧萧关在房里，派人好好看守着，请萧萧本族的人来说话，照规矩，看是“沉潭”还是“发卖”？萧萧家中人要面子，就沉潭淹死了她；舍不得就发卖。萧萧只有一个伯父，在近处庄子里为人种田，去请他时先以为是吃酒，到了才知是这样丢脸事情，弄得这老实忠厚的家长手足无措。

大肚子作证，什么也没有可说。照习惯，沉潭多是读过“子曰”的族长爱面子才做出的蠢事。伯父不读“子曰”，不忍把萧萧牺牲，萧萧当然应当嫁人做“二路亲”了。

这是一种处罚，好像极其自然，照习惯受损失的是丈夫家里，然而却可以在发卖上收回头一笔钱，作为损失赔偿。那伯父把这事情告给了萧萧，就要走路。萧萧拉着伯父衣角不放，只是幽幽的哭。伯父摇了一会头，一句话不说，仍然走了。

一时没有相当的人家来要萧萧，送到远处去也得有人，因此暂时就仍然在丈夫家中住下。这件事既经说明白，照乡下规矩，倒又像不什么要紧，只等待处分，大家反而释然了。先是小丈夫不能再同萧萧在一处，到后又仍然如月前情形，姐弟一般有说有笑的过日子了。

丈夫知道了萧萧肚子中有儿子的事情，又知道因为这样萧萧才应当嫁到远处去。但是丈夫并不愿意萧萧去，萧萧自己也不愿意去。大家莫名其妙，只是照规矩像逼到要这样做，不得不做。究竟是谁定的规矩，是周公还是周婆，也没有人说得清楚。

在等候主顾来看人，等到十二月，还没有人来，萧萧只好在这人家过年。

萧萧次年二月间，十月满足，坐草生了一个儿子，团头大眼，声响洪壮。大家把母子二人照料得好好的，照规矩吃蒸鸡同江米酒补血，烧纸谢神。一家人都喜欢那儿子。

生下的既是儿子，萧萧不嫁别处了。

到萧萧正式同丈夫拜堂圆房时，儿子已经年纪十岁，有了半劳动力，能看牛割草，成为家中生产者的一员了。平时喊萧萧丈夫作大叔，大叔也答应，从不生气。

这儿子名叫牛儿。牛儿十二岁时也接了亲，媳妇年长六岁。媳妇年纪大，才能诸事做帮手，对家中有帮助。唢呐到门前时，新娘在轿中呜呜的哭着，忙坏了那个祖父、曾祖父。

这一天，萧萧抱了自己新生的毛毛，在屋前榆蜡树篱笆间看热闹，同十年前抱丈夫一个样子。

【作品简析】

这篇小说，作者着眼的不是人物性格的塑造，而是关注湘西乡民代代相承的生命形式。牧歌式的诗意和弥散其间的凄然美感，是对乡下人生存方式的价值重估。

主人公萧萧的生命始终处在被动的人生状态。作为童养媳，她没有人身自由，也无法把握自己的人生命运。在失身怀孕之后，面临的将是沉潭或发卖的命运。只是因为偶然的原因，才幸免于难。作品结尾处，饶有深意地写到萧萧的大儿子又在迎娶年长六岁的媳妇。生命的悲剧在不断轮回，根由就在于乡下人理性的蒙昧。

在艺术上，作品不讲究故事情节的曲折性与戏剧性，注重创作主体情绪的投入，追求小说的抒情性，语言古朴简约。

【拓展阅读】

1. 沈从文《沈从文小说选集·题记》：最亲切熟悉的，或许还是我的家乡和一条延长千里的沅水及各个支流县分乡村人事。这地方人民的爱恶哀乐、生活式样，都各有鲜明特征。我的生命在这个环境中成长，因之和这一切分不开。

2. 王安忆《走出凤凰》：萧萧没走成，可是沈从文却走成了，并且还给他的乡人们留下了出走的好榜样；还有那个画家黄永玉。据说凤凰的青年中，习文弄画的特别多。其实沈从文就是"水假"时从萧萧乡间过身的女学生以外的一个男学生，岸边的石头从他眼中历历而过，一副地老天荒的样子。沈从文走到了宽阔的江面，风也浩大凛冽起来，激荡着他的帆，嚣声四起。而萧萧的乡间是他心中永远的寂寞的风景。

【相关链接】

1. 王安忆　《走出凤凰》（赵园编《沈从文名作欣赏》中国和平出版社）
2. 汪曾祺　《读〈萧萧〉》（《汪曾祺全集》(第五卷)北京师范大学出版社）
3. 金介甫　《沈从文传》（湖南文艺出版社）
4. 凌宇　《沈从文小说的倾向性和艺术特色》（《中国现代文学研究丛刊》）
5. 杨瑞仁选编《沈从文研究专题目录集》（中国文联出版社）
6.《永远的从文——沈从文百年诞辰国际学术论坛文集》

十八岁出门远行

余　华

余华(1960年—　)，浙江杭州人，当代小说家。20世纪80年代中期开始发表作品。《十八岁出门远行》这篇小说开始了他的后来被评论界称为"形式实验"的"先锋小说"的创作旅程。主要代表作有《现实一种》、《世事如烟》、《古典爱情》、《鲜血梅花》、《活着》、《许三观卖血记》等。余华是一个执著探索新的艺术经验的小说家，特别是在小说的叙述语言方面，他给中国当代小说写作提供了许多卓有成效的艺术经验，并以此丰富了当代小说的写作。

柏油马路起伏不止，马路像是贴在海浪上。我走在这条山区公路上，我像一条船。这年我十八岁，我下巴上那几根黄色的胡须迎风飘飘，那是第一批来这里定居的胡须，所以我格外珍重它们。我在这条路上走了整整一天，已经看了很多山和很多云。所有的山和所有的云，都让我联想起了熟悉的人。我就朝着它们呼唤他们的绰号。所以尽管走了一天，可我一点也不累。我就这样从早晨里穿过，现在走进了下午的尾声，而且还看到了黄昏的头发。但是我还没走进一家旅店。

我在路上遇到不少人，可他们都不知道前面是何处，前面是否有旅店。他们都这样告诉我："你走过去看吧。"我觉得他们说的太好了，我确实是在走过去看。可是我还没走进一家旅店。我觉得自己应该为旅店操心。

我奇怪自己走了一天竟只遇到一次汽车。那时是中午，那时我刚刚想搭车，但那时仅仅只是想搭车，那时我还没为旅店操心，那时我只是觉得搭一下车非常了不起。我站在路旁朝那辆汽车挥手，我努力挥得很潇洒。可那个司机看也没看我，汽车和司机一样，也是看也没看，在我眼前一闪就他妈的过去了。我就在汽车后面拼命地追了一阵，我这样做只是为了高兴，因为那时我还没有为旅店操心。我一直追到汽车消失之后，然后我对着自己哈哈大笑，但是我马上发现笑得太厉害会影响呼吸，于是我立刻不笑。接着我就兴致勃勃地继续走路，但心里却开始后悔起来，后悔刚才没在潇洒地挥着的手里放一块大石子。

现在我真想搭车，因为黄昏就要来了，可旅店还在它妈肚子里。但是整个下午竟没再看到一辆汽车。要是现在再拦车，我想我准能拦住。我会躺到公路中央去，我敢肯定所有的汽车都会在我耳边来个急刹车。然而现在连汽车的马达声都听不到。现在我只能走过去看了。这话不错，走过去看。

公路高低起伏，那高处总在诱惑我，诱惑我没命奔上去看旅店，可每次都只看到另一个高处，中间是一个叫人沮丧的弧度。尽管这样我还是一次一次地往高处奔，次次都是没命地奔。眼下我又往高处奔去。这一次我看到了，看到的不是旅店而是汽车。汽车是朝我这个方向停着的，停在公路的低处。我看到那个司机高高翘起的屁股，屁股上有晚霞。司机的脑袋我看不见，他的脑袋正塞在车头里。那车头的盖子斜斜翘起，像是翻起的嘴唇。车箱里高高堆着箩筐，我想着箩筐里装的肯定是水果。当然最好是香蕉。我想他的驾驶室里应该也有，那么我一坐进去就可以拿起来吃了。虽然汽车将要朝我走来的方向开去，但我已经不在乎方向。我现在需要旅店，旅店没有就需要汽车，汽车就在眼前。

我兴致勃勃地跑了过去，向司机打招呼："老乡，你好。"

司机好像没有听到，仍在拨弄着什么。

"老乡，抽烟。"

这时他才使了使劲，将头从里面拔出来，并伸过来一只黑乎乎的手，夹住我递过去的烟。我赶紧给他点火，他将烟叼在嘴上吸了几口后，又把头塞了进去。

于是我心安理得了，他只要接过我的烟，他就得让我坐他的车。我就绕着汽车转悠起来，转悠是为了侦察箩筐的内容。可是我看不清，便去使用鼻子闻，闻到了苹果味。苹果也不错，我这样想。

不一会他修好了车，就盖上车盖跳了下来。我赶紧走上去说："老乡，我想搭车。"不料他用黑乎乎的手推了我一把，粗暴地说："滚开。"

我气得无话可说，他却慢慢悠悠打开车门钻了进去，然后发动机响了起来。我知道要是错过这次机会，将不再有机会。我知道现在应该豁出去了。于是我跑到另一侧，也拉开车门钻了进去，我准备与他在驾驶室里大打一场。我进去时首先是冲着他吼了一声："你嘴里还叼着我的烟。"这时汽车已经活动了。

然而他却笑嘻嘻地十分友好地看起我来，这让我大惑不解。他问："你上哪？"

我说："随便上哪。"

他又亲切地问："想吃苹果吗？"他仍然看着我。

"那还用问。"

"到后面去拿吧。"

他把汽车开得那么快，我敢爬出驾驶室爬到后面去吗？于是我就说："算了吧。"

他说："去拿吧。"他的眼睛还在看着我。

我说："别看了，我脸上没公路。"

他这才扭过头去看公路了。

汽车朝我来时的方向驰着，我舒服地坐在座椅上，看着窗外，和司机聊着天。现在我和他已经成为朋友了。我已经知道他是在个体贩运。这汽车是他自己的，苹果也是他的。我还听到了他口袋里面钱儿叮当响。我问他："你到什么地方去？"

他说："开过去看吧。"

这话简直像是我兄弟说的，这话可真亲切。我觉得自己与他更亲近了。车窗外的一切应该是我熟悉的，那些山那些云都让我联想起来了另一帮熟悉的人来了，于是我又叫唤起另一批绰号来了。

现在我根本不在乎什么旅店，这汽车这司机这座椅让我心安而理得。我不知道汽车要到什么地方去，他也不知道。反正前面是什么地方对我们来说无关紧要，我们只要汽车在驰着，那就驰过去看吧。

可是这汽车抛锚了。那个时候我们已经是好得不能再好的朋友了。我把手搭在他肩上，他把手搭在我肩上。他正在把他的恋爱说给我听，正要说第一次拥抱女性的感觉时，这汽车抛锚了。汽车是在上坡时抛锚的，那个时候汽车突然不叫唤了，像死猪那样突然不动了。于是他又爬到车头上去了，又把那上嘴唇翻了起来，脑袋又塞了进去。我坐在驾驶室里，我知道他的屁股此刻肯定又高高翘起，但上嘴唇挡住了我的视线，我看不到他的屁股。可我听得到他修车的声音。

过了一会他把脑袋拔了出来，把车盖盖上。他那时的手更黑了，他的脏手在衣服上擦了又擦，然后跳到地上走了过来。

“修好了?”我问。

“完了，没法修了。”他说。

我想完了，“那怎么办呢?”我问。

“等着瞧吧。”他漫不经心地说。

我仍在汽车里坐着，不知该怎么办。眼下我又想起什么旅店来了。那个时候太阳要落山了，晚霞则像蒸气似地在升腾。旅店就这样重又来到了我脑中，并且逐渐膨胀，不一会便把我的脑袋塞满了。那时我的脑袋没有了，脑袋的地方长出了一个旅店。

司机这时在公路中央做起了广播操，他从第一节做到最后一节，做得很认真。做完又绕着汽车小跑起来。司机也许是在驾驶室里呆得太久，现在他需要锻炼身体了。看着他在外面活动，我在里面也坐不住，于是打开车门也跳了下去。但我没做广播操也没小跑。我在想着旅店。

这个时候我看到坡上有五个人骑着自行车下来，每辆自行车后座上都用一根扁担绑着两只很大的箩筐，我想他们大概是附近的农民，大概是卖菜回来。看到有人下来，我心里十分高兴，便迎上去喊道：“老乡，你们好。”

那五个人骑到我跟前时跳下了车，我很高兴地迎了上去，问：“附近有旅店吗?”

他们没有回答，而是问我：“车上装的是什么?”

我说：“是苹果。”

他们五人推着自行车走到汽车旁，有两个人爬到了汽车上，接着就翻下来十筐苹果，下面三个人把筐盖掀开往他们自己的筐里倒。我一时间还不知道发生了什么，那情景让我目瞪口呆。我明白过来就冲了上去，责问：“你们要干什么?”

他们谁也没理睬我，继续倒苹果。我上去抓住其中一个人的手喊道：“有人抢苹果啦!”这时有一只拳头朝我鼻子下狠狠地揍来了，我被打出几米远。爬起来用手一摸，鼻子软塌塌地不是贴着而是挂在脸上，鲜血像是伤心的眼泪一样流。可当我看清打我的那个身强力壮的大汉时，他们五人已经跨上自行车骑走了。

司机此刻正在慢慢地散步，嘴唇翻着大口大口喘气，他刚才大概跑累了。他好像一点也不知道刚才的事。我朝他喊：“你的苹果被抢走了!”可他根本没注意我在喊什么，仍在慢慢地散步。我真想上去揍他一拳，也让他的鼻子挂起来。我跑过去对着他的耳朵大喊：“你的苹果被抢走了。”他这才转身看了我起来，我发现他的表情越来越高兴，我发现他是在看我的鼻子。

这时候，坡上又有很多人骑着自行车下来了，每辆车后面都有两只大筐，骑车的人里面有一些孩子。他们蜂拥而来，又立刻将汽车包围。好些人跳到汽车上面，于是装苹果的箩筐纷纷而下，苹果从一些摔破的筐中像我的鼻血一样流了出来。他们都发疯般往自己筐中装苹果。才一瞬间工夫，车上的苹果全到了地下。那时有几辆手扶拖拉机从坡上隆隆而下，拖拉机也停在汽车旁，跳下一帮大汉开始往拖拉机上装苹果，那些空了的箩筐一只一只被扔了出去。那时的苹果已经满地滚了，所有人都像蛤蟆似地蹲着捡苹果。

我是在这个时候奋不顾身扑上去的，我大声骂着："强盗！"扑了上去。于是有无数拳脚前来迎接，我全身每个地方几乎同时挨了揍。我支撑着从地上爬起来时，几个孩子朝我击来苹果，苹果撞在脑袋上碎了，但脑袋没碎。我正要扑过去揍那些孩子，有一只脚狠狠地踢在我腰部。我想叫唤一声，可嘴巴一张却没有声音。我跌坐在地上，我再也爬不起来了，只能看着他们乱抢苹果。我开始用眼睛去寻找那司机，这家伙此时正站在远处朝我哈哈大笑，我便知道现在自己的模样一定比刚才的鼻子更精彩了。

那个时候我连愤怒的力气都没有了。我只能用眼睛看着这些使我愤怒极顶的一切。我最愤怒的是那个司机。

坡上又下来了一些手扶拖拉机和自行车，他们也投入到这场浩劫中去。我看到地上的苹果越来越少，看着一些人离去和一些人来到。来迟的人开始在汽车上动手，我看着他们将车窗玻璃卸了下来，将轮胎卸了下来，又将木板撬了下来。轮胎被卸去后的汽车显得特别垂头丧气，它趴在地上。一些孩子则去捡那些刚才被扔出去的箩筐。我看着地上越来越干净，人也越来越少。可我那时只能看着了，因为我连愤怒的力气都没有了。我坐在地上爬不起来我只能让目光走来走去。

现在四周空荡荡了，只有一辆手扶拖拉机还停在趴着的汽车旁。有个人在汽车旁东瞧西瞧，是在看看还有什么东西可以拿走。看了一阵后才一个一个爬到拖拉机上，于是拖拉机开动了。

这时我看到那个司机也跳到拖拉机上去了，他在车斗里坐下来后还在朝我哈哈大笑。我看到他手里抱着的是我那个红色的背包。他把我的背包抢走了。背包里有我的衣服和我的钱，还有食品和书。可他把我的背包抢走了。

我看着拖拉机爬上了坡，然后就消失了，但仍能听到它的声音，可不一会连声音都没有了。四周一下子寂静下来，天也开始黑下来。我仍在地上坐着，我这时又饥又冷，可我现在什么都没有了。

我在那里坐了很久，然后才慢慢爬起来。我爬起来时很艰难，因为每动一下全身就剧烈地疼痛，但我还是爬了起来。我一拐一拐地走到汽车旁边。那汽车的模样真是惨极了，它遍体鳞伤地趴在那里，我知道自己也是遍体鳞伤了。

天色完全黑了，四周什么都没有，只有遍体鳞伤的汽车和遍体鳞伤的我。我无限悲伤地看着汽车，汽车也无限悲伤地看着我。我伸出手去抚摸了它。它浑身冰凉。那时候开始起风了，风很大，山上树叶摇动时的声音像是海涛的声音，这声音使我恐惧，使我也像汽车一样浑身冰凉。

我打开车门钻了进去，座椅没被他们撬去，这让我心里稍稍有了安慰。我就在驾驶室里躺了下来。我闻到了一股漏出来的汽油味，那气味像是我身内流出的血液的气味。外面风越来越大，但我躺在座椅上开始感到暖和一点了。我感到这汽车虽然遍体鳞伤，可它心窝也是暖和的。我一直在寻找旅店，没想到旅店你竟在这里。

我躺在汽车的心窝里，想起了那么一个晴朗温和的中午，那时的阳光非常美丽。我记得自己在外面高高兴兴地玩了半天，然后我回家了，在窗外看到父亲正在屋内整理一个红色的背包，我扑在窗口问："爸爸，你要出门？"

父亲转过身来温和地说："不，是让你出门。"

"让我出门？"

"是的，你已经十八了，你应该去认识一下外面的世界了。"

后来我就背起了那个漂亮的红背包，父亲在我脑后拍了一下，就像在马屁股上拍了一下。于是我欢快地冲出了家门，像一匹兴高采烈的马一样欢快地奔跑了起来。

【作品简析】

《十八岁出门远行》写的是一个18岁的少年独自出门的经历。这是一篇非写实性的小说，也就是说它的故事情节具有象征性。

小说讲的是少年世界和现实世界的冲突，最终现实的世界（它的代表者是“老乡”和“司机”）彻底地残酷地击溃了少年世界。一开始，在少年的眼中，现实的世界（成人世界）就像是他的“熟悉的人”，他“呼唤着他们的绰号”，但是渐渐地，这个世界就变得残酷、荒诞和不可理喻。余华正是借此说出他对这个现实世界的冷酷而真实的认识。

【拓展阅读】

1. 余华：“写作不是一种生活，而是一种发现，它通过一个什么事情，调动过去的生活积累，同时又给它一种新的生活容貌。”“事实上，我是写到下部的时候，才知道自己是在写作一部什么样的小说。作家都愿意去写作久远的故事，因为在久远的时代里更容易找到文学中最引人入胜的传奇性。当我写到下部时，我突然发现今天的中国充满了传奇性，应该说是现实和传奇合二为一了。这是一个叙述者千载难逢的时代，只要写下了真实的现在，也就同时写下了持久的传奇。”

2. 洪子诚《中国当代文学史》：比起80年代以来的许多小说家来，余华的作品数量并不多。他对写作有一种谨慎、甚至苛刻的态度。余华1983年开始发表作品，开始一段时间没有引起注意。“1986年以前的所有思考都只是在无数常识之间游荡”，直到1987年的短篇《十八岁出门远行》和中篇《现实一种》，才“寻找”到了“一种全新的写作态度”，“思考脱离了常识的围困”。在这些作品中，对于“暴力”和“死亡”的精确而冷静的叙述，和在“冷静”后面的巨大的愤怒，让当时的许多读者感到骇讶。以致有的批评家将这位“年纪轻轻”的作家的写作称为“残忍的才华”（刘绍铭语）。这些小说以一种“局外人”的视点，和冷漠、不动声色的叙述态度，构造“背离了现状世界提供给我的秩序和逻辑”的“虚伪的形式”。

【相关链接】

1.《中国当代作家选集丛书·余华卷》（人民文学出版社）
2. 王德威《伤痕即景，暴力奇观——读〈十八岁出门远行〉》（《读书》）
3. 洪治纲著《余华评传》（郑州大学出版社）
4. 郜元宝《余华创作中的困难意识》（《文学评论》）

第十部分　外国文学

长达数千年的外国文学的历史，大致可以划分为古代、中古、近代和现代四个阶段。现将每个阶段的著名作家、作品择要简介如下。

一、古代文学

古代外国文学是原始公社制和奴隶制两个历史阶段的文学。文学体裁主要是神话传说、英雄史诗和戏剧。亚非地区有印度最早的神话诗集《吠陀》，英雄史诗有印度的《摩诃婆罗多》和《罗摩衍那》。欧洲有以神人同形同性为特征的希腊神话传说，还有著名的"荷马史诗"——《伊利亚特》和《奥德赛》，生动地反映了"人类童年时代"的社会生活。进入奴隶社会以后，戏剧成为主要的文学形式。印度剧作家迦梨陀娑的《沙恭达罗》，赞美少女沙恭达罗的善良、纯洁和对爱情的忠贞不渝。古代希腊产生了三大悲剧家和一大喜剧家：埃斯库罗斯(代表作《普罗米修斯》)、索福克勒斯(《俄狄浦斯王》)、欧里庇得斯(《美亚狄》)和阿里斯托芬(《阿卡奈人》)。他们的戏剧作品真实地反映了希腊奴隶主民主政治由形成、兴盛到衰落的历史发展过程，开创了悲剧和政治讽刺喜剧的先河。公元前6世纪流行在希腊民间的《伊索寓言》，反映了下层平民和奴隶阶级的思想。

二、中古文学

中古文学又称中世纪文学，是封建社会的文学。中古时期是东方诸国文学的繁荣时期。著名的阿拉伯民间故事集《一千零一夜》(又译《天方夜谭》)，流传极广，对世界近代文学的发展有积极的影响。它的故事曲折离奇，充满了瑰丽奇妙的想象，却又洋溢着现实生活的芳香。它广泛地反映了中古阿拉伯国家的社会制度和风土人情，鞭挞了封建统治者的凶残、贪婪，描写了劳动者的贫困和商人的海外冒险生活。《源氏物语》是日本中古时代物语文学(故事、小说)的典范。它通过主人公源氏、薰君同周围许多女子悲欢离合的故事，反映了宫廷贵族生活的空虚以及相互之间的争权夺利。中古波斯文学，包括中亚在内的波斯广大地区的文学，其主要体裁是诗歌，具有强烈的民族热情和爱国主义精神。代表作有玛尔·海亚姆的《鲁拜集》和萨迪的《蔷薇园》。中世纪欧洲最伟大的诗人但丁，"是中世纪的最后一位诗人，同时又是新时代的最初一位诗人"（恩格斯）。他的代表作《神曲》，共分《地狱》、《净界》和《天堂》三篇，用梦幻故事的形式，广泛而深刻地反映了欧洲从中世纪向"文艺复兴"过渡时期的社会生活。

三、近代文学

近代文学主要是资本主义时期的文学。亚非地区由于备受西方资本主义国家的殖民侵略，文学也受到严重摧残，因此近代文学的繁荣发展主要表现在欧洲各国。

14世纪到16世纪，在意大利、法国、西班牙和英国，产生了最早的近代文学——文艺复兴时期文学，涌现出薄伽丘(《十日谈》)、拉伯雷(《巨人传》)、塞万提斯(《唐吉诃德》)和莎士比亚(《威尼斯商人》、《哈姆莱特》)等一大批优秀作家。他们的作品为欧洲和世界近代文学的发展奠定了基础。其中莎士比亚的戏剧体现新兴资产阶级的思想愿望尤为集中：反对封建道德束缚，要求个性解放、爱情自由；反对封建割据，渴望国家统一；抨击人对人的压迫，主张平等互爱；

反对蒙昧、迷信，崇尚科学、理智。莎士比亚的剧作背景广阔，情节生动，人物形象鲜明，语言丰富多样。

17世纪欧洲文学以英国诗人弥尔顿的《失乐园》、法国古典主义悲剧家高乃依的《熙德》和喜剧家莫里哀的《伪君子》、《吝啬鬼》较为著名。

18世纪产生了密切为启蒙运动服务的启蒙文学。英国作家笛福的《鲁滨逊飘流记》，通过对鲁滨逊形象的塑造，颂扬了新兴资产阶级敢于冒险、不怕困难的事业心。法国作家伏尔泰的《老实人》抨击了修道院对人性的摧残。德国作家席勒的《阴谋和爱情》，充满了反对等级压迫、要求自由平等的启蒙思想。歌德的诗剧《浮士德》，歌颂了启蒙学者浮士德冲破封建意识束缚，探索真理的自强不息的精神。他的另一部书信体形式的小说《少年维特之烦恼》，曾在青年中产生过重大影响。启蒙文学大多以第三等级的平民作主人公，语言简练泼辣，哲理性强，政治倾向鲜明。

18世纪末至19世纪二三十年代，浪漫主义文学在欧洲各国风行一时。英国诗人雪莱的诗剧《解放了的普罗米修斯》，热情地描绘了没有国家和阶级、人人自由幸福的空想社会主义的蓝图。拜伦的长诗《恰尔德·哈洛尔德游记》，洋溢着反专制、争自由的浪漫主义革命激情，塑造了以"反抗、孤独、忧郁"为特征的"拜伦式英雄"形象。法国作家雨果的《巴黎圣母院》，情节怪诞、新颖，戏剧性浓厚，以历史题材反映现实生活，具有强烈的反封建、反教会色彩。他的《悲惨世界》，广泛地描绘了波旁王朝到七月王朝初期的社会生活面貌，被进步作家们誉为"社会史诗"。

19世纪30、40年代以后，批判现实主义取代浪漫主义成为欧洲文学的主要思潮，产生了一大批成就高、影响大的优秀作家，法国、英国和俄国尤为突出。

法国小说家司汤达的长篇小说《红与黑》，取材于法国当时的现实生活，围绕着主人公于连的个人奋斗过程，广泛地反映了19世纪20年代法国社会风貌，对天主教会、封建贵族、资产阶级的丑恶作了淋漓尽致的揭露讽刺。小说注意从环境对人物性格发展的影响来塑造人物，心理刻画细腻深刻，为法国和欧洲批判现实主义文学开辟了道路。巴尔扎克的包括96部小说的《人间喜剧》，真实而具体地反映了"法国'社会'特别是巴黎'上流社会'的卓越的现实主义历史"(恩格斯)。其中最著名的《高老头》、《欧也妮·葛朗台》、《纽沁根银行》、《幻灭》、《农民》等小说，深刻地展现了资产阶级取代贵族阶级得到胜利的历史发展趋势，写出了资产阶级血腥的发家史和人与人之间赤裸裸的金钱关系。巴尔扎克的小说大多取材于当时的社会生活，注意从典型环境中塑造典型人物，细节描写真实、具体，语言生动丰富，切合人物性格，是西欧批判现实主义文学的杰出代表。其他如福楼拜的《包法利夫人》，揭示了市民阶层的自私、鄙俗和空虚；左拉的《萌芽》描写了煤矿工人的贫困生活和罢工斗争；莫泊桑的《俊友》刻画了不择手段向上爬的资产阶级个人野心家杜洛阿的形象；罗曼·罗兰的《约翰·克利斯朵夫》通过约翰·克利斯朵夫一生个人奋斗的历程，展示了19世纪末、20世纪初德、法两国进入帝国主义阶段后的社会矛盾和资产阶级文化的颓废堕落。

英国在19世纪四、五十年代以后，出现了狄更斯、萨克雷、夏洛蒂·勃朗特和盖斯凯尔夫人等一批杰出的小说家。他们的作品直接反映了英国资本主义社会的主要矛盾——劳资斗争(如狄更斯的《艰难时世》、盖斯凯尔夫人的《玛丽·巴顿》等)，描写了"小人物"的苦难和个人奋斗(如狄更斯的《大卫·科波菲尔》、夏洛蒂·勃朗特的《简·爱》等)，揭露了人与人之间的金钱关系和资产阶级道德的伪善(如萨克雷的《名利场》)。19世纪后期英国最著名的作家是哈代。他的长篇小说《德伯家的苔丝》通过农家姑娘苔丝的悲惨命运，揭露资本主义的社会、道德和宗教杀害了"一个纯洁的女人"。

19世纪是俄国文学十分繁荣的时期，作家人才辈出，作品琳琅满目。普希金的《叶甫盖尼·奥涅金》，莱蒙托夫的《当代英雄》，果戈理的《死魂灵》，屠格涅夫的《父与子》，冈察洛夫的《奥勃洛摩夫》，陀思妥耶夫斯基的《被侮辱与被损害的》、《罪与罚》、《白痴》等，车尔尼雪夫斯基的《怎么办?》，列夫·托尔斯泰的《战争与和平》、《安娜·卡列尼娜》和《复活》，契诃夫的短篇小说等，在思想和艺术方面都达到了相当的高度。这些作品描写和批判了沙皇农奴制社会的黑暗腐朽，反映了下层人民的苦难，塑造了一系列贵族“多余人”和平民知识分子“新人”以及其他富有时代特征的鲜明人物形象。特别是列夫·托尔斯泰，列宁认为他“不仅创作了无与伦比的俄国生活的图画，而且创作了世界文学中第一流的作品”。

此外，德国诗人海涅的长诗《德国,一个冬天的童话》，挪威剧作家易卜生的社会问题剧《玩偶之家》(又译《娜拉》)，丹麦安徒生的童话，美国诗人惠特曼的《草叶集》，小说家马克·吐温的《哈克贝利·费恩历险记》、杰克·伦敦的《马丁·伊登》以及欧·亨利的短篇小说，也在欧美文学史上享有声誉。

四、现代文学

20世纪以后的外国现代文学，思潮纷纭，流派繁多。

20世纪初叶，以高尔基为代表的苏联无产阶级文学脱颖而出。代表人物及作品有高尔基的长篇小说《母亲》，马雅可夫斯基的长诗《列宁》、奥斯特洛夫斯基的小说《钢铁是怎样炼成的》和法捷耶夫的《青年近卫军》等。

在法国、英国、美国和德国，还涌现出一批主要用批判现实主义方法写作的进步作家：法国的巴比塞(《火线》)、安德烈·纪德(《伪币制造者》)，英国的劳伦斯(《查泰莱夫人的情人》)、毛姆(《人性的枷锁》)、戈尔丁(《蝇王》)，德国的托马斯·曼(《布登勃洛克一家》)、雷马克(《西线无战事》)、黑塞(《荒原狼》)，奥地利的茨威格(《一个陌生女人的来信》)等。

现代派或现代主义文学是对19世纪80年代出现的、20世纪20年代至70年代在欧美繁荣的、遍及全球的众多文艺流派的总称。它包括19世纪末的前期象征主义、唯美主义、印象主义和20世纪前期的后期印象主义、意识流小说、未来主义、表现主义、超现实主义和达达主义，二战以后的存在主义、黑色幽默、垮掉的一代、荒诞派戏剧、新小说、魔幻现实主义等流派。现代主义以反传统和非理性为主要标志，是现代世界文学中的重要文学现象。

表现主义小说的杰出代表是奥地利的卡夫卡(《变形记》、《城堡》)。表现主义戏剧的代表是尤金·奥尼尔(《琼斯皇》、《毛猿》)。表现主义主张艺术家要凭借主观精神来进行内心体验，并将这种体验结果化为一种激情。作品中的人物也常以某种类型的代表或某种抽象本质的体现来代替有个性的人。

意识流小说是20世纪初期兴起于西方，以表现人们的意识流动、展示恍惚迷离的心灵世界为主的小说。它以象征暗示、内心独白、自由联想等意识流的创作方法为主要特征。代表作家有爱尔兰的乔伊斯(《尤利西斯》)、英国的伍尔芙(《墙上的斑点》、《达洛卫夫人》)、法国的普鲁斯特(《追忆逝水年华》)、美国的福克纳(《喧哗与骚动》)等。

存在主义文学代表作家有萨特(《恭顺的妓女》、《恶心》)、加缪(《局外人》)、波伏瓦等。在艺术上，存在主义文学寓哲理于形象中，体现“文”“哲”一体的特点。

荒诞派戏剧代表作家有尤金·尤奈斯库(《秃头歌女》)、贝克特(《等待戈多》)等。荒诞派戏剧没有完整连贯的情节，没有戏剧冲突，舞台形象支离破碎，人物语言颠三倒四。它表现的世界是荒诞的，人生是痛苦的，人与人的关系是无法沟通的。

魔幻现实主义代表作家有加西亚·马尔克斯(《百年孤独》)和胡安·鲁尔福(《佩德罗·帕拉莫》)等。魔幻现实主义是通过“魔法”所产生的幻景来表达现实生活的一种创作方法。

另外，20世纪50年代兴起于法国，60年代成为法国影响最大的文学流派的新小说派，60年代风行于美国的“黑色幽默”都是西方现代主义文学的重要流派，均产生过较大的影响。

现当代亚非文学(20世纪20年代开始)与西方文学有了更多的交汇。德永直(《没有太阳的街》)和小林多喜二(《蟹工船》)是日本无产阶级文学最优秀的代表。川端康成以融汇本民族传统和西方现代的表现手法的《雪国》等作品，为日本文学带来世界声誉。日本当代著名作家还有三岛由纪夫(《金阁寺》)和大江健三郎(《万元延年的足球队》)等。印度现代最杰出的作家是普列姆昌德，他的长篇小说《戈丹》揭示了印度农民贫困的根源。印度还有获得诺贝尔文学奖的著名诗人泰戈尔。黎巴嫩的纪伯伦，埃及的纳吉布·迈哈福兹，尼日利亚的沃尔·索因卡，南非的纳丁·戈迪默等都是现当代亚非文学中有影响的作家。

诗歌

致凯恩

普希金

亚历山大·谢尔盖耶维奇·普希金(1799—1837年)，俄国最伟大的诗人，俄国浪漫主义文学的杰出代表，现实主义文学的奠基人，现代标准俄语的创始人，被赞誉为“俄国文学之父”。他的作品是俄国民族意识高涨以及贵族革命运动在文学上的反映。他在并不太长的创作生涯中，为读者留下了包括诗歌、小说、戏剧、文论等大量文学遗产，既有政治抒情诗《致恰达耶夫》(1818)、《自由颂》(1817)、《致西伯利亚的囚徒》(1827)等，也有大量爱情诗和田园诗。此外，他还创作了诗体小说《叶甫盖尼·奥涅金》(1831)、散文体小说《别尔金小说集》(1831)及关于普加乔夫白山起义的长篇小说《上尉的女儿》(1886)。而在这一切之中，最为后人所喜爱、所传颂的，首先是他的抒情诗作。普希金的抒情诗内容之广泛在俄国诗歌史上前无古人。他的抒情诗内容丰富、感情深挚、形式灵活、结构精巧、韵律优美。他的诗具有明快的哀歌式的忧郁，旋律般的美，高度的思想性和强烈的艺术感染力。

普希金自画像

普希金诗集插图

我记得那美妙的一瞬：
在我的面前出现了你，
犹如昙花一现的幻影，
犹如纯洁至美的精灵。

在那无望的忧愁的折磨中，
在那喧闹的浮华生活的困扰中，
我的耳边长久地响着你温柔的声音，
我还在睡梦中见到你可爱的倩影。

许多年过去了，暴风骤雨般的微笑
驱散了往日的梦想，
于是我忘却了你温柔的声音，
还有你那天仙似的倩影。

在穷乡僻壤，在囚禁的阴暗生活中，
我的日子就那样静静地消逝，

没有倾心的人，没有诗的灵感，
没有眼泪，没有生命，也没有爱情。

如今心灵已开始苏醒：
这时在我面前又重新出现了你，
有如昙花一现的幻影，
有如纯洁之美的天仙。

我的心在狂喜中跳跃，
心中的一切又重新苏醒，
有了倾心的人，有了诗的灵感，
有了生命，有了眼泪，也有了爱情。

（戈宝权译）

【作品简析】

在普希金的抒情诗中，爱情诗占很大的比重。普希金的爱情诗，是通过他个人的复杂感受，对真善美的一种向往的真挚流露。真挚、优雅、高尚是普希金爱情诗的显著特色。《致凯恩》这首诗是诗人幽禁偏僻的米哈伊洛夫村时写的一首爱情诗，当时只有老保姆陪伴着他，在这里作者似乎没有强烈的暴风疾雨般的热情，而更多的是表现隐藏在内心深处的默默柔情。他把一见倾心的爱慕、长相思的痛苦、嫉妒的折磨、绝望中的倾吐、回忆中的甜蜜、欲言又止的羞怯等都写得十分真挚感人。全诗以回忆式的笔法开始，抒写对往事的回忆、乡村生活的愁苦以及失去恋人的痛苦。在此诗中，意象的不断转换、节奏的大幅度跳跃、语言的新奇和质朴的抒情，都充分显示了诗人的思想和灵魂。

普希金纪念碑

【拓展阅读】

1. 别林斯基：普希金不仅追寻诗，他还以生活的现实和永远优美的思想作为诗的土壤。

2. 赫尔岑：他的诗像大海，像狂风激荡的森林那样鸣响，但同时他又是明朗的、明亮的、闪光的，贪恋着灵魂的悸动和喜悦。

【相关链接】

1. 卢永选编《普希金文集》（抒情诗）（人民文学出版社）
2. 徐葆耕《西方文学十五讲》（北京大学出版社）
3. 郑克鲁主编《外国文学史》(上册)（高等教育出版社）
4. 徐雅芳《俄罗斯诗歌史》（北京大学出版社）

当你老了

叶　芝

威廉·巴特勒·叶芝(1865—1939年)，爱尔兰诗人、剧作家，1923年诺贝尔文学奖得主。出生于都柏林郡的桑迪芒特，两岁时全家迁居伦敦，但童年和学生时代的大部分时光是在爱尔兰的外祖母家度过，那一带景色宜人。叶芝少时习画，后来在波德莱尔和魏尔伦的启发下，开始创作风格独特的抒情诗。除了文学以外，他还关心哲学和政治，曾出任议员，并创办爱尔兰国家剧院。

当你老了，头白了，睡思昏沉，
炉火旁打盹，请取下这部诗歌，
慢慢读，回想你过去眼神的柔和，
回想它们过去的沉重的阴影；

多少人爱你年轻欢畅的时辰，
爱慕你的美丽，假意或真心，
只有一个人爱你那朝圣者的灵魂，
爱你衰老的脸上痛苦的皱纹；

垂下头来，在红光闪耀的炉子旁，
凄然地轻轻述说那爱情的消逝，

在头顶的山上它缓缓踱着步子， 在一群星星中间隐藏着脸庞。

（袁可嘉译）

【作品简析】

《当你老了》是叶芝的名诗，写这首诗的时候，他正在追求一位爱尔兰的女演员。叶芝在诗中通过时间的假设，把自己炽热的情感处理得非常委婉、含蓄，同时也表露得更为彻底。“朝圣者的灵魂”，也即“自由的心灵”，这是全诗最有意味的一个概念，也是使得这首情诗得以传世的主要原因。

【拓展阅读】

1. 托·斯·艾略特称叶芝是“二十世纪英语世界最伟大的诗人”。

2. 1923 年，叶芝由于“始终富有灵感的诗歌，……并以精美的艺术形式表达了整个民族的精神”而获得诺贝尔文学奖。

3. 蔡天新主编《现代诗 100 首红卷》：《当你老了》是叶芝的名诗，……这首诗明显带有感伤的情绪，削弱了诗的力度，显示出他内心的无奈。古典诗人常遇到不可求的缪斯，如贝亚特丽采激励但丁写成了《神曲》，夏绿蒂激励歌德写成了《少年维特之烦恼》，现代诗人却少有机会，叶芝无疑是一个幸运者。这是一首爱情诗，同时也可以看成全世界的诗人写给每一位不读诗的人的诗，告诉他诗歌是一种灵魂的安慰。

【相关链接】

1. 未凡、未珉编 《外国现代派诗集》 （中国文联出版公司）
2. 傅浩《叶芝的象征主义》（《国外文学》）
3. 袁可嘉 《欧美现代派文学概论》 （上海文艺出版社）

浪之歌·雨之歌·美之歌

纪伯伦

纪伯伦书影

纪伯伦·哈利勒·纪伯伦(1883—1931 年)，出生于黎巴嫩北部山区的一个农家。作为哲理诗人和杰出画家，他是近代东方文学走向世界的先驱，阿拉伯现代小说和艺术散文的主要奠基人，20 世纪阿拉伯新文学道路的开拓者之一。爱与美成为他作品的主旋律，他的前期创作以小说为主，后期创作则以散文诗为主。在东方文学史上，纪伯伦的艺术风格独树一帜。他的作品既有理性思考的严肃与冷峻，又有咏叹调式的浪漫与抒情。他善于在平易中发掘隽永，在美妙的比喻中启示深刻的哲理。

浪 之 歌

我同海岸是一对情人。爱情让我们相亲相近，空气却使我们相离相分。我随着碧海丹霞来到这里，为的是将我这似银的泡沫与金沙铺就的海岸合为一体；我用自己的津液让它的心冷却一些，别那么过分炽热。

清晨，我在情人的耳边发出海誓山盟，于是他把我紧紧抱在怀中；傍晚，我把爱恋的祷词歌吟，于是他将我亲吻。

我生性执拗，急躁；我的情人却坚忍而有耐心。潮水涨来时，我拥抱着他；潮水退去时，我扑倒在他的脚下。

曾有多少次，当美人鱼从海底钻出海面，坐在礁石上欣赏星空时，我围绕她们跳过舞；曾有多少次，当有情人向俊俏的少女倾诉着自己为爱情所苦时，我陪伴他长吁短叹，帮助他将衷情吐露；曾有多少次，我与礁石同席对饮，它竟纹丝不动，我同它嘻嘻哈哈，它竟面无笑容。我曾从海中托起过多少人的躯体，使他们死里逃生；我又从海底偷出多少珍珠，作为向美女丽人的馈赠。

夜阑人静，万物都在梦乡里沉睡，惟有我彻夜不寐；时而歌唱，时而叹息。呜呼！

彻夜不眠让我形容憔悴。纵使我满腹爱情，而爱情的真谛就是清醒。

这就是我的生活；这就是我终身的工作。

雨之歌

我是根根晶亮的银线，神把我从天穹撒下人间，于是大自然拿我去把千山万壑装点。

我是颗颗璀璨的珍珠，从阿施塔特女神王冠上散落下来，于是清晨的女儿把我偷去，用以镶嵌绿野大地。

我哭，山河却在欢乐；我掉落下来，花草却昂起了头，挺起了腰，绽开了笑脸。

云彩和田野是一对情侣，我是他们之间传情的信使：这位干渴难耐，我去解除；那位相思成病，我去医治。雷声隆隆闪似剑，在为我鸣锣开道；一道彩虹挂青天，宣告我行程终了。

尘世人生也是如此：开始于盛气凌人的物质的铁蹄之下，终结在不动声色的死神的怀抱。

我从湖中升起，借着太阳的翅膀翱翔，行进。一旦我见到美丽的园林，便落下来，吻着花儿的芳唇，拥抱着青枝绿叶，使得草木更加清润迷人。

在寂静中，我用纤细的手指轻轻地敲击着窗户上的玻璃，于是那敲击声构成一种乐曲，启迪那些敏感的心扉。

空气中的热使我降生在地，我又反过来去消除这种热气。这就如同女人，她们从男人身上吸取力量，反过来又用这力量去征服男人。

我是大海的叹息，是天空的泪水，是田野的微笑。这同爱情何其酷肖：它是感情大海的叹息，是思想天空的泪水，是心灵田野的微笑。

美之歌

我是爱情的向导，是精神的美酒，是心灵的佳肴。我是一朵玫瑰，迎着晨曦，敞开心扉，于是少女把我摘下枝头，吻着我，把我戴上她的胸口。

我是幸福的家园，是欢乐的源泉，是舒适的开端。我是姑娘樱唇上的嫣然一笑，小伙子见到我，霎时把疲劳和苦恼都抛到九霄云外，而使自己的生活变成美好的梦想的舞台。

我给诗人以灵感，我为画家指南，我是音乐家的教员。

我是孩子回眸的笑眼，慈爱的母亲一见，不禁顶礼膜拜，赞美上帝，感谢苍天。

我借夏娃的躯体，显现在亚当面前，并使他变得好似我的奴仆一般；我在所罗门王面前，幻化成佳丽使之倾心，从而使他成了贤哲和诗人。

我向海伦莞尔一笑，于是特洛伊成了废墟一片；我给克娄巴特拉戴上王冠，于是尼罗河谷地变得处处是欢歌笑语，生机盎然。

我是造化，人世沧桑由我安排，我是上帝，生死存亡归我主宰。

我温柔时，胜过紫罗兰的馥郁；我粗暴时，赛过狂风骤雨。

人们啊！我是真理，我是真理啊，你们要把这一点牢记在心里。

（仲跻译）

【作品简析】

《浪之歌》用拟人化的手法抒写我与海岸的亲密关系，在不同的时辰（黎明时分、涨潮时和寂静的夜晚）浪花与海岸悄悄地写下了“爱”的诗篇。浪花欢快、热烈而又执著，对爱情充满神往，永远充满着生机，充满着幻想，这就是“浪花”的生活。《雨之歌》用拟人化的手法，写到“雨”——“我”被上帝从天空撒下，一路撒满心灵的絮语来到人间——小山丘、乌云和大地中间。给花朵带去微笑，给大地抚平创伤。我诞生在大气炎热的时节，我升起在海里，我亲吻鲜花，拥抱树木。我与爱情一样，拥有叹息，拥有眼泪，拥有微笑。《美之歌》作者把“美”化作生活中一个个可视、可感、可闻的“意象”来抒写对“美”的感受。这些意象中除了“佳酿”、“食粮”、“玫瑰花”、“温柔的一笑”、“婴儿的一双慧眼”和“夏娃”等具体物象外，还有景象的联想——“美丽海伦”的故事。“美”这种抽象感觉被演绎得如此真切传神。

【拓展阅读】

文学与绘画是纪伯伦艺术生命的双翼。此外，他还著有诗歌、诗剧、文学评论、书信等。《先知》是纪伯伦步入世界文坛的顶峰之作，曾被译成二十多种文字在世界各地出版。早在1923年，纪伯伦的五篇散文诗就由茅盾介绍到中国。1931年冰心翻译了《先知》。他带有强烈东方意识的小说诗歌文学作品被视为“东方赠给西方的最好礼物”。罗丹曾评价纪伯伦：“这个阿拉伯青年将成为伟大的艺术家。”

【相关链接】

1.《纪伯伦散文诗经典》 （译林出版社）

2. 郑克鲁主编 《外国文学史》(下册) （高等教育出版社）

情　诗

聂鲁达

巴勃罗·聂鲁达(1904—1973年)，智利诗人，1971年获诺贝尔文学奖。出生在智利南部的帕拉尔。他先在首都圣地亚哥师范学院学习法语，后入外交界，足迹遍及整个世界。在写作初期他受到波德莱尔和兰波等法国象征主义诗人的影响，后致力于超现实主义实践。西班牙内战爆发后，其诗歌中的现实主义因素明显加强。

我记得你去秋的神情。
你戴着灰色贝雷帽，心绪平静。
黄昏的火苗在你眼中闪耀。
树叶在你的心灵的水面飘落。

你像藤枝偎依在我怀里，
叶子倾听你缓慢安详的声音。
迷惘的篝火，我的渴望在燃烧。
甜蜜的蓝风信子在我心灵盘绕。

我感到你的眼睛在漫游，秋天很遥远：
灰色的贝雷帽、呢喃的鸟语、宁静的心房，
那是我深切渴望飞向的地方，
我欢乐的亲吻灼热地印上。

在船上瞭望天空。从山冈远眺田野。
你的回忆是亮光、是烟云、是一池静水！
傍晚的红霞在你眼睛深处燃烧。
秋天的枯叶在你心灵里旋舞。

（王永年译）

【作品简析】

《情诗》选自聂鲁达的成名作《二十首情诗和一支绝望的歌》中的第六首。这本诗集出版时，他才二十岁。聂鲁达是一个复杂的人。他是情欲的，一切的爱都是情欲的，情欲中升华出光泽与质感。他是热烈而真挚的，他的一生在政治中激情不灭，在情人中流浪不息。诗是生命的写照，情诗更是。他是诗人，他是战士，他是恋人。作为一名爱着的和被爱着的人，他始终在无奈和彷徨之间游荡。

【拓展阅读】

西班牙诗人洛尔加曾经评价说，“聂鲁达的心离热血比离墨水更近”。1971年聂鲁达以“他的诗歌具有自然力般的作用，复苏了一个大陆的命运和理想”荣获诺贝尔文学奖。

【相关链接】

1.《聂鲁达诗选集》（河北教育出版社）
2. 赵振江、滕威编著《山岩上的肖像：聂鲁达的爱情·诗·革命》（上海人民出版社）
3.（美）哈罗德·布罗姆著《西方正典——伟大作家和不朽作品》（译林出版社）
4. 汪黎《诗人·战士·恋人》（《文汇读书周报》）

散文

寂寞

梭罗

亨利·戴维·梭罗(1817—1862年)，美国作家、思想家。著作有《瓦尔登湖》、《旅行散记》等。他是美国文学和精神的奠基者之一。1845年梭罗进入瓦尔登湖的森林，开始过起独居的生活。他阅读，写作，与大自然为伴，自称是“风雪和风雨的观察员”。

这是一个愉快的傍晚，全身只有一个感觉，每一个毛孔中都浸润着喜悦。我在大自然里以奇异的自由姿态来去，成了她自己的一部分。我只穿衬衫，沿着硬石的湖岸走。天气虽然寒冷，多云又多风，也没有特别分心的事，那时天气对我异常地合适。牛蛙鸣叫，邀来黑夜，夜鹰的乐音乘着吹起涟漪的风从湖上传来。摇曳的赤杨和白杨，激起我的情感使我几乎不能呼吸了；然而像湖水一样，我的宁静只有涟漪而没有激荡。和如镜的湖面一样，晚风吹起来的微波是谈不上什么风暴的。虽然天色黑了，风还在森林中吹着，咆哮着，波浪还在拍岸，某一些动物还在用它们的乐音催眠着另外的那些，宁静不可能是绝对的。最凶狠的野兽并没有宁静，现在正找寻它们的牺牲品；狐狸，臭鼬，兔子，也正漫游在原野上，在森林中，它们却没有恐惧，它们是大自然的看守者，——是连接一个个生气勃勃的白昼的链环。

等我回到家里，发现已有访客来过，他们还留下了名片呢，不是一束花，便是一个常春树的花环，或用铅笔写在黄色的胡桃叶或者木片上的一个名字。不常进入森林的人常把森林中的小玩意儿一路上拿在手里玩，有时故意，有时偶然，把它们留下了。有一位剥下了柳树皮，做成一个戒指，丢在我桌上。在我出门时有没有客人来过，我总能知道，不是树枝或青草弯倒，便是有了鞋印。一般说，从他们留下的微小痕迹里我还可以猜出他们的年龄、性别和性格；有的掉下了花朵，有的抓来一把草，又扔掉，甚至还有一直带到半英里外的铁路边才扔下的呢；有时，雪茄烟或烟斗味道还残留不散。常常我还能从烟斗的香味注意到六十杆之外公路上行经的一个旅行者。

我们周围的空间该说是很大的了。我们不能一探手就触及地平线。蓊郁的森林或湖沼并不就在我的门口，中间总还有着一块我们熟悉而且由我们使用的空地，多少整理过了，还围了点篱笆，它仿佛是从大自然的手里被夺取得来的。为了什么理由，我要有这么大的范围和规模，好多平方英里的没有人迹的森林，遭人类遗弃而为我所私有了呢？最接近我的邻居在一英里外，看不到什么房子，除非登上那半里之外的小山山顶去瞭望，才能望见一点儿房屋。我的地平线全给森林包围起来，专供我自个享受，极目远望只能望见那在湖的一端经过的铁路和在湖的另一端沿着山林的公路边上的篱笆。大体说来，我居住的地方，寂寞得跟生活在大草原上一样。在这里离新英格兰也像离亚洲和非洲一样遥远。可以说，我有我自己的太阳、月亮和星星，我有一个完全属于我自己的小世界。从没有一个人在晚上经过我的屋子，或叩我的门，我仿佛是人类中的第一个人或最后一个人；除非在春天里，隔了很长久的时候，有人从村里来钓鳘鱼，——在瓦尔登湖中，很显然他们能钓到的只是他们自己的多种多样的性格，而钩子只能钩到黑夜而已——他们立刻都撤走了，常常是鱼篓很轻地撤退的，又把“世界留给黑夜和我”，而黑夜的核心是从没有被任何人类的邻舍污染过的。我相信，人们通常还都有点儿害怕黑暗，虽然妖巫都给吊死了，基督教和蜡烛火也都已经介绍过来。

然而我有时经历到，在任何大自然的事物中，都能找出最甜蜜的温柔，最天真和鼓舞人的伴侣，即使是对于愤世嫉俗的可怜人和最忧悒的人也一样。只要生活在大自然之间而还有五官的话，便不可能有很阴郁的忧虑。对于健全而无邪的耳朵，暴风雨还真是伊奥勒斯的音乐呢。什么也不能正当地迫使单纯而勇敢的人产生庸俗的伤感。当我享受着四季的友爱时，我相信，任什么也不能使生活成为我沉重的负担。今天佳雨洒在我的豆子上，使我在屋里待了整天，这雨既不使我沮丧，也不使我抑郁，对于我可是好得很呢。虽然它使我不能够锄地，但比我锄地更有价值。如果雨下得太久，使地里的种子、低地的土豆烂掉，它对高地的草还是有好处的，既然它对高地的草很好，它对我也是很好的了。有时，我把自己和别人作比较，好像我比别人更得诸神的宠爱，比我应得的似乎还多呢；好像我有一张证书和保单在他们手上，别人却没有，因此我受到了特别的引导和保护。我并没有自称自赞，可是如果可能的话，倒是他们称赞了我。我从不觉得寂寞，也一点不受寂寞之感的压迫。只有一次，在我进了森林数星期后，我怀疑了一个小时，不知宁静而健康的生活是否应当有些近邻，独处似乎不很愉快，同时，我却觉得我的情绪有些失常了，但我似乎也预知我会恢复到正常的。当这些思想占据我的时候，温和的雨丝飘洒下来，我突然感觉到能跟大自然做伴是如此甜蜜如此受惠。就在这滴答滴答的雨声中，我屋子周围的每一个声音和景象都有着无穷尽无边际的友爱，一下子这个支持我的气氛把我想象中的有邻居方便一点的思潮压下去了，从此之后，我就没有再想到过邻居这回事。每一支小小松针都富于同情心地胀大起来，成了我的朋友。我明显地感到这里存在着我的同类，虽然我是在一般所谓凄惨荒凉的处境中，然则那最接近于我的血统，并最富于人性的却并不是一个人或一个村民，从今后再也不会有什么地方会使我觉得陌生的了。

不合宜的哀恸销蚀悲哀；
在生者的大地上，他们的日子很短，
托斯卡尔的美丽的女儿啊。

我的最愉快的若干时光在于春秋两季的长时间暴风雨当中，这弄得我上午下午都被禁闭在室内，只有不停止的大雨和咆哮安慰着我；我从微明的早起就进入了漫长的黄昏，其间有许多思想扎下了根，并发展了它们自己。在那种来自东北的倾盆大雨中，村中那些房屋都受到了考验，女佣都已经拎了水桶和拖把，在大门口阻止洪水浸入，我坐在我小屋子的门后，只有这一道门，却很欣赏它给予我的保护。在一次雷阵雨中，曾有一道闪电击中湖对岸的一株苍松，从上到下，找出一个一英寸，或者不止一英寸深，四五英寸宽，很明显的螺旋形的深槽，就好像你在一根手杖上刻的槽一样。那天我又经过了它，一抬头看到这一痕迹，真是惊叹不已，那是八年以前，一个可怕的、不可抗拒的雷霆留下的痕迹，现在却比以前更为清晰。人们常常对我说，“我想你在那儿住着，一定很寂寞，总是想要跟人们接近一下的吧，特别在下雨下雪的日子和夜晚。”我喉咙痒痒的直想这样回答，——我们居住的整个地球，在宇宙之中不过是一个小点。那边一颗星星，我们的天文仪器还无法测量出它有多么大呢，你想想它上面的两个相距最远的居民又能有多远的距离呢？我怎会觉得寂寞？我们的地球难道不在银河之中？在我看来，你提出的似乎是最不重要的问题。怎样一种空间才能把人和人群隔开而使人感到寂寞呢？我已经发现了，无论两条腿怎样努力也不能使两颗心灵更加接近。我们最愿意和谁紧邻而居呢？人并不是都喜欢车站哪，邮局哪，酒吧哪，会场哪，学校哪，杂货店哪，烽火山哪，五点区哪，虽然在那里人们常常相聚，人们倒是更愿意接近那生命的不竭之源泉的大自然。在我们的经验中，我们时常感到有这么个需要，好像水边的杨柳，一定向了有水的方向伸展它的根。人的性格不同，所以需要也很不相同，可是一个聪明人必须在不竭之源泉的大自然那里挖掘他的地窖……有一个晚上在走向瓦尔登湖的路上，我赶上了一个市民同胞，他已经积蓄了所谓的"一笔很可观的产业"，虽然我从没有好好地看到过它，那晚上他赶着一对牛上市场去，他问我，我是怎么想出来的，宁肯抛弃这么多人生的乐趣？我回答说，我确信我很喜欢我这样的生活；我不是开玩笑。便这样，我回家，上床睡了，让他在黑夜泥泞之中走路走到布赖顿去——或者说，走到光亮城里去——大概要到天亮的时候才能走到那里。

对一个死者说来，任何觉醒的，或者复活的景象，都使一切时间与地点变得无足轻重。可能发生这种情形的地方都是一样的，对我们的感官是有不可言喻的欢乐的。可是我们大部分人只让外表上的、很短暂的事情成为我们所从事的工作。事实上，这些是使我们分心的原因。最接近万物的乃是创造一切的一股力量。其次靠近我们的宇宙法则在不停地发生作用。再其次靠近我们的，不是我们雇用的匠人，虽然我们欢喜和他们谈谈说说，而是那个大匠，我们自己就是他创造的作品。

"神鬼之为德，其盛矣乎。"

"视之而弗见，听之而弗闻，体物而不可遗。"

"使天下之人，斋明盛服，以承祭祀，洋洋乎，如在其上，如在其左右。"

我们是一个实验的材料，但我对这个实验很感兴趣。在这样的情况下，难道我们不能够有一会儿离开我们的充满了是非的社会，——只让我们自己的思想来鼓舞我们？孔子说得好，"德不孤，必有邻"。

有了思想，我们可以在清醒的状态下，欢喜若狂。只要我们的心灵有意识地努力，我们就可以高高地超乎任何行为及其后果之上；一切好事坏事，就像奔流一样，从我们身边经过。我们并不是完全都给纠缠在大自然之内的。我可以是急流中一片浮木，也可以是从空中望着尘寰的因陀罗。看戏很可能感动了我；而另一方面，和我生命更加攸关的事件却可能不感动我。我只知道我自己是作为一个人而存在的；可以说我是反映我思想感情的一个舞台面，我多少有着双重人格，因此我能够远远地看自己犹如看别人一样。不论我有如何强烈的经验，我总能意识到我的一部分在从旁批评我，好像它不是我的一部分，只是一个旁观者，并不分担我的经验，而是注意到它：正如他并不是你，他也不能是我。等到人生的戏演完，很可能是出悲剧，观众就自己走了。关于这第二重人格，这自然是虚构的，只是想象力的创造。但有时这双重人格很容易使别人难于和我们作邻居，交朋友了。

在大部分时间内，我觉得寂寞是有益于健康的。有了伴儿，即使是最好的伴儿，不久也要厌倦，弄得很糟糕。我爱孤独。我没有碰到比寂寞更好的同伴了。到国外去厕身于人群之中，大概比独处室内，格外寂寞。一个在思想着、在工作着的人总是单独的，让他爱在哪儿就在哪儿吧，寂寞不能以一个人离开他的同伴的里数来计算。真正勤学的学生，在剑桥学院最拥挤的蜂房内，寂寞得像沙漠上的一个托钵僧一样。农夫可以一整天，独个儿地在田地上，在森林中工作，耕地或砍伐，却不觉得寂寞，因为他有工作；可是到晚上，他回到家里，却不能独自在室内沉思，而必须到"看得见他那里的人"的地方去消遣一下，照他的想法，是用以补偿他一天的寂寞。因此他很奇怪，为什么学生们能整日整夜坐在室内不觉得无聊与"忧郁"；可是他不明白虽然学生在室内，却在他的田地上工作，在他的森林中采伐，像农夫在田地或森林中一样，过后学生也要找消遣，也要社交，尽管那形式可能更加凝炼些。

社交往往廉价。相聚的时间之短促，来不及使彼此获得任何新的有价值的东西。我们在每日三餐的时间里相见，大家重新尝尝我们这种陈腐乳酪的味道。我们都必须同意若干条规则，那就是所谓的礼节和礼貌，使得这种经常的聚首能相安无事，避免公开争吵，以致面红耳赤。我们相会于邮局，于社交场所，每晚在炉火边；我们生活得太拥挤，互相干扰，彼此牵绊，因此我想，彼此已缺乏敬意了。当然，所有重要而热忱的聚会，次数少一点也够了。试想工厂的女工，——永远不能独自生活，甚至做梦也难于孤独。如果一英里只住一个人，像我这儿，那要好得多。人的价值并不在他的皮肤上，所以我们不必要去碰皮肤。

我曾听说过，有人迷路在森林里，倒在一棵树下，饿得慌又累得要命，由于体力不济，病态的想象力让他看到了周围有许多奇怪的幻想，他以为它们都是真的。同样，在身体和灵魂都很健康有力的时候，我们可以不断地从类似的，但更正常、更自然的社会得到鼓舞，从而发现我们是不寂寞的。

我在我的房屋中有许多伴侣，特别在早上还没有人来访问我的时候。让我来举几个比喻，或能传达出我的某些状况。我并不比湖中高声大笑的潜水鸟更孤独，我并不比瓦尔登湖更寂寞。我倒要问问这孤独的湖有谁作伴？然而在它的蔚蓝的水波上，却有着不是蓝色的魔鬼，而是蓝色的天使呢。太阳是寂寞的，除非乌云满天，有时候就好像有两个太阳，但那一个假的。上帝是孤独的，——可是魔鬼就绝不孤独；他看到许多伙伴；他是要结成帮的。我并不比一朵毛蕊花或牧场上的一朵蒲公英寂寞，我不比一张豆叶，一枝酢酱草，或一只马蝇，或一只大黄蜂更孤独。我不比密尔溪，或一只风信鸡，或北极星，或南风更寂寞，我不比四月的雨或正月的溶雪，或新屋中的第一只蜘蛛更孤独。

在冬天的长夜里，雪狂飘，风在森林中号叫的时候，一个老年的移民，原先的主人，不时来拜访我，据说瓦尔登湖还是他挖了出来，铺了石子，沿湖种了松树的；他告诉我旧时的和新近的永恒的故事。我们俩这样过了一个愉快的夜晚，充满了交际的喜悦，交换了对事物的惬意的意见，虽然没有苹果或苹果酒，——这个最聪明而幽默的朋友啊，我真喜欢他，他比谷菲或华莱知道更多的秘密；虽然人家说他已经死了，却没有人指出过他的坟墓在哪里。还有一个老太太，也住在我的附近，大部分人根本看不见她，我却有时候很高兴到她的芳香的百草园中去散步，采集药草，又倾听她的寓言。因为她有无比丰富的创造力，她的记忆一直追溯到神话以前的时代，她可以把每一个寓言的起源告诉我，哪一个寓言是根据了哪一个事实而来的，因为这些事都发生在她年轻的时候。一个红润的、精壮的老太太，不论什么天气什么季节她都兴致勃勃，看样子要比她的孩子活得还长久。

太阳，风雨，夏天，冬天，——大自然的不可描写的纯洁和恩惠，他们永远提供这么多的康健，这么多的欢乐！对我们人类这样地同情，如果有人为了正当的原因悲痛，那大自然也会受到感动，太阳黯淡了，风像活人一样悲叹，云端里落下泪雨，树木到仲夏脱下叶子，披上丧服。难道我不该与土地息息相通吗？我自己不也是一部分绿叶与青菜的泥土吗？

是什么药使我们健全、宁静、满足的呢？不是你我的曾祖父的，而是我们的大自然曾祖母的，全宇宙的蔬菜和植物的补品，她自己也靠它而永远年轻，活得比汤麦斯·派尔还更长久，用他们的衰败的脂肪更增添了她的康健。不是那种江湖医生配方的用冥河水和死海海水混合的药水，装在有时我们看到过装瓶子用的那种浅长形黑色船状车子上的药瓶子里，那不是我的万灵妙药；还是让我来喝一口纯净的黎明空气。黎明的空气啊！如果人们不愿意在每日之源喝这泉水，那么，啊，我们必须把它们装在瓶子内；放在店里，卖给世上那些失去黎明预订券的人们。可是记着，它能冷藏在地窖下，一直保持到正午，但要在那以前很久就打开瓶塞，跟随曙光的脚步西行。我并不崇拜那司健康之女神，她是爱斯库拉彼斯这古老的草药医师的女儿，在纪念碑上，她一手拿了一条蛇，另一只手拿了一个杯子，而蛇时常喝杯中的水；我宁可崇拜朱庇特的执杯者杀希，这青春的女神，为诸神司酒行觞，她是朱诺和野生莴苣的女儿，能使神仙和人返老还童。她也许是地球上出现过的最健康、最强壮、身体最好的少女，无论她到哪里，那里便成了春天。

（徐迟译）

【作品简析】

本文选自散文集《瓦尔登湖》。写的就是梭罗对那种生活状态的认识。梭罗并不是传统意义上的离群索居的隐士，他是把生活当做一个实验的对象，试图通过生活方式的改变来探求其精髓，祛除习俗与社会的积弊，使心灵获得自由。以《寂寞》为题的散文可谓是多如牛毛，然而很少有作者能像梭罗这样，同时从宇宙、文明、人与社会等不同的维度来贯穿这个主题。他的思想绵密，文字澄澈优美；层出不穷的见解仿佛是来自于生命活泼的源头，给人以宁静新鲜的启示。

【拓展阅读】

1. 梭罗：在任何大自然的事物中，都能找出最甜蜜的温柔，最天真和鼓舞人的伴侣，即使是对愤世嫉俗的可怜人和最最忧悒的人也一样。只要是生活在大自然之间并具有五官的人，就不可能有很阴郁的忧虑。对于健全而无邪的耳朵，暴风雨还真是伊奥勒斯的音乐呢。什么也不能迫使单纯而勇敢的人产生庸俗的伤感。

2. 徐迟：语语惊人，字字闪光，沁人肺腑，动我衷肠。对于《瓦尔登湖》，不需多说什么，只是还要重复一下，这是一本寂寞、恬静、智慧的书。其分析生活，批判习俗，有独到处。应当指出，这本书是一本健康的书，对于春天，对于黎明作了极其动人的描写。读着它，自然会体会到一股向上的精神不断地将读者提升，提高。梭罗的这本书近年在西方世界更获得重视。严重污染使人们又向往瓦尔登湖和山林的澄净的清新空气。

【相关链接】

1. 剑桥大学出版社编 《亨利·戴维·梭罗》（上海外语教育出版社）
2. （美）罗伯特·塞尔编 《梭罗集》 （三联书店）
3. 郑克鲁主编《外国文学史》（高等教育出版社）

贝多芬百年祭

萧伯纳

乔治·萧伯纳(1856—1950 年)，英国剧作家、音乐评论家，1925 年诺贝尔文学奖获得者。在长达七十年的创作生涯中，共写剧本 51 个。主要作品有《华伦夫人的职业》、《巴巴拉少校》、《圣女贞德》等。

一百年前，一位虽听得见雷声但已聋得听不见大型交响乐队演奏自己的乐曲的、五十七岁的倔强的单身老人最后一次举拳向着咆哮的天空，然后逝去了，还是和他生前一直那样地唐突神灵、蔑视天地。他是反抗性的化身，他甚至在街上遇到一位大公和他的随从时也总不免把帽子向下按得紧紧的，然后从他们正中间大踏步地直穿而过。他有一架不听话的蒸汽轧路机的风度(大多数轧路机还恭顺地听使唤和不那么调皮呢)。他穿衣服之不讲究尤甚于田间的稻草人：事实上有一次他竟被当做流浪汉给抓了起来，因为警察不肯相信穿得这样破破烂烂的人竟会是一位大作曲家，更不能相信这副躯体竟能容得下纯音响世界最奔腾澎湃的灵魂。他的灵魂是伟大的，但是如果我使用了最伟大的这种字眼，那就是说比亨德尔的灵魂还要伟大，贝多芬自己就会责怪我，而且谁又能自负为灵魂比巴哈的还伟大呢？但是说贝多芬的灵魂是最奔腾澎湃的那可没有一点问题。他的狂风怒涛一般的力量他自己能很容易

贝多芬

控制住，可是常常并不愿去控制，这个和他狂呼大笑的滑稽诙谐之处是在别的作曲家作品里都找不到的。毛头小伙们现在一提起切分音就好像是一种使音乐节奏成为最强而有力的新方法，但是在听过贝多芬的第三里昂诺拉前奏曲之后，最狂热的爵士乐听起来也像《少女的祈祷》那样温和了。可以肯定地说，我听过的任何黑人的集体狂欢，都不会像贝多芬的第七交响乐最后的乐章那样，可以引起最黑最黑的舞蹈家拼了命地跳下去，而也没有另外哪一个作曲家可以先以他的乐曲的阴柔之美使得听众完全溶化在缠绵悱恻的境界里，而后突然以铜号的猛烈声音吹向他们，带着嘲讽似的使他们觉得自己是真傻。除了贝多芬之外谁也管不住贝多芬，而疯劲上来之后，他总有意不去管住自己，于是也就成为管不住的了。

这样奔腾澎湃，这种有意的散乱文章，这种嘲讽，这样无顾忌的、骄纵的、不理睬传统的风尚——这些就是使得贝多芬不同于17和18世纪谨守法度的其他音乐天才的地方。他是造成法国革命的精神风暴中的一个巨浪。他不认任何人为师，他同行里的先辈莫扎特从小起就是梳洗干净，穿着华丽，在王公贵族面前举止大方的。莫扎特小时候曾为了彭巴杜夫人发脾气说："这个女人是谁，也不来亲亲我，连皇后都亲我呢。"这种事在贝多芬是不可想象的，因为甚至在他已老到像一头苍熊时，他仍然是一只未经驯服的熊崽子。莫扎特天性文雅，与当时的传统和社会很合拍，但也有灵魂的孤独。莫扎特和格鲁克之文雅就犹如路易十四宫廷之文雅。海顿之文雅就犹如他同时的最有教养的乡绅之文雅。和他们比起来，从社会地位上说，贝多芬就是个不羁的艺术家，一个不穿紧腿裤的激进共和主义者。海顿从不知道什么是嫉妒，曾称呼比他年轻的莫扎特是有史以来最伟大的作曲家，可他就是吃不消贝多芬。莫扎特是更有远见的，他听了贝多芬的演奏后说："有一天他是要出名的。"但是即使莫扎特活得长些，这两个人恐也难以相处下去，贝多芬对莫扎特有一种出于道德原因的恐怖。莫扎特在他的音乐中给贵族中的浪子唐璜加上了一圈迷人的圣光，然后像一个天生的戏剧家那样运用道德的灵活性又回过来给莎拉斯特罗加上了神人的光辉，给他口中的歌词谱上了前所未有的，就是出自上帝口中都不会显得不相称的乐调。

贝多芬不是戏剧家，赋予道德以灵活性对他来说就是一种可厌恶的玩世不恭。他仍然认为莫扎特是大师中的大师(这不是一顶空洞的高帽子,它的的确确就是说莫扎特是个为作曲家们欣赏的作曲家,而远远不是流行作曲家)；可是他是穿紧腿裤的宫廷侍从，而贝多芬却是个穿散腿裤的激进共和主义者；同样的，海顿也是穿传统制服的侍从。在贝多芬和他们之间隔着一场法国大革命，划分开了18世纪和19世纪。但对贝多芬来说莫扎特可不如海顿，因为他把道德当儿戏，用迷人的音乐把罪恶谱成了像德行那样奇妙。如同每一个真正激进共和主义者都具有的，贝多芬身上的清教徒性格使他反对莫扎特，固然莫扎特曾向他启示了19世纪音乐的各种创新的可能。因此贝多芬上溯到亨德尔，一位和贝多芬同样倔强的老单身汉，把他作为英雄。亨德尔瞧不上莫扎特崇拜的英雄格鲁克，虽然在亨德尔的《弥赛亚》里的田园乐，是极为接近格鲁克在他的歌剧《奥菲欧》的那些，向我们展示出天堂的原野的各个场面的。

因为有了无线电广播，成百万对音乐还接触不多的人，在他百年祭的今年将第一次听到贝多芬的音乐。充满着照例不加选择地加在大音乐家身上的颂扬话，成百篇的纪念文章将使人们抱有通常少有的期望。像贝多芬同时的人一样，虽然他们可以懂得格鲁克、海顿和莫扎特，但从贝多芬那里得到的不但是一种使他们困惑不解的意想不到的音乐，而且有时候简直听不出音乐是由管弦乐器发出来的杂乱音响。要解释这也不难。18世纪的音乐都是舞蹈音乐。舞蹈是由动作连起来的，令人愉快的步子组成的对称样式；舞蹈音乐是不跳舞也听起来令人愉快的由声音组成的对称样式。因此这些乐式虽然起初不过是像棋盘那样简单，但被展开了，复杂化了，用和声丰富起来了，最后变得类似波斯地毯，而设计像波斯地毯那种乐式的作曲家也就不再期望人们跟着这种音乐跳舞了。要有神巫打旋子的本领才能跟着莫扎特的交响乐跳舞。有一回我还真请了两位训练有素的青年舞蹈家跟着莫扎特的一阕前奏曲跳了一次，结果差点没把他们累垮了。就是音乐上原来使用的有关舞蹈的名词也慢慢地不用了，人们不再使用包括萨拉班德舞，巴万宫廷舞，加伏特舞和快步舞等等在内的组曲形式，而把自己的音乐创作表现为奏鸣曲和交响乐，里面所包含的各部分也干脆叫做乐章，每一章都用意大利文记上速度，如快板、柔板、谐谑曲板、急板等等。但在任何时候，从巴哈的序曲到莫扎特的《天神交响乐》，音乐总呈现出一种对称的音响样式给我们以一种舞蹈的乐趣来作为乐曲的形式和基础。

可是音乐的作用并不止于创造悦耳的乐式，它还能表达感情。你能去津津有味地欣赏一张波斯地毯或者听一曲巴哈的序曲，但乐趣只止于此。可是你听了《唐璜》前奏曲之后却不可能不发生一种复杂的心情，它使你心理有准备去面对一场，将淹没那种精致但又是魔鬼式的、欢乐的、可怖的末日悲剧。听莫扎特的《天神交响乐》最后一章时，你会觉得那和贝多芬的第七交响乐的最后乐章一样，都是狂欢的音乐：它用响亮的鼓声奏出如醉如狂的旋律，而从头到尾又交织着一开始就具有一种不寻常的悲伤之美的乐调，因之更加沁人心脾。莫扎特的这一乐章又自始至终是乐式设计的杰作。

但是贝多芬所做到的一点，也是使得某些与他同时的伟人不得不把他当作一个疯人。有时清醒就出些洋相或者显示出格调不高的一点，在于他把音乐完全用作了表现心情的手段，并且完全不把设计乐式本身作为目的。不错，他一生非常保守地(顺便说一句，这也是激进共和主义者的特点)使用着旧的乐式，但是他加给它们以惊人的活力和激情，包括产生了思想高度的那种最高的激情，使得产生于感觉的激情显得仅仅是感官上的享受。于是他不仅打乱了旧乐式的对称，而且常常使人听不出在感情的风暴之下竟还有什么样式存在着了。他的《英雄交响乐》一开始使用了一个乐式(这是从莫扎特幼年时一个前奏曲里借来的)，跟着又用了另外几个很漂亮的乐式。这些乐式被赋予了巨大的内在力量，所以到了乐章的中段，这些乐式就全被不客气地打散了，于是，从只追求乐式的音乐家看来，贝多芬是发了疯了。他抛出了同时使用音阶上所有单音的可怖的和弦。他这么做只是因为他觉得非如此不可，而且还要求你也觉得非如此不可呢。

以上就是贝多芬之谜的全部。他有能力设计最好的乐式；他能写出使你终身享受不尽的美丽的乐曲；他能挑出那些最干燥无味的旋律，把它们展开得那样引人，使你听上一百次也每回都发现新东西：一句话，你可以拿所有用来形容以乐式见长的作曲家的话来形容他。但是他的病症，也就是不同于别人之处在于他那激动人的品质，他能使我们激动，并把他那奔放的感情笼罩着我们。柏辽兹听到一位法国作曲家，因为贝多芬的音乐使他听了很不舒服而说“我爱听能使我入睡的音乐”时，他非常生气。贝多芬的音乐是使你清醒的音乐；而当你想独自一个静一会儿的时候，你就怕听他的音乐。

懂了这个，你就从18世纪前进了一步，也从旧式的跳舞乐队前进了一步(爵士乐,附带说一句,就是贝多芬化了的老式跳舞乐队)，不但能懂得贝多芬的音乐而且也能懂得贝多芬以后的最有深度的音乐了。

(周钰良译)

【作品简析】

本文是一位杰出的文学家对一位旷世的古典音乐大师的深情纪念。萧伯纳写作本文时，贝多芬已辞世一个世纪，然而他的音乐却更加深入人心。科技的进步，使更多的听众能够聆听贝多芬的音乐，并且被他所创造的雄浑而又优美的旋律所打动而激情澎湃。萧伯纳在本文中把对西方音乐史的简要回顾和对贝多芬音乐现代意义的阐发结合在一起，并把贝多芬与另一位西方古典音乐的伟大天才莫扎特作了精彩的比较，突出了他强健的灵魂，鄙视流俗的气质，非凡的道德勇气和作为共和党人的激进革命倾向。全文观点独到，表述清晰，字里行间洋溢着对贝多芬的敬慕之情，不失为一篇脍炙人口的音乐散文名篇。

【拓展阅读】

1. 萧伯纳：生命在我绝不是一截短短的蜡烛，而是一支辉煌的火把，在它燃烧着的每一瞬间，我都要紧紧地抓住它，尽力把它燃烧得愈明亮愈好！1925 年以“他那些充满理想主义及人情味的作品——它们那种激励性的幽默常常蕴含着一种高度的诗意美”荣获诺贝尔文学奖。

2. 王佐良《英国文学史》：拿萧的任何一段台词、一节文章来看，我们会发现：他力求把事情说清楚，他的语言是平易而又文雅的普通话，没有学院气，但也不俚俗；不特别现代化，但又不陈旧；句子有时很长，容纳得了各种随时涌上心头的想法，但又层次分明，读起来顺口。他常辩论抽象道理，但通过具体、生动的比喻和例证。在这些地方，他是斯威夫特风格的出色的继承者。

【相关链接】

1. 罗曼·罗兰著 《贝多芬传》 傅雷译 （人民音乐出版社）
2. 肖复兴 《音乐欣赏十五讲》（北京大学出版社）
3. 周克希译 《贝多芬——完成生命的意志》（上海书店出版社）
4. 赵鑫珊《贝多芬之魂》（上海文艺出版社）
5. 潘家洵译 《萧伯纳戏剧选（精）》 诺贝尔文学奖精品书系 （作家出版社）

唐招提寺的魅力

东山魁夷

东山魁夷（1908—1999 年），日本当代著名风景画家、散文家，多次访问中国，从事日中文化交流，曾获联合国教科文组织毕加索金质奖章。他的风景画善于表现纯洁的大自然，作品格调高雅蕴藉，充满诗情哲理，透着淡淡的伤感，代表画作有《路》、《四季组画》等。他对艺术理论、音乐有一定造诣，擅长散文。著有《东山魁夷文集》11 卷。

首先映入眼帘的，是郁郁葱葱的森林。

奈良西边，从尼辻沿着秋篠川向通往群山的路步行不久，便可以望见那会被误认为是御陵森林的葱茏林木。这森林就是我对唐招提寺的第一印象。

东山魁夷 富士秋景

看不见一幢建筑物。在过路人的眼里，大概只映现出一片普普通通的森林吧。但是，对于造访唐招提寺的人来说，从这森林所获的印象是强烈的。

其中，有以规模宏伟而自豪的天平金堂，有包括讲堂在内的布局精美的御寺院，还有唐高僧鉴真和尚御灵长眠之地的清净境……那森林唤醒了这样的预感。

这种初次走访唐招提寺的感怀，至今仍然是很新鲜的。

一般去唐招提寺是从这条路往右拐，而后出南大门。但是，我记得读过谁写的一篇文章却是这样说的：与其走这条路，不如通过立有路标的地方向右拐，出了连接药师寺和唐招提寺的路，再往南大门走更好。

这是一条令人喜欢的路。路上立着一些快要倒塌的瓦顶板心泥墙、成排朴素的民房，显得非常恬静。这一带保存着西京平和的风貌。沿路有稻田，庸俗和喧嚣没有涌到门前来，优美至极。在道路尽头，可以望见耸立在唐招提寺墙内外的亭亭如盖的松林。

再往前走，改变方向，绕到唐招提寺东门前，从架在秋篠川上的桥旁眺望，这里是一望无垠的田园风光。稻田的对面，散落着农舍的房顶，远处有嫩草山、春日山、高窗山，连绵蜿蜒。穿过稻田、掠过河面的风，清爽宜人。这里早先是平城京的左京和五条二坊，经常勾起人们的缅怀。

钻进南大门，踏入寺院之前，我饱览了周围的风景，我觉得这寺院的巨大魅力，这清雅的风趣和周围的自然环境不无关系。这寺院活生生地反映着四季的嬗变，受到酿造出自然情绪的田园和森林的保护。

进入南大门，谁的眼帘里首先都会映入金堂，它给人一种压倒一切的印象。宽阔的庭院，两侧掩映着繁茂的树丛，铺满了细砂，金堂就矗立在这样一个洁净的地方。

那雄浑的房顶，那以壮丽形态相对而立的鸱尾，以及那流线型飞檐的苍劲风格……

站在南大门的基坛上眺望，并排屹立着八根圆柱的雄伟的金堂，仿佛在尽力承受着房顶的强大压力似的。

据说，元禄年间修缮这房顶的时候，由于提高了上梁，所以陡度变大，创建之初陡度是比较小的。诚然，这样更能保持平衡，也显得轻快。再说，昔日金堂和南大门之间有一中门，左右突出回廊，形成围绕金堂的空间。就是说，没有现今所见到的那样宽阔的前院。

但是，如今没有中门和回廊，从南大门可以直接窥见金堂的全貌，这样反倒更加突出这座建筑物的雄伟。这个大房顶也打破了均衡，反而生出另一种意义的刚劲。我觉得如今的姿容，使我受到更加强烈的感动。

穿过铺垫白砂的前院，一步步走近金堂，房顶和正面部位渐渐成为逆反的比例。就是说，房顶的高度变矮了，陡度也变小了，与此相反，正面的成排柱子却越发显示了它们的刚劲。柱子不是等距间隔，中间柱高成正方形，随着左右走向，间隔变得狭窄起来。它给人一种完全承受得住大房顶的坚实牢固的感觉。

大寺院的圆柱

将月影踩在地面上

当然，会津八一博士这首绝唱，是站在柱下观察的一种感怀。

在冬日皎洁的月夜里，我用手触摸过圆柱，心中感到它表面的冷峻，以及内里传出的几许温馨。那种结构使我又联想起希腊神殿的建筑形式，这一排柱子分别给予许多人特别的关心。

我一直走到近处能仰望成排圆柱的地方，只见在完全敞开的高大的门内，主佛卢舍那佛居中，千手观音菩萨和药师如来的丈余佛像立在左右，具有一种堂皇而扣人心弦的力量，实是蔚为壮观。同金堂的威容相称的这些佛像，还有梵天、帝释天、四天王像等，它们代表着天平后期厚重的造型艺术，展现了一派庄严的世界。

每年九月满月之夜，寺院境内灯火全灭。在深沉的夜色中，只有放置在这里那里的纸罩座灯的火影摇摇曳曳。金堂正面的三座门完全敞开，在一座座门扉内，三尊佛像的姿影都被映照出来。这种匠心，充满了另一个世界的净福。听说这是现任长老森本孝顺大师设想出来的。

沐浴着月光的金堂房顶，在夜空中静静地展示出其轮廓。檐下昏暗，惟有三座门里灯火明亮。残留在佛像上的金箔，反射出带有厚重感的光，诸佛像的表情也显得非常的美。比起白天来，梵天、帝释天像和四天王像的明暗对比更加明显，雕刻的立体感和动人的力量更加强烈了。

我踏着砂子徘徊。心想：这是现实吗？难道不是梦幻的世界吗？一片胡枝子的叶，悠然地贴在纸罩座灯那洁白的日本纸上，显得格外的典雅……

食堂正后方的讲堂，是把平城宫的朝集殿移建过来的，后来虽然几经修缮，但它同金堂一起仍然是天平时代遗留下来的宝贵的建筑。

此外，唐招提寺还收藏着许多卓越的木雕佛像。寺院相传下来的失去了双手的药师如来和狮子吼菩萨两尊立像也是很美的，其中有名的如来像不仅没有双手、双脚，连头部都失去了，但通过那丰满的质感和流动的衣纹，仍然显示出它那惊人的美。我为此深受感动。

每次造访唐招提寺，我总是走以金堂为中心向左右、南北开辟的路，再沿进深的本坊的土墙，静静漫步在连接东西的路上，这是我的乐趣。

金堂的左侧辟有一条笔直的羊肠小道，道路两旁樱树和高松林立，绵延引向深处、更深处。左侧早先是西室遗址，如今成了松林。再左侧是成排的濠沟，沿着濠沟筑有戒坛院和妙智院。石造的三层戒坛，以葳蕤的竹林和松林为背景，在深沉的安定感中带上几许异国的风格，显得非常恬静。这里是神圣而重要的场所，它与将戒律带来日本的鉴真和尚是密切不可分的。

这里，月夜拜访所获的印象，有的也是很强烈的。全无外部结构的露天石坛，这时反而显得庄严雄伟。皎洁的月光照着石坛的平面，与黑暗的侧面形成对比，是那样的寂静、神秘。

金堂右侧的路上筑有鼓楼，号称礼堂东室的建筑物的深处筑有开山堂。东边并排立着用三棱木造的藏经库和藏宝库。

金堂右侧的建筑物布局、样式和规模的变化引人入胜。不，当你眺望金堂、讲堂的侧面那竞相雄峙的宏伟建筑群时，仅用引人入胜这种稳妥的语言是不足以表现当时的感受的。它简直令人激奋。同时，又是意外的沉静、安闲。

可能是由于当天的气候或时辰的缘故，也可能是由于当时我的心情变化的关系，这些建筑物本身所具有的两种相反的情致，原封不动地强烈地传染给我。

在金堂、讲堂和礼堂、东堂的大建筑群中间，有一幢小巧玲珑的鼓楼，建筑布局有所变化。原来鉴真和尚带来的佛舍利是供奉在这里的。每年五月举行从鼓楼上撒团扇的仪式。这种活动早已闻名遐迩，团扇的形状也有所变化，是很有意思的。所谓团扇是在长把上附着一个小小的心形的东西。这种扇形与其说给人送风，莫如说给人驱赶蚊蝇。相传这里还有一段镰仓时代觉盛的故事。他诵经的时候，即使蚊子吸吮他的血，他也不驱赶。也许，这就是寺院极其纯净的缘故。其中似乎暗示这样一种精神，那就是这座寺院是一个学习戒律的严谨肃穆的道场。

可以说，唐招提寺早先是严格的左右对称的建筑结构，可是随着时间的流逝，这种对称逐渐消失，如今已经变成日本式的景观了。

沿东室而行，尽头是开山堂。另外，我也喜欢那条沿着东室东侧敷设在填湖造成的新地上的路。来到这一带，是绿树成阴，鸟声不绝。纵是尚未见到立在开山堂前芭蕉的“采撷一片叶，揩拭尊师泪”的诗碑，心情也会禁不住肃然起敬。因为这时，离安置鉴真和尚像的御影堂已经很近了。

比地面高出一段，并排屹立着从旧一乘院宸殿移建过来的御影堂，以及地藏堂、惣仓、本坊。秋天来临，土墙上的胡枝子争妍斗丽。秋阳照射在用练土和瓦片垒起的朴素的土墙上，胡枝子的影子摇曳着，充满了和谐的风情。一路上边走边看，土墙的瓦片千变万化，别有一番妙趣。讲堂后面的食堂遗址，如今已成为松林，苔藓绿油油的，美极了。

通往东门的那条路最安静，林木亭亭如盖，郁郁葱葱，左侧有御庙所。松柏丛中夹杂着菩提树，夏季绽开着宛如茶花的洁白花朵。过了林中的石桥，无时不闻水管里流动的水声和鸟儿的叫声。开山祖鉴真和尚就长眠在这个池子环绕的小小山冈上。

御影堂是一座高雅的、宫殿式格调的建筑，坐落在填湖造成的新地上的土墙内侧，庭院里铺着白砂子，松林里飘荡着清爽的气息。这里安置着鉴真和尚的寿像。天平年间，鉴真和尚应圣上的邀请到我国传授戒律，他不畏海难和障碍，东渡五次，历经十二年的岁月，终于在第六次渡海成功，来到了我国。关于鉴真和尚的这种信仰心之深沉和意志力之坚强，无人不为之感慨万千。鉴真和尚是日本文化的大恩人。

高僧微闭着失明的双目，在稳重中也显出毅然的神态，他的面影栩栩如生地表现了出来。据说这尊雕像是其弟子僧忍基体察到鉴真和尚临近圆寂时的心境而创作的。在日本的肖像雕刻中，它是最古老的、也是最有深度的优秀作品。他那双手交叠而坐的姿影十分安详，那身朱红色衣裳和远山花纹袈裟的折皱也非常美丽。稍微敞开的胸部，给人一种瘦骨嶙峋的感觉，但又隐现出一身壮实的骨骼，可以领略到他绝不屈服于任何艰难险阻的气魄。而且，失明的双眼里、嘴唇上都蕴含着深切的慈悲和宽宏的气度。每次拜谒这尊像时，我都感到一股端然的静寂笼罩着整个雕像，被一种难以接近的敬畏之念所打动，不由地涌起了温暖和相通的感情。大概是造像的弟子对僧师的无限崇敬之心感染了我的缘故吧。

关于唐招提寺的魅力，知识贫乏的我所以草书这篇文章，是与森本长老托我为御影堂的隔扇画和御厨子挥毫这种机缘联系在一起的。我想这缘分非浅，也就不揣冒昧地将对这寺院的感受都写了出来。

唐招提寺，是鉴真和尚从千里迢迢的唐朝，经历难以言喻的苦难来到日本后传授佛学的主要道场。也就是说，它是佛教徒学习戒律的最高学府。这座寺院的独特风格，至今仍保持着。它所具有的洁净感，其由来也盖源于此。对我来说，最能牵动我的心的，首先就在这一点上。寺院内的每个角落都会让人感受到这种精神。我觉得它可以净化人的心灵，使人保持着心绪的宁静。奈良、大和自不消说，就是在日本，拥有优秀建筑、佛像、绘画的历史悠久的寺院虽为数不少，但能像唐招提寺这样使人感受到一种清澄气氛的则是不多见吧。

尽管经历了一千二百余年，唐招提寺的魅力，同时也是鉴真和尚的魅力，至今犹存，其原因主要在于鉴真和尚其人的伟大。再有，天平金堂、讲堂等主要建筑和佛像没有遭受灾害而保存完好，并且鉴真和尚的雕像也是古今名作，这些都是重要的原因。

此外，鉴真和尚给日本带来唐代文化的意义也是非常重大的。唐朝时期的中国是具有世界性的国家，处在鼎盛时的中国文化，还有远方的希腊、波斯或者像印度这样的古代文明的继承者诸国的文化精华，确实是处在灿烂的黄金时代。大陆诸国具有开放吸收和传播外来文化的性格，日本是远东的岛国，也可以说是外来文化传播的终点。

日本人吸收外来文化是积极的。不过，将外来文化融合使之同化为本国民族所喜爱的东西，这种性格也是很突出的。正因为如此，接触优秀的外来文化，对日本文化来说是重大的事情。自飞鸟时代至今的历史事实，就足以证明这一点。像鉴真和尚这样人品高尚的唐代高僧，亲自来到日本，对日本来说这是值得庆幸的。

鉴真和尚东渡，尽管船只数次遇难，但他给我国带来为数众多的贵重物品，实在令人惊讶。据说其中有收藏佛舍利的白琉璃舍利罐和包裹舍利罐的网织品，有王羲之的书法、许多佛教教典，还有做佛像的手艺人、工艺家等也随同前来。他们传播了唐代雕刻的新样式，成为号称唐招提寺派的起源。具有异邦特征的佛像诞生了，这是值得注目的。据说，鉴真和尚还精通药学。不消说，这一切给予当时的日本文化带来巨大的刺激和恩惠。据记载，假使鉴真和尚第一次东渡成功的话，那么他们带来的贵重物品，以及随从而来的各方面的工匠数目，一定会更丰富的。

淡海三船撰写的记述鉴真和尚来日的《唐大和尚东征传》，是在鉴真和尚圆寂后十六周年书就的。后来随着时代的发展，镰仓时期莲行根据《东征传》所画的画卷凡五卷，也一直流传至今。

井上靖氏把焦距对准这位在日本国起了重要作用的留日僧的命运，撰写了小说《天平之甍》，使广大的读者关心鉴真和尚和唐招提寺，其功绩是很大的。还有，安藤更生氏受到鉴真和尚的事迹和人品的深深吸引，倾注热情写了《鉴真大和尚传之研究》，这是一部宝贵的论著。

现任长老森本孝顺大师参与指导移建旧一乘院宸殿为御影堂，建筑南大门、修缮讲堂、举办中秋明月等活动，使战后唐招提寺在历史上遗留下来的种种魅力的基础上，又增添了新的魅力，这是可喜的事。

许多学者都在研究鉴真和尚这种冲破国家禁令，多次花费巨款，不顾千辛万苦而一心要来日本的热情是从何而来的。尽管如此，可以说至今仍然没有完全解明这个问题。

鉴真和尚下决心东渡日本的时候，是五十岁，可是他踏上日本国土的时候，已年近六十七岁，不用说他早有埋骨日本的思想准备，途中葬身鱼腹的危险也是很大的，而他却决然东渡。为什么他如此思慕日本呢？

从《东征传》鉴真和尚的话里，我们可以窥见，由于他看到了中唐佛教盛极而衰的世相，深感作为佛教新兴的国家日本，是完成自己使命和具有生存意义的更好的地方。再说，当时鉴真和尚在唐朝已经享有很高的地位，他也许怀有这样一种心情，自己已经达到了终生目的的大半，愿把余生投入一个新的环境，为新生而迈出一步。为什么鉴真和尚具备这种举世罕见的大家气质呢？在《东征传》一书中，我们处处可见，即使漂流到遥远的海南岛，他在那里也还修建佛殿，在长途跋涉中念念不忘授戒和讲授律学，他确实是个精力充沛的人。

森本长老对我说过一句话：也许有千条万条理由，但“日本是个风景特别美的国家”这一点深深地印在鉴真和尚的心灵上。这句话，久久地在我的心中回荡。如果说，鉴真和尚在自己的国家已经完成了自己的使命。那么，燃起一个高僧的热情，不能不说其理由之一就是他执著地爱上了这个“人世间美丽的岛国”。

鉴真和尚来日本时，已经双目失明，不可能看见美丽的日本风景吧。鉴真和尚抵达奈良的时候，日本这个国家的风景的确是人世间最美的。

现在，很遗憾，奈良、大和自不消说，就是日本也决不能说是个风景美丽之国了。但是，唐招提寺的美，现在依然活生生地保存着。而且，今后也将永远地存在。

【作品简析】

全文的核心是对鉴真和尚表达无限崇敬之情，颂扬这位唐代高僧百折不挠的精神品格，也表达了作者对滋养日本文化的古老中国文化的崇敬。文章从三个方面描绘了招提寺的魅力，一是自然风景的引人入胜，二是寺院建筑的庄严肃穆，三是历史人物的悲壮行迹。三者相互交融，自然和谐。作者是以自己的心灵去与自然的心灵相通，观照着优美的自然风光，体察着佛教文化的精髓，对自然、宗教和人生进行着东方式的思考，向我们展示了自然的美，古典文化的美，人类崇高精神的美。全文充溢着平和澄明的浓郁气息。

【拓展阅读】

1. 东山魁夷：即使在最平凡的风景之中，人们也应当找到与自己的心灵息息相关的地方来。
2. 东山魁夷与同时期获诺贝尔文学奖的川端康成被称为日本文坛“双璧”。

【相关链接】

1. 东山魁夷 《东山魁夷散文集》 （百花文艺出版社）
2. 川端康成《评东山魁夷的〈与风景对话〉》（《与风景对话》漓江出版社）
3. 刘晓路《东山魁夷的风景世界》（《美术》）
4. 季羡林《游唐大招提》 （《清塘荷韵》江苏文艺出版社）
5.《东山魁夷的世界》（河北教育出版社、花山文艺出版社）

书　籍

博尔赫斯

豪尔赫·路易斯·博尔赫斯（1899—1986 年），阿根廷著名诗人、小说家。自幼聪慧好学，对英美文学颇感兴趣。第一次世界大战期间先后在英国剑桥和瑞士的日内瓦接受教育。1920 年回国后曾任图书馆员和馆长、大学教授。作品有小说集《交叉小径的花园》、《死亡和罗盘》、《沙之书》，诗集有《造物主》、《深沉的玫瑰》等。

在人类使用的各种工具中，最令人惊叹的无疑是书籍。其他工具都是人体的延伸。显微镜、望远镜是眼睛的延伸，电话是嗓音的延伸；我们又有了犁和剑，它们是手臂的延伸。但书籍是另一回事：书籍是记忆和想象的延伸。

萧伯纳在《恺撒和克莉奥佩特拉》中，谈到亚历山大图书馆时，说它是人类的记忆库。这就是书籍，不仅如此，书籍也是想象力。因为，我们的过去不是一连串的梦想又是什么呢？追思梦想与回忆往事能有什么区别？这就是书籍的功能。

一度，我曾经想写一部书籍的历史。不是从形态角度去写。我对书籍的形态毫无兴趣（尤其藏书家们的书籍往往硕大无比），我想写人们对书籍的种种评价。在我之先，施宾格勒在他的《西方的没落》一书中就有精彩的篇章议论书籍。我想，我的一些个人看法是符合施宾格勒的看法的。

古人不像我们那样推崇书籍——这点我深感意外；他们把书籍看成是口头语言的替代物。人们经常引用的那句话：书写的留存，口说的飞掉，并不是说口头语言是短暂的，而是说书面语言有一定的持久性，但却是死板的。相反，口头语言是会飞的，是轻盈的。诚如柏拉图所说，口头语言是飞动的，是神圣的。说来奇怪，所有伟大的人文学大师的学说都是口授的。

我们且举第一个例子：毕达哥拉斯。我们知道，毕达哥拉斯是存心不写作的。他不写东西，因为他不愿意受书面语言的束缚。无疑，他意识到了“文字扼杀生命，精神赋予生命”的含义，这句话的含义后来反映在《圣经》里。想必他是意识到了这一点的，所以他不愿受书面语言的束缚，因此，亚里士多德从来不说毕达哥拉斯，而说毕达哥拉斯派。比如，他告诉我们说，毕达哥拉斯派重视信仰、教义，主张永恒的回归。这一点是很晚很晚后为尼采所发现的。这就是周而复始的观点，这一观点在《上帝之城》一书中受到了圣奥古斯丁的批驳。圣奥古斯丁打了一个美妙的比喻说，基督的十字架把我们从禁欲主义者的循环迷宫中解救了出来。时间是周而复始的观念也为休谟、布朗基……及其他许多人所接受。

毕达哥拉斯是不愿写作的，他希望在他死后他的思想能依然活在弟子们的头脑里。这里就产生了那句老话（我不懂希腊文，只能用拉丁文来表达）：大师说过，这并不等于说弟子们因大师说过而受到束缚；恰恰相反，他肯定了他们有自由在大师思考的基础之上继续思考。

我们虽然不知道是不是他开创了时间是周而复始的理论，但我们知道他的门徒们都信奉这个理论。毕达哥拉斯的躯体死亡了，而弟子们由于某种轮回的缘故（这是毕达哥拉斯所喜爱的），仍在他思考的基础之上继续进行思考再思考；每当别人指责他们说了某些新话时，他们便抬出这句话来辩解：大师说过。

但是我们还可以举出其他的例子。最突出的例子要数柏拉图了。他说书籍犹如肖像（他可能想到了雕塑或绘画），说有人认为书籍是有生命的，但向书籍提问时，书籍默不作答。于是，为了纠正书籍的这种沉默，便杜撰了柏拉图式的对话。这就是说，柏拉图把自己演化成了许多人物：苏格拉底、高尔吉亚等等。我们也可以相信，苏格拉底死后，柏拉图曾以想象苏格拉底仍然活着来安慰自己。每次遇到问题时他总要问自己：对此苏格拉底说过什么呢？这样，从某种意义上说，苏格拉底是不朽的，他并未留下任何书面东西，他也是位口授大师。

我们知道，基督只有一次写下过几句话，但这几句话很快被泥沙湮灭了。基督没有再写下过其他我们知道的东西。佛祖也是位口授大师，留下的是他的说教。我们再引用一句圣安塞姆的话：“把书放在无知者的手里，犹如把剑放在儿童的手里一样危险。”过去人们就是这样理解书籍的。在整个东方，至今还存在这样的观念：书本不应披露事物，书本只应帮助我们去发现事物。尽管我对希伯来语一无所知，我还是对神秘哲学《喀巴拉书》作了些研究。我读过《光辉之书》、《关系之书》的英文本和德文本。我知道，这些书写出来不是为了让人理解，而是为了让人去诠释，是为了激励读者去继续思考的。古代的人没有像我们那样敬重书籍，虽然我们知道马其顿国王亚历山大大帝枕头底下常放着两件武器：《伊利亚特》和宝剑。当年人们虽然非常敬崇荷马，但并不把荷马看成是我们今天所赋予的意义上的圣贤作家。他们并不认为《伊利亚特》和《奥德赛》是神圣不可侵犯的作品，这是两部受人尊重的，但也是可以批评的书。

柏拉图可以把诗人逐出他的《理想国》，而又不致有排斥异己的嫌疑。从古人反对书籍的例证中，我们还可以补充一个塞内加的有趣例子。在他的那些值得赞美的致罗西里奥书信中，有一封信是指责一个爱虚荣的人的，说此人拥有一间藏书百卷的图书室。塞内加不禁问道：谁有时间读完一百本书呢？而如今，那些卷帙浩繁的图书馆却深受人们珍视。

古代有些事情令我们费解，即不像我们那样崇敬书籍。古人总把书籍看成是口头语言的替代物，但后来从东方传来了一种新的观念，一种完全不同于古代传统的观念：经书的观念。我们且举两个例子，先举晚些时候的例子：伊斯兰教徒。他们认为，《古兰经》先于天地万物，先于阿拉伯语；是专属于神的，是神的创造，如同神的慈悲或公正一样。《古兰经》中十分神秘地谈到《书之母》。《书之母》是在天上写就的一部《古兰经》，也许就是《古兰经》柏拉图式的原型；而这部书（《古兰经》里这么说）是在天上写成的，是专属于神的，是早于天地万物的。伊斯兰教的阿訇和学者们都是这么宣扬的。

下面我们再举几个离我们较近的例子：Biblia（《圣经》），说具体点，就是Torá（《托拉》）或Pentateuco（《摩西五经》）。据认为，这些书是圣灵口授的。把不同作者和年代的书籍都归结于一个圣灵，这是个很奇怪的事实，但《圣经》里称圣灵是无处不在的。希伯来人想出个主意，把各个时代的各种著作收集起来，编成一本书，取名为Torá（《Biblia》）。把所有这几部书都归属于一位作者：圣灵。

有人问过萧伯纳，他是否相信《圣经》是圣灵写的。他答道："所有百读不厌的书都是圣灵写的。"这就是说，每本书都必须超越其作者的意图。作者的意图往往是凡人浅见，并可能有错误的，而书里总应包含更多意义。比如说，《堂吉诃德》就不仅仅是一部讥讽骑士小说的作品。这是一部纯真的书，其中绝对没有掺入半点信手写来的东西。

我们不妨考虑一下这一想法的后果。比如我说：

在那纯洁、晶莹的流水之中，
注目凝视自己倒影的树木，
你们见的是绿原，浓阴清新。

显而易见，这三行诗每句都是十一个音节。这是作者自己的意愿，不是别人要他写的。

可是，这与圣灵的作品相比算得了什么呢？与刻意著书立说的神的观念相比，这又算得了什么呢？在神的书里，不可以有半点偶然性，一切都要有根有据，遣词造句都得有道理。比如，据说《圣经》的开篇Bereshit baraelihim以B打头，就是因为这字母代表了benedecir（赐福）之意。这是一部绝对没有半点偶然性的书。这就把我们引向《喀巴拉书》，引向研究文字，研究一部由神口授的圣书，这与古人的想法是背道而驰的。古人对灵感的认识是相当模糊的。

"缪斯啊，请歌唱佩琉斯之子阿喀琉的致命的愤怒吧！"荷马在《伊利亚特》中开宗明义说道。这里，缪斯指的是灵感。但是，如果想到的是圣灵，那想到的便是更加具体、更加有力的上帝，是上帝下凡创作出了文学作品。上帝写了一些书，这部书里没有半点偶然性，连字数和每段的音节数量都不是随便的，不允许我们玩弄词藻，不允许我们忽视字数的含义。一切都是经过深思熟虑的。

这便是对书的第二个重要看法，——我再说一遍——即说书可能是神的作品。也许这一看法比古人对书的理解更接近于我们今天的认识。古人总认为书是口头语言的替代物。后来又相信书是神圣的，再后来又为其他一些想法所取代。比如说，有人认为每个国家都有一部书作为它的代表。我们记得，伊斯兰教徒称以色列人为“书之人”；我们记得海涅说过以色列民族的祖国就是一部书:《圣经》，犹太人的书。于是，我们得到了一个新的观念，那就是每个国家都必须有一部代表性的书，必须有一位代表性的作家，这位作家可能写过许多部书。

奇怪的是——我不认为这点迄今已被人们觉察到——有些国家选出的人物并不与之十分相像。比如，我认为英国应该推选塞缪尔·约翰逊博士为其代表；但是没有，英国选择了莎士比亚，而莎士比亚——我们可以这么说——比任何其他英国作家都缺少英语味。最典型的英国味是understatement，即所谓尽在不言之中。而莎士比亚不惜大肆夸张地运用比喻，如果说莎士比亚是意大利人或犹太人，我们一点不会感到惊讶。

另一种情况是德国，这是一个值得赞许而又容易狂热的国家，这个国家偏偏选择了一个宽宏大度而不好偏激的人做代表，此人不太在意祖国的观念，德国选择的是歌德。歌德成了德国的代表。

法国还没有选出一位代表性作家，但倾向于雨果。诚然，我非常敬重雨果，但雨果不是典型的法国人，雨果是在法国的外国人。雨果善用华丽的词藻，广泛运用隐喻，他不是法国的典型。

另一个更加奇怪的例子是西班牙。西班牙本应由洛佩·德·维加、卡尔德隆、克韦多来代表。然而不是，代表西班牙的是塞万提斯。塞万提斯是宗教法庭同时代的人，但他是个宽宏大度的人，既没有西班牙的美德，也没有西班牙的恶习。

仿佛每个国家都得有一个不同的人来做代表，这个人可能成为医治这个国家的毛病的某种特效药、抗毒素、解毒剂。我们自己本来可以选择萨缅托的《法昆多》作为代表，这是我们国家的书，可是没有。我们有我们的战争史，刀光剑影的历史，我们却选择了一部逃兵的纪事录，我们选择了《马丁·菲耶罗》。尽管此书值得选为代表作，可是，怎么能设想我们的历史由一个征服旷野的逃兵来代表呢？然而，事情就是这样，好像每个国家都有这种需要似的。

关于书，许多作家写过非常出色的评论。我想略举一二。首先我要提到蒙田，他写了一篇谈书的散文。他在这篇散文中说过一句值得记住的话：“不快乐的事我不做。”蒙田这句话的意思是说强制性阅读是虚假的观念。他说，他要是从一本书里读到一段费解的话，他就放下不读，因为他把阅读看做是件开心的事。

我记得，许多年前进行过一次关于什么是绘画的民意调查。有人问到我妹妹诺拉，她回答说，绘画是一种用形态和色彩给人愉快的艺术。我可以说文学也是一种表达给人愉快的方式。如果我们读到一些晦涩难懂的东西，那是作者的失败。因此，我认为，像乔伊斯那样的作家基本上是失败的，因为他的作品读起来太吃力。

书不应该读起来费劲，快乐的事不应该做起来费劲。我认为蒙田说得很对。他随即列举了几位他喜爱的作家。他引证了维吉尔，说他喜欢《农家诗》更甚于《埃涅阿斯纪》，我则更喜欢《埃涅阿斯纪》，但这无关紧要。蒙田是怀着激情谈论书籍的，但他说，虽然读书是一种快乐，然而读书是一种略带忧郁的享受。

爱默生说得正相反——这是又一篇有关书籍的宏论。爱默生在那次讲座中说，图书馆是一座奇妙的珍藏室。在这座珍藏室里，人类最好的精灵都像着了魔似的昏睡，但都期待着我们用语言来打破其沉睡。我们必须把书打开，这样，精灵们就会觉醒。他说，这样，我们就能同人类产生的最优秀的分子结为伙伴，但我们不去寻找他们，却宁愿去阅读各种评论、批语而不去听他们自己说些什么。

我在布宜诺斯艾利斯大学文学哲学系当过二十年英国文学教授。我常跟我的学生们说要少钻图书馆，不要去读评论文章，要直接阅读原著；也许读原著一时理解不了，但总能从中得到享受，总能听到某个人的声音。我要说，作者最重要之处是他的语调，一本书的最重要之处是作者的声音，这个声音能打动我们。我把一生的部分时间花费在阅读上。我认为读书是一种幸福，另一种稍少一点的幸福是写诗，或者叫做创作，创作就是把我们读过东西的遗忘和回忆融为一体。

爱默生和蒙田在这一点上不谋而合：我们只应该阅读我们爱读的东西，读书应该是一种幸福。我们要在书本上多下功夫。我总是设法阅读一遍之后再读第二遍。我认为重读比初读还重要。当然为了重读必须初读。我就是这样崇拜书的。我可以把这一点说得似乎动情一点，但我并不愿意太动情，我愿把此当作秘密透露给诸位中的每一个，而不是透露给大家，是透露给每一个人，因为大家这概念是抽象的，而每一个人则是真实的。

我始终不把自己当作盲人，我继续买书，不断地把书放满我的家。前些日子，有人赠送给我一套 1966 年版的《布罗克豪斯百科全书》。我感觉到了家里存放着这套书，我感到这是一种幸福。那里摆放着二十多卷书，里面有我无法阅读的哥特体字母，有我无法看见的地图和插画，但是，这部书就放在那里。我感受到了这部书包含的深厚情谊。我认为书是人们能够享受到的一种幸福。

有人在谈论书的消失，我以为这是不可能的。试问一本书和一张报纸或一张唱片之间会有什么区别。区别就在于报纸读完就忘了，唱片也是听过就忘了，那是一种机械活动，因而是肤浅的；而书是为了读后永志不忘。

经书的观念，《古兰经》、《圣经》或是《吠陀经》——此书也说是吠陀创造了世界——的观念可能已经过时，但是书籍仍然保留着某种神圣的东西，我们应设法保存这种神圣的东西。拿到一本书，打开它，就产生了审美的可能性。书本里卧躺着的一大堆字是些什么东西？这些没有生命的符号是些什么东西？什么也不是。倘若我们不把书打开，书又有什么用呢？那只不过是一堆纸片和一个羊皮封面；但是，如果我们去阅读它，奇怪的事就发生了，我相信，越读变化越大。

赫拉克利特说过(我多次重述过)，没有人能两次踏进同一条河流。没有人能踏进同一条河流，因为流水是变化的，但最可怕的是我们自己比流水变动得还快。我们每读一本书，书就变化一次，对书中字义的体会就不同，更何况书籍里满载着逝去的往事。

我说过我反对阅读书评，现在我要说句相反的话(说句相反的话有何不可)。哈姆雷特并不完全是莎士比亚 17 世纪描写的哈姆雷特了，哈姆雷特已是柯尔律治、歌德和安德鲁·布拉德利笔下的哈姆雷特。哈姆雷特新生了。《堂吉诃德》的情况也是如此。同样的情况也发生在卢戈内斯和马丁内斯·埃斯特拉达身上。《马丁·菲耶罗》不是同一本书。读者已丰富了书的内容。

如果我们阅读一本古书，那么我们就仿佛在阅读著书之日起到我们今天为止所经历的那段时光。因此，应该保持对书的崇敬。书里可能充满印刷错误，我们可以不赞同作者的观点，但是，书里仍然保持着某种神圣的东西，奇妙的东西。这不是提倡迷信，而确是出于寻求幸福、寻求智慧的愿望。

这就是我今天要跟大家讲的。

【作品简析】

这篇文章用睿智的口吻谈到了一系列书籍的观念：书籍是记忆和想象的延伸；口述和书写的历史差异；人们对于书籍的崇敬和反对；书籍是神的作品；许多国家都有自己的代表性作家，如此等等。作者强调，阅读是一件快乐的事情，读书是一种幸福，重读一本书甚至比初读还要重要。作者奉劝人们直接阅读原著而少读评论，但是，作者同时又说，一部杰作常常会在评论之中获得新生。总之，这是一篇谈论书的妙文。

【拓展阅读】

1. 安德烈·莫洛亚：博尔赫斯是一位只写小文章的大作家。小文章而成大气候，在于其智慧的光芒、设想的丰富和文笔的简洁——像数学一样简洁的文笔。

2. 吴晓东《20世纪外国文学专题》：文学评论界通常把博尔赫斯的小说概括为“宇宙主义”，或“卡夫卡式的幻想主义”。正像卡尔维诺在《未来千年文学备忘录》中对博尔赫斯评价的那样：“我之所以喜爱他的作品，是因为他的每一篇作品都包含有某种宇宙模式或者属性(无限性不可数计性,永恒的或者现在的或者周期性的时间)。”这种对某种宇宙模式或者宇宙的某种属性的关注，使博尔赫斯的小说具有一种玄学特征。他的小说中充斥着对无限和永恒的思考，但是，这种思考却往往以小说中具体有限的形式来传达。

【相关链接】

1.《博尔赫斯全集》(浙江文艺出版社)

2. 吴晓东《从卡夫卡到昆德拉——20世纪的小说和小说家》(生活·新知·读书)

3. (美)哈罗德·布罗姆《西方正典——伟大作家和不朽作品》(译林出版社)

小说

夜晚和早晨

海因里希·伯尔

海因里希·伯尔(1917—1985年)，战后德国“废墟文学”的代表作家，1972年诺贝尔文学奖获得者。伯尔是一位富于批判精神的小说家，《丧失了名誉的卡塔琳娜·勃罗姆》是他批判小说的代表作。为他赢得诺贝尔文学奖的《莱尼和他们》则展示了他非凡的洞察力和丰富的阅历，展示了他的小说结构能力与智慧。

晌午时分，他才想到把送给安娜的圣诞节礼物存到车站行李寄存处。他很高兴自己有了这个主意，因为这一来他就没有必要立即回家了。自从安娜不跟他说话以来，他一直害怕回家。他一踏进家门，安娜的默默无言就像沉重的墓碑似的压在他身上。往日，从结婚那天起，整整两年他一想到回家心里就乐滋滋的。他喜欢跟安娜一起吃饭，一起聊天，然后上床睡觉。通常，他最喜欢上床到入睡之间这段时间，安娜近来总感觉到身子疲乏，总比他先睡着。他躺在她身旁，在黑暗中听着她呼吸。有时，汽车的灯光从马路的低处射到房屋的天花板上，当汽车爬坡时，灯光渐渐下降，狭长明亮的黄色光带把他睡着的妻子的侧影映到墙上。然后，黑暗又笼罩着卧室，于是只剩下被煤气路灯的灯光映照在天花板上的小环圈窗帘的柔和的图案。一天二十四小时中他最喜爱这一小时，此时他感到白昼离他而去，他将沉浸在梦乡，犹如跳进浴池一样。

这时他踌躇不决地踱过行李寄存处的窗口，见到他的纸箱依然放在一只红皮箱和一个坛子之间。站台的露天电梯一身银装，上面空无一人，好似一页纸片，徐徐降落到售票厅的灰色混凝土上。刚才给他办理行李寄存手续的那个人走上前来，对一个工作人员说：“圣诞节这才真到了。孩子们有雪玩，这美极了，对不?”此人点点头，默默地把一张张条子插在指甲上，在抽屉里数着钱，抬头疑惑地看了布雷尼希一眼。布雷尼希正从口袋里掏出行李票，却又把它折起来塞进口袋里。他已经第三次走到这里，第三次掏出行李票又把它塞进口袋。那个工作人员的不信任的目光扰乱了他的心思，他就踱出大门，站在那里望着面前空荡荡的前院。他喜欢雪，喜欢寒冷，像童年时那般着迷地吸进清新的冷空气。现在他扔掉手上夹的香烟，把脸对着随风飞舞、迎面而来的大簇雪花。布雷尼希睁着眼，因为他喜欢雪花落到他的睫毛上：旧的融化了，水滴从面颊上滚下，新的又沾上来。一个姑娘匆匆地从他身边走过，在前院里没走多远，绿帽上就沾满雪花了。但当她在电车站等车的时候，他才认出她手中的小红皮箱就是在寄存处里放在他的纸箱旁边的那一只。

“真不该结婚。”布雷尼希想。人们祝贺新郎，送他鲜花，发来无谓的电报，然后就不管他了。人们打听新郎是否事事都想到了：厨房用具是否齐全——从盐瓶到炉灶，末了还要弄清楚香料瓶子在不在碗橱里。人们盘算着新郎能不能养活一家人。至于家庭意味着什么，那就谁也不说了。人们送鲜花，十束，二十束，那味儿宛如送殡时的花香。接着人们在门外摔瓷器，于是就把人扔下不管了。

一个男人从他身边经过。布雷尼希木然地站在那里，没有回头瞧他，只听出此人醉醺醺地哼着“年年如此”的曲子。直到后来才看到那人右手抱着的是那个大坛子。他明白，此时只剩下装着给他妻子的圣诞节礼品的纸箱放在寄存处最高一层的架上了。箱里有一把伞、两本书和一架用摩加巧克力制的“大钢琴”。琴的白键是杏仁糖做的，黑键是黑果仁糖做的。琴身有大词典那么大。据售货员说，巧克力可以保存半年。——“也许我太年轻就结婚了。”他想着，“或许我本该等一等，等到安娜不那么认真，我自己不那么随便的时候再结婚。”其实他也明白，他自己是够严肃的。安娜的认真也恰到好处，也正因为这一点，他才爱她。为了入睡前的一小时，他放弃了看电影，放弃了跳舞，不遵守约会。夜晚，每当他躺在床上的时候，他心上油然生起对上帝的虔诚，心境宁静。于是他常常温习着他并不能逐字背诵的句子：“上帝创造了太阳和月亮，让它们掌管白天和黑夜，区分光明和黑暗。上帝认为这样很好，于是就有了夜晚和早晨。”他几次决定在安娜的《圣经》里把这句话再仔细读一遍，可是他一再忘记。在他看来，上帝创造了白天和黑夜，至少跟创造了花木、百兽和人类一样伟大。

他酷爱入睡前的一小时超过了一切。然而从安娜不跟他说话那天起，他就背负着她的沉默的千斤重担。只要她开口说声“天冷起来了”或者“天要下雨了”，他就会如释重负。哪怕说声“是，是”或“不，不”，甚至比这更无谓的话，他也会高兴，回家的念头对于他就不至于如此可怕了。安娜的脸在某一刹那间像块石头，而他忽然省悟到她成了老太婆的时候是什么模样。他心里一惊，猛地觉得自己被推到三十年后的将来，仿佛到了一片乱石层层的旷野；看到自己老了，面孔同他所认识的某些男人的面孔一模一样：因辛酸而憔悴，因忍痛而痉挛，连鼻梁都像抹着一层薄薄的胆汁——面壳像骷髅头颅一样斑斑点点，都因日复一日劳累……

虽然他认识她只有三年，有时却似见到她少女时的容貌：一个不过十岁的姑娘，在灯光下伏案读书，神情严肃，思想驰骋。清秀的睫毛下是两只黑黝黝的眼珠，她抬头望着前方，张嘴凝思。他跟她面对面坐着吃饭的时候，她的面部表情像万花筒似的一摇就变。他蓦地看到她小时候也是这么坐着，小心翼翼地用叉子把马铃薯切成小块，慢慢地浇上酱油……雪几乎把他的睫毛粘在一起了，而他还能够见到四路电车像雪橇似的徐徐开来。

“也许该给她打个电话。请她到门德尔家接电话，这样她就不得不跟我说话了。”他想道。四路电车过后，七路车就要来了，这是今晚最后一班车。他浑身发冷，便慢慢地走过广场，看到灯光照人的七路车远远地驶来。他在电话亭旁停住脚步，心里拿不定主意。一家店铺的橱窗里，装饰师正把圣诞老人和天使换上袒胸露臂的女模特儿。她们肩上撒满金纸屑，手腕上缠着彩纸。伙计们急匆匆地把灰白头发的骑士摆到酒吧间的凳子上，把香槟酒瓶的塞子撒到地上。有个被截去了翅膀和发鬈的天使，一下子变成了调制饮料的人，不禁使布雷尼希十分惊讶：他挂着一撮胡子，戴着黑假发，指着钉在墙上的牌子，牌子上写着：“除夕岂可无香槟？”

圣诞节在这里已经结束了，虽然它还没有开始。他又想到安娜也许太年轻，她才二十一岁。对着玻璃橱窗，他发现自己头上的雪宛如一顶小王冠。从前他也曾见过篱笆桩上宛如王冠的积雪。他觉得老年人关于青年时代挺快活的说法是不对的：年轻的时候，一切都显得严肃，显得艰难，孤立无援。他突然对自己不因安娜的沉默而恨她，并且因不想另外结婚的念头而感到诧异。迄今学到的词汇都不顶用：什么“请求原谅”，“离婚——从头开始”，“时间定能挽救一切”等等，纯属废话。“得自己独立解决问题，因为我是我，并非别人，安娜是我的妻子，毕竟不同于旁人的妻子。”

装饰师把面具钉在墙上，把响糖一排排系在细绳上，最后一班七路电车早就开走了，给安娜的礼物还是孤零零地躺在架上。

他想：“我今年二十五岁，只是因为撒了一个谎，撒了一个无关紧要的、愚蠢的谎，竟受到如此严峻的惩罚，而这种谎话对千百万男人来说，无异于家常便饭。展望石头般冷漠的未来，安娜准是蹲在这个乱石层层的荒原上的狮身人面像，而我自己呢，则是饱经沧桑、形容憔悴的老头。”咳，香料瓶子永远放在碗橱里，盐瓶还在老地方，他也许早就当上科长、处长，能很好供养家庭了，然而只不过是石头的族类。至于躺在床上，在入睡前的一小时内歌颂上帝创造了夜晚，感谢主给人以业余时间，这一切通通一去不复返了。他还将给年轻人拍发他自己曾经收到过的那种无谓的婚礼贺电……

别的妇女对于谎报薪金这样无聊的假话只会报之一笑，因为她们懂得，所有的男人都会欺骗自己的妻子。男人说谎也许是一种本能的自卫，妇女们也会编造出自己的谎话来对付它。然而安娜的脸却变成了石头。也有一些关于婚姻的书，书中告诉人们碰到夫妻不和该如何行事。可是他翻遍了这些书就是找不到关于变成了石头的妇女的段落。书中教人如何生男育女，如何避孕打胎，满纸充满伟大而华丽的词句，就是缺少渺小的字眼。

装饰师已经完成把彩纸挂在视角以外的铅丝上的工作。他瞧见一个伙计腋下夹着两个天使在店后消失了，另一个飞快把袋里剩下的五彩纸屑全部撒在模特儿的肩上，摆正了“除夕岂可无香槟？”的牌子。

布雷尼希拍掉头上的雪，穿过广场回到车站大厅里，第四次掏出行李票，把它摊平，然后倏地奔跑起来，好像连一秒钟也不剩了似的。然而寄存处的窗口已经关上了，窗棂外挂着一块牌子，上面写着：“列车进出站前十分钟开窗。”布雷尼希不禁大笑起来，这是他午后第一次开口笑。他看到自己的纸箱在窗棂后的架子上，好像蹲监狱似的。窗口旁挂着列车开出时刻牌，下一趟车要一小时后才到。他想：我不能等这么久，此时此地鲜花和巧克力都买不到，更不用说书了。七路的最后一班车也已经开走了，他平生第一次想到叫出租汽车。他向广场那边的出租汽车奔去，顿时觉得自己长了好几岁，而且有点傻。

他坐在车的后座上，手里拿着剩下的十马克。他本想用这钱给安娜买点特别的东西，可就是没有找到特别值得买的东西。此刻他拿着钱坐在那里，眼睛盯着里程计，看它隔不了一会儿就增加几芬尼——他觉得增加得太快了。每当里程计“嗒”的一声跳一格时，他的心就像被刺了一下，而其实表上只有二马克八十芬尼。无花，无礼品，饥饿，疲劳，就这么呆头呆脑地回家。这时他才记起刚才在候车室里已经买了巧克力。

街上阒无一人，汽车在雪地上几乎是静悄悄地行走。透过明亮的窗户，布雷尼希看到一排排房子里圣诞树上的点点灯光。童年时理解、如今感觉到的圣诞节，仿佛离他很远很远。重要事情的发生是不依日历而定的。在茫茫的乱石荒原上，圣诞节如同一年中任何一个日子一样，复活节就像阴雨连绵的十一月天气。三十张、四十张待撕的日历，稍不留神就只剩下铁皮夹子和每页的残根了。

当司机说“到了”的时候，他不禁吓了一跳。一看里程计上只有三马克四十芬尼，他才松了一口气。他不耐烦地等司机找钱给他。他和安娜的两张床经常是并排靠着的。他看到房间里的灯还亮着，心里感到一阵轻松，他决心永世不忘这轻松的一刻。他取出钥匙插进门锁，心头又涌起刚才上车时的感觉：仿佛年长了好几岁，却又有点傻。

厨房的桌上装饰着圣诞树，还有给他的礼品：袜子、香烟、一支新自来水笔和一本漂亮的彩色日历。这日历他可以挂在办公室的写字台上。牛奶放在煤气炉上的锅里，他只要打开开关煮就行了。面包也已准备停当，放在大盘里。不过安娜每天晚上都是这么做的，即使不跟他说话以来也是如此。装饰圣诞树和摆上礼物就像涂面包一样，是一种义务，而安娜是会永远尽她的义务的。他无心喝牛奶，对令人垂涎的面包也不感兴趣。他走进狭窄的过道。安娜已经把灯熄了，房门还开着。他不存幻想地朝黑暗中轻声问道："安娜，你睡啦?"他等着，真有度日如年的感觉，仿佛他的问话掉进了无底深渊，黑魆魆的房里令人沮丧的沉默包含着今后三十年、四十年中在等待着他的一切。安娜终于说了声："没。"他简直不敢相信自己的耳朵，以为可能是错觉，就赶紧大声说："我真傻，把给你的礼物存到车站行李寄存处去了。我去取时，门已经关了。我不想久等，就回来了。你说糟糕不糟糕?"

这一回他分明听到她回答："不!"可是声音却不是从放着他们床铺的角落里传来的，显然安娜已经把她的床挪到靠窗口的地方去了。"那是一把伞，"他说，"两本书和一架巧克力钢琴，琴有大词典那么大，琴键是杏仁糖做的。"他停住了，静待回音，然而屋里没有反应。他又问："你高兴吗?""高兴。"她答道，答复比刚才的"没"和"不"来得快。

他熄灭了厨房里的灯，摸黑脱了衣服，躺到自己床上。楼下在唱歌，通过窗帘可以见到对面人家的圣诞树。他的时刻又来到了，他已经从安娜嘴里得到了三个回答。当汽车爬坡开来的时候，车灯为他在黑暗中映出安娜的侧影……

【作品简析】

伯尔的短篇同样出色。在遵循现实主义传统的基础上，他娴熟地吸取了许多现代小说的写作技巧，充满睿智与机敏，而且语言俏皮，又意味隽永。伯尔后期的作品主要反映现实生活，以写"小人物"的遭遇为主。小说《夜晚和早晨》是一个男人的温馨的爱，温馨之余也带出深深的酸楚。

【拓展阅读】

1972年，"为了表扬他的作品，这些作品兼具有对时代广阔的透视和塑造人物的细腻技巧，并有助于德国文学的振兴。"伯尔被授予诺贝尔文学奖。

【相关链接】

1.《伯尔中短篇小说集》（北京外国文学出版社）
2. 维克多·伯尔编 《伯尔文论》（生活·新知·读书书店）
3. 郑克鲁主编 《外国文学史》(下册) （高等教育出版社）

礼拜二午睡时刻

加西亚·马尔克斯

加西亚·马尔克斯(1928年—)，哥伦比亚小说家，魔幻现实主义文学的代表作家。他的代表作《百年孤独》为他赢得了世界声誉，并于1982年荣获诺贝尔文学奖。他的主要作品还有《没有给他写信的上校》、《一件事先张扬的凶杀案》、《霍乱时期的爱情》等。他的小说奇崛恢弘，大气磅礴，叙事手法高超。

火车刚从震得发颤的橘红色岩石的隧道里开出来，就进入了一望无际、两边对称的香蕉林带。这里空气湿润，海风消失得无影无踪，不时从车窗里吹进一股令人窒息的煤烟气。和铁路平行的狭窄的小道上，有几辆牛车拉着一串串碧绿的香蕉。铁路的另一边是光秃秃的空地，那里有装着电风扇的办公室、红砖盖的兵营和一些住宅，住宅的阳台掩映在沾满尘土的棕榈树和玫瑰丛之间，阳台上摆着乳白色的椅子和小桌子。这时候正是上午十一点，天气不太热。

“你最好把车窗关上。”一个女人说。“要不，你会弄得满头都是煤灰的。”

小女孩想把窗子关上，可是车窗锈住了，怎么也拽不动。

马尔克斯《百年孤独》书影

她们俩是这节简陋的三等车厢里仅有的两名乘客。机车的煤烟不停地吹进窗子里来。小姑娘换了个座位。她把她们随身带的东西——一个塑料食品袋和一束用报纸裹着的鲜花——放在靠窗口的座位上。她离开车窗，坐到对面的位子上，和妈妈正好脸对脸。母女二人都穿着褴褛的丧服。

小姑娘十二岁，这是她第一次出远门。那位妇女眼皮上青筋暴露，身材矮小孱弱，身上没有一点儿线条，穿的衣服像件法袍。要说她是小姑娘的妈妈，她显得太老了一些。在整个旅途中，她一直是直挺挺地靠着椅子，两手按着膝盖上的一个漆皮剥落的皮包。她脸上露出那种安贫若素的人惯有的镇定安详的神情。

十二点，天气热起来了。火车在一个荒凉的车站上停了十分钟，加足了水。车厢外面的香蕉林里笼罩着一片神秘的静谧，树阴下显得十分洁净。然后，凝滞在车厢里的空气却发出一股没有硝过的臭皮子味。火车慢腾腾地行驶着。又在两个一模一样的镇上停了两次，镇上的木头房子都涂着鲜艳的颜色。那位妇女低着头，昏昏沉沉地睡着了。小姑娘脱掉鞋子，然后到卫生间去，把那束枯萎的鲜花浸在水里。

小姑娘回来的时候，妈妈正在等她吃饭。妈妈递给她一片奶酪、半个玉米饼和几块甜饼干，又从塑料袋里给自己拿出来一份。吃饭的时候，火车徐徐穿过一座铁桥，又经过了一个镇子。这个镇子也和前两个镇子一模一样，只是在镇子的广场上麇集着一群人。在炎炎的烈日下，乐队正演奏一支欢快的曲子。镇子的另一端，是一片贫瘠龟裂的土地。这里再也看不到香蕉林了。

那位妇女停下来不吃了。

“把鞋穿上！”她对小女孩说。

小姑娘向窗外张望了一下。映入她眼帘的还是那片荒凉的旷野。从这里起，火车又开始加快速度。她把剩下的饼干塞进袋子里，连忙穿上鞋。妈妈递给她一把梳子。“梳梳头！”妈妈说。

小姑娘正在梳头的时候，火车的汽笛响了。那个女人擦干脖子上的汗水，又用手抹去脸上的油污。小姑娘刚梳完头，火车已经开进一个镇子。这个镇子比前面几个要大一些，然而也更凄凉。

“你要是还有什么事，现在赶快做好！”女人说。“往后就是渴死了，你也别喝水。尤其不许哭。”

女孩子点点头。窗外吹进来一股又干又热的风，夹带着火车的汽笛声和破旧车厢的哐当哐当声。女人把装着吃剩下来的食物的塑料袋卷起来，放进皮包里。这时候，从车窗里已经可以望见这个小镇的全貌。这是八月的一个礼拜二，小镇上阳光灿烂。小女孩用湿漉漉的报纸把鲜花包好，稍微离开窗子远一些，目不转睛地瞅着母亲。她母亲也用慈祥的目光看了她一眼。汽笛响过后，火车减低了速度，不一会儿就停了下来。

车站上空无一人。在大街对面杏树阴下的便道上，只有弹子房还开着门。小镇热得像个蒸笼。母女俩下了车，走过荒凉的车站，车站地上墁的花砖已经被野草挤得开始裂开。她俩横穿过马路，走到树阴下的便道上。

快两点了。在这个时候，镇上的居民都困乏得睡午觉去了。从十一点起，商店、公共机关、学校就关了门，要等到将近四点钟火车返回的时候才开门。只有车站对面的旅店和旅店附设的酒馆和弹子房以及广场一边的电话局还在营业。这里的房子大多是按照香蕉公司的式样盖的，门从里面关，百叶窗开得很低。有些住房里面太热，居民就在院子里吃午饭。还有些人把凳子靠在杏树阴下，坐在街上睡午觉。

母女俩沿着杏树阴悄悄地走进小镇，尽量不去惊扰别人的午睡。她们径直朝神父家走去。母亲用手指甲敲了敲纱门，等了一会儿又去叫门。屋子里电风扇嗡嗡作响，听不见脚步声。又过了一会儿，只听见大门轻轻地吱哑一声，在离纱门不远的地方有人细声慢语地问："谁啊？"母亲透过纱门朝里张望了一眼，想看看是谁。

"我要找神父。"她说。

"神父正在睡觉呢！"

"我有急事。"妇人固执地说。

她的声调很平静，又很执拗。

大门悄悄地打开了一条缝，一个又矮又胖的中年妇女探身出来。她肤色苍白，头发是铁青色的，戴着一副厚厚的眼镜，眼睛显得特别小。

"请进来吧！"她一面说着，一面把门打开。

她们走进一间花香袭人的客厅。开门的那个妇女把她们引到一条木头长椅前，用手指了指，让她们坐下。小女孩坐了下去，她母亲愣愣地站在那里，两只手紧紧抓住皮包。除了电风扇的嗡嗡声外，听不到一点其他的声音。

开门的那位妇女从客厅深处的门里走出来。

"他叫你们三点钟以后再来，"她把声音压得低低地说。"他才躺下五分钟。"

"火车三点半就要开了。"母亲说。

她的回答很简短，口气很坚决，不过声音还是那么温和，流露出各种各样的复杂感情。开门的女人第一次露出笑容。

"那好吧！"她说。

客厅深处的门又关上的时候，来访的女人坐到她女儿身边。这间窄小的客厅虽然简陋，但是很整洁。一道木栏杆把屋子隔成两半儿。栏杆里边有一张简朴的办公桌，上面铺着一块用胶布做的桌布。桌上有一台老式的打字机，旁边放着一瓶花。桌子后面是教区的档案。看得出这间办公室是一位单身妇女给收拾的。

房间深处的门开了。神父用手帕揩拭着眼镜，从里面走出来。他一戴上眼镜，马上可以看出他是那位开门的妇女的哥哥。

"你有什么事？"他问。

"我要借用一下公墓的钥匙。"女人说。

女孩子坐在那里，把那束鲜花放在膝盖上，两只脚交叉着伸在椅子底下。神父瞅了女孩一眼，又看了看那个女人，然后又透过纱窗望了望万里无云的明朗的天空。

"天太热了，"他说。"你们可以等到太阳落山嘛！"

女人默默地摇了摇头。神父从栏杆里面走出来，从柜子里拿出一个皮面笔记本、一支蘸水钢笔和一瓶墨水，然后坐在桌子旁边。他的头已经谢顶了，两手却是毛茸茸的。

"你们想去看哪一座墓？"他问道。

"卡洛斯·森特诺的墓。"女人回答说。

"谁？"

"卡洛斯·森特诺。"女人重复了一遍。

神父还是听不明白。

“就是上礼拜在这儿被人打死的那个小偷，”女人不动声色地说，“我是他母亲。”

神父打量了她一眼。那个女人忍住悲痛，两眼直直地盯着神父。神父的脸刷地一下子红了。他低下头，准备填一张表。一边填表一边询问那个女人的姓名、住址等情况，她毫不迟疑地、详尽准确地作了回答，仿佛是在念一份写好的材料。神父头上开始冒汗了。女孩子解开左脚上的鞋扣，把鞋褪下一半，用脚后跟踩在鞋后帮上。然后把右脚的鞋扣解开，也用脚趿拉着鞋。

事情发生在上礼拜一凌晨三点钟，离开这里几条街的地方。寡妇雷薇卡太太孤身一人住在一所堆满东西的房子里。那一天，在细雨的淅沥声中雷薇卡太太听见有人从外边撬临街的门。她慌忙起来，摸着黑从衣箱里拿出一支老式手枪。这支枪自从奥雷利亚诺·布恩迪亚上校那时候起就没有人用过。雷薇卡太太没有开灯，就朝大厅走去。她不是凭门锁的响声来辨认方向的。二十八年的独身生活在她身上产生的恐惧感使她不但能够想象出门在哪里，而且能够准确地知道门锁的高度。她两手举起枪，闭上眼睛，猛一扣扳机。这是她生平第一次打枪。枪响之后，周围立刻又寂然无声了，只有细雨落在锌皮屋顶上发出滴滴答答的声响。她随即听到门廊的水泥地上响起了金属的碰击声和一个低哑的、有气无力的、极度疲惫的呻吟声：“哎哟！我的妈！”清晨，在雷薇卡太太家的门前倒卧着一具男尸。死者的鼻子被打得粉碎，他穿着一件花条的法兰绒上衣，一条普通的裤子，腰中没有系皮带，而是系着一根麻绳，光着脚。镇上没有人认识他是谁。

“这么说他叫卡洛斯·森特诺。”神父填完表，嘴里咕咕哝哝地说。

“卡洛斯·森特诺，”那个女人说，“是我的独生子。”

神父又走到柜子跟前。在柜门里钉子上挂着两把大钥匙，上面长满了锈。在小女孩的想象中公墓的钥匙就是这个样子；女孩子的妈妈在小的时候也这么想过。神父本人大概也曾经设想过圣彼得的钥匙就是这么个样子。神父把钥匙摘下来，放在栏杆上那本打开的笔记本上，用食指指着写了字的那一页上的一处地方，眼睛瞧着那个女人说：

“在这儿签个字吧！”

女人把皮包夹在腋下，胡乱地签上了自己的名字。小姑娘拿起鲜花，趿拉着鞋走到栏杆前，两眼凝视着妈妈。

神父吁了一口气。

“您从来没有想过要把他引上正道吗？”

女人签完字回答说：

“他是一个非常好的人。”

神父看看那个女人，又看看那个女孩子。看到她们根本没有要哭的意思，感到颇为惊异。那个女人还是神色自如地继续说：

“我告诉过他不要偷人家的东西吃，他很听我的话。过去他当拳击手，有时候叫人打得三天起不来床。”“他没有办法，把牙全都拔掉了。”女孩子插嘴说。

“是的，”母亲证实说，“那时候，我每吃一口饭，都好像看到礼拜六晚上他们打我儿子时的那个样子。”

“哎！上帝的意志是难以捉摸的。”神父说。

神父本人也觉得这句话没有多大的说服力，一则是因为人生经验已经多少把他变成一个怀疑主义者了，再则是因为天气实在太热。神父叮嘱她们把头包好，免得中暑。

他连连打着呵欠，几乎就要睡着了。他睡意朦胧地指点母女俩怎样才能找到卡洛斯·森特诺的墓地。还说回来的时候不要叫门，把钥匙从门缝下塞进来就行了。要是对教堂有什么施舍，也放在那里。那个女人注意地谛听着神父的讲话，然后向他道了谢，脸上没有丝毫的笑容。

在临街的大门打开之前，神父就觉察到有人把鼻子贴在纱门上往里瞧。那是一群孩子。大门敞开后，孩子们立刻一哄而散。在这个钟点，大街上通常是没有人的。可是现在不光是孩子们在街上，在杏树下面还聚集着一群群的大人。神父一看大街上乱哄哄的反常样子，心里顿时就明白了。他悄悄地把大门关上。

“等一会儿走吧。”他说。说话的时候，他没有看那个女人。

神父的妹妹从里面的门里出来。她在睡衣外面又披上了一件黑色的上衣，头发散披在肩上。她一声不响地瞅了瞅神父。

“怎么样？”他问。

“人们都知道了。”神父的妹妹喃喃地说。

" 那最好还是从院子的门出去。”神父说。

“那也一样，”他妹妹说，“窗子外面净是人！”

直到这个时候，那个女人好像还不知道出了什么事。她透过纱门朝大街上看了看，然后从女孩子的手里把鲜花夺过去，就向大门走去。女孩子跟在她的后面。

“等到太阳落山再去吧！”神父说。

“会把你们晒坏的”，神父的妹妹在客厅深处一动也不动地说。“等一等，我借给你们一把阳伞。”

“谢谢！”那个妇女回答说。“我们这样很好。”

她挽着小姑娘的手朝大街走去。

（刘瑛译）

【作品简析】

《礼拜二午睡时刻》是马尔克斯1962年的作品，只是因为《百年孤独》的横空出世，它被人们忘却了，其实它也是马尔克斯“最好的小说”。作品成功地塑造了一位拉丁美洲母亲的形象。她的伟大和神圣首先在于她母爱的宽广博大，她的儿子是小偷，她非但不因此剥夺他享受母爱的权利，而且还排除一切自然和人为因素的障碍让他的亡灵享受到母爱的温暖。她的伟大和神圣还在于她人性的耐力和韧性，她能够以超常的勇气直面人生的坎坷和不幸，而且能够以顽强的意志力量，在压力下执著地关注现实生存。

【拓展阅读】

1. 马尔克斯谈《百年孤独》的创作初衷时说：“我要为我童年时代所经受的全部体验寻找一个完美无缺的文学归宿。”

2. 作家余华把《礼拜二午睡时刻》列入“影响我的10个短篇小说”之一，并评价说，“这是一个在任何时代都有可能出现的故事，因此也是任何时代的作家都可能写下的故事。我的意思是它的主题其实源远流长：一个母亲对儿子的爱”。

3. 吴晓东《20世纪外国文学专题》：瑞典文学院在给马尔克斯的颁奖词中曾这样评价《百年孤独》的艺术成就：马尔克斯创造了一个独特的天地，那个由他虚构出来的小镇。从50年代末，他的小说就把我们引进了这奇特的地方，那里汇聚了不可思议的奇迹和最纯粹的现实生活。作者的想象力在驰骋翱翔：荒诞不经的传说、具体的村镇生活比拟影射、细腻的景物描写，都像新闻报导一样准确地再现出来。

【相关链接】

1.《马尔克斯中短篇小说选》（上海译文出版社）
2. 林一安编 《加西亚·马尔克斯研究》（云南人民出版社）
3. 马尔克斯·门多萨《番石榴飘香》（生活·新知·读书书店）
4. 吴晓东著《20世纪外国文学专题》（北京大学出版社）

附录 中国历史纪年表

旧石器时代 约170万年前—约1万年前
新时期时代 约1万年前—约4千年前
夏 约公元前21世纪—约公元前16世纪
商 约公元前16世纪—约公元前1046
周
- 西周 约公元前1046—公元前771年
- 东周 公元前770—公元前256

春秋时代 公元前770—公元前476
战国时代 公元前475—公元前221
秦 公元前221—公元前206
汉
- 西汉 公元前206—公元25
- 东汉 25—220

三国
- 魏 220—265
- 蜀 221—263
- 吴 222—280

西晋 265—316
东晋十六国
- 东晋 317—420
- 十六国 304—439

南北朝
- 南朝
  - 宋 420—479
  - 齐 479—502
  - 梁 502—557
  - 陈 557—589
- 北朝
  - 北魏 386—534
  - 东魏 534—550
  - 北齐 550—577
  - 西魏 535—556
  - 北周 557—581

隋 581—618
唐 618—907
五代十国
- 后梁 907—923
- 后唐 923—936
- 后晋 936—947
- 后汉 947—950
- 后周 951—960
- 十国 907—960

宋
- 北宋 960—1127
- 南宋 1127—1297

辽 907—1125
西夏 1038—1227
金 1115—1234
元 1271—1368
明 1368—1644
- 洪武 1368—1398
- 建文 1399—1402
- 永乐 1403—1424
- 洪熙 1425
- 宣德 1426—1435
- 正统 1436—1449
- 景泰 1450—1456
- 天顺 1457—1464
- 成化 1465—1487
- 弘治 1488—1505
- 正德 1506—1521
- 嘉靖 1522—1566
- 隆庆 1567—1572
- 万历 1573—1620
- 泰昌 1620
- 天启 1621—1627
- 崇祯 1628—1644

清 1644—1911
- 顺治 1644—1661
- 康熙 1662—1722
- 雍正 1723—1735
- 乾隆 1736—1795

嘉庆 1796—1820
道光 1821—1850
咸丰 1851—1861
同治 1862—1874
光绪 1875—1908
宣统 1909—1911
中华民国 1912—1949
中华人民共和国 1949—

参 考 文 献

[1] 王力. 古代汉语[M]. 北京：中华书局，1999.
[2] 朱东润. 中国历代文学作品选[M]. 上海：上海古籍出版社，2002.
[3] 唐诗鉴赏辞典[M]. 2版 上海：上海辞书出版社，2004.
[4] 宋词鉴赏辞典[M]. 上海：上海辞书出版社，2003.
[5] 杨任之. 诗经探源[M]. 青岛：青岛出版社，2001.
[6] 郭绍虞. 中国历代文论选[M]. 上海：上海古籍出版社，1979.
[7] 章培恒，等. 中国文学史[M]. 上海：复旦大学出版社，1996.
[8] 袁行霈. 中国文学史[M]. 北京：高等教育出版社，1999.
[9] 鲁迅著. 中国小说史略[M]. 杭州：浙江文艺出版社，2000.
[10] 钱锺书. 宋诗选注[M]. 北京：三联书店，2002.
[11] 葛兆光. 唐诗选注[M]. 杭州：浙江文艺出版社，1999.
[12] 钱理群，等. 中国现代文学三十年[M]. 北京：北京大学出版社，1998.
[13] 温儒敏，等. 中国现当代文学专题研究[M]. 北京：北京大学出版社，2002.
[14] 陈思和，等. 中国当代文学作品选[M]. 北京：学林出版社，1999.
[15] 王嘉良. 浙江20世纪文学史[M]. 北京：中国社会科学出版社，2000.
[16] 洪子诚，等. 中国当代新诗史[M]. 北京：北京大学出版社，2005.
[17] 郑克鲁. 外国文学史[M]. 北京：高等教育出版社，1999.
[18] 蒋承勇. 世界文学史纲[M]. 上海：复旦大学出版社，2000.
[19] 吴晓东. 20世纪外国文学作品选[M]. 北京：北京大学出版社，2002.
[20] 张岱年. 中国文史百科[M]. 杭州：浙江人民出版社，1998.
[21] 国家文物局. 中国文物精华大辞典[M]. 上海：上海辞书出版社，商务印书馆，2002.